U0537231

礼法视野下宋代妇女的家庭地位研究

李节 著

目 录

导 论

一、问题的提出

美国学者华如璧（Rubie Wastson）在讨论传统中国女性婚姻不平等问题时，对于中国女性的实际地位产生了很深的疑惑，她发出了如此喟叹："女性是财产的持有者，但她们很少或几乎没有对于财产的法定所有权；她们可能是决策的制定者，但却没有决策的权威；她们拥有行动的自由，但那是受社会和生计所迫；她们可能如帝王般掌握权力，但却无法获得帝王的尊号。"[①] 她认为基于性别的原因，传统中国妇女的困境是她们只能在家庭这一"内"的领域施展自己的影响力，但却欠缺全部完整的权利或者权力。华如璧教授指出传统中国妇女的实际处境，也是本文构思的缘起和论证的基点。

宋代妇女虽然具有华如璧教授提出的历代传统中国社会中妇女所面临政治、意识形态、主体资格等共有的困境，但是观察宋代妇女在家庭中的权利状态和地位时就会发现宋代妇女在不同的家庭身份下实质享有的权利内容广泛。对宋代妇女问题进行研究的法律史领域前辈学者，以

① ［美］罗莎莉 著 丁佳伟 曹秀娟 译．儒学与女性 [M]. 南京：江苏人民出版社，2015：103.

国内论，有柳立言教授、邓小南教授、邢铁教授、戴建国教授等；[①]以国外论，有美国学者白凯教授、华如璧教授、伊佩霞教授等[②]，日本学者滋贺秀三教授、仁井田陞教授、柳田节子教授、高桥芳郎教授等[③]。诸多学者针对宋代妇女在法律领域中异于前朝和后世的财产权、婚姻权等相关问题进行了深入的探究和讨论。这些研究成果从不同角度丰富了对宋代妇女的身份和地位的研究视野。

讨论宋代妇女的家庭身份和地位，需要注意的是，宋代理学家们对于妇女的态度和讨论随着理学的发展日趋严苛，理学代表人物程颐的宣

① 柳立言．浅谈宋代妇女的守节与再嫁 [A]. 柳立言．宋代的家庭与法律 [C]. 上海：上海古籍出版社，2008：211-244.
从法律纠纷看宋代的父权家长制——父母舅姑与子女媳婿相争 [A]. 柳立言．宋代的家庭与法律 [C]. 上海：上海古籍出版社，2008：247-324.
宋代分产法"在室女得男之半"新探 [A]. 柳立言．宋代的家庭与法律 [C]. 上海：上海古籍出版社，2008：408-494.
邓小南．唐宋女性与社会 [M]. 上海：上海辞书出版社，2003.
邢铁．宋代寡妇的家产权益与生存处境 [A]. 姜锡东 编．宋史研究论丛 [C]，保定：河北大学出版社，2010（11）.
唐宋时期的赘婿和接脚夫 [A]，姜锡东 编．宋史研究论丛 [C]，保定：河北大学出版社，2008（9）.
南宋女儿继承权考察——《建昌县刘氏诉立嗣事》再解读 [J]. 中国史研究，2010（1）.
邓小南 王政 游鉴明 主编．中国妇女史读本 [M]. 北京北京大学出版社，2011.

② ［美］白凯．中国的妇女与财产 960-1949[M]. 上海：上海书店出版社 .2007.
［美］华如璧 伊佩霞．中国社会的婚姻与不平等（"In Marriage and Inequality in Chinese Society"）[M]. 伯克利：University of California Press.1991.
［美］伊佩霞．内闱：中国宋代妇女的婚姻与生活 [M]. 南京：江苏人民出版社 .2004.

③ ［日］滋贺秀三 著．张建国 李力 译．中国家族法原理 [M]. 北京：法律出版社 .2003.
［日］仁井田陞．《清明集．户婚门》研究 [A]. 杨一凡 寺田浩明 主编．日本学者中国法制史论著选 宋辽金元卷 [C]. 北京：中华书局 .2016：386-448.
［日］柳田节子．论南宋时期家产分割中的"女承分"[A]. 杨一凡 寺田浩明 主编．日本学者中国法制史论著选 宋辽金元卷 [C]. 北京：中华书局 .2016：239-255.
［日］高桥芳郎．"父母已亡"女儿的家产地位——论南宋时期的所谓女子财产权 [A]. 杨一凡 寺田浩明 主编．日本学者中国法制史论著选 宋辽金元卷 [C]. 北京：中华书局 .2016：256-278.

教——“饿死事小，失节事大”[①]，至今仍然被视为理学对女性极端要求和约束的象征。宋代妇女被闭锁在内闱，并被作为无声无权的残缺权利主体来对待。在思想文化领域，这些刻板印象源自于作为理学产生时代的宋代，人们当然会认为理学对当时社会的约束和影响作用最大。然而现实却并非如此：尽管理学历经两宋由伪学成为显学，但终宋一朝，理学并未浸润社会各阶层，成为唯一圭臬。[②]如果从礼法领域来观察，会发现宋代理学对妇女的约束也并未造成宋代妇女权利的萎缩，相反，在“私”域内，宋代妇女的权利甚至在盛唐法律的基础上得到进一步扩张。

不可否认的是，宋代妇女的身份和地位在根本上没有突破家庭的范围，其对外有限的影响本质上是建立在其对内身份的基础之上的。妇女一生大部分时间的身份是以父宗和夫宗为基础确立的，因此本文的研究本于礼法视野对妇女家庭身份和地位的讨论，但是如果仅从礼法视野探讨宋代妇女的身份和家庭地位，难免会使讨论的范围拘泥于“形而上”。故而本文讨论的框架是从立法出发，结合司法中实际案例，从法律的应然性和实然性以及立法和司法两方面的结合和背离来讨论宋代妇女的身份和地位实际状况。

宋代对于家庭中不同身份的妇女有确切的法律称谓，这是她们获得法律权益的前提，以自然出生为起点，妇女根据所处的不同家庭体系，被划分为在室女、出嫁女、归宗女和寡妇。一般意义上，一个普通妇女的一生无外乎这几种家庭身份。但是，在主流之外，处于边缘家庭身份

① ［清］钱大昕 著．陈文和 主编．宋辽金元四史朔闰考[M]．南京：凤凰出版社，2016:10.

② 刘子健教授在其《中国转向内在：两宋之际的文化转向》一书中对于被称为新儒家的理学，如何从伪学到被解禁最后成为国家正统学说，对于理学在宋代的兴起过程做出梳理，表达了自己的看法。他的核心观点认为，以政治、文化精英阶层为主的新儒家，最后成为国家正统学说，这场胜利他认为是得不偿失的，由此中国知识分子和他们秉承的儒家学说，从此被统治者话语体系和利益需求禁锢之后，失去了自省和创新的能力。终宋一朝，新儒学并没有下降，渗透到中下层民众，还属于精英文化的范畴。

的成员群体（妾、婢、家妓等）也被本书纳入考察范围中。与宋代妇女人身权利收缩的刻板印象相悖的社会现实是：处于不同家庭地位的妇女，根据其不同的身份，法律赋予其权利各有侧重。以在室女的权利为例，专家学者们对于宋代在室女的嫁奁权和有限继承权的讨论一直未曾停歇。在这些讨论中大家各持己见，对于在立法和司法中宋代在室女存在超高的财产权益，他们做出了自己的解释。但是不可否认的是，存在这样一个现实，即宋代在室女享有高于前朝和后世的财产权益。① 同样是与财产继承权相关的立继权和家产继承权，宋代的寡妇在为夫家立嗣和继承丈夫财产的问题上具有绝对的权利，这也是历朝历代所罕见的。

立法和司法中展现出宋代妇女完整的权利，都是由男性统治者授意男性职官制定的，他们这么做的目的不会是由于超越时代的女性人权意识的驱使。最为合理的解释是，在统治者以及社会主流精英阶层的观念中，治理国家的最小单位是家庭而非个人，对于妇女的财产权利和人身权利的添附是基于社会现实中一些客观事实的回应。宋代权力中心的南移引发了经济重心的南移，随着不断发展的商品经济，直接参加劳动的平民阶层妇女创造经济价值的能力增长，导致家庭中平民妇女身份的上升。科举取士向下取才，为非门阀士族的平民青年提供了阶级晋升的途径，激发了士绅、商贾、门阀之家对于才学出众女婿的争抢之风，其直接后果是普遍抬高了嫁资。城市化的发展和经济的繁荣以及新兴士人阶层的扩大等因素刺激了上层家庭对于下层妇女提供家庭服务的数量和质量要求，在宋代表现为婢女、妾和家妓这三种准家庭成员的数量扩张和职能混同。可见，法律对于妇女家庭身份和权利规定的细化和抬高是对于由此产生的一些社会现象做出的回应。同时，国家对于妇女的权利立法从来没有超越家庭身份这一框架，无论是在父宗还是在夫宗，妇女从来不具有绝对独立的身份和权利，是在家庭秩序和框架内享有相对的身

① 宋代在室女拥有最低限度嫁奁份额的法律保障和户绝情况下的财产继承权，代表了传统中国妇女财产权利的顶峰。

份和权利。这样的结论同样也适用于同时代的男性，因为在同居共财的儒家家庭伦理、财产制度中，没有完整意义上的个体权利之私，只存在家庭之私。[①] 在家庭之私的前提下，宋代的国家为个人之私留下多少个体权利生长空间，是本文考察的一个重点。既然男性无个体权利之私，女性亦无，两种自然性别都不是获取权利的前提，那么从家庭身份中窥探妇女的权利和地位是最为合理的切入点。本文在此基础上试图探讨以下几个问题：（1）宋代妇女的权利是何种性质的权利；（2）宋代妇女的权利通过司法的实现程度；（3）宋代妇女身份和地位的提高与在当时儒学的文化背景的互动。

二、概念的厘定

概念的厘定是对于论文涉及的相关主体概念和容易被混淆或者争议较大的概念的内涵和外延的界定。具体到本书，讨论宋代妇女的身份和地位，需要首先明确是在怎样的学科视野之下，对于宋代多大范围内的妇女群体的家庭身份和地位进行研究，以及借用现代“权利”的观念去理解古代妇女的“权利”事实是否确当等问题。

（一）礼法视野的范围

本书论证宋代妇女身份与地位的基础是传统中国的“礼法体系”，主要原因在于，法律史学界主流学说认为传统中国的法律体系是“礼法体系”，持这一观点的代表学者是梁治平教授，他在其《法意与人情》一书中提出的“礼入于法”的概念。对于传统中国“礼”与“法”的关系借用《四库全书提要》唐律疏议解中的话，作出了准确的概括：“唐律一准于礼得古今之平，故宋世多采用之，元时断狱亦每引为据。”[②]

① 陈景良．何种之私：宋代法律及司法对私有财产权的保护 [J]. 华东政法大学学报 .2017（3）.

② ［清］永瑢等撰．四库全书总目 [M].“卷八十二·史部三十八·政书类二·法令”．北京：中华书局，1965：712.

梁教授认为在中国古代法中，不但是唐以后历朝法律的特点，也可说是中国古代法的一大特色。[①]

经梁教授考据之后认为礼最初是古时祭神的仪式，此后逐渐形成整个社会的行为规则。他指出，孔子将传统礼制系统地哲学化，并认为作为个人行为准则的礼，能够转化为国家和社会层面的理想秩序呈现。历代帝王都极为重视立法，但是执政者从来没有把法看成是独立的系统。存在这样一个贯通历史时代的共识，即法依从于礼，是附加了刑罚的道德戒条。它本身不具有独立性，与纲常名教共生于同一个系统。近代以降，受到西方舶来法律冲击的传统中国法生命力日渐式微，最根本的原因是法律道德化的诸多弊端。[②]他认为传统中国，尤其是唐宋以降，法律以“礼法”的形式延续和发展。基于对传统中国礼法体系的整体性认识，可以看出如果单纯考究立法条文，对于妇女的身份和权利事实的考察难免有失偏颇，因此在礼法体系这一视野下讨论宋代妇女群体家庭身份与权利的升降，才有可能尽量地做到客观和全面。

对于“礼法体系”的内涵作出细致划分的代表学者是俞荣根教授和秦涛博士，他们提出“律令法体系”只是对于某一时段的古代中国法律体系的概括，并没有完整贯通于中国传统法制。他们认为中国传统法制体系是“礼法体系”，“礼法体系”包含三个子系统，其一是以成文礼典为主干的礼典子系统；其二是以成文律典为主干的律典子系统；其三是以礼义为旨归、礼俗为基础的乡规民约、家法族规等为主的习惯法子系统。[③]他们以反思舶来的“律令法体系”为基点，讨论了“律令法体系”不适用于长时段、贯通式概括中国传统的法制类型，从而提出中国古代的法制类型是“礼法体系”，这一用语基于传统中国的文献典籍，从概念出发，他们将中国古代“礼法体系”作出系统的划分。最终证明“礼

① 梁治平．法意与人情 [M]. 深圳：海天出版社，1992：38.

② 梁治平．法意与人情 [M]. 深圳：海天出版社，1992：44.

③ 俞荣根 秦涛．中国古代法：律令体制抑或礼法体制？ [J]. 社会科学文摘，2018(4).

法”作为一个整体性概念，是中国古代法的完整呈现和本质属性。这一理论明晰了法律史研究的框架，在“礼法体系”下对于宋代妇女的身份和地位研究，既呈现了本文所属的学科性质，也为本文理论框架和文献使用提供了基础。

高明士教授提出中国的中古[①]时期的法制是以“礼”“律”二字可以概括，原因在于：首先，中国法文化的主要成分是礼和律；其次，魏晋至隋唐时期，在中国的古代典籍和帝王治理国家过程中不断出现和强调礼律的作用；再次，作为政治力的刑和作为社会力的礼相互妥协，形成了中古时期国家秩序运行的内驱力；最后，古代儒学的方针是以礼建立差序和制定律令，最终导致固有法的伦理化和道德化。他认为礼律的成果是国家、社会对于儒学的具体实践，与宋代以后走向形而上论者不同。[②]高教授的学术旨趣偏向隋唐，对于以隋唐为代表的中古时期中国传统法文化的类型，他的概括是“礼”和“律”，他的学术观点与梁治平教授、俞荣根教授、秦涛教授之间的共同点是强调了传统中国法的“礼”的属性。不同之处在于梁教授和俞教授、秦教授所提出的“礼法”是一种完整的法律类型，高明士教授认为中古时期“礼”与“律”之间的互动形成了当时的法律文化类型。两种观点同时回应了“律令法体系”中忽视传统中国“礼”制的根本，不同的是前者注重传统中国法制整体的外在呈现和内在逻辑，后者注重一个时段内法律文化和法律制度的动态互动过程。高教授的研究成果偏重隋唐，其中他将关于妇女问题的讨论置于唐代的礼律规范下，时空限定在武则天时期。讨论的结果是武则天作为女皇并未在当时礼律中呈现出其女性主义的意识，其思考和行为的基础是作为政治家的社会属性，而非女性的自然属性。这为本文的思考和研究提供了灵感，即传统儒家伦理中，女性的实际生活状况和其法律

① 高明士教授在其《中国中古礼律综论：法文化的定型》一书“导论：中国中古的礼律——儒学的实践”中提出，他所讨论的“中古”时期是自汉武帝以后的汉唐这一时段。

② 高明士．中国中古礼律综论：法文化的定型 [M]. 北京：商务印书馆，2017：1–9.

地位究竟如何，是否能够用“男尊女卑”进行简单概括，妇女参与儒家家庭伦理系统是否完全处于无奈的被压迫的地位。

本书着眼的历史时段是宋代，这一时段中法律形式、法律体系以及与法律产生交互作用的礼制内核都产生了明确的转变，在一些学者的经典表述中得以明确体现，即在两宋之际中国文化转向了内在，[①] 同时发生变化的是，在法律体系上，宋代处于高明士教授认为的传统中国礼律体系进入形而上的开端。在普遍性的意义上，处于典型的礼法制度完善成熟时期。宋代的文化、礼制和法律在当时发生的转变是内生因素量变引发的。定型于唐代的礼法体系，发展至宋代更为成熟完善。本书力图在普遍意义上的礼法体系中考量宋代妇女的家庭身份和地位，结合当时的礼制、法律探寻妇女群体的家庭身份和地位，再由妇女的家庭身份和地位反观文化、礼法制度的实际运行情况。

（二）宋代妇女及其身份

在古代中国，妇女是已婚和未婚成年女子的通称，具体来讲，妇和女是有区别的，妇是已婚女子，女是未婚女子，传统语境对于二者有明确的区分。大多数语境下，特别是男女对举的语境中，“女”也用作妇女的通称，但未婚的女子绝对不能叫做“妇”。[②]

古代妇女的职能通常被局限在家庭，古代妇女别称为“中馈”[③] 即家中准备食物的人，儒家的经典典籍中对于妇女职能的描述多为助祭，“夫妇女有助祭之礼，宗庙必时至”[④]，可见在当时妇女在儒家经典中的形象是作为家庭系统内必不可少的辅助性成员而存在的。作为本书讨论的主题，为何使用反映传统中国儒家理念的“妇女”一词，而非使用其自然

① ［美］刘子健 著．赵冬梅 译．中国转向内在：两宋之际的文化转向 [M]. 南京：江苏人民出版社，2012.

② 蒲坚 编著．中国法制史大辞典 [M]. 北京：北京大学出版社，2015：318.

③ ［魏］王弼 撰．楼宇烈 校释．周易注 [M]“下经·家人”. 北京：中华书局，2011：202.

④ ［清］孙诒让 著．汪少华 整理．周礼正义 [M]“卷三十六·春官·小宗伯”. 北京：中华书局，2015：1716.

身份的"女性"来进行讨论，原因在于本书是以古代中国的礼法为前提进行讨论，根据前文的梳理，古代中国的礼法是包含国家礼典、律典、习惯法三个部分的法律系统。那么在这三个子系统的语境下，都不曾出现过依据其性别特征进行划分的"女性"这一用语，而"妇女"或者与妇女相关的以其家庭身份为称呼来源的称谓，是在礼法语境下被更多使用的词汇。因为在礼法语境下，最小的社会细胞是家，而非个体。故而以出嫁为分野，女性被划分为"女"和"妇"，这一用语变化体现了女子从父系家庭来到夫系家庭生活的事实。本书讨论的主体即是在家庭系统中不同身份的妇女的地位。脱离了家庭系统的讨论，将违背基本的历史事实。

对妇女身份的讨论，之前的学术研究大致分为以下几种，一种是依据其在民事关系和刑事诉讼中的地位来进行分类①；一种是依据其在父系家庭或者夫系家庭的身份来分类，例如女儿、为母、寡妇等②；一种是依据其阶级划分为贵族女性与平民女性③；一种是按照其在家庭中的特殊身份分类，例如家妓、妾、婢等④。划分方法不同，论述问题的侧重点不同。

本书讨论妇女的身份首先是以其家庭身份为主线，来讨论妇女在其一生中可能身处的不同身份在法律上的不同地位。柳立言先生认为以父宗为观察的视野，女儿在父宗的权利是以父亲死亡为分野的。⑤ 通过对

---

① 王扬．宋代女性法律地位研究 [J]，2001 年中国政法大学博士学位论文．

② 柳立言．宋代女儿的法律权利和责任 [A]. 张国刚 主编．家庭史研究的新视野 [C]. 上海：生活・读书・新知 三联书店，2004：158-159.
李贞德．女人的中国中古史——性别与汉唐之间的礼律研究 [A]. 邓小南 王政 游鉴明 主编．中国妇女史读本 [C]. 北京：北京大学出版社，2011：30.

③ 陈弱水．初唐政治中的女性意识 [A]. 邓小南 王政 游鉴明 主编．中国妇女史读本 [C], 北京：北京大学出版社，2011：92-93.

④ ［日］高桥芳郎 著．李冰逆 译．宋至清代身份法研究 [M]. 上海：上海古籍出版，2015:89.
［美］柏文莉．宋代的家妓和妾 [A]. 张国刚 主编．家庭史研究的新视野 [C]. 上海：生活．读书．新知 三联书店，2004：206-217.
戴建国．唐宋变革时期的法律与社会 [M]. 上海：上海古籍出版社，2010：330-354.

⑤ 柳立言．宋代女儿的法律权利和责任 [A]. 张国刚 主编．家庭史研究的新视野 [C]. 上海：生活．读书．新知 三联书店，2004：159.

文献的分析和学术著作的爬梳，可知妇女在夫宗的妇女权利变动，是以其丈夫的死亡或离异为分野的。在此基础上，对于宋代妇女的身份依照其在父宗及夫宗的身份来讨论。在父宗生活时，女子的身份是在室女，嫁娶完成后，于父宗而言则为出嫁女。此后在夫宗生活，会有三种命运：一则以妻子身份，先夫而终，女子的身份就是亡妻，既身故，就不在本文的讨论范围；二则夫终于前，女子的身份为寡妇；三则夫妻离异，女子身份可能是再嫁女也可能是归宗女。除此之外，宋代家庭的妇女中一些边缘人士，也值得被注意，其中妾、婢和家妓的身份和地位也是本文关注的一个方面。

其次，本文对于妇女身份的讨论，细化为同一大类不同身份的妇女地位的讨论。妇女处于在室女阶段，其身份并非一定是正妻所出、妾所出的法律承认的嫡女、庶女。还有是没有入籍的别宅女，或者被抱养的养女。虽然理论上还存在奸生女的可能性，但是本为奸生，再为女儿，绝大多数是不可能存活于世的，司法实践中鲜少见到她们的身影。故此，本文仅在理论上探讨她们是否有成为在室女的法律依据。虽然在室女为妇女人生中一个较为短暂的阶段，也因为其身份不同，其法律地位也有所区别，这正是本文关注的一个重点。出嫁作为古代女子的主流归宿，出嫁之后的妇女在夫宗的身份是复合的，其多重家庭身份以为人妻、为人妇和为人母三个主要的方向展开，其他的家庭身份都属于这三种身份的延伸。正如上文所论，妇女进入婚姻生活之后，其权利和地位变动是以丈夫的死亡或者离异为分界点的。丈夫死亡之前妇女的生活是围绕丈夫和丈夫的家庭展开的，丈夫死亡之后，妻子的身份成为寡妇，而寡妇可能并非夫亡妇女最终的身份，成为寡妇之后，宋代的妇女对接下来身份的选择范围是很宽泛的，例如守贞、再嫁、归宗、招接脚夫和成为女户等，任何一种选择都能够得到当时法律的支持。而离婚之后，宋代的妇女也可以选择归宗或是再嫁。任何一种选择带来权利上的变动都是巨大的，由此其身份和地位的变动也应当给予充分的重视与探讨。

以上是一个普通妇女在父宗依据血缘或拟制血缘获得在室女身份，

适龄之后到夫宗生活，再由夫宗生活逆转至父宗或自立门户所可能经历的法律身份和地位的变迁。值得注意的是，在宋代家庭中的妇女可能并非借由婚姻完成父宗到夫宗的转变，而是可能借由契约或者社会阶级身份以准家人的身份生活在家庭中。她们在宋代被称为家妓、妾、婢和女使等。作为宋代妇女群体的一员，她们的身份和地位也是本文研究的关注点。

（三）从权利角度讨论宋代妇女的地位

关于“权利”的讨论，前辈学者已经从词源、语义、公法、私法等不同面向都作出了相关的讨论，提出他们关于中国古代权利的一些不同理解。李启成教授认为，代表性学者的观点主要有以下几种：其一，从中国古代是否存在“权利”及相关的制度构建来看，一些学者认为中国没有西方意义上的权利，代表学者是民法学者王伯琦教授，权利的实质是权利本位，而中国传统社会中个体被伦理身份所束缚，从而形成的义务本位的法律，从这个意义上来讲，中国传统社会是不存在个体权利的。以黄宗智教授、李启成教授和陈景良教授等为代表的另一些学者认为，中国传统社会的权利是一种异于西方个体权利的特殊存在。本书倾向于认为传统中国存在“私”权的历史事实和生长空间，以下是在梳理肯定传统中国存在“私”权，在怎样的尺度内讨论私权的主要学者的观点之后，厘定了本文的研究前提。

黄宗智教授在其《清代以来民事法律的表达与实践：历史、理论与现实》卷二：《法典、习俗与司法实践：清代与民国的比较》一书中第四章论到：“清代法律系统即使没有在理论上，也在实践中保护了许多非政治的民事权利（如所有权、收债权和继承权），这一事实也正为正式采用权利概念提供了有利条件。”[①] 这是他在论证清末民初法律转型过程中个人权利观念被纳入新制定的法律中的可能性。由此可以看出，黄宗智先生对于帝制中国“私”的领域内存在权利事实持肯定态度。

① 黄宗智．清代以来民事法律的表达与实践：历史、理论与现实．卷二．法典、习俗与司法实践：清代与民国的比较 [M]. 北京：法律出版社，2014.

李启成教授在《帝制中国的“权利”辨析——从“治道”角度的分析》一文中，从秦汉以降的帝制中国，从君主的行政理念——“治道”；君主的行政手段——以“治吏”为核心的“治术”，还原和分析了中国传统社会法制以义务为起点，并且不断系统化和体系化的过程，从而证明传统中国的“权利”并非是基于个人自主选择的自主性权利，而是基于伦理互惠的“权利”性事实。[①]李启成教授从公法领域论证了古典中国存在“权利”事实，但同时指出这种“权利”事实不同于近代意义上的个体权利的关键在于没有自主性、“不能自存”，甚至随着以义务为本位的皇权结构及意识形态的不断强化，导致这样的“权利”事实呈现萎缩之势。

关于中国传统社会是否存在个人私有权利，陈景良教授在《何种之“私”：宋代法律及司法对私有财产权的保护》一文中，提出了他基本的理论预设：“一个社会，若法律与司法能保障弱势群体中个体的正当私有利益，则私有财产权的普遍保障必成为共识与历史事实。”陈教授从文献史料中所记载的历史事实出发引出来了他在此文中力图回答的问题：（1）儒家语境下，私有财产权的有无及法律保护；（2）宋代的私有财产权是何种意义上的私有；（3）用西方法学理论解释中国传统社会私有财产权的意义与局限。在提出这些问题之后，文章从宋代私有权的历史事实与分类、宋代律典或敕令与经义对私有权的规制与支撑、宋代司法对私有权的保护、西方法学理论的意义及其解释宋代私有权的限制四个方面回答了行文伊始所提出的问题。最终，论证了宋代社会之“私”权是家庭之私、外商财产的个人之私和伦理个人之私。他在力证中国古代存在私有财产权的理论架构同样也适用于妇女家庭身份和地位的问题研究中，即从文献史料出发，证明宋代存在妇女人身权利和财产权利上升这一客观事实，这一历史事实似乎是已经得到大部分学者的肯定。首

① 李启成. 帝制中国的“权利”辨析——从“治道”角度的分析 [J]. 清华法学，2019（1）.

先权利建立在这个历史事实上，那么关于这个权利的法律规范来源和司法保护配套机制，需要更为系统地展示和说明。最终的目的不是为了表明中国古典社会存在西方现代意义上的个体权利本位之私，而是探寻中国社会内生的在家族法原理框架内的个体伦理之私。[①]

三、学术史回顾

学界近些年对于宋代妇女问题的研究主要集中在宋代妇女的财产权、继承权、立嗣、守节与再嫁等问题上，对于宋代妇女整体地位的讨论也多集中在经济学、社会学、妇女史等领域。在法律史视野下，对于家庭中不同身份的妇女群体的权利和地位研究并没有达到深入细致的程度。以下将对学界现有的具有代表性的研究成果进行梳理。

在美国学者罗莎莉教授所著的《儒学与女性》一书中，作者试图通过解构儒学内部逻辑，了解儒学的女性观。她从自愿守寡的行为自唐代以来受到法律保护这一现象出发，从另一个角度说明女性的道德意志在这种情况下受到更高层权力所有者——国家的保障和认同，是其获得道德荣誉和对抗父权的一种自发性举措。同时她认为传统中国女性并非是完全受压迫，被剥夺权利和权力的主体，她们作为有完全思考和社会功能的主体，是其主动选择维护儒家家庭和家族伦理的运行，参与男权活动。她例证纳妾、守贞等方面都存在女性参与儒家伦理结构运行，为自身利益考量而主动选择维护。罗莉莎教授将妇女置于儒学构建的家庭系统内，认为可以从儒学发展的角度出发，从儒学本身寻找妇女权利的土壤，即成为儒学意义上的圣人君子同样可以成为妇女的道德标准，从这个角度看待和进一步推动中国的女性权利问题，而非一味从异域移植新鲜的概念和以西方标准评价中国文化意识形态的妇女权利问题。[②] 罗莉莎教授对于研究中国妇女问题应当从中国本土文化意识形态基础出发的

---

① 陈景良．何种之“私”：宋代法律及司法对私有财产权的保护 [J]. 华东政法大学学报，2017（3）.

② ［美］罗莎莉 著．丁佳伟 曹秀娟 译．儒学与女性 [M]. 南京：江苏人民出版社，2015.

研究思路，为本书研究宋代妇女在家庭中的身份和地位提供灵感。纵观历史，中国人关于“家”的观念与儒学互动，形成民族意识的底色，而研究妇女问题，不能脱离这样独具特色的民族意识形态、文化特质，本书以礼法为视域，探索宋代妇女的身份与地位正是为此做出的一点努力。

陈东原先生在其《中国妇女生活史》一书中对于宋代妇女生活列出专章讨论，通过对宋儒对于妇女的观念、社会对于离婚再嫁的态度、男性的处女嗜好之产生、第一个女性同情论者袁采、冥婚和旷世女文人李清照这六部分的描写，展现出宋代女性的生活图景。他认为将宋代的儒学划分为三个阶段，其中第一个阶段，以范仲淹为代表的宋儒对于妇女的贞节观念是极宽泛的，他所撰的《田约》规定，寡妇再嫁应当给予用费。第二个时段，以王安石、司马光、周敦颐和张载为代表的宋儒认为夫妻关系类似君臣关系，这一阶段宋儒对妇女的顺从有着严苛的要求。第三个时段，是以“二程”为代表的时期，他们主张孀妇不仅不可以再嫁，男子还可以出妻。由此可窥见，两宋大儒对于妇女的贞节态度是逐渐收紧的。与此相反的是，在宋代社会贞节观念影响较小，离婚再嫁也是较为普遍的。[①] 陈教授对于新儒学对宋代妇女的态度进行了爬梳，对于宋代妇女贞节观的讨论集中在社会学文化领域内，本文在陈教授研究得出的宋代妇女生活的文化前提下，对在法律规范和司法实践领域内的宋代妇女权利给予更多的关注。

以法律史学科为视域探讨宋代妇女的地位，离不开对于法律领域的整体研究，宋东侠教授的《宋代妇女的法律地位论略》作为其中较为典型的名家之作，通过对妇女涉及犯罪和其丈夫犯罪对妇女不受株连两方面进行讨论，得出宋代妇女地位提高的结论。[②] 其中偏重论述在家庭领域内，家庭成员的罪行和罪责进一步分离。王扬博士的博士毕业论文《宋代女性法律地位研究》一文本文以婚姻、家庭、财产关系、刑事司法为线

① 陈东原．中国妇女生活史 [M]. 北京：商务印书馆，2015.

② 宋东侠．宋代妇女的法律地位论略 [J] 青海师范大学学报（哲学社会科学版），1997（3）.

索，综合考察宋代女性的法律地位。通过研究，他发现宋代女性在婚姻和家庭中享有较高的地位，并拥有较多的财产继承权，以及女性所表现出来的诉讼权利，说明宋代女性有比较高的法律地位，并且解释了宋代女性拥有较高法律地位的原因主要是宋代商品经济的发展、宋代女性文化素质的普遍提高、宋代文化的多元性、宋代女性的职业不仅局限于家庭。[①] 王扬博士对于宋代妇女的关注涉及家庭内外两个方面，研究对象涵盖不同阶级身份的宋代妇女，对于了解宋代妇女的整体形象和社会地位很有帮助。

柳立言先生在其《宋代女儿的法律权利和责任》一文中试图解决两个问题，一是探讨女儿在“立法”领域所享有的权利有没有在“司法”领域得到保障或者受到侵害，二是探讨女儿在“立法”领域所受到的不公平待遇是否能够在“司法”领域得到救济和救济途径为何。柳教授认为女儿的权利以父亲的存亡为分水岭，故而探讨女儿权利与责任的问题时，他划分为两种情况，其一是父亲在世时，在这一时段，基于父亲对于儿女平等的教令权，女儿和儿子的权利和责任基本上不存在什么差异，自其出生父亲有权决定其生死和良贱，不同于儿子的是两个方面，一是受教育权的不同，二是工作收入的不同。在父亲死亡后，女儿的权利主要体现在对父亲财产的承受，其中户绝家庭男二女一分产法和嫁妆得聘财之半等法律的并行、在室女代位继承的法律保障了在室女得生存权和财产继承权。柳教授最后得出结论：司法是妇女解决家庭纠纷寻求公正的主要途径；女儿在“立法”领域得到的权益在“司法”领域得到了保障；民间习惯和法律相互影响，法律内部也会相互影响；在财产纠纷案件里不同身份的女性相对平等；男二女一分产方法是以比例确定兄弟姐妹继承份额的方法；“嫁妆”和“承分”都是名异质同；女子的继承权同时体现在代位继承领域；纠纷集中在财产纠纷领域，体现了宋代经济发达和经济关系的复杂。[②] 柳教授利用规范分析的历史文献分析相结合的方

① 王扬．宋代女性法律地位研究 [D]，北京：中国政法大学，2001.

② 柳立言．宋代女儿的法律权利和责任 [A]. 张国刚 主编．家庭史研究的新视野 [C]. 上海：生活．读书．新知三联书店，2004.

法对宋代女儿的整体法律权利以及其实现程度进行讨论，其分析的过程利用图表进行定量分析，对于本书研究两宋时期同一历史时段不同身份妇女、不同历史时段同一身份妇女的权利实态和变迁提供了灵感和方法。

在父宗身为女儿是基于血缘亲情或者是法律拟制终身取得，而在室女只是大部分妇女所处的一小段家庭身份，对于在这一家庭身份在父宗的财产权利，柳立言教授的《宋代分产法“在室女得男之半”新探》一文中进行探讨。他通过对男二女一分产法学人争论的问题焦点进行总结，探讨男二女一分产法的各种可能性，他从司法书判中剖析案件，从民间应用男二女一分产法的实例，讨论了嫁妆和承分在立法者及司法者心中的异同，从而回应了提出了学人们在宋代继承法领域出现的“在室女得男之半”的特殊分产方法的争议。得出结论，其一，男二女一分产法并没有取代聘财法，而是同时并行。其二，男二女一分产法没有使在室女因此获得家产的继承权，而是作为一种家产分配份额的计算方法被应用。其三，该分产法的产生是由地方性判例，经过长期的司法应用，变成全国性的规范。第四，对于该分产法是否违背了家族法的一般原理，柳教授认为，答案是否定的，原因是一味坚持家族法的原理和规则，忽视了现实生活中存在的大量复杂情况，反倒违背了基本的公平和情理。[①] 柳教授在此文中利用案例分析法，对于现实中法官在不同情况下对在室女家产取得的份额判决进行分析，并且利用数学计算，反推其分产的依据，在分析论证的过程中利用了多种学科交叉的论证方法，使论证更为严谨，得出的结论更为客观真实。

邢铁教授在其《唐宋时期妇女的分家权益》一文中针对妇女在娘家和婆家两个家庭在家产分析和家庭门户的继立中的权益进行了讨论。他认为妇女在娘家时对娘家的家产享有的权益，应当分为两种情况来看，第一种情形是，在有子之家，妇女对娘家家产的权益表现为奁产的所有

① 柳立言．宋代分产法“在室女得男之半”新探 [A]. 宋代的家庭和法律 [C]. 上海：上海古籍出版社，2008：408—494.

权。另一种情况是在无子之家，女儿的分家权益想要最大化，需要招赘上门，否则她最多只能得到娘家家产的二分之一，并且在携产出嫁时，会遭遇本家家族很大的阻力。媳妇在婆家的分家权益比较复杂，在宋代媳妇承产继户主要发生在丈夫亡故的情形下，主要有两种情形，一种是守节继管，一种是招接脚夫。邢教授提出，讨论唐宋时期女性的分家权益，主要目的是弄清楚在这一时期分家的实况，而非借此说明妇女地位的变化。[①]邢教授对于分家情况下的妇女权益的考证是基于客观的历史事实，对于法律规范中呈现出这一时期妇女法律权利扩张抑或是萎缩、妇女分家权利的性质、地位的升降没有进一步的讨论，这是本书在邢教授研究成果的基础上，试图关注的重点。

宋代妇女的贞节观由于在意识形态的禁锢和社会现实的开放之间存在巨大的矛盾，而引发很多学者关注。其中具有代表性的文章是柳立言教授在《浅谈宋代妇女的守节与再嫁》一文中，主要试图回答三个问题：一、宋代是否有新颖的贞节观？二、宋代女子是否普遍守贞？三、守节和再嫁以何种原因为多？柳教授在分析后指出，守节观念并非如同前者学人的观点那般，从宋代开始呈现由宽转严的趋势。原因在于：第一，从观念来讲，在士大夫阶层本身就不存在统一的观念和标准认为不应该再嫁或者再娶。原因是在当时程朱理学经历了由伪学到被解禁的过程，但远没到被推行于世的程度，并被各阶层广泛接受并且内化为行为标准的程度。第二，守贞并未被普通民众普遍接受，原因在于守贞最早是从士大夫阶层被提出，守贞观念渗透到中下阶层需要一个长时段观念的普及。第三，政府并无提倡。由于没有明确文献材料证实宋代政府有制度性奖励、提倡守贞的举措。[②]柳立言教授对于宋代妇女的守节和再嫁问题上对于不同阶级和家庭中的妇女都给予了关注，本书试图在此基础上

---

① 邢铁．唐宋时期妇女的分家权益 [A]. 张国刚 主编．家庭史研究的新视野 [C]. 上海：生活．读书．新知三联书店，2004.

② 柳立言．浅谈宋代妇女的守节与再嫁 [A]. 宋代的家庭和法律 [C]. 上海：上海古籍出版社，2008：211—244.

对于妇女的守节与再嫁中呈现出的有限个体意志进行讨论。

张邦炜教授在其《宋代妇女再嫁问题探讨》一文中具体提出礼教束缚下的贞节观念由宽到严的转折点在什么朝代的问题。他通过宋代改嫁者在各个阶层都存在很多例证。造成这个现象的原因，他认为是：其一，由于有关法律条文的支持，不得再嫁的期限由北宋的二十七个月到哲宗时期的一百天，法律支持可以改嫁的事由，从夫死、出妻到丈夫“离乡编管”“外出三年不归”，以至于“不相安谐”都可以再嫁。其二，社会舆论对于改嫁者并没有谴责。这从当时妇女不反改嫁的选择、“节妇”中不乏再嫁妇女、改嫁妇女仍然是儿子尽孝对象这三方面可以看出。但是存在于一般理念中，宋代儒人学者对于贞节的强调是很严格的。张教授认为事实上并非如此，因为，宋代理学作为儒家的传承者，他们对于贞节的强调是延续前代的。其次，在当时理学家的说教并没有被统治者接受，并且广泛反映在立法上，施行于一般民众的生活中。由此，作者的出结论，宋代并非贞节观念骤长、妇女地位直下的朝代；理学并非当时官方统治哲学和思想；宋代不是中国传统社会开始走下坡路，进入停滞阶段的转折点。① 张教授对于宋代妇女再嫁的问题更多关注的是宋代妇女的贞节观，本文认同他关于宋代妇女贞节观并没有出现迅速收紧的结论，同时将关注的重点放在规范分析下，宋代妇女再嫁权利的法律规定和司法保障，以及守贞与否反映出的宋代妇女的价值观念和有限的个体意志。

本书讨论妇女的婚姻状态发生巨大改变主要指的是其丈夫亡故导致婚姻的终结，因为离异之后妇女的人生选择存在的几种可能性——再嫁、归宗等被涵盖在寡妇的众多人生选择中，没有重复论证的必要。在宋代，成为寡妇并不意味着当然的守贞，那么讨论宋代寡妇地位的升降，对于宋代不同身份的寡妇权利的关注，是十分必要的。宋代守贞虽然不是必然选择，但是有相当数量的妇女基于价值观和现实生存策略等原因，还是会以守贞作为自己的人生选择。守贞妇呈现在法律中的主要权利是立

① 张邦炜．宋代妇女再嫁问题探讨 [A]. 宋代家族史论 [C]. 人民出版社，2003.

嗣权。关于妇女立嗣权的论述多半都是和妇女的继承权及财产权相结合的方式，以白凯教授《中国的妇女与财产：960—1949》为代表，她选取了宋至民国将近千年的时间段，以女性在立嗣和继承问题中所有的权利和发挥的作用，展现出帝制和民国妇女在家庭和宗族中的角色不再是沉默的或是权利残缺的少数，而展现出其在儒家伦理语境下和其身份特征下的财产权利和保护其财产权利的相关规则。她主张将妇女的这些权利置于一个流动的历史背景中去讨论，其中关于宋代妇女的继承权和立嗣权，她不惜笔墨，进行了详尽的论述。她认为以往学者认为宋代是帝制中国的一个例外，其中关于“在室女的男之半”，使得宋代妇女的财产权呈现出畸高的例外情形。同时这也引发了宋代妇女是否有独立的继承权的讨论。她秉持的基本观点是宋代是不存在女儿给半的法律，妇女只有在没有兄弟或者儿子时才有财产继承权。同时，与明清相比宋代没有强制侄子继嗣的法律，故而在继承领域和立嗣领域没有过多的限制。白凯教授讨论传统中国妇女的财产权利，其断代方式是以宋代为开始，以近代为止。之所以以宋代为开端进行断代，她认为是由于宋代的妇女无论是在室女还是寡妇在法律中和现实生活中都存在超高的财产权益，到清末民国之前，妇女的财产权利都呈现萎缩之势。白凯教授认为宋代妇女具有的超高的财产权利是本文讨论宋代妇女较高的家庭身份和地位的基础，本文辅以对宋代妇女其他性质的法律权利的讨论，试图得到宋代妇女整体的家庭身份和地位在传统中国均处于较高的位置。①

宋代的准家庭成员家妓，是中上层家庭中妇女群体的一个组成部分，豢养家妓是宋代财力和社会地位较高的象征。家妓的家庭职能和妾的混同，是家妓成为准家庭成员甚至是家庭成员的主要原因。美国的柏文莉教授的《宋代的家妓和妾》一文中，以妾与媵、婢之间在日常生活中名称的混用来论证宋代家庭中的实际关系与法律条文的制定者的想象存在

① ［美］白凯 著．中国的妇女与财产：960—1949[M]，上海：上海古籍出版社，2007.

着差异。而家妓成为两宋文人家庭生活的一景，纳入了奴婢的身份等级中。这两者的出现使当时的家庭关系出现不稳定的因素，动摇了家庭等级制度，使亲属关系复杂化。[①]本文认同柏文莉教授关于家妓使宋代家庭关系呈现复杂化的前提下，对于宋代司法实践和现实生活中对于家妓的身份和家庭地位进行探究，力图探索家妓和妾在同属于准家庭成员的身份下，讨论家妓现实身份和混同和法律身份的分明之间的背离。

而关于对雇佣人、奴婢和女使等准家庭成员的讨论，归根到底是对于良贱制度的讨论。戴建国教授在其《唐宋变革时期的法律与社会》一书中，对于宋代奴婢制度和女子的遗产继承制度进行了讨论，关于宋代的奴婢，戴建国教授基于立法和文献记载的司法案例来讨论。他认为法律意义上的官私奴婢存在，就意味着良贱制度仍然存在。良贱制度的消亡是一个渐进的过程，在北宋，良贱制和雇佣制的奴婢同时存在，南宋初，贱口奴婢才完全从国家制度中消失。在对于婢妾关系问题上，他认为在宋代存在婢妾身份的混同，在法律规定上虽然壁垒森严地规定了妻妾婢之间的等级悬殊，但是在相关文献记载中，却存在婢妾名称的混用，他认为这反映了宋代婢女身份的提高。[②]本书在吸收戴教授研究成果的基础上，对于宋代立法、司法和现实中婢女的实际家庭职能和权利进行具体研究，试图对宋代婢女家庭地位升高的具体法律表现进行更为详细的探讨。

四、研究思路

不同于全书框架结构的叙述，基本思路是关于一本书内在逻辑和所持理论观点的展现。本书构思伊始，是对妇女在宋代的继承领域呈现出异于前朝和后代的特殊形态产生了兴趣。观之学界对于这一特殊性的解释各持己见，其中甚至一些解释突破了一般认识上的原理性通识，以此

---

① ［美］柏文莉．宋代的家妓和妾 [A]. 家庭史研究的新视野 [C]. 上海：生活·读书·新知三联书店，2004.

② 戴建国．唐宋变革时期的法律与社会 [M]. 上海：上海古籍出版社，2010.

为起点，继续进行探究，发现宋代不同身份的妇女在家庭框架内享有的权利体现出了权能的完整和类型的丰富的特点，由此可见，在家庭框架内，宋代妇女拥有权利的事实是确定的。那么这样的权利事实在法律中的规范性表述和司法中被保障，是否都指向了宋代家庭中妇女地位的提升，带着这样一个问题进行研究，是本文选题的缘起。

探讨法律史学科领域内的问题，既要本于历史研究的文献史料阅读与分析，又要兼具法学学科的方法和理论，本书选取的妇女群体涉及较广，力图穷尽家庭生活中妇女群体的种类，并且对其进行研究和讨论，如果没有一条明晰的主线，那么对于学术研究来讲会失于松散，所幸在广泛的研究对象中也潜藏着不变的主线，即儒家家族伦理观念的贯穿。这为论述宋代家庭中妇女的身份和地位提供了可能性。

本书的研究思路是将妇女置于家族体系中，观察不同身份的妇女在家庭中享有的权利事实和司法如何保障这些权利的实现，从而证明个体权利甚至弱势群体的权利在传统中国存在生长空间及事实。

五、文献的运用

法律史专业的研究是不能脱离一手史料的正确使用的，如何正确使用史料，需要在划分史料类型的基础上，对于各类史料在使用过程中存在的优缺点有深入的了解。对于同类和不同类史料正确的辨别和应用方法，是进行学术研究的大前提。因此，在礼法视野下观察和思考宋代妇女的家庭身份和地位主要依据的史料，本书大致分为六大类：

其一是官修正史、会要、典志、实录、编年体史书等文献。这一类文献史料的共同特点是，官方编撰、传世完整，互相印证所能达到的历史真实性较高。但是同时也存在着关注的群体属于社会精英阶层，记叙的视野是向上的，并且具有很强的政治导向性等不足。在使用此类文献的时候，需要更为关注能够被互相印证的客观历史事实。本书主要使用的官方史料是《宋史》《全宋文》《宋会要辑稿》《文献通考》《续资治通鉴长编》《建炎以来系年要录》《宋太宗皇帝实录》《续资治通鉴长编拾补》《宋史选举志》《皇朝编年纲目备要》《宋史食货志》《宋季三朝政要》《宋宰辅编年录》等。

其二是法律诏令、判例等法律文献。这一类文献是研究宋代关于妇女各方面立法、司法真实状况的基础史料。作为记录法律和司法判决的文献，对于妇女的身份和地位的表述更为专业和规范，但是这类文献史料存在的问题是只能反映进入到诉讼阶段的部分历史事实，立法的依据和司法的倾向性需要借助的是其他类型文献史料反映的文化意识形态和民众生活实态来了解。本书主要使用的专业性法律文献主要是《宋刑统》《宋大诏令集》《庆元条法事类》《天一阁藏明钞本天圣令校证》《名公书判清明集》等。

其三是经学、理学、儒学类文献。由于主流观点认可的中国传统法律体系为礼法体系，礼制更大的作用是为人们日常行事提供指南和标准。本书的研究对象都是身在内闱的妇女，她们的身份定位和与父宗及夫宗的亲属关系很大程度上是通过礼制规定来展现的。这类文献史料与正史类文献史料具有相似的问题，由于面对的对象是统治阶级以及社会中上层，有经济实力和文化修养的阶层会视之为行事指南，一些普世的礼制标准会通过不断向下渗透对于整个民族意识形态的构建有帮助，但是其中大部分内容是不能够在平民阶层得到完整展现的，因此需要结合法律类专业文献和笔记小说等全面了解宋代妇女真实生活。本书使用到的礼制文献主要包括：《礼记集解》《礼记训纂》《周易注》《礼记训纂》《礼记质疑》《尚书后案》《校订朱子家礼》《朱子全书》《礼记训纂》《礼书通故》《郑氏礼记笺》《周易程氏传》《大戴礼记汇校集解》《礼记质疑》等。

其四是宋代的类书。《册府元龟》与《太平广记》《太平御览》《文苑英华》合称“宋四大书”，而《册府元龟》的规模，居四大书之首，数倍于其他各书，作为政事历史百科全书性质的汉族史学类书，其中记录了历代名臣官宦的仕途和家庭生活，其中涉及家庭生活的内容为了解宋代士大夫阶层家庭中的妇女生活提供文献支撑。《太平广记》是古代汉族文言小说的第一部总集。宋代人编的一部大书。取材于汉代至宋初的野史传说及道经、释藏等为主的杂著，属于类书。因成书于宋太平兴国年间，与《太平御览》同时编纂，所以叫做《太平广记》。《太平广记》的分类，的确便于检查，也很有研究的价值。书中神怪故事占的比重最大，可以看出宋初文化学术的一种倾向，从文化学术领域对于宋代关于妇女相关问题的主流意识形态，有一个全面的把握。《文苑英华》宋刻本现在仅存残本。全书一千卷，上继《文选》，起自萧梁，下讫晚唐五代，《文苑英华》中收录不少诏诰、书判、表疏、碑志，还可以用来考订史实。和赵宋礼法是承接关系，有助于了解与宋代妇女有关的立法、司法状况，以及与前朝之间礼法的延续和差异。

其五是宋人文集、宋代笔记史料、宋史材料汇编等文献。这一类文献史料的记述方式与史书有所不同，抛去了传统史书中政治导向性较强的宏大叙事，这类文献更为关注的对象是中下层民众与个体。这是更全面了解当时社会中妇女实际生活情况的来源。这类文献会由于其文学性、艺术性和教育性可能导致对事实描述夸张和失真，但是这样的失真是在有限范围内，建立在现实的基础之上，使用的时候需要掌握较为客观的标准和尺度，这就需要通过结合法律类专业文献和正史记述的历史背景来进行。本书涉及的相关文献有《夷坚志》《容斋随笔》《东京梦华录注》《括异志》《宋人轶事汇编》《宋才子传笺证》《宋代传奇集》《欧阳修全集》《苏轼年谱》《刘克庄集笺校》《苏轼文集编年笺注》《建炎以来朝野杂记》《孔氏谈苑》等。

第六类是家训和《官箴书》类文献。袁采先生作为传统中国同情妇女的儒者的典型代表，其所著的《袁氏世范》一书的论理并不像其他古代修身齐家的书那样古板正统，相反，他思想开明，甚至敢于反传统。他是从实用和近人情的角度来看待立身处世的原则的，《袁氏世范》共三卷，分《睦亲》《处己》《治家》三篇，对于家庭内各种关系如何相处、如何修养自身、如何处置家庭事务等内容记叙非常详尽。《睦亲》论及父子、兄弟、夫妇、妯娌、子侄等各种家庭成员关系的处理，具体分析了家人不和的原因、弊害，阐明了家人族属如何和睦相处的各种准则，涵盖了家庭关系的各个方面。《处己》纵论立身、处世、言行、交游之道。《治家》基本上是持家兴业的经验之谈。以《作邑自箴》《州县提纲》《昼帘绪论》等为代表的官箴书，官箴书中记载了大量有关地方政治、经济、法律、社会风俗等方面的第一手材料，这些史料存留了很多基层民情的细节，为全面了解宋代妇女的生活全貌提供文献支撑。吸纳上述材料有助于了解在宋代的不同时空条件下妇女的生活实态，将这些基层妇女的生活样貌与礼法规定中的妇女权利、司法中妇女的权利保障结合来看，使宋代不同身份的妇女形象更加丰满完整。

六、研究方法及可能的创新点

本书的研究方法是以文献分析法为主进行研究。在搜集、鉴别和梳理相关的原始文献和典籍基础上，力求在尊重历史事实的前提下，对礼法视野下宋代妇女的身份和地位问题进行学理的分析。

学术研究，首在创新。可创新对于人文学科实属不易。就一个初学者而言，有可能的突破必须在学界已有的基础上，辅之以扎实的史料基础，于自己研究的体悟上，于此问题有所推进。本书称得上尚可的创新点主要有以下几个方面：首先，在选题上，以往对宋代妇女问题的考察多集中在某一具体的权利类型或某一身份群体为中心探讨，而本文的研究重点是处于家庭系统内不同身份的妇女不同质权利的整体关注；其次，在深挖史料、考订史事的基础上，本书着眼于身份与权利，以妇女为考察的主体，浅窥妇女的个体权利事实；再次，在文章具体内容上，本书在儒家身份伦理的背景下，通过论述立法和司法中妇女的权利，力图从传统中国的本土问题研究中寻找妇女权利的生长空间和内在逻辑。

第一章　在室女的法律地位

蒲坚教授对于在室女的分类有两种，一种是在父宗尚未出嫁的女子，一种是已经出嫁但是由于离异或者其他情形而归父宗的妇女。[①] 以宋代来论：在室女在宋代法律中单指未出嫁的女性，已出嫁而还归父宗的妇女被称为归宗女。以《宋刑统》中户绝财产分配为例，“臣等参详，请今后户绝者，所有店宅、畜产、资财，营葬功德之外，有出嫁女者，三分给与一分，其余并入官。如有庄田，均与近亲承佃，如有出嫁亲女被出，及夫亡无子，并不曾分割得夫家财产入已，还归父母家，后户绝者，并同在室女例，余准令敕处分。”[②] 可见法律对于在室女和归宗女的划分是很明确的，在财产上其各自可主张的权利份额也是不同的。同时，在儒家经典《孟子正义》中有云“处子，在室女也”[③] 也可窥见，在室女的范围应当被限缩在未出嫁的女子中。

第一节　在室女的范围

蒲坚教授对于在室女所下的定义的思路是值得借鉴的，沿着在室女

---

① ［唐］杜佑 撰．王文锦．王永兴．刘俊文．徐庭云．谢方 点校．通典 [M]. 卷第八十四·礼四十四·沿革四十四·凶礼六·丧制之二·始死服变．北京：中华书局，1988：2281：“女子子许嫁、成人在室，父卒为母，始死，去首饰而骨笄纚，不徒跣，不扱上衽，不踊哭，拊心无数，素总髽以麻。母为长子、继母为长子、妾为君之长子，与在室女子子父卒为母同。”

② ［宋］窦仪 等 撰．吴翊如 点校．宋刑统 [M]. 卷第十二·户婚律·十门·户绝资产．北京：中华书局，1984：198.

③ ［清］焦循 撰．沈文倬 点校．孟子正义 [M]. 卷二十四·告子章句下·一章，北京：中华书局，1987：810.

的分类和权利来看在室女的概念，也是本章的逻辑线索。以现代法学视角分析《宋刑统》中有关于在室女的法律规定，可以窥见宋代在室女可被分为血亲在室女和法律拟制在室女两种大类型，血亲在室女，因其具有父宗血统，基于血缘关系成为父宗家庭体系中的一员。在此，妻生女和妾生女，甚至婢生女均可被称为在室女，基于其父系血缘和家庭成员及准家庭成员的母亲身份，其出生即获得在室女身份。另一类的在室女可被称为拟制血亲的在室女，这类在室女又分为两个小类，一为抱养女，一为别宅女。其中抱养女的身份是基于与父宗之间的扶养亲情而获得，别宅女虽然具有父宗血统，但是其母亲并非父宗获得礼法承认的家庭成员、准家庭成员，故而待其入籍之后，才能获得血亲在室女的身份。

讨论在室女的范围是厘清其权利和地位的前提，血亲在室女因其具有父亲血统为前提，其是否具有在室女的身份和权利主要看其母亲是否具有家人的身份。其中合于礼法迎娶进门的妻子，所生具有其丈夫血统的女儿被称为嫡女，是毫无争议的在室女，在享有家庭抚养资源和议婚之时都具有超出其他类型在室女的地位。拟制血亲在室女，则是以其原本出身为限，不具备良人身份的养女在立法意义上是不被承认的。故此，以下针对这两种类别下的女子是否是具有在室女的身份，进行论证：

一、妻生女

宋律中规定了在夫宗家庭中妇女的分类是为妻、妾、媵、婢。妻是婚书礼聘进门，主中馈、承担血脉延续和辅助丈夫祭祀等职能者。《白虎通》中有云："妻者，齐也，与夫齐体。[①] 而仪礼中对于夫妻关系的描述是："夫妻一体也，夫妻牉合也。"[②] 妻子在与丈夫被并称，是家庭中具有礼法认可的较高身份的妇女，"嫡子称其父母并加亲字，称亲

① 刘俊文 撰. 唐律疏议笺解 [M]. 卷第三·名例·27 犯徒应役家无兼丁. 北京：中华书局，1996：279.

② 刘俊文 撰. 唐律疏议笺解 [M]. 卷第三·名例·27 犯徒应役家无兼丁. 北京：中华书局，1996：279.

父亲母；若妾生之子则称父之嫡妻为嫡母，而称己母为亲母。”[①] 此处讲庶子应包含庶子女，因从称呼上可见嫡母位尊。从礼法上来讲，媵妾所生子女对正妻所服丧亲等也较重“庶子服出嫡母”[②] 庶子女不仅为嫡母服丧，而且对嫡母母家有服制者也应服丧。

《宋刑统》中规定；“妻者齐也，秦、晋为匹。妾通卖买，等数相悬。婢乃贱流，本非俦类。”[③] 可见妻、媵、妾、婢之间身份等差悬殊是受法律确认的，那么妻生女与媵妾生女、婢生女是否均在本书讨论的在室女的范畴，她们之间身份和权利是否存在异同呢?

在传统中国，嫡庶之分对于一个家庭中的儿子身份和权利的差别影响较大。嫡子承担宗祧继承的职责，和与之相关的身份权利。庶子在嫡子在世的时候只享有家产分析权。这样的差异在宋代也是区别分明的。宋代妻生在室女和庶女之间的身份和权利的差异，更多的是体现在其婚姻选择权上，在宋代的婚帖上对于女方个人基本情况的记述包括其嫡庶、长幼和嫁夌等内容，这些内容显然是影响其被选择的主要影响因素。《宋刑统》针对在婚嫁时可能出现的嫡庶、长幼妄冒的情形也作出明确的规定和惩处。[④] 甚至当嫡庶尊卑身份不相称的双方为婚，对于当时民众的普遍观念是一种挑战：于頔镇压叛军吴少诚，镇压成功之后，他扩张军备和军队人数，同时让奸生子逼迫判官薛正伦将其嫡女予其婚嫁，一度造成了当地民怨沸腾。由此可见双方身份的差异悬殊，不应为婚的观念植根于普通民众的意识中，嫡女在婚嫁方面的优势地位由此

① ［清］梁章钜 撰．冯惠民．李肇翔．杨梦东 点校．称谓录 [M]. 卷二・生母．北京：中华书局，1996：20.

② ［清］皮锡瑞 撰．吴仰湘 编．郑志疏证 [M]. 卷五・仪礼志．北京：中华书局，2015：326.

③ ［宋］窦仪 等 撰．吴翊如 点校．宋刑统 [M]. 卷第十三・户婚律九门・婚嫁妄冒．北京：中华书局，1984：215.

④ ［宋］窦仪 等 撰．吴翊如 点校．宋刑统 [M] 卷第十三・户婚律・九门・婚嫁妄冒．北京：中华书局，1984：214.

可见。[①]

在相关的礼法规定中可知，平民在室女的嫡庶是其婚嫁中选择和被选择的主要影响因素，在宗室贵族婚姻中这样的差别会更为明显。为宋哲宗选立中宫皇后的过程中，引发了关于皇家、宗室、士大夫婚姻的礼法讨论：选立皇后的人选中以狄谘家女最为合宜，其女入选称作是狄谘家妻生在室女，但是实际上是为狄谘兄弟的庶女，即过房给狄谘作其妻之女。其本生为庶，因过房发生身份变更，成为嫡女。

由于狄谘家为士家名门之后，门第与皇室相称，故而狄家女入选皇后身份合宜，所拟皇后人选家境虽可，但是由于该女本生为庶出，因其本家嫡母性情悍妒，被逐出本生家庭，由其伯父收养。那么从血缘上来讲她是为庶生，但其三岁即被过房收养，从律法规定来讲收养三岁以下婴孩，从其姓，视为亲生。从血缘上来讲，其本生父母均在，实质上该女为庶女。那么究竟该如何认定她的身份呢。大臣吕大防认为，可以认定该女为狄咏女，由该女本生父亲狄咏主婚。太皇太后认为，如果依次认定，那么她三岁过房的身份又该当何论？并且如果这样，该女就为庶出，没有成为中宫的资格，王严叟认为依据礼法，中宫应为妻生嫡女，并且狄家女本为庶生，又为过房，三母皆存，身份封赏都会十分繁复，不成规矩。苏颂则认为依照前朝旧制，唐朝封后多是由妃位进封，而非直接娶立。严叟认为这不类当下情形，不能被援引为前例。吕大防认为春秋时封后也有妾妇之女进封的先例，严叟反驳，当下士大夫家娶亲都要求对方为嫡出在室女。严叟和吕大防以及刘挚讨论时提到，该女在礼法上有三个母亲，那么来日加恩封赏怎么算？苏颂提出，是不是可以朝廷官方确认该女身份。刘挚则不以为然，亲生父母，血缘既定，朝廷怎可妄加干涉伦理亲情。忠彦认为，现下的困境先解决了，再论以后。严叟持不同意见，认为现在不解决这个问题，留待以后仍旧会生事端。故

① ［宋］王钦若 等 编纂．周勋初 等 校订．册府元龟 [M]. 卷第四百五十四・将帅部（一百十五）・豪横，南京：凤凰出版社，2006：5105.

而将群臣讨论的结果据称奏章之上，注明该女是为妾妇之女，并且为此再寻旧例。

群臣集议两日以后，针对太皇太后的疑虑——男子可以被出继，而女子不可以被过房收养，吕大防等向太皇太后进呈《左传》灵王求后之事例，认为灵王求后时，齐国开列宗室女子，称妾妇之女有几人。可见妾妇之女是有入主中宫的资格的。再引本朝明德皇后例，明德皇后晋皇后位，加封其嫡庶两位母亲。严叟认为前者是由于求娶之人要求，故而主人家开列详细明白，并非说定会求娶庶女的意思。后者是太祖为太宗纳妃的例子，不可作为封后的前例。刘挚认为仪礼应当叙明女家外祖三代，那么此项外祖事如何罗列，也是麻烦。太皇太后斟酌认为，既然如此，就别行选立。吕大防担心此事为外人知晓，严叟认为采择之事本就范围广大，不为狄女一家。此事延宕至第二年开春，仍旧没有定论，吕大防仍旧想促成狄家女之事，严叟坚决否定，此事才最终罢休。

为哲宗立中宫事中，群臣过房庶女的身份讨论，涉及主流礼法观念对宗室婚姻和士族婚姻对嫡庶在室女的观点。其中关于“男可出继，女无过房”的观点，说明了嫡女的范围是很小的，即便是同宗同族范围内的收养，也无法改变在室女本生的嫡庶身份。而士大夫择媳仍求嫡女的讨论，也证明了嫡女和庶女在婚嫁问题的选择范围大小是有区别的。故而妻生在室女的身份资格是为符合礼法规范的夫妻，具有直接血缘关系的女儿。这类在室女在婚嫁中享有更明显的优势，在礼制规定中其身份高于其他类型的在室女，这是确定无疑的。

二、媵妾生女

所谓媵妾之别，在春秋战国时最为明晰，即“世妇谓夫人之娣，妻谓二媵，妾谓二媵之姪娣”[①]，时至唐宋，媵妾制度已经名存实亡，

① ［清］黄以周 撰．王文锦 点校．礼书通故 [M]. 第六・昏礼通故．北京：中华书局，2007：274.

立法中有媵之名，在实际生活中妾的身份和称呼已经替代了媵，二者之间的身份和地位已经没有先秦时那么泾渭分明。那么谈到媵妾之女，在宋代本质上就是妾之女。由于在宋代，妾虽通买卖，[①]但是娶妾仍立婚契[②]，由此可以看出，妾为宋代礼法承认的夫家家人。妾生之女就理应在家人之列。《礼记》中关于服制的规定："士妾有子而为之緦，无子则已。注：正义：'丧服云"大夫为贵妾緦"，是别贵贱也。'"[③]从士大夫为有子女贵妾的丧服亲等可以看出，贵妾因承担部分妻子的职责——生育子女，获得次于妻子的服制亲等关系。

妾生子被称为庶子，在嫡嗣子在世的情形下只有继产继承权，获得均分家产的权利，在正妻没有生育嫡嗣子或者嫡嗣子死亡的情形下，获得承嗣的权利。由于传统中国的父权家长制，女子没有承嗣权，所以相较庶子而言，嫡女和庶女之间权利的区别主要体现在三个方面，即受教养程度、妆奁及特殊情况下继承的份额、婚嫁时夫家的地位。而这三个方面并非立法规定的差异悬殊,而是根据其父亲对于其喜爱程度有增减。故而只要理论上被认定为在室女,其拥有的法律权利类型是基本一致的,不同的是程度的参差，这一差别在司法案例中能得到清晰的体现。

值得注意的是，在宋代生活中存在妾婢名称混用的情况，在当时对妾的称谓更多的是小妻和贵妾。法律规定的妾和实际生活中被称作的妾应当有所区别，从礼法层面分析妾和婢的身份，是认定其女儿的身份和地位的基础。

① ［宋］窦仪等 详定．岳纯之 校证．宋刑统校证 [M]. 户婚律．婚嫁妄冒．北京：北京大学出版社，2015：182.

② ［宋］窦仪等 详定．岳纯之 校证．宋刑统校证 [M]. 户婚律．同姓及外姻有服共为婚姻．北京：北京大学出版社，2015：186.

③ ［清］朱彬 撰．饶钦农 点校．礼记训纂 [M] 卷十五·丧服小记第十五．北京：中华书局，1996：502.

三、婢生女、部曲生女、客女生女

宋代认为奴婢"本非俦类"[①]，其在法律上的身份和地位类比具有经济价值的货物和畜产，在继承领域是可以被继承的对象。而部曲与客女的身份与奴婢类似，同为贱民阶层。但是她们的身份并非恒久不变的，经由主人"放良"可以获得良人身份，即"放奴婢为良及部曲，释曰：部曲见在第六。客女者，并听之，皆由家长给手书，长子以下联署，仍经本属申牒除附。"[②]家长手书放良文书，其长子联署，奴婢、部曲与客女皆可得良人身份。

奴婢、部曲、客女与良人为婚生女，其女子是否为良人身份，是判断其是平民在室女抑或是贱民的依据。[③]具体而言，奴婢、部曲、客户生女有三种情形，这三种情形下其女身份各有不同：其一，奴婢、部曲与客女与"同色人"为婚姻，即"若元取当色为妇，未是良人，留充本色"[④]，生下子女自然为贱民，因其双方均为贱民阶层。其二，这三类人与良人成婚生女，所生之女是否为良人阶层在室女，要从良人的主观心态来看，若良人在情知对方为奴婢、部曲、客女的情形下，仍与之完婚生女，其女随同这三类人的身份，是为贱民。同时，良人与奴婢、部曲、客女生女之后一年后，虽称不知情，但推断其为知情，所生之女同良人知情法论处，身份为贱民。其三，若良人被欺瞒，不知其为贱民，那么所生之女从良人身份，生而为良人。

还有另一种特殊情形是，奴婢、客女已经放良，那么本主娶为妾，

① ［宋］窦仪等 详定．岳纯之 校证．宋刑统校证 [M]．户婚律．婚嫁妄冒．北京：北京大学出版社，2015：183.

② ［宋］窦仪 等 撰．吴翊如 点校．宋刑统 [M] 卷第十二·户婚律·十门·放良压为贱．北京：中华书局，1984：195.

③ ［宋］窦仪 等 撰．吴翊如 点校．宋刑统 [M] 卷第十四·户婚律·六门·主与奴娶良人．北京：中华书局，1984：226.

④ ［宋］窦仪 等 撰．吴翊如 点校．宋刑统 [M] 卷第十二·户婚律·十门·放良压为贱．北京：中华书局，1984:195.

该行为是否合法，如果合于法意，其女自然为良人在室女。《宋刑统》针对这种情况有相关解释是，一经放良或者其自赎为良之后，本主留为妾室本为无罪，那么其生女身份是为良人在室女。①

综上所述，奴婢、部曲、客女所生之女身份不定，其女为良人的情况有以下两种：（1）奴婢、部曲、客女与良人为婚，良人不知其真实身份为贱民，所生之女从良人为良人在室女；（2）奴婢、部曲、客女自赎或经放良之后为妾者，所生之女为良人在室女。其女从贱有以下三种情形：（1）若其同色为婚，双方均为贱民，生女为贱民；（2）若与良人为婚，良人知其真实身份，生女为贱民；（3）与良人为婚民，生女一年之后，推断良人知情，其女为贱民。

四、养女

养女与其他类型的在室女身份有所不同，其身份的获得是基于抚养关系产生的拟制血亲关系。养女是否当然为在室女，答案是否定的。那么宋代礼法规制下的什么身份的养女可被称为在室女，什么情形下的养女无法取得在室女的身份，以下详论之：

（一）良家所养同宗及异姓良女

《宋刑统》规定在收养异姓女儿和遗弃女婴的情况下，是不问罪于其收养之家的。与收养子不同，女子不属于继嗣和祭祀的主体，不存在“异姓乱宗”②的问题，故而收养非同宗异姓女是礼法允许的。同时，在宋代，收养同宗之女较为常见，士族养女为攀附权势者居多，那么平民养女意欲何为？

养女在宋代有一特殊现象，即养女为求赘婿。两宋时期，战乱不断，

---

① ［宋］窦仪 等 撰．吴翊如 点校．宋刑统 [M] 卷第十二·户婚律·十门·放良压为贱．北京：中华书局，1984：195.

② ［清］沈家本 撰．邓经元．骈宇骞 点校．历代刑法考 [M]．寄簃文存卷三·说·变通异姓为嗣说．北京：中华书局，1985：2118：异姓乱宗之禁，自唐以来，并于律内着有明文。

养女被当做投资的手段，一家甚至可养十数名养女，为的是求娶赘婿，赘婿从军，一女可招赘婿数人，衣粮入已。养女作奴婢使唤，日夜纺织不得休息。同时平民之家的养女还有可能面临被逼迫为娼妓的命运，养女在良家为良家在室女，若一经出卖或为娼妓贱民也未有可知。

除却养女为着一己私欲之外，也有养女为怜贫恤幼者，对家贫孤幼的女子，有品德和经济能力者，收养为女，为之行教养、婚嫁之责，可以称为民间救济的善举。这种情形在宋代战乱频发，平民无以为家的背景下时常出现。

（二）良家所养贱民之女

对于良家所养的贱民身份的女子，法律分为两种处置方法：若其女身为杂户、官户身份，该女不能成为良家养女，并且良家会因此受到刑罚处置。如果该养女是部曲奴婢的身份，要视其是谁的部曲奴婢，若是他人部曲奴婢，养女无资格成为良家女，若为自养、无主部曲奴婢则听其从良人身份，为良家养女。而在当时的现实生活中，士族自养婢收为养女，用以攀附权贵，并不鲜见。

法条对于良家养贱民之女处罪的法理解释是，如果部曲、奴婢养次于其一等的贱民——杂户、官户女子为养女的，依照《名例律》的规定，部曲、奴婢参照良人处刑。由此可见，部曲奴婢收养杂户客户之女是为违法，其女不具有合法的养女身份。

故此，在良家所养贱民之女的情形中，良家所养自家奴婢、部曲之女可被视作合于礼法的养女。而以下几种情况不可视为合法养女：（1）养非自家奴婢、部曲之女；（2）养杂户、官户之女；（3）奴婢、部曲养杂户、官户之女类同良人养杂户、官户女。

（三）女尼、娼妓为养女

宋代女尼养女，其养女都不入籍，导致当时天下户口亡佚甚重，借口入僧道，实为脱户行，如果其并非诚信修道，而是借修道之名行脱户之实，那么应当强制其还俗。应当官方强令禁止僧尼徒养女的行径。

宋代社会士族大家等精英家庭豢养家妓已经成为流行文化的一部分，家妓进入这些家庭之后，除却以其音乐、舞蹈等艺术才能在其服务的家庭中娱乐家庭成员，还有可能获得妾或者养女的身份，从法理上讲，娼妓贱民不得成为良人养女，但是实际生活中，有以养女之名，行买卖妇女之实的情况。宋代一女名为郝节娥，初始为娼妓之后，被卖予良家，良家教令其良家女子职能，却卖其为娼，此女子不愿再为娼妓，招致打骂。可知所谓养女之名实为转买转卖更为方便。

五、别宅女、奸生女

所谓别宅女，是不与其生父同居同籍的女儿。在唐天宝之后，别宅子女的诉讼层出不穷，造成别宅女的原因主要是：其一，是与男子因奸私生女，所谓奸生女；其二，其母为出妻弃妾；其三，是男子别宅所娶妻妾生女。这几种情况较为常见，故而法令中有列举。针对这种情况，其父在世时，根据其父的经济能力以及对其母及女得喜爱程度，可能给予不同程度的抚养关照，真正引发纷争的是其父死后，对于其父之家，别宅女身份真伪难辨，故而常常有冒名者以及诬赖者图谋家财。针对这种情况，官方的态度是，首先要认定其血统身份，是否可以入籍，才接受其相关的诉讼请求。而对其是否可以入籍的审查权，官府是交由其父家行使的，即对于声称其为别宅女，主张权利的，如果不入籍，官府对其诉求不理不断。因此，是否能够入籍是别宅女能否成为礼法承认的在室女的标准。

《宋刑统》中有关于奸生女的身份规定：良人相奸的话，奸生女随父为良；良人奸杂户、官户等贱民，或者贱民相奸者，奸生女随母身份为贱民；而杂户、官户等贱民奸良人者，所生之女则为良人；部曲和奴奸主人缌麻以上身份亲属的妻子和奴奸良人的，其奸生女没官。由于奸生女属于立法规定的别宅女的范畴，故而结合对别宅女的规定，具有良人身份的奸生女，一旦入籍，即可被承认为在室女。

以上是对在室女范围的论证和划分，排除血亲在室女和拟制血亲在室女中身份不合礼法规制者，属于本书讨论的在室女大致可分为以下几种：（1）妻生女；（2）合法聘娶的媵妾生女；（3）良人不知情下与奴婢、部曲、客女所生之女；（3）良人与自赎、放良后纳为妾室的奴婢生女；（4）良人所养良家女；（5）良人所养自家奴婢、部曲之女；（6）入籍之别宅女。

第二节　礼法规定在室女的权利

由于血亲在室女是其父亲和其妻、媵妾、婢这几种属于父宗家庭成员所生，基于出生获得相应的家庭身份和地位，故而，法律规定的其身份关系以及与基于身份获得的法律地位。而抱养女与之情况殊异，其取得身份的方式是法律拟制，尽管别宅女可能具有其所属父宗的血缘关系，但是由于其母亲身份是不受礼法确认和规定的，故而本文将其归入拟制血亲在室女，其所谓拟制，非拟制父系，而是拟制家人。她们之间出身的差异，造成其身份的差别，最终取得权利也有不同之处。但是不能否认的是无论是血亲在室女还是法律拟制的在室女，一旦获得礼法确认的在室女身份，就具有共同的法律地位。故而，本书的讨论首先将视野聚焦在礼法确认的在室女共同的权利内容：

一、宋代在室女的生存权

在室女的生存权是指其出生之后不被遗弃、溺杀，获得抚养的权利。溺女婴和遗弃女婴虽然不是宋代一朝的特殊现象，但是宋代对于此种现象在官方法令遏制和救济制度是历朝所不及的。在讨论生存权之初，应当首先明确溺杀女婴和遗弃女婴的原因，针对这些原因提出解决方案是国家施行相关法令和正向的教育宣导的前提。

（一）宋代在室女生存权保障的必要性

不仅是宋代，遗弃和溺杀女婴的情况贯穿各代历史，其共同原因在于当时主流价值观认为妇女不是血脉传承和祭祀祖先的主体。而在宋代由于其战乱不止，身存成本增加和士庶婚姻成为主流，导致的嫁资飞涨，经济能力的考量成为宋代在室女生存权的巨大威胁，参阅宋代相关典籍，宋代在室女被溺杀和遗弃的原因主要有以下两种：

1. 在宋代生养女子所付出经济成本巨大

对于生女养女所花费的巨大经济成本，《颜氏家训》上已有透彻的说明，他详细描述了家有媵妓一旦诞女，其女将会被如何处置，“若生女者，辄持将去，母随号泣，使人不忍闻也。”① 柳立言教授在讨论宋代女儿的法律权利和责任时提到：宋代“生子不举”的现象较为严重，因为随着宋代土地制度的变化，政府不再授田，男口仅作为纳税和服役的对象，男口的增加不意味着国家授予田产的增加，仅仅意味着赋役的加重。相反，女口是不作为赋役的对象的。从这个意义上来讲，在父宗的儿子义务是重于女儿的。② 但值得注意的是，从另一个方面来讲，男子虽然带来了赋役的压力，同时男子终身归属于父宗，男子无论在抚养父母尊长和带来经济效益方面都是女子所不可比拟的。

同时，随着“生子不举”的现象造成朝廷税赋、兵役的问题之后，宋代官方已经给予这个问题充分的重视，在相关法令中对这种现象严令禁止，并且以相关的措施减轻平民赋役。大理寺丞向皇帝面呈之后，皇帝严令民间生子之后遗弃和杀害。宋高宗也曾晓谕大臣：上天有好生之德，现在民众因为生儿子要多缴纳税赋身丁钱，故而导致生子不举的问

① ［北齐］颜之推 撰．张霭堂 译注．颜氏家训译注 [M] 治家第五．济南：齐鲁书社，2009：26.

② 柳立言．宋代女儿的法律权利和责任 [A]．张国刚主编．家庭史研究的新视野 [C]，上海：生活．读书．新知三联书店，2004：160.

题，这种情形的发生，实在让人心生怜悯。[①] 至仁宗时，从蔡襄所上奏表中可以看出，首先，生子不举的现象并非孤例，在当时是较为普遍的现象；其次，其原因是为了逃避赋税和身丁带来的沉重压力；再次，赵宋自仁宗之后皇帝对此都有针对性的相关减免赋税的政策颁行。不仅中央政府，宋代的地方也有清明的执政者对这种陋俗予以禁止。由此可见，官方不论是出于其人口、赋税、兵役政策的考量，还是出于对优化民风民俗的宣导，对于男婴的生存权保障力度是很大的。

反观女子在平民家庭的地位，在孔凡礼所撰写的《苏轼年谱》中被提及，在宋代民间惯例是若已有两儿一女即不再生养，但是由于古代没有科学有效的避孕方式，故而如果超出其抚养能力的婴孩降生，只能采用溺杀和遗弃的方式处理。书中还提到“尤讳养女”，可见在宋代女婴降生不仅不意味着其当然具有活命权，甚至其出生之后能够得到养育，是概率事件。而从一些民间俗语也可看出，在以经济能力为首要考量的平民之家，女子的出生是不受欢迎的，在代表平民艺术的戏曲中，生女自嘲是“赔钱货”，应当是反映了平民社会的现实的。

在宋代养女“赔钱”主要体现在两个方面，一则是女子在室期间较短，而且其在室期间是需要完全依赖父系家庭的养育，而本身基本不具备产生经济价值的能力。前文说道女子十五岁被称为及笄，可以嫁作人妇，十五岁之前都处于婴幼儿和短暂的少女时期，其在父家创造的经济价值是织纳为数不多的绢，以为身丁钱[②]，仁宗皇祐时确立以绢折纳身丁钱，随着南宋经济的发展，至徽宗大观时期绢的价格上涨，和“军兴丁少”的状况，随后纳绢的数目逐渐减少。以丁绢论，宋代平民人家的在室女可创造的价值虽然随着商品经济的发展不断攀升，但是在其婚嫁时，其父亲会面临一笔巨大经济支出——嫁奁。

① 汪圣铎 点校．宋史全文 [M] 卷二十一中・宋高宗十四．北京：中华书局，2016:1693−1694.

② 汪圣铎 点校．宋史全文 [M]. 卷十七上・宋高宗三．北京：中华书局，2016:1168−1169.

2. 宋代婚姻重财

宋代婚姻制度中一个异于前朝和后世的特点——婚姻重财。往往女家在给女儿配备极重的妆奁嫁资。针对这种现象，大臣奏请宗室裁减婚嫁所费嫁奁、聘财，做出规定。[①] 在《颜氏家训》中对于婚姻重财的现象予以批评，认为婚姻不问士庶，专一重财，是家风变坏的开始。[②] 司马温也认为，婚姻重财与鬻女无异，生女不举，也多是由此开始。[③]

而在当时，婚姻重财的现象不仅通行于士族豪门，而且在平民阶层也是如此，[④] 两宋时期嫁女陪送的嫁妆之数极高，许多无力置备高额嫁妆的女家甚至因此无法嫁女。在两宋朝不仅初婚如此，再嫁时携高额嫁妆，枉顾其身份，亦被时人所喜，“适里中王氏有妾议出嫁，资装三百千金，贪其财即纳为继室。”[⑤] 宗室女尚且如此，贫民女子的婚姻常因此而被推迟耽搁，诚如苏轼所说：“贫家养女嫁常迟。”[⑥] 除此之外，可见宋代男女家正式草帖[⑦]，如下：[⑧]

---

① ［宋］李焘 撰．上海师范大学古籍整理研究所 华东师范大学古籍整理研究所 点校．续资治通鉴长编 [M]. 卷四百三十七・哲宗・元祐五年．北京：中华书局，2004：10526–10527.

② ［北齐］颜之推 撰．张霭堂 译注．颜氏家训译注 [M] 治家第五．济南：齐鲁书社，2009：26.

③ ［清］李文炤 撰．赵载光 校点．家礼拾遗 [M]. 卷之三・昏礼・亲迎．长沙：岳麓书社，2012：630.

④ ［宋］李心传 撰．建炎以来系年要录 [M]. 卷一百九十八．北京：中华书局，1988：3336.

⑤ ［宋］洪迈 撰．何卓 点校．夷坚志 [M]. 夷坚志三补・梦前妻相责，北京：中华书局，2006：1807.

⑥ ［宋］苏轼 撰．［清］王文诰 辑注．孔凡礼 点校．苏轼诗集 [M]. 卷二十五・古今体诗五十一首・王伯敭所藏赵昌花四首・芙蓉，北京：中华书局，1982：1335.

⑦ ［宋］孟元老 撰．邓之诚 注．东京梦华录注 [M]. 卷之五・娶妇．北京：中华书局，1982：143：“凡娶媳妇。先起草帖子。〔一〕两家允许。然后起细帖子。〔二〕序三代名讳。议亲人有服亲田产官职之类。”

⑧ ［宋］孟元老 撰．邓之诚 注．东京梦华录注 [M]. 卷之五・娶妇・草帖子．北京：中华书局，1982：146.

女家草帖正式

某某州某縣某官
一三代
曾祖　某　某官
祖　某　某官
父　某　某官
一本宅某位幾小娘子某年某月生
一母姓氏
一奩田若干
一奩具若干
右見議親次
月　日　草帖

女家草帖正式　某某州某县某官　一三代　曾祖某　某官　祖某某　父某　某官 一本宅某位几小娘子某年某月生　一母姓氏　一奁田若干　一奁具若干　右见议亲次　月　日　草帖

男家草帖正式

某某州某縣某官宅或云寄居
一三代
曾祖　某　某官
祖　某　某官
父　某　某官
一本宅幾宣教某年某月生
一母姓氏有封號則具
右見議親次
月　日　草帖

男家草帖正式　某某州某县某官宅或云寄居　一三代　曾祖某　某官　祖某 某官　父某 某官　一本宅几宣教某年某月生　一母姓氏（有封号则具）　右见议亲次　月　日　草帖

从女家草帖记录内容可以看出在当时，普通家庭的女方嫁妆涵盖田产、奁具等内容。从男方草帖记录内容中未曾详列其聘财，仅详列其父祖及母亲官爵封号。由此可见，女方嫁女所需要的资本远高过男方娶妇，也侧面证实了宋代门阀婚已经不是主流的婚姻形式，而女方家庭以财富和男方家庭阶级身份资源置换的士庶婚成为当时主要的婚姻形式。

综上所述，在当时平民家庭，养育女儿所花费的经济成本加上高昂的嫁资与女儿本身所能创造的经济价值是不成比例的。平民在室女由于此而无法出嫁或者出嫁时间被延宕、甚至被卖身为妾、婢、妓。富庶人家及贵族在室女高昂的嫁资也使其不堪累，故而向宗室奏请对嫁资之数进行规制。[①]

（二）宋代官方和地方保障在室女生存权的条令制度

在宋代养女和嫁女都成为父宗沉重的负累，前文所称时人家庭多是“二男一女”的结构，儿子的生存权寄托着国家的兵役和赋税利益。而战乱不断的两宋，在室女的生存权是国家主要出于保证其人口结构的目的，立法设禁，禁止溺杀和遗弃。但是值得注意的是，这样的关切和保障措施，并没有从本质上完全禁绝此类现象，只是表达了官方对于此类事件的态度和在室女理论上的生存权。

那么当时法令针对女子生存权问题，都表达了怎样的态度和颁行了什么法令，以下详述。对于未出生的胎儿，父母选择堕胎，宋代的观念是“父母杀子，于官理置而不论，矧在胞中形气未具者乎！”[②] 即这种情况下不算是父母杀子，原因是胎儿未具“形气”，即不算为生物学意义上和礼法意义上的人，官府对于这种情形下的“父母杀子”是不论罪

① 曾枣庄 刘琳 主编．全宋文 [M]. 第一百九册・卷二三六〇・蔡京三・条具宗室合行事件札子．上海：上海辞书出版社．安徽教育出版社，2006：125：“每岁量入为出。宗女量给嫁资。仍立定则例，量支嫁娶丧葬之费。”

② ［宋］张师正 撰．白化文 许德楠 点校．括异志 [M] 卷九・薛比部．北京：中华书局，2006：98.

的。那么在生女之后溺杀或是弃养，官方的态度是予以严厉禁止的。[①]

南宋名臣真德秀在褒扬司农卿湖广总领行状时，对其治下推行系统的社会救济的方法去革除地方溺子之土俗，做出高度评价，并且从实际效果上来看，自此之后当地溺子的风俗由于条法具备，被控制得很好。那么针对治下耕地不足、天灾不断，粮食不足以养活子女的情况，地方政府认识到“然捐米以惠人……则不可以图久”。提出的解决方法是官府介入以平衡市场和进行针对性救济，最终实现其“救民于壑、为国添丁”的美好愿景。[②] 对于禁止溺子官方不仅从根源出发设置社会救济法，同时注重宣传教化，以《戒溺子文》[③] 为代表的文化宣扬面世。

在地方实施这些措施之后的实际效果如何，赵汝愚在《申请举子仓事疏》中对各地的具体措施制定和施行情况对皇帝奏明相关条法之得失：他首先表明为了革除溺子之风，不仅革除闽中生子所纳身丁钱，并且“赐以常平钱一千、米一斛”，但是，他担心“然犹恐积日累月，州县怠于验实”。他提出根据当地情况，利用绝户收归国家财政的产业作为给养，对于不足的部分官方拨发钱米补足。同时，他认为还应当对于绝产应当利用住卖或者承佃的方法，使之进入市场流通，获得经济收益作为地方养子之费用，最终达到“实惠及民，以广朝廷好生之德”的目的。

二、宋代在室女的财产权

中国古典社会家庭之内家产的承继依靠的是分家析产的方式进行，其中作为分家析产的主体资格需要其具有相应的伦理身份。质言之，中国古代社会的继承制度分为两个方面，一是宗祧继承，一是财产继承。对

① 曾枣庄 刘琳 主编．全宋文 [M]. 第三百一十四册・卷七一八八・真德秀五四・司农卿湖广总领詹公行状．上海：上海辞书出版社．安徽教育出版社，2006：53.

② 曾枣庄 主编．宋代序跋全编 [M]. 卷九四记（杂）序・三・代县宰社仓砧基簿序．济南：齐鲁书社，2015：2594.

③ 马蓉 陈抗 锺文 栾贵明．张忱石 点校．永乐大典方志辑佚 [M]. 不明地域・图经志・【宫室】．北京：中华书局，2004：3242.

于这两者之间的关系在上个世纪中叶仁井田陞和滋贺秀三有过激烈的辩论。仁井田陞承继其导师中田熏的研究思路，认为中国传统社会的家庭财产制度是家族共产制，即男性和女性共同拥有家财。他认为女性和男性一样属于家产的共有者，区别是其程度的参差，但不能据此否定女性的相关权利。相反，滋贺秀三认为，财产继承的基础是宗祧继承。男性才是家产的共有者，家产的继承是在男性承担祖先祭祀的义务和职责之后享有的权利。女性获得家产的原因是基于其"受益者"的身份，而非家产共有者的身份，其获得财产是基于其生存权利，即受到抚养和给予嫁妆这两个情境下的财产受益权。滋贺秀三更为关注的是中国历史上法律和社会实践中呈现出的稳定的基本原则，并且由他抽象思辨之后得到的原理。

他们的争论正是围绕着宋代女子户绝财产继承方面呈现出的异质产生的，随后的半个多世纪中，中外法律史学者针对这个问题的讨论不绝如缕。本书讨论在室女的有限继承权和嫁奁所有权正是在前辈学者研究的基础上进行的，而讨论在室女财产权的目的一则是参与学界针对这个问题的争论，二则是透过这个问题看宋代在室女的身份和法律地位。

（一）在室女的嫁奁权

在室女的嫁奁权是其很重要的一项财产权利，不但因为宋代婚姻重财，获得丰厚的嫁奁是其婚姻选择和成就的重要前提。而且，在宋代，即使是在"妻财并同夫为主"的礼法环境下，女子对其嫁奁的实际管理和控制权是很高的。不仅在分家的时候，其嫁奁不在分家的范围内，"妻家所得之财，不在分限"[①]；在改嫁时也可携产改嫁。

在其父在世和去世两种情况下，在室女的妆奁权取得各有不同。其父在世时，在室女的嫁奁以其父家经济能力和受其父喜爱程度有轻重不同。待其父去世，为保证在室女基本妆奁的费用不受其兄弟的侵占，《宋

① ［宋］窦仪 等 撰. 吴翊如 点校. 宋刑统 [M]. 卷第十二·户婚律·十门·卑幼私用财. 北京：中华书局，1984：197.

刑统》规定："姑姊妹在室者，减男聘财之半。"[①] 即其父祖去世之后，家产均予诸子，在室女得到家庭中其兄弟聘财的半数，以为嫁奁。

法律规定的在室女嫁奁下限是为男聘财之半，是在室女在其嫁奁权受到侵害时，法律对其最低限度的妆奁权保护和分析家产时存留在室女嫁奁份额的一般标准。而女子嫁奁的种类和份额以及来源，依照礼法体系子系统的相关家法族规和约定俗成的习惯法规定可知：在室女的嫁奁基本可以分为：奁田、奁具和奁资这三种，而三种未必全有，其中以奁资替代奁田和奁具时常有之。《水东日记・卷八》中完整地保存了南宋景定年间一张女家定帖。主人郑元德，系将仕郎，其女庆一娘，许嫁知县万八之子。定帖上标明一个从九品将仕郎，嫁女的嫁奁竟高达十万五千贯，另有随嫁五百亩。仁宗天圣时，尚书郎曹修古病卒，女未嫁，其故僚率吏民钱三十万，欲以异日嫁女之用。据《宋史・孙觉传》记载，平民百姓家庭的聘礼嫁奁定为百贯。而在室女嫁奁的来源主要有以下几种：父亲的家产、母亲的嫁奁、亲友的捐赠、自身营办。

1. 嫁奁的种类和份额

在室女嫁奁的种类无论是宗室在室女还是平民在室女，种类没有大的区别，差异在于宋代婚姻不问阀阅，公主等高品阶宗室女子下嫁，被赐予府邸和擢升夫家官职身份。

（1）两宋宗室女嫁资种类及份额

宗室女自熙宁以后的嫁奁等级是："祖宗元孙女五百千，五世三百五十千，六世三百千，七世二百五十千，八世百五十千。绍兴七年冬，诏元孙减五之一，六世、八世减三之一，五世、七世减七之二。"[②] 即便是宗室女的嫁奁不断在减少，但是其数额之巨，令家贫的宗室在室女难以行婚嫁，致使大臣奏疏皇家以经总制司钱作为营办宗室女婚嫁之

① ［宋］窦仪 等 撰．吴翊如 点校．宋刑统 [M]. 卷第十二・户婚律・十门・卑幼私用财．北京：中华书局，1984：197.

② ［宋］李心传 撰．徐规 点校．建炎以来朝野杂记 [M]. 甲集卷一・上德・五十宗女奁具．北京：中华书局 .2000：57.

资[①]。由材料看来，以制度而言，当时营办嫁奁的标准是以嫁资为标准论，奁具此时意指嫁资。

而自北宋渡江之后，时至南宋，公主和县主等宗室在室女下嫁，由于当时时局混乱，制度还未形成，不同时期的嫁奁数额和种类大抵如下："伪福国长公主之适高世荣也，奁具凡二十万缗……绍兴十六年，和王女乐平县主当出适，时庶事草创，乃命大宗正司主婚。淳熙十三年，魏惠宪王女安康郡主适罗氏……又诏南库给金五百两、银三千两为奁具。"[②]由此可见，南宋朝嫁礼高过于北宋朝，宋代的宗室在室女的嫁奁呈现的是上涨之势。而且由材料可知，南宋朝时公主下嫁，对方的门第身份并不高，需要拔擢其身份以相适，可见南宋朝阀阅婚已经不再盛行，婚姻重财的现象较北宋朝更为显著。

（2）平民、士人在室女嫁资种类及份额

平民在室女家底殷实，得父钟爱，以资财换取阶级晋升者，其奁具、奁田、奁资皆备者亦有之，庆一娘为家之长女，十四岁为婚嫁，结合当时女子十三为及笄，并听婚嫁的背景来看，庆一娘婚嫁年龄正当时，区别于无力营嫁的贫家女子，其结亲的对象是知县宅万八，其陪嫁资财有五百亩田产之田租、价值十万贯的奁具。[③]嫁资丰厚，其中奁田的陪嫁并非是以转移所有权的方式陪送，而是以土地收益来算，由此也可见在当时随着商品经济和"私"权发展，土地私有制度发展得非常充分，土地权利产生分层，同样以土地受益权为嫁资的例子是，江氏父先后典田两次五段，予女作嫁资，可见当时随嫁田，并非只有以其完整的土地及土地权益作为嫁资，这种情形还极为普遍。[④]陪嫁之资，有兼具三种的，

① ［宋］李心传 撰．建炎以来系年要录 [M] 卷一百九十八．北京：中华书局，1988：3336.

② ［宋］李心传 撰．徐规 点校．建炎以来朝野杂记 [M] 甲集卷一·上德·44郡县主．北京：中华书局，2000：53-54.

③ ［明］叶盛 撰．魏中平 点校．水东日记 [M]. 卷八·郑氏先世回定仪状．北京：中华书局，1980：87.

④ ［明］张四维 辑．社科院历史所宋辽金元史研究室 点校．名公书判清明集 [M]. 卷之九·户婚门·取赎·妄赎同姓亡殁田业．北京：中华书局，1987：320.

也有只得其一的，但只得其一并不意味着嫁资轻薄。[①]

那么不同类型的平民、士人阶层所陪嫁的资财类型和份额也呈现出不同的样态，一个普通的贩瓷小商人，其婚嫁时得妻嫁资两千缗，所生三女中，次女嫁于小盐商的儿子，其陪送嫁资也是量两千缗。三女若皆为此数，不啻一笔巨资。[②]大商人家的在室女嫁资更是惊人，百万缗之数，直逼高阶位的宗室女陪嫁之资。可见当时厚嫁之风在平民阶层也越刮越炽。[③]

相较于商人阶级，士人文人陪嫁的奁具可能没有其价值之具，但更具有文化品位和彰显其阶级身份属性，两士人家庭通婚，其女方以无价珍宝白玉出香狮子为嫁资，其贵重自不必言，最为重要的是显示出极高的文化品位。[④]而艺术世家则以名画作嫁妆，“文湖州画竹为女奁具，其后两家以此涉讼。”[⑤]士家大族陪嫁之盛，盂为银制，随手与人，可见一斑。[⑥]一味强调两宋嫁妆之盛，也应当同时通过婚嫁注意到，非士族富户的为官者在当时实际经济能力，为官只得送女奁田二顷，虽不至简陋，但在当时的风气中，可谓清流。[⑦]

女子嫁奁的丰厚程度一则与其父钟爱程度有关，二则与其婚嫁对象也有关联，女家以登科取第的男子为婿，送女嫁妆五百万，嫁资丰厚，

① ［明］张四维 辑．社科院历史所宋辽金元史研究室 点校．名公书判清明集 [M]. 卷之十三·惩恶门·妄诉·叔诬告侄女身死不明．北京：中华书局，1987：502.

② ［宋］洪迈 撰．何卓 点校．夷坚志 [M]. 夷坚志癸卷第四·郑百三妻．北京：中华书局，2006：1248.

③ ［宋］洪迈 撰．何卓 点校．夷坚志 [M]. 夷坚志己卷第六·王元懋巨恶．北京：中华书局，2006：1345.

④ ［宋］周密 撰．吴企明 点校．癸辛杂识 [M]. 续集下·白王出香狮．北京：中华书局，1988:166.

⑤ 丁传靖 辑．宋人轶事汇编 [M]. 卷十三·文同·钱勰·唐庚·贾收·朱临·苏庠·郭祥正．北京：中华书局，2003：665.

⑥ ［宋］陈鹄 撰．孔凡礼 点校．西塘集耆旧续闻 [M]. 卷七·相国寺日者．北京：中华书局，2002：362.

⑦ 曾枣庄 刘琳 主编．全宋文 [M]. 第三百一十四册·卷七一九四·真德秀六〇·赵邵武墓志铭．上海：上海辞书出版社．安徽教育出版社，2006:150.

也是以女之嫁资厚男家财，为以后夫在显贵之时，为之助力，从而以姻亲获得阶级提升。[①]嫁资与对方身份相关，不仅指的是为以其富易其贵，与其身份相关，同时指的是世家大族为求资财不外流，婚嫁身份相当，会在族内婚嫁，以期阶级地位之不易，家财恒定。[②]即使“中表婚”在宋代的礼法上是予以禁止的，是违律为婚的情形，但是在当时属于较为通行的习惯做法。临川王氏户绝而亡，故而使其女在族内寻身份适当者为赘婿，为的是一则承家财、再则身份相当。

2. 在室女的嫁奁取得方式

在父亲在世时，由父亲拨给。父亲亡故后，如果留有有合法遗嘱，一般是通过遗嘱取得。若没有遗嘱，若经官，则依据相关的嫁奁取得条法予以分析家产取得；若不经官，家贫者，视其亲族亲厚程度和财力，有亲族赠予，若遇故交旧友，为孤女置办嫁妆也时有之。宋代商品经济发达，在室女自行营办嫁妆的情形也不罕见。

（1）父亲生前摽拨

父亲生前，在室女的嫁奁权益主要依靠其父的家长权去实现其嫁奁权，[③]所谓“得妻家摽拨”，即为父亲生前拨给在室女嫁奁的主要方式。蔡端明与刘异约为儿女亲家，而刘异家世没落，屯田尽失。蔡端明此时去与刘异要求履行婚约，刘异以其家世已不相称为由拒绝履约。而蔡端明却不以为然，认为双方结亲是为亲厚之举，家世是其次，于是厚在室女之嫁奁，仍然将在室女嫁于刘家为媳。[④]可见，在当时在室女嫁奁的

① ［宋］洪迈 撰．何卓 点校．夷坚志 [M]. 夷坚支甲卷第七·黄左之．北京：中华书局，2006：767.

② ［宋］洪迈 撰．何卓 点校．夷坚志 [M] 夷坚支戊卷第十·芜湖王氏痴女．北京：中华书局，2006：1131.

③ ［明］张四维 辑．社科院历史所宋辽金元史研究室 点校．名公书判清明集 [M]. 卷之八·户婚门·立继类·立昭穆相当人复欲私意遣还．北京：中华书局，1987：248.

④ ［宋］刘克庄 著．辛更儒 笺校．刘克庄集笺校 [M] 卷一〇三·题跋·蔡忠惠．北京：中华书局，2011：4340.

取得首先以其父亲为主要保障，而且父亲会为其长远计，在其婚配寒门时也适当添加女儿嫁资。

（2）父亡后遗嘱取得、亲族旧友捐赠

父亲亡故之后，遗嘱取得成为主要的嫁奁取得方式，[①]在宋代为保证在室女的嫁奁权不受家庭成员和亲族的侵占，经官遗嘱保证在室女嫁奁权也是主要的嫁奁取得方式。

而父亲辞世之后，常常会有道德高尚的族亲为孤女营办嫁妆，[②]王起宗抚养其父母皆亡的侄女，并且代替其亡父行使主婚权，并为其营办嫁妆，史书载其善行，是为君子楷模。同样的例子，石居易也是身为族叔，为侄女置办嫁妆，送其出嫁，可见在当时为孤女计的亲厚宗族也不鲜见。[③]父亲亡故、家室破当的在室女，由于不得庇护而流落飘零，此时朋友故交因为交情道义为孤女置奁产者亦有之，见故交旧友之女流落风尘，故而慷慨倾囊，不仅厚其嫁奁，且择良士交付，体现了其君子德行。[④]

（3）父亡后经官诉讼取得

而并非所有亡父的在室女，都能逢道德高尚、感情亲厚的亲族旧友。在现实中，欺凌孤寡的亲族也时有之，故而，法律规定的户绝时女子的嫁奁权是受到法律保护的。[⑤]户绝之家，存有女子，在学界争议良久的

---

① ［明］张四维 辑．社科院历史所宋辽金元史研究室 点校．名公书判清明集 [M]. 卷之七・户婚门・女受分・遗嘱与亲生女．北京：中华书局，1987：237.

② ［清］王梓材 ［清］冯云濠 编撰．沈芝盈 梁运华 点校．宋元学案补遗 [M]. 卷八十七・静清学案补遗・畏斋同调・县尹王起严先生起宗．北京：中华书局，2012：5198.

③ ［明］张四维 辑．社科院历史所宋辽金元史研究室 点校．名公书判清明集 [M]. 卷之六・户婚门・争田业・诉奁田．北京：中华书局，1987：184.

④ 丁传靖 辑．宋人轶事汇编 [M]. 卷十六・张九成 汪应辰 王佐 赵逵 张孝祥 王十朋．北京：中华书局，2003：889.

⑤ ［明］张四维 辑．社科院历史所宋辽金元史研究室 点校．名公书判清明集 [M]. 卷之七・户婚门・立继・官司斡二女已拨之田与立继子奉祀．北京：中华书局，1987：215.

女子的嫁奁权和有限的财产继承权如何适用法律，在下文在室女的有限财产继承权部分详述之。在此强调一个前提，即争议各方都承认宋代法律保证在室女有获得嫁奁的权利，并且有最低标准规定。

（4）自营嫁资

宋代赤贫之家由于无资财而生女不举女，即便养女长大，也由于无力营办嫁资故而常有平民之家女子大龄未嫁的情形，但是当时在室女对于此种情形并非全然无能为力。[①] 虽然此等女子凤毛麟角，需要各种环境条件的助力，且具有超常的个人能力。但是这也正是宋代在室女呈现出异于前朝和后代在室女的风采所在。

（5）养女契照所得

两宋时法律规定妾、婢身份分明，但在现实生活中存在着混用的情况。妾、婢同样可以通过合法买卖取得，例如银花身为婢女被买得，始称为妾，实则为家主母亲之婢，因其尽心服侍缠绵于病榻十数年的家主母亲，经家母首肯，而获得养女之实，获得千缗丰厚的嫁奁。[②] 家主和家主之母担心银花在其过世之后不能顺利取得其嫁奁，故而立下书契为照，免得以后因此而起争端。

3. 对在室女妆奁权的保护方式：

柳立言教授认为，在室女的权利取得是以其父亲的存亡为分野。其获得的权利份额在父亲在世时依据的是父亲的喜爱程度，父亲亡故之后，其权利可能由来自家族成员各方的侵占。在父亲生前由父亲保护在室女的妆奁权，那么父亲亡故之后其妆奁权在礼法上受谁的庇护？依照相关礼法规定可以探知，对女子妆奁权的保护可以分为以下几个方面：

（1）嫁奁投契纳税

宋代检税的范围不仅局限于商旅贩售货物和服务所得，对于嫁奁也

① ［宋］钱若水 修．范学辉 校注．宋太宗皇帝实录校注 [M]. 卷第三十四．北京：中华书局，2012：387.

② 丁传靖 辑．宋人轶事汇编 [M]. 卷十八・章颖　唐仲友　高文虎　倪思．北京：中华书局，2003：977—978.

征收赋税[①]，《要录》卷一九九载，绍兴三十二年五月三日己亥，地方总领为保证地方军政支出，请求将这一部分获得的税钱用于军费，朝廷对此的批示是同意这一建议，朝廷此举意将嫁资遗嘱田产亦与交易者一例对待。嫁奁之资也计入赋税范畴为当时的政府财政收入的增加做出了极大的贡献，其中大部分被用于应付庞大的军费开支。可以说对于当时国家的稳定提供了助力。

同时官投契税也使得嫁奁的范围获得了公权力的认定，在所有权归属以及以后产生交易纠纷以及在分家和继承领域提供了有力的凭证。在室女获得嫁资的时候很多时候的表述是："田（税）赋 **"为嫁资，以税赋的数额指代其嫁资。同时在室女出嫁之后，依照礼法规定"妻财并同夫为主"，但实际上，其对嫁奁的控制得支配是超出这个范围的。携产改嫁及嫁资不在分家之限的情况也常有之。

（2）经官遗嘱

受父亲喜爱的在室女，在父亲的遗嘱之中被分配随嫁田，其父通过经官合法的遗嘱的方式保证其在室女的嫁财不受侵夺，"三十六娘吾所钟爱，他日吾百年之后，于绍兴府租课内拨米二百石充嫁资，仍经县投状，改立户名。"[②]这在当时也是保证在室女嫁妆权益不受侵犯，其家长所为之计的最有效手段。

合法的经官遗嘱，主要有以下几个方面的要求：是遗嘱人真实的意思表示；遗嘱份额和受遗嘱人不超过法定范围；有合法的见证人；经所在地县府押印。证明其是否代表当事人的真实意思表示一般有两种方式，一为亲书遗嘱、一为签字或画押。遗嘱的范围是不超过其期亲服制的亲属。[③]

① ［元］马端临 撰．上海师范大学古籍研究所 华东师范大学古籍研究所 点校．文献通考 [M]. 卷十九・征榷考六・杂征敛．北京：中华书局，2011：553.

② 曾枣庄．刘琳 主编．全宋文 [M]. 第一百七十四册・卷三八一四・赵鼎九・家训笔录．上海：上海辞书出版社．安徽教育出版社，2006：375.

③ ［明］张四维 辑．社科院历史所宋辽金元史研究室 点校．名公书判清明集 [M]. 卷之七・户婚门・女受分・遗嘱与亲生女．北京：中华书局，1987：237.

（3）遗产检校制度

检校制度在宋代被广泛运用在税赋、土地管理等制度中，同时在遗产继承和管理制度里也占有重要地位。检校在遗产继承领域是指，由于身亡者子嗣年幼没有其他合适的抚养者，官府对于其遗产范围进行检校，同时评估孤幼的抚养所需数额，给付给适合抚养幼子的亲属，等到其成年，可以自行支配财产时，官府将财产交还本人。并且法律规定检校制度的限度一旦被突破，那么允许利益相关人可以越诉以维护权益。①

针对在室女的嫁奁也在官府检校的范围之内，为了幼女的生活以及日后的婚嫁，官府在分析给其日常抚养的费用之后，对于其多余部分，官府采取的方法是，官为寄存，待其出嫁还予本人。即使抚养者为其母亲，本着关怀孤幼的目的，官府谨防其母改嫁携产，其本属在室女的嫁奁被带走或者被其母使用挥霍，官府仍然将之检校封存。② 官府对于何时检校会参照案件的具体情况进行。检校制度是完整的一套财产保护制度，对于违反检校者，法律规定将对其处以刑罚，③ 这从公法领域对私有财产保护起到了保障作用。

（二）在室女的有限继承权

讨论宋代在室女有限的继承权，要明确的问题是宋代在室女在什么情况下享有继承权、继承的份额、继承的性质等问题。在讨论这个问题之初，首先要明确在室女是否具有继承权。本书倾向于认为在室女在户绝情况下对家产享有有限继承权。

对于女子是否有家产继承权，首先要阐明的是，在宋代财产继承是否需要以宗祧继承为先决条件。那么就要看当时的分产继承方法了，在

① ［明］张四维 辑．社科院历史所宋辽金元史研究室 点校．名公书判清明集 [M]. 卷之七・户婚门・检校・不当检校而求检校．北京：中华书局，1987：228.

② ［明］张四维 辑．社科院历史所宋辽金元史研究室 点校．名公书判清明集 [M]. 卷之七・户婚门・孤幼・官为区处．北京：中华书局，1987：230.

③ ［明］张四维 辑．社科院历史所宋辽金元史研究室 点校．名公书判清明集 [M] 卷之八・户婚门・检校・侵用已检校财产论如擅支朝廷封桩物法．北京：中华书局，1987：281.

非户绝情形下，当时的宗祧继承是嫡长继承制，而财产继承则是诸子均分。如果以宗祧继承是财产继承的前提来论，不仅在室女无继承权，那么不享有宗祧继承权的男子也是没有财产继承权的，女子的有限继承可以用女子是“家产受益人”来解释，那么对于非宗祧继承人的其他诸子和嫡子平均承产，他们对家产均分的权利该如何定性？

从《宋刑统》相关规定来看，户绝财产的范围是，除却营葬所需以及与营葬相关事务的支出之外，所有的部曲、客女、奴婢、店宅和资财。对于户绝财产的处理方法是，根据女儿身份的不同，给予其不同的份额。其中在室女所得的份额最多，为全部。出嫁女为三分之一，归宗女如果被请休弃或者夫亡无子且在夫家没有承产，那么其依照在室女的分法承分。如果不属于以上几种情况的归宗女，法律的规定是“诸户绝财产尽给在室诸女，归宗者减半”①。如果女儿与女婿合谋侵占或者对父母不尽孝道的，其丧失继承资格。②

对于户绝财产的继承，对于在室女而言，并非是全有全给的，户部的具体法令有规定，户部的法令规定对于在室女继承户绝财产是有金额限制的，如果超过这个数额限制，要适当在继承份额里分给出嫁女，千贯以上的，分给出嫁女十分之一。③对户绝财产的继承，在室女还有一层限制，在没有立继和命继的情况下，在室女对户绝财产是全面继承的，而在立继的情况下，户绝在室女只得继承财产份额的四分之一。④

而在一般继承场合的继承规则则是，已经出嫁的没有明文规定其分

① ［明］张四维 辑．社科院历史所宋辽金元史研究室 点校．名公书判清明集 [M]. 卷之七·户婚门·立继·立继有据不为户绝．北京：中华书局，1987：217.

② ［宋］窦仪 等 撰．吴翊如 点校．宋刑统 [M]. 卷第十二·户婚律·十门·户绝资产．北京：中华书局，1984：198.

③ ［宋］李焘 撰．上海师范大学古籍整理研究所 华东师范大学古籍整理研究所 点校．续资治通鉴长编 [M]. 卷五百一·哲宗·元符元年．北京：中华书局，2004：11935.

④ ［明］张四维 辑．社科院历史所宋辽金元史研究室 点校．名公书判清明集 [M]. 卷之八·户婚门·立继类·继绝子孙止得财产四分之一．北京：中华书局，1987：251-252.

产份额，未曾出嫁的在室女给嫁资，如果未出嫁者参与分析家产的话，所得之数不得超过其嫁妆之数。可见除却户绝的情况，在一般的继承场合里女子是有除去嫁奁权之外的有限继承权。[①]

三、宋代在室女的婚嫁权

对于在室女的婚嫁，《袁氏世范》中有论到：文献里体现了对在室女择婿的关切，其中提到，为在室女择婿重要的是品貌相当，如果一味追求高门大户、品端貌美，二双方不相协，对于双方婚姻来讲贻害无穷，那么这就是为人父母在女儿婚嫁中的不审之罪了。同时强调了置办嫁资需要量力而行，同时如果为双方未来生活需要，可以适当添补其生活所需财产，如果夫家家贫，也可以容许女儿婚前对夫家予以适当经济上的照顾。这些对于在室女婚嫁的论述，从人伦关切的角度说明了对在室女婚姻应当关照和注意的方面。这些关切的要素，恰巧是宋代礼法中对女子婚嫁权益保障的重点。[②]

《宋刑统》中在室女的婚嫁权利受到保护主要体现在婚约的履行权和解除权、经济补偿权两个方面，具体来讲主要是婚嫁妄冒中的婚约解除权、双重婚约中的优先履行权、婚约的及时履行权、聘财的罚没补偿权等。

（一）婚嫁妄冒中的婚约解除权

所谓婚嫁妄冒，是对于男女双方的嫡庶、长幼以及身体的基本情况等信息隐瞒或者谎报。对于女方而言，由于男方的隐瞒或者谎报，享有婚约的解除权。同时如果诉至官府，对于妄冒的行为，官府可能根据案

① ［明］张四维 辑．社科院历史所宋辽金元史研究室 点校．名公书判清明集 [M]. 卷之七·户婚门·立继·立继有据不为户绝．北京：中华书局，1987：217.

② ［清］王梓材 ［清］冯云濠 编撰 沈芝盈 梁运华 点校．宋元学案补遗 [M]. 卷四十四·张诸儒学案补遗·诚斋同调·袁先生采·袁氏世范．北京：中华书局，2012：2419-2420.

件的具体情况对妄冒方科以刑罚。[①]

（二）婚约的及时履行权

1. 久定不婚的婚约解除权

若男女双方订立婚约时日许久却不完成婚约，且并无适合的理由，这对于其中一方的实际伤害较强。男女双方订立婚约与结成婚姻的时间是可以相互独立的，定婚期间的规定是针对一方无限消极应对并延迟完成婚约。从案例上来看，久定不婚需满足以下几个条件：其一，定婚达三年以上；其二，无正当事由；其三，女方无归还聘财。关于定婚期间和女方是否归还聘财是比较好认定的，而何谓正当事由，此处就需衡量普遍的情理了。以本案为例，原告提出其父已诉至官府，虽然法官到最后没有认定其为合理事由，其原因却是该事由的发生已经是定婚三年以后了。那么也足可见，除去情理上存在的正当事由，如果一方在定婚三年期间内向官府主张其成婚的权利，也可视为有正当事由。

2. 违律为婚、提前强娶的婚约解除权

所谓违律为婚，即明知存在不合律法规定的违法情形，仍然成就或强迫要求成就婚姻的行为，“依律不许为婚，其有故为之者，是名违律为婚。”[②]其中对于强迫对方违律为婚者，法律规定将对其处以刑罚“强娶者又加一等，谓以威若力而强娶之，合徒一年半。被强者止依未成法。下条未成者，各减已成五等。”在违律为婚的基础上加重刑罚，而以武力胁迫的方式促成婚姻的，对其处罚更重。

对于未依照婚约约定时间，提前强娶的男方，法律规定对其的处罚是“即应为婚，虽已纳娉，期要未至而强娶，杖一百”。针对这种情形处罚的重点在于“强娶”的行为，因为婚约的成就依照的是双方的合意，

① ［宋］窦仪 等 撰. 吴翊如 点校. 宋刑统 [M]. 卷第十三·户婚律·九门·婚嫁妄冒. 北京：中华书局，1984：214.

② ［宋］窦仪 等 撰. 吴翊如 点校. 宋刑统 [M]. 卷第十四·户婚律·六门·违律为婚. 北京：中华书局，1984：227.

若一方枉顾婚约条文，单方强娶，其强制的手段和提前履行婚约的行为将会被判定为违律为婚，被科以刑罚，同时可能导致婚约的不成就，“又云，即应为婚，虽已纳娉，期要未至而强娶，及期要至而女家故违者，各杖一百。”“即应为婚，谓依律合为婚者，虽已纳娉财，元契吉日未至，而男家强娶，及期要已至吉日，而女家故违不许者，各杖一百。得罪依律，不合从离。”①

违律为婚可能在形式上具有合法的要素，但是实质上违反了法律的强制性禁止的规定，故而对于这种情形仍然以违律为婚处置，“诸违律为婚，虽有媒娉，而恐喝娶者，加本罪一等，强娶者又加一等，被强者止依未成法。”②条文中举出的例子是，可能违律为婚者是有媒妁的促成和聘礼的交付，由于其存在实质违法情形，但是仍然依照违律为婚处断。

（三）双重婚约的优先履行权

宋代对于双重婚约的立法规定主要呈现于《宋刑统·户婚门》之中：“诸卑幼在外，尊长后为定婚，而卑幼自娶妻，已成者，婚如法；未成者，从尊长。违者，杖一百。”③由此可见，构成双重婚约的主体首先是男方定婚当事人，在疏议中有关于卑幼和尊长也有具体要求，即卑幼为子、孙、弟、侄，尊长为祖父母、父母、伯叔、姑等，狭义而言，上述这些人是具有主婚权的主体；当事人的行为应符合双重婚约这一事实，至于这两重定婚的先后顺序须是男方自行订立婚约在前，男方尊长为其订立婚约在后，否则与悔婚无异；同时在疏议中对“在外”有明确的指

① [宋]窦仪 等 撰. 吴翊如 点校. 宋刑统[M]. 卷第十四·户婚律·六门·违律为婚. 北京：中华书局，1984：227.

② [宋]窦仪 等 撰. 吴翊如 点校. 宋刑统[M]. 卷第十四·户婚律·六门·违律为婚. 北京：中华书局，1984：227.

③ [宋]窦仪 等 撰. 吴翊如 点校. 宋刑统[M]. 卷第十四·户婚律·六门·和娶人妻. 北京：中华书局，1984：223.

向“谓公私行诣之处”。[①]可见对于在外的原因作出了限制规定。在《宋刑统》的“和娶人妻”条中关于此种情形的处置措施是：卑幼如果已成婚，其婚姻有效，如果还没有成婚，则应该听从主婚尊长的安排。如果违背，将被处以杖刑一百。[②]

据此可见，对于双重婚约中，男方父母、祖父母与女方约定的婚约效力是大于男方自行定立的婚约。在这种情形下，只要自定婚约的男方没有完婚，那么其应当履行父母、祖父母所定婚约。在双重婚约下，对于享有主婚权的尊长订立的婚约中女方来讲，其有要求男方履行婚约的优先权。

（四）聘财的罚没补偿权

对于各种违律为婚的情形，除却女方妄冒之外，法律对于男方聘财的处置措施是，聘财属于女方，不得追还，“诸违律为婚，当条称离之、正之者，虽会赦犹离之、正之，定而未成亦是。娉财不追，女家妄冒者追还。”即使是定婚而没有成就的情形下，存在违律的因素，即视为违律为婚，男方仍然不得追还聘财。

对于违律为婚的情形，法律条文作出了列举解释，“违律为婚，谓依律不合作婚，而故违者。当条称离之，谓上条男家妄冒，或女家妄冒，离之。又正之者，谓上条奴婢私嫁女与良人，仍正之。虽会大赦，称离之者犹离之，称正之者犹正之。定而未成亦是。假令杂户与良人为婚已定，监临之官娶所监临女未成，会赦之后，亦合离正，故云定而未成亦是。”违律为婚的情形是婚嫁妄冒、奴婢私自嫁女与良人、杂户与良人定婚、监临官员娶所监临女等。对于这些情形，除却女方妄冒需予处罚之外，男方不得追还聘财，“男家送财已讫，虽合离正，其财不追。若

① ［宋］窦仪 等 撰．吴翊如 点校．宋刑统［M］．卷第十四·户婚律·六门·和娶人妻．北京：中华书局，1984：223.

② ［宋］窦仪 等 撰．吴翊如 点校．宋刑统［M］．卷第十四·户婚律·六门·和娶人妻．北京：中华书局，1984：223.

女家妄冒，应离正者，追财物还男家。”[①] 在这种情形下“离之正之”不包含聘财的返还。

在室女的婚姻权并不是现代法学意义上平等的人身权利，在宋代法律的相关规定中可以看出，在室女的婚姻权是由享有主婚权的尊长行使的，因此本文所讨论的，宋代在室女的婚姻权不是婚姻自由语境下的平等自主权利，而是，在传统伦理语境下国家立法对于女方婚姻权的保护。其保护和关切的实质是对伦理禁忌的禁止以及对于公平观念和弱势方的支持。

第三节　在室女权利的司法保障

权利的规定属于法律的应然面，而在实际生活中权利是否能够行使以及其行使的程度则是法律的实然面。故此，结合具体的实例来探索权利的完整面貌是很有必要的，具体到在室女权利来讲立法中对在室女权利的规定，在实际生活中其权利是否得到完整的展现，主要面临着两个面向的问题：其一，在室女的权利范围是否是以法律规定为限；其二，在室女权利受到损害时司法的保障力度。本节将围绕这两个问题，讨论在室女的权利在实际生活中的样态。

一、司法对不同类型在室女的权利保障

本书将在室女依据其与父宗的血缘关系分为两大类：血亲在室女、拟制血亲在室女，即亲生女和养女之别。其中亲生女由于其生母身份的差异，也有不同的分类，除却服制亲等的差异，在立法上她们同属在室女的范畴，法律规定其享有的权利类型一致，那么在司法案例中，其权利实现的程度是接下来本书关注的重点：

① [宋]窦仪 等 撰. 吴翊如 点校. 宋刑统[M]. 卷第十四·户婚律·六门·违律为婚. 北京：中华书局，1984：227-228.

1. 司法对妻生女的权利保障

曾千钧生有两个女儿，分别是兆一娘和兆二娘，他曾过继其弟曾文明的儿子秀郎做自己的儿子，在他弥留之际，亲自书写遗嘱，将已缴纳税钱八百文份额的家产分与两个亲生女儿，立遗嘱时曾千钧的妻子吴氏、弟弟曾文明、过继子秀郎都已经知晓，并且遗嘱经县衙证明之后用印押。现在秀郎的生父曾文明指摘此份遗嘱是假造的，遗嘱上所用县印是私印，其目的是想全部占有曾千钧的遗产。法官认为他这种行为非常的不近人情，因为曾文明的儿子秀郎已经被过继给曾千钧为儿子，自然就不应当再干预其家产的分析方法。并且曾文明为自己儿子思量周全，而枉顾曾千钧的爱女之心，这行为是不讲道理的。应当明白的是父母的产业，父母有权分配，作为儿子的，不可以违拗父母心意。这种不孝的行为，可能使秀郎失去作为曾千钧儿子的资格，这样的话，秀郎就不能作为曾千钧的继承人，也就是说曾千钧的遗产他一点都得不到。那么如果秀郎还顾及自己作为曾千钧嗣子的身份，顾念两位姐姐，就像顾念他故去的嗣父，现在他这种冒认遗嘱是伪造的行为，不仅是不把两个姐姐当做姐姐，本质上是不孝顺他的亡父。这与曾千钧最初指定他作嗣子的目的完全相悖。再审法官认为，司理对于案件的处理援证事实清楚、依据条法分明，对秀郎的诬告暂时不追究其刑责，如果再犯，那么定要追究其不孝之罪。由于兆一娘最近新丧，其父遗留给她的税产，其子朱新恩合于立子承昭之法，所以这份财产不得典卖。法官希望曾文明父子体谅曾千钧的爱女之心，对争议财产的处理依照判决结果执行。①

本案中曾千钧已有嗣子，遗嘱将部分家产“摽拨”给亲生两女。但是由于其生前所立嗣子秀郎有妄图吞并家产的意图，故而经官诉讼，质疑该遗嘱的真实性。曾千钧即使在生前为保证两个在室女的财产权益不在其死后遭到觊觎，经官遗嘱，也不抵存心不良的亲族借此兴起纷争。

① ［明］张四维 辑．社科院历史所宋辽金元史研究室 点校．名公书判清明集 [M]. 卷之七・户婚门・女受分・遗嘱与亲生女．北京：中华书局，1987：237−238.

案件经官兴讼，从案件的争议焦点、证据的适用和认定、处理依据和处置的方法，可以看出司法对于在室女的保障力度。

案件争议的焦点是遗嘱的真伪,曾千钧亲书遗嘱为本案的关键书证。宋代法制中，极为重视在司法审判中证据的认定，从《清明集》中也反映出许多官吏对于书证的重视。不仅是体现在对传统口供在民事审判中的作用。而且更为重视新的证据类型，诸如各种书证，例如“干照”“遗嘱”“婚约”等书证均是宋代民事案件审判中事实认定的主要依据。本案中的经官亲书遗嘱依照法律规定遗嘱符合相关的程序要件——缴纳税款、官府押印。其内容也符合情理，是给予两个亲生之女，且在立遗嘱时有众多见证人。那么，遗嘱的真实性自不待言，法官认定遗嘱的具有法定的效力。

法官处理案件的依据是条法及情理,法官先以人情教谕曾文明父子，以其爱子之心类比曾千钧爱女之心。同时言明曾文明之子现已过继给曾千钧，为其后嗣，从礼法来论，其为曾千钧之后，就应顺应曾千钧之意旨，否则就被视为不孝，不仅遗产不得再分，其行为还理当入罪。最终法官对案件的处理方式是，根据曾千钧生前遗嘱内容分配其家产，由于其中一个女儿过世，为其女承嗣者代位继承其财产份额。

本案中法官对于两位女性继承人的财产继承权利给予了坚定地维护，其说理部分也明确提出了以爱子之心度爱女之心，本案中的在室女为妻生血亲在室女，其父亲在生前为其权利加上书面保障，母亲在其父亲去世后，为保障其权利参与司法诉讼，法官也在查明案件事实之后维护其礼法所享有的财产权利。可见，在司法中对妻生在室女的保护是全面有力的。

2. 司法对妾生女的权利保障

尽管在立法中，妻生子、媵妾生子同属在室女的范畴，在司法实践中，仅仅考量对妻生在室女的法律保障是不够的，应当参照司法对其他类型在室女的保障程度来看在司法中，因为在室女礼法身份的不同，是否存在保护程度的差异。

《名公书判清明集》中有立嗣争产案一例涉及户绝情形下，婢生女的继承之法：田县丞身亡，其生前有两个儿子，大儿子世光是其养子，世光业已亡故。二儿子珍郎年幼，其母为田县丞之妾。由于田县丞亡故，田县丞之弟田通仕为霸占田县丞之家产，先藏其遗嘱，再要求其子世德为世光之嗣子，代位继承世光原本应当继承的家产份额。虽说弟承堂兄之嗣，于昭穆不合，但由于同宗亲族内没有其他合适入嗣之子，同时族长和族人也未对此有反对意见，故而对此法官予以默许。由于此案是再审案件，初审之事，法官蔡提刑依照田县丞之妾刘氏的书面证供，认定田县丞只有儿子，其中世光业已亡故，并不知刘氏刻意隐瞒世光与其女使秋菊所生两女的事实。初审判决是将田县丞之家产全部判予刘氏所生之子珍郎。[①]

案件再审之时，法官在再次核查案件基本情况时，田氏尊长对于其中世德承嗣昭穆不当、世光两女受人鼓动应诉，而刘氏的身份也不合与礼法、其本人厌弃骨肉之间纠纷成讼，田氏尊长认为此事需要与族中众人合议方得结果。再审法官也表明其未想要严格依据律条对通仕科以刑罚，如果通仕愿意依照“绝户子得四分之一条令”对争议家产进行分配的话，“可当厅责状，待委官劝谕田族并刘氏、秋菊母子，照前日和议，姑以世德奉世光香火，得四分之一，而以四分之三与世光二女，方合法意。”但如果通仕缠讼不断，再起纷争，则“止得引用尽给在室女之文，全给与二女矣，此立嗣一节也”。对于刘氏和秋菊一方，法官认为两人一为妾、一为女使，其身份虽然不及正妻，田县丞和世光去世之后，因其是田县丞和世光之子女的亲生母亲，故而应当抚育其子女。如果将田县丞的财产尽数交于刘氏管理，那么秋菊两个女儿长大之后必然会由此兴讼，刘氏到那时候怎么详悉辨明，这会是一个问题。况且如果这么处置，秋菊又被置于何地，法官认为将心比心，刘氏应当以自己对珍郎的

---

① ［明］张四维 辑．社科院历史所宋辽金元史研究室 点校．名公书判清明集 [M]. 卷之八·户婚门·立继类·继绝子孙止得财产四分之一．中华书局，1987:251–257.

舐犊之情理解秋菊的处境。因此，法官认为县丞的财产应当进入法定的检校程序，分为两份，秋菊和二女、刘氏与珍郎各自承分一份。其中世光的两个女儿得到世光财产份额的四分之三，但由于两女尚且年幼，财产交于其母秋菊照管，但是不得典卖。待到检校之日到来，官府将张贴告示，禁止针对该争议财产的违法交易。

裘司理为官清正公平,委托他和田族尊长对于相关人员的各自诉求，依礼法晓谕其人。由于田氏一宗里没有合于昭穆的男子继嗣，如果将财产完全分配给世光的两个女儿，那么世光无子承嗣。通仕由于先前不知道法律规定，本意要使其一子承分世光所有家业，故而引发刘氏的不忿，致使兴讼。现在既然知道条法规定，在室女可以承产四分之三，继绝子得四分之一之后，他表示愿意接受此种分法。法官认为，所谓为人尊长希求的应当是家门平静、骨肉之间和谐相处，通仕作为仕人，应当践行此道理。

按照这种分法，法官担心刘氏又起了和秋菊之间的争心，她只说自己是县丞的妻子，秋菊身为婢女，二者身份悬殊，但其本身就是妾室。法律规定：同一个母亲所生的儿女不允许“摽拨”，但是珍郎和二女本不是一女所生，为了杜绝日后再起讼争，本案将依法摽拨县丞家产。此后对于争议家产的分法为学界争议的焦点。

本案的争议焦点是，是否为田世光立命继子，以及所立命继子是否合法；田县丞妾刘氏之子和田世光妾婢秋菊之二女的遗产继承份额。本案的审判依据是根据“诸户绝人有所生母同居者，财产并听为主”，判决田县丞之幼子珍郎所继承的遗产由其母田县丞妾刘氏掌管，田世光二女财产由其母秋菊照管；“又云：诸已绝而立继绝子孙，于绝户财产，若止有在室诸女，即以全户四分之一给之”。如此，若阖族没有昭穆相当之人，就由田世德为田世光命继子，承其宗祀，分其四分之一财产；“在法：唯一母所生之子不许摽拨”。由于珍郎和世光二女为叔侄，并非一母，故此官府官予摽拨遗产。案件处理结果是，准予世德继嗣，财产划归三份，由世德、珍郎、世光二女分别享有，后二者的财产由于其尚且年幼，由其各自母亲管业，并不得买卖。

本案中两个在室女当事人均为妾生女，秋菊虽本是女使，但由于宋代法律规定“婢为主所幸，因而有子，即虽无子，经放为良者，听为妾”。[①]其得主人幸而生两女，身份等同于妾。本案中财产继承纠纷双方即妾生庶女与妾生庶子。以两位在室女的视角来看，法官在处理其继承权纠纷时，面临两个关键问题，其一，是有妾之实而无妾之名的在室女是否属于在室女，适用户绝之家在室女继承财产的法律规定；其二，在判定子与女的继承份额上有无倾向性。法官在处理该案时，依照法律规定，承认两位在室女的合法家庭身份，故而在继承权的确定之处便申明了，两个在室女可依照在室女得全部户绝财产之法，但由于考虑到若全然如此的话，世光一嗣面临无人承嗣的窘境，故而同意命继子入继，依法获得四分之一的继承份额，法官充分说明了如此处分的理由，此举得到了世光一嗣的认可。而对于一家之产，法官没有机械适用不得分产的规定，在权衡情理和案件中争议的焦点之一，是刘氏和秋菊都有后代需要养育，若判决之后，将财产全部交由刘氏打理，那么在两女长成之后，必再起讼端。本着对两女生活所需经济成本的考量和两女成年后婚嫁时携产的需求，法官判决刘氏和秋菊两母分别管业其子女继承财产。

由此可见，在司法上，不仅对于在室女的保护是依法准据、情理皆备的，同时对于不同礼法身份类型的在室女，法官均以礼法规定平等视之，同时兼顾其弱势的地位，为其发声。

3. 司法对婢生女的权利保障

高五一死时没有儿子，只有他和婢生女公孙，当时公孙只有一岁。阿沈在绍定五年向官府申请检校高五一所遗留的田产，高五二是高五一的亲生弟弟，在同一年也向官府申请立其子高六四为高五一的嗣子。当时司户已经依据官府的命令对高五一田产进行检校，高五二的诉求也由

① ［宋］窦仪 等 撰．吴翊如 点校．宋刑统[M]．卷第十三·户婚律·九门·婚嫁妾冒．北京：中华书局，1984：215.

法官受理，指定高六四为高五一之后，并同时判定高五二同时扶养公孙。没过多久，阿沈带着其女儿改嫁王三，高六四在嘉熙二年已经成年，要求官给遗产。官府依照相关法条的规定，以立继子的身份，将高五一田产的四分之三给予高六四，留存四分之一给公孙，准许阿沈每年收租以供给公孙的生活教养之费用。但是没料到在九年之内，阿沈只得租米的十三石，原因是承佃田产的康一是高五二的亲家，其余的粮米不是高五二私扣了，就是康一原本没缴纳。阿沈每每索要不得偿还，本就因此心生怨愤，高五二还逼迫公孙此时还归高家，其用意不言自明。即，公孙所持有的四分之一田产被高六四和高五二馋涎已久，至此，阿沈累愤兴讼。阿沈声称，税检之后，一开始并不知道高六四被立为嗣子，而且没有在相关文件上签押，只是看高五二父子一味霸占田产，故而请求官为检校，随后法官指定高六四为嗣子，从而拨给高六四四分之三的田产，事情的前后情状是为如此，她自始至终都没有立高六四的意愿。[①]

法官认为，阿沈已经改嫁，其本身为妇人女子，背后一定有人挑唆，但是高五二和高六三的行为确为不近人情。高五一的物业已经被他们分得四分之三，留下的一份还要抢占，可称为不仁不义了。而佃人欺凌阿沈母弱女幼，高五二和高六四原本应当为公孙计，为其收索债务，但是他们反而与康一合谋拖欠佃田粮钱，九年来仅还租米十三石，是可忍孰不可忍！法官判决将高五二、高六四、康一送去都辖处，将剩余所欠钱粮交齐，将阿沈还归阿沈继续抚养。待到公孙成年，她自向官府申请土地的契照，为其嫁资。

本案中的焦点是高六四是否为高五一合法的立继子以及婢生女公孙的抚养权和财产管理权的归属。法官认定的事实是，高六四在高五一死后得到阿沈的承认，成为高五一的立继子。阿沈作为公孙的生母，有公孙的抚养权以及管业权。案件处理的依据是，“诸户绝财产尽给在室诸

① ［明］张四维 辑．社科院历史所宋辽金元史研究室 点校．名公书判清明集 [M]. 卷之七·户婚门·女受分·阿沈高五二争租米．北京：中华书局，1987：239.

女。又云：诸已绝而立继绝子孙，于绝户财产，若止有在室诸女，即以全户四分之一给之。”[①] 如果绝户之家不立继或者命继的话，那么全部财产尽归在室女所有，这与明清时期强制侄子继嗣完全不同，在宋代立嗣是一种选择权。但是诚如本案中的情况，一般来讲母弱子幼，同族内有昭穆相当者，一定会趁此以种种手段要求立嗣。本案中，首先高六四昭穆相当，再加上阿沈年轻势单，财产又久悬未决，故而，在双方争议当事人请求官府介入检校财产之事，高六四一方同时提出经官指定立继子。高六四依法入继高五一一支，为其立继子，获得高五一财产的四分之三。公孙获得高五一财产的四分之一，这一部分财产主要是田产，由于公孙年幼，法官判令阿沈为该部分田产的管业人，田产所得收益用于阿沈的日常生活和教养支出，阿沈对田产只有管业权，而无处置权。法官对于案件争议焦点之二的处置，是认定高五二与佃户康一勾结为谋高五一所有田产，欠赖田租在先，争夺抚养权在后，法官认为其行为可耻，并非为公孙为计。故判决阿沈继续抚养公孙，并官府监管康一和高五二还给阿沈相关拖欠田租，土地的照契，公孙在成年后可以到官领取，作为其嫁资。

本案中公孙作为其父的婢生女，并且随母改嫁，法官基于对其在室女身份的认定，判令其拥有父亲财产的四分之一。并且考虑到实际情况，判令之时，附加要求其母不得将其女田产买卖，以公权力保证了阿沈的生活支出和嫁奁权不受侵夺。其次，由于阿沈已经改嫁，不属于高家的家庭成员，而公孙仍然是高家的血脉，只是由于抚养关系随母改嫁。在面对公孙名义上所属家庭成员的高五二和高六四的抢夺，法官并没有机械运用法条，将公孙判归高家，而是考虑高家两父子的真实企图和公孙的弱势地位，判令其生母继续抚养公孙。尽管阿沈作为公孙的亲生母亲，法官仍然对于公孙的现实处境有审慎的关切，将土地照契收归官府保存，

---

① ［明］张四维 辑．社科院历史所宋辽金元史研究室 点校．名公书判清明集 [M]. 卷之八·户婚门·立继类·继绝子孙止得财产四分之一．北京：中华书局，1987：251-252.

待其成年交由本人为嫁奁。案件中法官对婢生女公孙的关切是基于礼法中对在室女权益的保护，也是基于对现实中弱小的生存权的关切。

4. 司法对养女的权利保障

已经故去的南城县尉乐迪功，最初在南城收养钱氏婴孩为其养子，此子两岁夭亡；他还曾以干人徐顺十岁的女儿圣姑为其养女，改名妙圣，现今已经嫁人。县尉曾经娶妻，后又休离，其前妻已经改嫁江东的饶运干了。县尉去世时可称作孑然一身，是为户绝，他死后族侄文郁曾经要立他子惠孙为县尉养子之子，县尉养女妙圣也曾冒称是县尉的亲生女儿。县尉两岁的养子死时还没有成年，立法规定不许为其立嗣，干人所生之妙圣，身份不足以称为县尉的亲人，于是县尉之家无人主持、荡然无存，其家业被内亲、外亲、奴仆洗劫一空。其族人向贤府诉讼，县府不敢接管；于是县府将案件递之州府，州府亦不愿过问。以至于激起县尉族人群愤，州府委任司户吴兼佥去检校县尉家产，发现已经家徒四壁。即使司户搜检下得钱千百，但这只是县尉财产之微末。依据法令规定，户绝财产应当没入官府。州审官因顾念县尉为侍郎名史的后人，侍郎为官显达。即使侍郎的后人并非只有县尉一人，但是有官和生计的只有县尉一人，如果将其财产尽数没官，于情不可忍，现在依照继绝之法，将其财产以亲疏远近分配，妙圣作为其养女，县尉没有别的更亲近钟爱之人了，为了照顾其生前心愿，给予妙圣一万贯之资。但考虑到她之前已经擅自占据田产、银器，故而折合算得差额为其所得数额。[①]

本案争议的焦点是南城县尉乐迪功死后没有昭穆相当者为之立嗣，而其养子早丧，从礼法上论，其没有立嗣的资格，县尉养女为干人之女，身份低微，无法被认定是县尉的至亲，全部承产。在这种情形下，是否宣布县尉户绝，其财产全部没官。本案中法官对案件的处理依据是衡量法令与情理，最终舍法令用情理判案。县尉为名臣之后，如果将其财产

① 曾枣庄 刘琳 主编．全宋文 [M]. 第三百四十八册・卷八〇四〇　黄震一二・乐县尉绝户业助和粜榜．上海：上海辞书出版社．安徽教育出版社，2006:66−69.

全部没入官中，使其不得受祀，为法官所不忍，故而，法官判决其养女妙圣继承其部分财产份额。

本案依据法令，养女妙圣的身份本不合礼法规定的在室女的范围，但是本案中存在特殊情况，即县尉没有更合适的承产人，而其与养女妙圣之间存在亲厚的抚养关系。故而法官舍法令而用人情，将县尉财产部分分拨给其养女，本质上是对县尉和养女拟制血亲关系的承认，在司法实践中拓展了对在室女范围的理解。

二、司法对在室女法定权利全面保障

（一）财产权

1. 妆奁

石居易由于怜惜其侄女丧父，并且家贫而无奁具，于是将其所属孟城的田地，交于其侄子石辉卖售，为营办其侄女嫁资。石辉本应当遵从其叔叔的命令，怜惜其妹孤苦无依的处境，恪尽职责。相反，石辉将田产卖予刘七，所得钱款四百余贯多数用来还其之前所负之债。其妹婿廖万英来索要房奁，却没有得到。现今石辉以为已经拿到刘七买田的钱款，是被刘七和曹旺等人伪造胁迫假象取得，但没想到的是，他每次拨款的批贴都是石辉亲手书写，欠债还钱，礼法皆然，怎么能攀诬刘七呢？石辉以士人自称，但其所作所为却是不配称之为士人。石辉之妹婚嫁，石居易将田产托与石辉，可被视为托孤寄命，这一切的恶果都是石辉之责。作为孤女其兄，不仅自己没有资奁助其生活，反而将买田之资据为己用。现在没有借口来搪塞万英索要嫁资的请求，只有攀扯刘七来自圆其说，以事情道理来看，刘七是否欺骗石辉不好做定论，但石辉本人的昏聩懒惰却是有目共睹。石辉的罪责累累，法官判决石辉决竹箄二十，在规定时间内将欠刘七之钱款还予刘七，赎回的田产交付廖万英，田契仍然寄库存。原因是，虽然石辉的行为失当，廖万英其行为也称不上磊落。娶妻论财是没受到教化的蛮夷的行事道理，将其妻子的房奁资财视为几物，其行为实在不存体面。[①]

本案的争议焦点是石辉将其孤妹所得其叔捐赠的嫁奁卖得钱财，用以还自己欠债务人刘七之私债，其声称刘七存在诈欺行为，将其卖得田产大部分所得侵吞是否属实。本案中，石居易之侄女家贫丧父，无力置办奁具婚嫁，石居易怜其孤贫，赠与其奁田为嫁资，这是亲族赠与情形下在室女嫁奁取得方法之一，不为法定，实为亲情。石辉在处置田产时，存在的私吞钱款的行为和石居易侄女之未婚夫僭越身份直取嫁资的行为，法官以为不齿。法官认定案件依据情理，孤女无依，获赠奁田，石辉侵占是为违法，廖万英娶妻取财是为小人，故而为孤女生计，官府将石辉赎回的田产交由孤女未婚夫作为奁田，而照契则由官府持有，以免再有用心叵测者再生事端。

本案是家庭和官府对孤女的财产所有权共同进行保障的典型例子。在室女本为弱势，丧父孤女则尤为可怜，本案中，孤女遇有亲厚的亲族在在室女的抚养和婚嫁上费心操持，也有宵小之人欺凌其弱小侵占其财产。案件经司法诉讼，法官不仅实现对孤女合法嫁奁权的保护，同时也为孤女未来的婚后生活加上一层保障，即官府存有其奁田照契，为其私权的保障和行使加上公权力的保护。

2. 养女与亲生女户绝财产继承

现查明解汝霖夫妇因全家被掳为寇，时历数年，才使得其幼女七姑和孙女孙秀娘归家。其姪解懃管业其家，本为其能承担抚育孤幼在室女的责任。余荣祖经年诉讼，要求判决解汝霖家户绝，其声称解懃将解汝霖家产私行吞没，要求将解汝霖的财产依照户绝之法籍没入官。前任法官已经对此做出判决，即解汝霖产业已经课税数年，税款已逾千缗之数。当七姑、孙秀娘回归之时，免去拘籍，仍然将产业交给解懃管业。但至今余荣祖仍然不断缠讼，当时处断此事的州府欲从中收取花利，在处置

① ［明］张四维 辑．社科院历史所宋辽金元史研究室 点校．名公书判清明集 [M]．卷之六·户婚门·争田业·诉奁田．北京：中华书局，1987：185.

之后解懃又想将解汝霖之产业据为已业，故而处分失当，致使诉讼不息。时至今日，余荣祖仍然在追诉其事，该案纠缠十年之久，是由于奸吏从中挑弄渔利。

解汝霖既然有两个女继承人，依法应当由她们继承其家产，官府长期拘扣该钱财，于法不当，将资财交付给族人，又会争利不休，这是本案难以处断的根本。解汝霖的家业每年收租谷之数在两百石以上，可称为家产丰厚，解懃一人管业，既没有收支账簿，又不为二在室女主持议婚，只为解汝霖立一继绝子，名为伴哥。虽然自称是解家尊长，可以为解汝霖指定命继子，虽然伴哥身为异姓男，但是只有三岁以下，该命继行为是为合法。但是他以一个幼子为名，行霸占解汝霖家产之实，解家仍有两个在室女，家产分割全无她们的份额，怎么能放任这种情形。解汝霖既然没有亲生儿子，那么他的家产就应当依照户绝条款进行分割。现今解汝霖只有在室女和在室孙女，按照户绝之法。伴哥作为继绝子获得解汝霖四分之一的家产，其余四分之三交于两在室女为其产业。七姑虽然是养女，但是是解汝霖生前收养，感情亲厚，身份视同亲生女儿，现年二十五岁，还没有尊长为其议婚，如果视而不见，那么是要再等二十五年之后再为其议嫁吗？作为其兄，没有尽到其抚育责任。而且秀娘早年被掳掠，遗弃在九场，襄阳的将官王璋将其收归回家，视如己出，八年之后，解懃因为余荣祖缠讼，没有应答之计，故而取秀娘归解家，其本意是为占据解汝霖田产增加借口。如果没有荣祖的诉讼，那么解懃可以名正言顺占据解汝霖家业，秀娘此刻还在襄阳。根据当事人证供，秀娘在王家本欲为王家次子之妇，解懃应当承认这一婚约，现在解懃留秀娘在家，完全枉顾婚约。当时秀娘蒙难，是王璋救起性命，养育数载，如今解懃见利忘义，昔日王璋求娶秀娘为儿媳，并非看中其家资丰厚，现今秀娘得以承继家财，正是她报恩之时。法官判决，将解汝霖田产按照上述份额分析，伴哥为解汝霖命继子，承产四分之一，七姑召人议亲，秀娘和七姑各自收执其家产份额，秀娘返回襄阳成婚。[①]

本案争议的焦点解懃是管业已故解汝霖家财，立命继子伴哥为解汝霖嗣子，不为解汝霖两在室女和在室孙女继承人主持婚嫁，也不将两位在室女应得的财产份额交还。法官在查明案件事实之后，依据法律规定，“诸已绝之家而立继绝子孙，谓近亲尊长命继者。于绝家财产，若只有在室诸女，即以全户四分之一给之，若又有归宗诸女，给五分之一。其在室并归宗女即以所得四分，依户绝法给之。止有归宗诸女，依户绝法给外，即以其余减半给之，余没官。止有出嫁诸女者，即以全户三分为率，以二分与出嫁女均给，一分没官。若无在室、归宗、出嫁诸女，以全户三分给一，并至三千贯止，即及二万贯，增给二千贯。”将解汝霖生前产业分为三份，一份为四分之一，所有人为解汝霖命继子伴哥；余下两份将解汝霖生前家产四分之三均分两份，两在室继承人各得一半。

本案中的涉及分析财产权的争议主体，不仅是命继子与在室女之间，也存在养女在室女七姑和妻生在室女秀娘之间。法官对于命继子和在室女之间财产分析权的份额划分，依照的是法令规定的命继子得家产之四分之一，在室女得家产的四分之三。其中两位在室女一位养女，一位亲生女，法官在认定其继承份额时，说道，即便七姑为养女，由于与解汝霖生前感情深厚，故而和亲生孙女秀娘共同享有四分之三财产的平分权利。在此案中，法官明确提出血亲在室女和血缘拟制在室女之间并不存在继承权的等差，七姑继承的依据一是为法律拟制的养女身份，一为其基于抚养关系产生的请求权。值得注意的是，本案中解懃怠于行使其身为尊长的主婚权，法官要求其为两位在室女议嫁、成婚，是为法律公权力保障在室女私权的典型示例，也证明了尊长的主婚权不仅是权利而且有义务因素，更准确的表述是主婚职责。

① ［明］张四维 辑．社科院历史所宋辽金元史研究室 点校．名公书判清明集 [M]．卷之八·户婚门·女承分·处分孤遗田产．北京：中华书局，1987：287–289.

（二）婚姻

1. 司法在室女成婚权的保障

涂子恭去世的时候没有后嗣，他的堂兄涂子仁以他的第二个儿子淮孙承涂子仁之嗣，这原本是出自公心的行为。涂子恭的亲生弟弟涂拱担心涂子恭还没有营葬，涂子恭的女儿还没有出嫁，也是出自公心。既然双方都有公心，那么就不必纠结于继嗣和丧嫁的先后顺序，应当一起各自进行，但为什么因此纷争不断？难道不是他们借公心道义为名，行各自私心为实。如果涂子恭没有祖业可以承继，他们也没有承分资格，那么这些事情应该就没有人过问了。法官不忍心助其陷入混乱纠纷之中，对他们各自以道义来劝勉。通过上诉文书可以知道涂子仁以其次子过继给涂子恭，昭穆相当，合情合法。但是涂子恭和涂拱两门没有见到有什么物业，在立淮孙为嗣之后，应当对其财产进行检校。判令涂拱和淮孙安葬涂子恭，主持侄女婚嫁，这几件事情应当一起施行，用以保全兄弟间的亲情义理。[①]

本案争议的焦点是涂子恭死后的营葬、立嗣和其在室女的婚嫁三事的先后顺序。法官认定事实为，涂子恭死后立嗣为之承祀营葬和孤女婚嫁原不矛盾，死者为大，为涂子恭操办葬礼，选立嗣子为其主持葬礼，为死者生前的关切，为其在室女成婚，这三者可以一起进行。

本案中突破礼法规定的是，在室女应为亡父母服丧百日以上才得听任婚嫁。原本依照儒家礼制，为父母服丧期为三年、二十五月。但在宋代，考虑到在室女的生存问题，改二十五月为百日。本案中，法官根据案件的实际情况，使父亲丧葬、立嗣和嫁女并行，貌似是对百日热孝期的违背，实则是详悉法意“从权而冒行者，以女弱不能自立，恐有流落

① ［明］张四维 辑．社科院历史所宋辽金元史研究室 点校．名公书判清明集 [M]. 卷之八・户婚门・立继类・立继营葬嫁女并行．北京：中华书局，1987：257-258.

不虞之患也”，实则是为在室女处境审慎考量之后的从权之法。①

2. 司法对婚嫁妄冒情形下的在室女权利保障

以姜氏婚嫁妄冒案为例，本案经两审判定如下：二审法官认为对这个婚嫁妄冒案件的判决，第一审法官有所疏漏，原因是没有引据姜一娘的证供。根据姜一娘的供词可以知道，康宅曾将她转嫁给吴亚两家，得聘财。现在阿吴来娶姜一娘，却用徐贡元作推辞的借口。姜百三卖已定婚的女子，于法有罪，但是原因在于其贫寒无靠，现在事情已经如此，哪里有钱可以返还聘财呢？同时，案件拖得越久，使人父子和夫妻长期分离，不能团聚，这是有道德的君子所不愿看到的情况。历史上荆国公王文花费九十万钱买妾，得知她的丈夫因为运米遭遇意外，故而卖其妻子偿还债务，就马上把这女子还给其原来的丈夫，使人夫妇团聚，这应当是我们效法的对象。徐贡元有入士林之心，通过这个故事应当受到触动。现在将判决结果交给干人，依法将姜一娘还给先夫成婚。②

本案争议的焦点是已受定之女姜一娘的身份归属，是为吴家妻还是徐家妾。法官认定事实，姜一娘已经受吴亚二之定，随后被姜百三转嫁给徐贡元为求聘财，法官依据《宋刑统》婚嫁妄冒条：“诸许嫁女已报婚书，及有私约，约谓先知夫身老幼、残疾、养庶之类。而辄悔者，杖六十。男家自悔者不坐，不追娉财。虽无许婚之书，但受聘财亦是。聘财无多少之限，酒食者非。以财物为酒食者，亦同聘财。若更许他人者，杖一百，已成者，徒一年半，后娶者知情减一等，女追归前夫。前夫不娶还聘财，后夫婚如法。”③ 判定姜一娘归前夫吴亚二，同时跟徐贡元

---

① ［宋］李焘 撰．上海师范大学古籍整理研究所 华东师范大学古籍整理研究所 点校．续资治通鉴长编 [M]. 卷四百八十四・哲宗・元祐八年．北京：中华书局，2004：11513－11514.

② ［明］张四维 辑．社科院历史所宋辽金元史研究室 点校．名公书判清明集 [M]. 卷之九・户婚门・婚嫁・女已受定而复雇当责还其夫．北京：中华书局，1987：345.

③ ［宋］窦仪 等 撰．吴翊如 点校．宋刑统 [M]. 卷第十三・户婚律・九门・婚嫁妄冒．北京：中华书局，1984：212－213.

以故事说理，希望徐贡元考虑到姜百三贫困至卖女的地步，不追聘财。

本案中对婚嫁妄冒中在室女的归属，法官依据法条判决在室女追归前夫，却未追聘财，也未将主婚人处以刑罚。是为在室女的名节和现实生活所考量，在其父卖其一女多嫁的情形中，采用较为温和的方式隔绝讼端。

3. 司法对在室女婚约解除权的保障

陈鉴诉刘有光不肯把其义女魏荣姐交还给他成婚，此案先经县府断决，再经州府丞厅再审，两次审判都劝谕当事人双方择日如约成婚，可以称得上是参酌人情作出的判决。但是双方对此都有异议，不断经官上诉，各持己见。在当初议婚之时，因的是陈、刘两家三世通婚交好，其交情关系极其深重，不同于一般情谊。事情的起因是男方在定婚之后五年没有和女方成亲，致使女方家庭有悔婚的意思。通过各方的证供可见，两人宝庆元年议婚，到了绍定二年，男方才通过诉讼的方式告至县府，催促女方与其成婚，从定婚之日到提起诉讼之时，时间已经过去五年了，已经达到了法律规定的定婚三年不成婚的听其离散的标准。县府法官与司丞认为应当成婚，已经是出于人情方面的考量了。但是根据法意，定婚无故三年不成婚者，其中一个要素是“无故”。那么，有合理的理由的，就不适用于此条规定。原告陈鉴诉称其父亲陈超先是在绍定二年经县府告诉女方逾期不成婚，随后在安吉州躲避贼寇的时候身亡了。从这两件事情可以看出，他五年不与对方成婚是有合理的原因的。但是，细究起来，陈超诉至县府的时候，已经是超过定婚之后三年时间了，如果此时女方返还聘财的话，双方的婚约即告终止。但是女方没有这么做，所以违背婚约的是女方，女方家长听闻未婚女婿行为不端，不学无术，出于爱女的心情，就不得不违背婚约，在三年之期上，本身是合乎法律规定的。但是问题在于女方母亲没能返还男方聘财，经告官府以三年之期已到的理由将女儿改嫁，导致陈鉴兴起词诉。

现在看来刘有光妻子赵氏在绍定三年三月的供证中称：先前王褒作为双方的媒人，当时议娶的是他后夫徐贡元所生的女儿刘一姐，而不是她和前夫所生的女儿魏荣姐。从她的证词中可以看出，她是想用刘一姐来顶冒魏荣姐的婚姻，嫁给陈凯。但是她没想到的是，最先在县府的供词却称，刘贡元前妻的女儿已经在湖北招亲许嫁。那么徐凯当时定婚的未婚妻应该是魏荣姐，而非刘一姐了。况且刘有光既然声称陈凯定婚的女子是刘一姐，那么魏荣姐还为在室女，没有嫁人，也没有定婚，那么有人执婚书，亲生母亲为其主婚，于法于情都很合理，有什么问题呢？现在女方伪造证供，横生枝节，导致赵权县判决把魏荣姐嫁于崇安县的詹应发，可以称得上是女方弄巧成拙了。现在陈鉴称魏荣姐已经嫁给浦城县毛六秀了，不知道这是不是真的，此点存疑。再看刘有光在县厅提供的证供称刘一姐重病卧床，是想要和魏荣姐和刘一姐身份调换，目的是为了由此引据法律规定留下聘礼，不返还陈鉴。刘家前后的证供矛盾龃龉之处甚多，本来双方家庭感情深挚，约定世代通婚交好，现在经官有词，双方家庭的关系因此受到了极坏的影响，本意为亲厚交情，却有如此结果，是双方都不愿看到的。婚姻诉讼与其他的诉讼不同，原因是双方一旦兴起诉讼，那么经年日久，矛盾加深，如果勉强合婚，成婚后的生活中也难免会有更大的矛盾出现。而且魏荣姐既然已经许配给毛家为妻，如果这个情况确实属实。那么一女不事二夫，陈鉴身为士子，难道不了解这个基本的人情道理，怎么能迫使魏荣姐成为失节的妇人呢？追究事情的起因，确实是女家悔婚在前，不交还聘礼在后，所以女方应当依法将聘礼还归男方。这一结果于法于情于理都更为恰当。[①]

本案的争议焦点有二：一为，陈鉴是否构成订婚三年无故不成婚的情形，女方是否可以据此行使婚姻的解除权；其二，魏荣姐和刘一姐谁为定婚的女方。法官认定的事实是，陈鉴辩称的其父已经经官诉讼要求

① ［明］张四维 辑．社科院历史所宋辽金元史研究室 点校．名公书判清明集 [M]. 卷之九・户婚门・婚嫁・诸定婚无故三年不成婚者听离．北京：中华书局，1987：349−351.

对方成亲，其父避寇身故的情形都在定婚三年限之外，已达五年以上。故而陈鉴本身构成定婚三年无故不成婚的情形。再说魏荣姐和刘一姐，魏荣姐是为陈鉴定婚之妻，原因是刘一姐在陈鉴和魏荣姐议婚之时已经与他人定婚。法官依据法条：诸定婚三年无故不成婚者听离，判决陈鉴和魏荣姐的婚约解除，同时解除婚约还需要魏荣姐一方返还聘财。

本案中女方行使婚姻解除权，虽然达到了解除的情形，但是没有履行解除的程序，即返还聘财，以致兴讼。本案法官承认女方的解除权，并且敦促女方将聘财依法返还，以在程序上完成对婚约解除权的行使前置条件。是对在室女婚姻权的依法维护。并非一味倾向在室女的利益才是对在室女权利的保障，在合于法律规定的情形下，双方不存在明显的身份和财力对比悬殊，法官平等对待，依照法律规定内容执行，是对在室女权利的保障方式之一。由此可见，在宋代名公保障在室女权利的场合下，其对公权力介入私领域的程度是克制的，态度是审慎的。

第二章　出嫁女的身份和地位

郑玄曰："妇人十五许嫁，笄而礼之。"[①] 由此可见，在古代中国女子及笄之年就有成婚的资格，宋代法律规定，女子十三及笄，并听婚嫁。依照礼仪规范，古代女子的出嫁年龄大约在十三岁到十五岁，那么在室女处于父宗的监护和教养之下，只是人生中比较短的一个时段，出嫁进入夫宗，女子的身份是随着其出嫁进入夫宗而转变为"妇"。这一转变在古代中国被称为"归"，从父宗家庭归于夫宗家庭，"以许嫁为成人"[②]。这一转变象征着女子正式成人，同时，这一变化在亲等的服制制度里得到体现[③]，"归"于夫家之后，女子的家庭身份更为复杂，不仅意味着为人妻，一般情况下还要为人母、为人媳。这是女子在夫家主要的家庭身份礼法关系，成为夫宗的家人。[④] 因为出嫁女在家庭身份的不同，其享有权益和所处地位也各不相同。

《今文尚书》中对于九族亲等的描述是，认为九族亲等不仅包含有同宗同族血亲亲属，还包含姻亲亲属，即父族、母族和妻族，而《古文尚书》则认为同宗同族血亲传承者是为九族的范围，不应当包含妻

① ［清］朱彬 撰．饶钦农 点校．礼记训纂 [M]. 卷一・曲礼上第一．北京：中华书局，1996：23.

② ［清］朱彬 撰．饶钦农 点校．礼记训纂 [M]. 卷一・曲礼上第一．北京：中华书局，1996：25.

③ ［清］郭嵩焘 撰．梁小进 主编．礼记质疑 [M]. 卷二十一・杂记下．长沙：岳麓书社，2012：525.

④ ［清］郝懿行［清］王照圆 著．赵立纲．陈乃华 点校．诗问 [M]. 卷一・国风上・周南・桃夭．济南：齐鲁书社，2010：545.

族。[①]由此可见，《古文尚书》和《今文尚书》对九族范围的争议要点是，是否包含妻族。这一争论涉及的问题十分专精，在此不再详述。值得注意的是，无论是《古文尚书》，抑或是《今文尚书》，都承认成婚之后男女双方发生的服制变化，无论其出发点是“恩义”抑或是“礼法”，并且《古文尚书》和《今文尚书》都明确说明了，婚姻成就之后出嫁女并未和父宗关系切分断裂，其保有父宗姓氏的同时，加冠夫姓，是为其身份和服制亲等的改变主要标志。这也是本章讨论的线索，本章对出嫁女的讨论，不仅是将视野投向其主要生活的夫宗家庭，也同时关注其在“归”于夫家之后与父宗的权益关系。

第一节　出嫁女的家庭身份

以“归”于夫宗的婚姻形式来讲，如果说在室女期间由于其弱势地位和经由其出生和血缘拟制而享有权利，那么在出嫁之后，女子进入夫宗，婚姻中的女子享有的权利和其身份及其身份所带来的义务相关联。进入夫宗就意味着与父宗之间基于血缘和拟制血缘的抚养关系减弱，而经由礼法规制的夫宗身份关系的增强。由于在室女嫁于夫宗之后，其取得夫宗家庭成员身份是基于婚姻这一礼法确认的礼节仪式获得，但是这一身份关系并非是永恒的，其身份的取得基于礼法，其身份的丧失同样也基于礼法。在婚姻存续期间，出嫁女需要扮演好其职责范围内的各种身份才能取得相应的权利：履行为人妻生子承嗣、日常家庭事务管理和协助丈夫祭祀等职责；为人母的教养、主婚和财产管理等职责；为人媳对尊长的孝养职责等。考察宋代出嫁女的地位，一则是要参考其整个出嫁女群体的群体的权利与义务之间的关系，是大致对等还是相距甚远；二则是要参考在父宗和夫宗中出嫁女的权益，来条分缕析不同身份出嫁

① ［清］王鸣盛 著．陈文和 主编．尚书后案 [M]. 卷一·虞夏书·尧典．北京：中华书局，2010：5.

女的实际处境，以免以偏概全，因为归于夫家的出嫁女和父宗的联系减弱，但是并没有因为婚嫁而完全斩断和父宗的联系，在法律上表现为其仍然享有对父亲家产的有限继承权。

一、出嫁女为人妻的身份

出嫁女何时正式成为夫家的家庭成员，从法律规定上来讲定婚男女若非违律为婚，即已在身份上类同于夫妻，而成婚之礼是礼节仪式上宣告其双方关系的合礼性。宋代的婚礼与前朝和后世都略有不同，在程序上，庶民婚议由传统的“六礼”被简化为“四礼”，朱熹曾编写《朱子家礼》，其中有关婚礼的相关论述就部分吸取了司马光和程颐此前的理念，[①]合并以后的程序仅包含纳采、纳币和亲迎。纳采，即是双方订立婚姻契约的准确活动；纳币，通俗来讲，即是男方去女方家给予聘礼，确立双方的婚约；亲迎，则是指婚礼的正式开展，男方迎娶新娘入门。婚仪的简化可是看作是宋代礼制庶民化的一个典型表现。完成了“四礼”，即完成了从在室女到出嫁女的身份改变。

那么从礼法意义上，出嫁女正式完成身份的转变，成为夫家的家庭成员，是在庙见礼之后。[②]庙见之后，女婿对妇父行宾礼，在此之后双方服制关系明确，在法律关系和礼节仪制上完成对双方身份的确认。现实中存在这种情况，女子许嫁未成而亡，那么她的身份是以出嫁女亡而论还是在室女殇论，所谓在室女殇是指十九岁以下未及许嫁即亡故的女子，殇分三等，年级越小殇越轻，至八岁以下称为“无服之殇”，即不配享服制。对于殇的范围郑玄和贾公彦对此各持己见，郑玄认为女子许嫁不算是殇，贾公彦认为殇有嫁殇，是为十九岁以下死亡，死后冥婚称为嫁殇。对于贾公彦所言之冥婚嫁殇，黄式三认为婚前男女有婚约，女

---

① ［宋］朱熹 著．王燕均 王光照 点校．朱子全书 [M]. 上海：上海古籍出版社，2000：514.

② ［汉］韩婴 撰．朱英华 整理．朱维铮 审阅．韩诗外传 [M]. 卷第二．上海：上海书店出版社，2012：68.

未及嫁即亡，死亡之后女子葬于男家祖坟，对于这种民间存在的违礼的婚姻形式，黄式三认为是应当予以明令禁止的。其中的缘故是，生前双方不曾因礼节仪式确认礼法关系，不具备夫妻名分，死后葬于男家是不合乎礼仪人伦的行为。黄式三认为六礼皆备，合法成婚情形下，双方死后合葬才是得到礼制承认的。郑众提出了冥婚的另外一种形式，即生前未有婚约而死后合葬，[①]这种情形下，亦称为嫁，只是嫁殇也好，合葬也罢，虽在坊间间或有之，但却是为恪守儒家伦理的士大夫们所不齿的非礼行为。

那么，依照礼法，在婚礼进行到什么阶段女方死亡，才可以以妻子的身份归于男家。已经议定婚约，时间未至成婚吉日，女方死亡，那么女方死后身份是为男方之妻妇，抑或是女方之在室女，大中祥符八年广平公德彝聘娶王显的孙女，未及吉日，德彝身亡，对于双方身份关系如何认定的问题，礼官根据相关儒家经典的理论和法律的规定作出了确认。[②]礼制认为，婚嫁时已经议定吉日，时未至婚嫁，女方死去，其未婚夫应当以齐衰为之服丧，待女方入葬之后，可释去丧服。同样，男方身故，女方未婚妻子为之服丧齐衰。《宋刑统》中规定依照礼制规范，婚姻发生正式效力有不同的时间节点的说法，一种是成婚三月之后行庙见之礼；一种是成婚之礼后，不必等行庙见之礼后；在这两种说法中，只要完成庙见或者成婚礼，双方男女就依夫妻之法。在定婚之后双方之间的权义关系只是女方不得违约改嫁，而双方及双方亲属相犯的话，依照的是凡人相犯之法惩处，而非依照夫妻相犯的方法惩处。那么对于广平公德彝亡故，王显之孙女要为其服斩衰丧，待其入葬之后，其丧服即可除去，双方不再具有伦理关系，或者不必等到入葬，只待到出櫕之后，女方就可以释去丧服，双方关系即可明定断绝。

① ［清］孙诒让 撰．王文锦 陈玉霞 点校．周礼正义 [M]. 地官司徒第二·下媒氏．北京：中华书局，2013：1050−1051.

② ［元］脱脱 等 撰．中华书局编辑部 点校．宋史 [M]. 卷一百二十五·志第七十八·礼二十八·服纪．北京：中华书局，1985:2934.

如果说只是定婚，未曾成婚，双方有一方亡故，在其入葬或者出欑之前为其服丧，男服齐衰，女服斩衰。一旦入葬即除服，双方之间不存在礼法确认的夫妻关系。那么在成婚之后，未及庙见之礼女子即亡故的话，双方的身份关系怎么判定，黄式三引孔子言回答了这个问题：在婚礼到庙见之礼的程序之前，女方死亡的，可视为男女双方夫妻关系已经成就，但是由于未行庙见礼，没有依礼法和舅姑确定身份关系，便不能被称为妇人，只能被视作男子的妻子。在这种情形下，女子不得葬入男家祖坟，只得葬归女家。

由此可见，出嫁女的身份由所属父宗转移到以夫宗为主的过程，不是经历婚仪之后当然的发生，需要在成婚礼之后三月完成庙见礼才能完成完整的身份转换，由女变为妻，由妻成为妇。

（一）出嫁女为元配妻

在宋代，从亲等服制上来讲，丈夫为妻子服丧为齐衰丧。[①] 古礼中天子诸侯依照礼制不能再娶妻，那么妻子相关宗庙祭祀的礼制活动都由贵妾来摄管，贵妾在此种情形下是以“摄女君”身份行事。[②] 古礼如此，可是时至宋代，再娶之事已无此桎梏。当时所面临的问题是，元配死亡或者被休弃、和离之后再娶，元配、继室与（前）夫家的身份关系，这决定了其相关的法律权益。

朱熹在《答李晦叔》一文中提到正妻与继室的祭祀问题，[③] 朱熹认为依照程氏《祭仪》中所说，所谓祭祀配祔依照奉祀者与元配和继室的

① 天一阁博物馆 中国社会科学院历史研究所天圣令整理课题组 校证．天一阁藏明钞本天圣令校证 [M]. 清本・丧葬令卷第二十九．北京：中华书局，2006：427.

② ［清］黄以周 撰．王文锦 点校．礼书通故 [M]. 第三十一・即位改元礼通故・二 [M]. 北京：中华书局，2007：1312.

③ 曾枣庄 刘琳 主编．全宋文 [M]. 第二百四十九册・卷五五八六・朱熹一五九・答李晦叔．上海：上海辞书出版社．合肥：安徽教育出版社，2006：141.

亲缘关系来进行，若奉祀者与元配有直系血缘关系，那么其祭祀者是其正妻，也是其亲生母亲。但是依照这个逻辑来看，如果正妻元配无子，那么继室奉祀子孙可以不祀元配，这在礼法上是说不通的。朱熹认为看待这个问题，应当结合《唐会要》的相关规定来理解，即只要身为嫡母正妻，那么不论元配还是继室，都享有并祔合祭的权利。随后，朱子又进一步解释道，他认为夫妇之间受礼制法律规范的身份关系，是有序等差的。正如夫之配偶有妻妾，妻之夫婿只为一人。死后祭祀配祔之事也应如此，所以今时应当以唐制为准。①

妻子先于丈夫而亡的情形下，妻亡之时其夫为大夫，妻亡故之后其夫不再为大夫，那么当其夫亡故之后被祭祀时，其依妻子亡故时享大夫妻礼，享大夫礼祭祀。原因是丈夫“附”于妻子，本质上是丈夫“附”于其先祖，因为其妻子作为其家庭成员，死后享祭祀“附”于祖姑。②但是也有不同的观点认为，附于其妻，并非是附于祖先的委婉说法，因为其致仕的途径可能并非通过祖荫，其父族也有可能并非士人大夫。这些情况下，大夫是没有祖庙的，为妻子立庙，也不合乎礼法规矩。那么“附”于其妻的意思，在这种解释下，就是为妻子行附祭之礼。也有对这种解释不以为然者认为，丧礼的“祔祭”是为了使亡者在往生之后身份有所归属，无论是否有实物的祖庙，所谓妇附于祖姑而言，适用妻子作为其祔祭的对象，是为与最初提及的妻亡，丈夫为大夫的说法对举。

（二）出嫁女为继室

《礼记》称元配为室或家室等。那么元配死亡或与之离异，再娶之妻被称为继室，郑玄对继室的注解是，继室并非一种正式的称呼，只是作为辨明礼制和法律身份上的区别而设。自古以来都有以继室为正妻嫡

① ［清］朱彬 撰．饶钦农 点校．礼记训纂[M]. 卷十五·丧服小记第十五．北京：中华书局，1996：513—514.

② ［清］朱彬 撰．饶钦农 点校．礼记训纂[M]. 卷十五·丧服小记第十五．北京：中华书局，1996：514.

妻的通例，继室身份为妇人，这是不存在疑问的。古书《白虎通》认为，嫡妻死后不再娶立她人，原因在于再娶嫡妻则于先妻所出嫡子嗣不利，有后妻悍妒危害元配嫡子的风险，但是由于曾子曾经提出，宗子七十丧妻，此时没有宗妇为其承担助祭职责，那么续娶是礼法允许的。普通宗子尚且如此，而天子和诸侯在此事上竟不能类同普通宗子，实在不合逻辑。[①]

朱子曾有云，家庙继嗣只有元配享有，原因在于古代都是以媵妾作为继室，故而不能与元配并立，因为要别其嫡庶尊卑，但是，后世继室皆为仪礼聘娶，六礼皆备，与元配无论尊卑嫡庶，故此，在唐会要中记载有颜鲁公家并配两正妻之仪制。[②] 但是数妻并立，共承祭祀，虽然是无奈之举，也是曲尽人情的祭祀方法，但是亲缘有亲疏差等，于一人亲，意味与她人疏，不顾亲疏，自然不为正理。故而，针对有元配和继室的情况，虽为奉祀者共祭，但元配祔祭其夫，其余诸妻另置祭祀之所，承接血食。

出嫁女为继室，往往夫家还有元配之子女，继室与元配子女之间的服制关系，基于其父的家长和家父身份而言，那么在继母侵害前妻子女的情形下，他们的服制关系会影响判案的结果吗？在宋太宗时期，皇帝颁昭，继室侵犯前妻子和儿媳，那么将以普通杀伤罪判处，并不依照亲身尊长侵犯卑幼减轻处罚来处置，原因在于继母与前妻之子并无基于血缘的亲情关系，有别于亲生母子之间的情感。[③] 并且在诏令中，太宗确认，不得继室携夫产改嫁，其夫产归于所有子女，如果违背这一诏令，则以盗罪论处。

---

① ［日］竹添光鸿 著．于景祥 柳海松 整理．左传会笺 [M]. 隐公第一・杜氏・尽十一年・传．沈阳：辽海出版社，2008：3–4.

② ［清］黄以周 撰．王文锦 点校．礼书通故 [M]. 第十七・肆献祼馈食礼通故・二．北京：中华书局，2007：785–786.

③ ［宋］李焘 撰．上海师范大学古籍整理研究所 华东师范大学古籍整理研究所点校．续资治通鉴长编 [M]. 卷十八・太宗・太平兴国二年．北京：中华书局，2004：404–405.

（三）违法嫁娶中的出嫁女

在宋代，并非是经历婚礼之后双方身份就获得确认和保护，在当时的礼法背景下，婚姻的合法有效需要具备以下条件：首先要求双方身份相当，所谓身份相当是指双方的社会阶级身份，主要是指双方身份良贱相当；其次，要符合相关成婚的形式和实质要件，即成婚的时间和于礼法、符合一夫一妻的基本原则等；再次不存在阻却成婚的事由等条件。这些条件兼备，才是合于礼法的婚姻，出嫁女据此获取相关的礼法身份权益。那么不符合法律规定的婚姻不具有合法效力，立法中规定的这些不合法婚姻中的男女双方的夫妻关系不受确认和保护，甚至严重违反礼法的情形下，责任方还要为此受到惩处。

1. 成婚双方身份不合法

妻者“齐”也，代表传统中国对于婚姻关系中妻子的身份是有对等的要求的，成婚时双方身份不对等，不会因为其进行了合礼合法的婚姻仪式而改变其本质不合法的性质。一旦被认定成婚双方身份不合法，那么立法中的应对举措多是“离之、正之”“各还本色”等。虽然现实生活中情况更为复杂，但是对于立法的取向分析则是讨论现实生活复杂性的基础。

（1）妻妾婢乱位

男女成婚之后，男方以合法迎娶的妻子为妾室，以婢女为妻子的，是为乱妻妾位，那么依照法律的规定，应当对其处以徒刑两年的处罚。以妾以及客女作为妻子，以婢女为妾的，则处以徒刑一年半的处罚，并且婚姻无效，其家庭身份和阶级身份都需要还归到婚姻成就之前的位置。但是婢女与主人生子，经过放良之后，是可以被立为妾室的。

疏议中对于以妻为妾和以婢、妾和客女为妻的行为进行干预，并且不承认其婚姻效力，惩处当事人的目的在于，妻之所谓妻，从其字音，究其原意，是为齐也。即齐与其夫，是与其共同承担相应的家庭责任和权益的主体。妾则是可以买卖的，妻妾之间阶级等差明显。婢相较妻妾而言，身份更是低下，并非与妻和家主可以相提并论的，甚至在当时的观点来看，婢的“所有物”属性是高于其个体价值的。那么乱妻妾婢的位分，本质上是违反人伦懿德的行为，因其不容于礼制，故而不容于法。因此，法律规定对这种行为处以刑罚。

那么以乱妻媵妾位，则如何处断呢？法律的规定是依斗讼律而言，媵侵害妻的话，刑罚妾犯妻罪的一等，妾侵害媵的话，依照侵害凡人的刑罚加一等。其他相关妾媵的条款没有明文规定的，媵与妾同，即夫侵害媵类同夫侵犯妾处刑。既然夫侵害媵类同于夫侵害妾，那么以妻为媵之罪，罪同于以妻为妾罪，以媵为妻罪，则类同于以妾为妻罪。以媵为妾，律条没有明文规定，那么依照不应为之罪从重杖八十处罚。以妾为媵的话，令条有相关规制的法律，律条没有其罪名，那么应当依照违令罪处罚。如果是以妾为媵，改换身份，应当判以假与人官罪论处。如果以妾的身份伪冒媵的姓名行诈伪之事，那么依照诈伪律中的诈伪增功以求得官条论处。

当婢女为主所幸，生子之后经由放良的程序，那么婢女可被立为妾室。[①] 但是婢女经过放良之后，其身份最高只得为妾室，原因在于，妻子的身份贵重，承担着传习家事，承担辅助祭祀的职能。其妻子的身份是由于其经由婚姻六礼之后，经礼法承认而得的。婢女虽然经由放良成为良人，身份有所提升，但是由于她既没有经过法定的六礼程序，又不具备承担正妻职能的能力，故而不得为妻。但是科罪不是以以婢为妻科罪，而是以妾为妻，乱妻妾位科罪。

（2）双方良贱不对等

主人为其奴仆娶良人女子作为妻子的，依法判徒刑一年半，女家减徒刑一年半惩处，双方婚姻关系无效，法律强制离异，奴仆自作主张娶良人女为妻者，如果其主人知情，判处其主人杖刑一百，因良人女嫁于

① ［宋］窦仪 等 撰．吴翊如 点校．宋刑统 [M]．卷第十三·户婚律·九门·婚嫁妄冒．北京：中华书局，1984：214–216.

奴仆上报户籍为奴婢的，判流刑三千里。如果妄称自己的奴仆身份是良人，因此和两人成婚的，其主人应被处徒刑两年。奴婢自己妄称其为良人，诈伪身份，与良人女成亲的，也判处徒刑两年。以上各种良贱为婚的情形，除了处以刑罚之外，各方关系还归到成婚之前。

疏议中对于主人给其奴仆娶良人妻子以及奴仆自娶良人妻，主人知情的惩处及其惩处原因作出了解释。主人为其奴仆娶良人女为妻子，判处徒刑一年半，女家减刑一等，双方婚姻关系无效。奴仆自娶良人女的，也被判处一年判徒刑，女家减罪一等处置。主人如果知情，应被处杖刑一百，因此良人女被上报户籍为奴婢的，判处流刑三千里。

法律对于这种良贱为婚的情形处以刑罚的原因是，人们各自结成配偶，本来是自然而然、顺理成章的事情，但是结亲的对象需要身份对等，在本阶级内成婚，才能被称为相配，否则，良贱殊异，实不能成婚配。主人给奴仆娶良人妻的，主人处徒刑一年半，女家处徒刑一年，强制双方离异。处刑时只罪其主，不科其奴。其奴仆自娶良人的，如果在主人不知情的情形下，主人不得被科罪，但如果知情的话，则应被杖一百，因此良人被上户籍为奴婢的，处以流三千里的刑罚。如果为奴仆娶客女为妻子的，律条虽然没有明文规定，那么就需要比照“名例律”进行科断。“名例律”中规定，部曲的身份与客女相等。在斗讼律中，部曲殴打良人的，在凡人相犯的基础上加罪一等，奴婢在此基础上再加罪一等。良人殴伤部曲的，减罪凡人一等，奴婢在此基础上再减罪一等。律文的注释中也提到，相关没有明文规定的良人、部曲和奴婢相侵犯的犯罪中，都依照这种原则进行处断。那么，观其法意，奴婢娶良人徒刑一年半，娶客女的话减娶奴婢罪一等处断，应处徒刑一年。主人知情的话杖刑九十，因此良人上报户籍为婢的，徒刑三年。所生的儿子和女儿，依照户令规定，良人不知情的情形下，其子女身份从良人，良人知情的情形下，其子女身份从贱民。

妄称奴婢为良人，从而与两人成婚的情况，法律规定应当判处其主人徒刑两年。奴婢自己妄称是良人，与良人为婚的，罪过也是同样的。

这两种情形下，双方的婚姻关系都不受法律的承认和保护，并且双方的身份关系应当还归到成婚之前。

在妄冒良人为婚的情形下，处刑的对象和对不同处刑对象处刑的轻重应当怎么计算呢，疏议中规定，如果以奴婢妄冒为良人，与良人成婚的，主人的妄冒之罪，应当被处以徒刑两年。奴婢自己妄冒为婚的，应当处徒刑一年，双方婚姻无效，身份还归各色。法律所规定的所谓的“正之”是指即使遇到赦宥的情况，仍然需要按照以上法律的规定对其身份和婚姻进行“离、正”。如果在成婚时，聘财很多，那么应当处以比两年更重的刑罚，依照诈欺罪，按照金额来科罪处刑。

杂户依法不应当和良人成婚，否则应当科罪杖其一百。官户娶良人为妻也应当如此课刑。良人娶官户家女子的，在杖一百的基础上加刑二等。奴婢私自嫁女给良人为妻妾的，以盗罪论处，所娶之人知情的与私嫁女者同罪论处，同时其婚姻当然无效，各方身份还归到成婚之前，杂户依照法律规定是不应当和良人成婚的，否则应当被处以杖刑一百的惩罚。官户娶良人家女子也是如此课刑。良人娶官户家女子的，在杖刑一百的基础上加刑二等。

如此处断的原因是，杂户、配隶等身份诸司，和良人的身份并非一类，只能在其阶级内部婚配，依法不能与良人通婚。法律对违律为婚的规定是处以杖刑一百，官户娶良人女也应当如此处断，因为官户是指属于诸司隶属，不是隶属州县的官户，应当在其本色身份等级相同的女子中，择娶婚配，不应当娶良人女，否则应当处以杖刑一百的刑罚。良人娶官户家女子的，加官户娶良人妻刑罚的二等，那么应当处以徒刑一年半的刑罚。官户私自嫁女给良人家，法律虽然没有明文规定，但是仍然需要依照名例律规定对其进行处罚。

奴婢私自嫁女给良人为妻妾的，依照盗罪论处，在此间知情人与之同罪科处。双方婚姻无效，其身份财产关系还归成婚之前。如此规定的原因是，奴婢在礼法上类同主人的私有财产，其作为人的主体资格是残缺的，更重要的是其具有的劳动价值和身份隶属关系。那么作为私有财产，主人处分奴婢具有很大的自由度，但是不在法律规定的限度和前提下对奴婢进行处分，私自嫁给他人，需要按照期间所得资财论，以盗罪惩处。受资财五匹，处以徒刑一年，每五匹加一等刑罚。期间知情的人与奴婢的罪过相同，不知情的不处刑。杂户身份以下的人与良人成婚，科罪的同时，强制离异，并且相关的人身财产关系还归成婚之前。杂户和官户应当依照户令规定，在其本色阶级内通婚，如果不同身份的相互通婚，律条虽然没有明文规定，应当以违令罪处断刑罚，因为其违反了本色通婚的规定，那么其婚姻也当然无效，法律强制其离异，身份、财产关系也还归成婚之前。太常音声人，依照相关令条规定，成婚依良人法。但是如果与杂户、官户通婚，其科罪量刑依照良人与官户成婚的处刑标准处罚。这些情况下，双方的婚姻无效，法律强制离异，双方的身份关系还归之前。①

（3）女方为逃亡妇

娶逃亡妇女为妻妾的，知情者与娶逃亡妇女者罪同，娶犯死罪逃亡妇，罪减一等，双方婚姻无效，法律强制离异。如果逃亡妇女本身没有前夫，逢遇赦宥，双方可以不被强制离异。

对于具体的处置方法，疏议中指出，妇女犯罪逃亡的话，如果有人明知其为逃亡的妇女，仍然与之成婚，如果逃亡妇女所犯之罪是应当处以流刑以下的，娶逃亡妇女者其科罪量刑等同于妇女所犯之罪行。②但是当妇人本身所犯之罪是死罪的话，娶逃亡妇者本人减刑一等，处以流刑三千里，强制双方离异。如果逃亡妇女没有前夫，又逢恩赦得以免罪的话，可以不强制离异。不知情而娶逃亡妇女的，按照律条规定，其人无罪，如果逃亡妇无前夫的话，双方婚姻关系可以继续存续。

① ［宋］窦仪 等 撰．吴翊如 点校．宋刑统 [M]. 卷第十四・户婚律・六门・主与奴娶良人．北京：中华书局，1984：225-227.

② ［宋］窦仪 等 撰．吴翊如 点校．宋刑统 [M]. 卷第十四・户婚律・六门・娶逃亡妇女．北京：中华书局，1984：221.

（4）女方为监临女

为官致仕者在其所辖范围内称监临，那么在宋代法律规定中，监临官员是不得与所辖范围内的妇女为婚的，违反这条规定的应当处以刑罚。其婚姻依照法律规定也属无效婚姻。具体来讲，监临官员娶其所辖范围内的女子为妾的，依法应当处以杖刑一百。如果监临官员为其亲属娶妾的，也处以杖刑一百。在所辖范围内为官，而非监临官员的，减杖刑一百课刑。女家不论罪。如果违法娶别人的妻妾和婢女的，以奸罪加二等论处。如果为亲属娶他人妻妾及婢女的，论罪量刑与其罪同。如果并非胁迫，而是求娶的减二等论罪。上述各种情形下，双方的婚姻关系都不受法律保护，并且法律强制其离异。

针对这条律文疏议的解释是：所谓监临的官员，是指掌管当、临、统、案、验等职能的本辖区官员，娶所属人员的女儿为妾的，处以杖刑一百。为其亲属娶的，也处以杖刑一百，其亲属的范围是指血亲本家的缌麻以上亲属，以及姻亲的大功以上亲属。既然是监临官员为其娶妻，那么监临官员的亲属不应被科罪。但如果是监临官员与其亲属合谋强行娶监临女的，或者是胁迫恐吓娶的情况，就依照本条律法，对强娶的首犯从犯分别科罪，那么都是以监临者为首犯，以亲属为从犯。而律文中所称的“在官非监临”的情形，是指所主管的业务官署内任官，但是并非统管负责之人，临时承担监管职责的人，也以监临者论。其婚姻仍然无效，法律强制离异。

针对法律规定的枉法娶他人妻妾女的情形，疏议的具体处刑方式和解释是：有私情求助监临官员者，以其妻子或者妾室为监临官员的妻妾，以求取枉法利益的，加奸罪二等处罚。所娶之人与监临者有亲属的关系的，需要加重处罚的，应当在监临奸罪的基础上再加罪二等。监临官员为亲属娶监临女的，和为其自娶同罪。将其妻妾女交由监临者的行贿者，减监临官员罪二等科罪。亲属明知其中的违法情形，但是仍然娶监临官下属的妻妾女得，依照本条规定，按照从犯的标准判罪处刑。以上各种情形，为婚双方男女婚姻自始无效，法律判定双方强制离异。其中强制离异的范围是包括行贿被监临人与其妻妾的婚姻关系。

对于监临婚的除却事由，法律也有规定，[①] 即相关户令规定，州县官员在任职期间，不得和其监临的部下以及百姓互通婚姻。但是定婚在其任职之前，任职监临在定亲之后的情形不在该条论处的范围。以及三辅内官门阀之间互相情愿的，不为本条所限。

（5）双方亲等服制亲近

同姓为婚为法律所禁止，如若违反，法律规定对责任方处以徒刑两年的处罚。同姓缌麻以上亲属间通婚的，以奸罪论处。如果姻亲间有服制尊卑有别者互为婚姻的，以及娶同母异父的姐妹，以及妻子与前夫所生女儿的，均以奸罪论处。与其父母方亲属中，姑舅姨姐妹，以及和其姨母、若堂姨母、母亲的姑母、堂姑母，自己的堂姨，以及再从姨母、堂外甥女、女婿得姐妹为婚的，法律强制离异，并且处以杖一百的刑罚。

疏议中对于同姓为婚缌麻以上亲属为婚以奸罪论处的立法解释是：同宗共姓不得为婚的原理是，探寻姓氏的起源，上古时代姓氏制度最早建立起来是为了彰显功德，以及显示其籍贯和官品爵位，姓氏来源包含了很多要素。因为有祖先迁移别居以及经历时间的变换，对姓氏的最初形态寻根求源，已经不太可能得到更准确的信息了。接着疏议中对于“裔”的产生作了说明。时至近代，如果蒙恩被赐姓的话，在本族内其昭穆名分不变，在本枝宗族身份也是恒定的，故而与同族内亲属不为婚姻。当有复姓与单姓有同字者为婚，虽然两者都源自同一氏族，但是年代久远，已经不要禁止通婚的禁令中了。但是同姓的缌麻以上亲属，亲缘过于亲近为婚的，依照杂律中奸条来科罪。

法律规定娶妻不得同姓有服者为婚，那么娶妾是否受此限制呢？礼法有云，买妾如果不知其原本姓名，则以卜筮的方法来确定，其目的是防止同姓为婚。礼法禁止同姓为婚的立法初衷为了维护宗法伦理秩序，

---

① ［宋］窦仪 等 撰．吴翊如 点校．宋刑统[M]．卷第十四·户婚律·六门·监临婚娶．北京：中华书局，1984：221－222.

同姓之人同宗同祖，为婚是不合礼制法律的。相关的户令中规定，娶妾需要立婚书契约。是为确认妻妾与夫的婚姻关系。

姻亲有服制尊卑殊异者互为婚姻以及娶同母异父的姐妹以及和妻子与前夫的女儿为婚，仍然是科以奸罪论处，原因是：与姻亲有服制的人成婚的，是为外祖父母和舅姨妻的父母，与这些人为婚，双方尊卑身份悬殊。这类同于娶同母异父的姐妹和娶妻子与前夫所生女儿一样，不合礼法。故而这几种情形下的婚姻不仅无效，而且应当以奸罪处刑。

不得成婚的范围还包括，父母的姑舅姨姐妹，以及姨母和若堂姨、母亲的姑母、堂姑母、自己的堂姨以及再从姨母、堂外甥女、女婿的姐妹，是不得与之成婚的，对于违反该条法律成婚者，法律规定的惩处措施是强制离异，以及男女双方责任者杖刑一百。

对此，法律的解释是，父母姑舅两姨姐妹，虽然与本人没有服制关系，但是是为父母的缌麻亲属，身份和本人尊卑有别，故而不应当与之成婚。同样的道理，及姨、若堂姨、母亲的姑母、堂姑母对本人父母来讲都是长辈，与本人之间的尊卑名分更是悬殊，不能为婚是维护宗族伦理和礼法传统。本人的堂姨以及再从姨、堂外甥女、女婿得姐妹，和其本人虽然没有服制关系，但是根据人情伦理来讲，是不得为婚的，因为这会导致整个家庭成员之间尊卑的错位和混乱，若如此，人伦将不存，礼制也将失序。因此不得与这些亲属成婚，如果违反，不仅强制离异，而且处以杖刑一百。

《宋刑统》中对与袒免之妻成婚者的规定是，先是划定了袒免的范围，并且详述了其中蕴含的法理要素，由于袒免之亲，亲属关系非常亲近，故而曾经身为袒免亲属的妻子，再嫁原袒免亲，即使从法律上来看袒免亲之妻与袒免亲之间夫妻关系已经消灭，但是在其夫妻关系灭失之后，其再婚的范围仍然受到礼法伦理的限制，因为婚姻的成立是家庭建立的基础，由家庭组成的宗族，其作为家庭系统的母系统，宗族系统的安定和和谐不应当受到其子系统家庭关系的冲击。

具体而言，曾经为缌麻亲以及舅甥的妻子，与之相为婚的，由于她的前夫与现任丈夫之间存在尊卑服制关系，如果违法成婚，那么应当对男女双方都处以徒刑一年的惩罚。与小功以上的亲属之前妻成婚的，以奸罪论处，因为小功之类的亲属，多是本族亲属，如果是姻亲之间小功服制关系的，只有外祖父母，如果存在嫁娶的话，那么当然以奸罪论处。

如果与袒免亲原妾室成婚的，男女双方各杖刑八十，与缌麻亲以及舅甥的妾成亲的，各杖九十，与小功以上的亲属原妾室成婚的，减奸罪二等处置，所以说减妾室二等。以上各种与袒免亲原妾室成婚者的婚姻无效，法律强制双方离异。由于奸妾本身论罪减奸妻罪一等，本条以奸罪论处，那么本条中所有以奸妾罪论处的，一共减罪三等。

小功亲属的妻子如果是夫亡寡居在夫家，与袒免亲属相嫁娶的，依照奸小功以上亲属妻子的奸法。如果是被休离或者是义绝的情形下，改嫁他人，就依照凡人奸罪处置。如果原本是袒免以上亲属之妾室者，得减奸罪二等处置。如果原是袒免亲属之妻，现今被娶为妾的，依照娶妻之罪论处，不得以娶妾之罪减轻处罚。如果先是为袒免亲属之妾，现娶为妻的，那么只依照娶妾之罪论处。原因是嫁娶袒免亲之妻妾，归罪原因在于其女本为袒免亲属之妻妾，后为他人之妻妾，其后行为之所以违法，是因为其前任嫁娶带来的身份。所以认证其罪根据的是先为袒免亲之身份。①

（7）对宗室女婚姻的身份要求

在宋哲宗元祐年间，广州蕃坊刘姓普通人家娶宗室女子，与宗女成婚的刘姓男子生前官职做到了左班殿直。当刘姓男子死去之后，宗女遗孀由于在其生前没有为刘姓男子生下儿子，因此刘家分析家产的时候，与宗女发生了财产纠纷。因此宗女遗孀派遣他人去敲击登闻鼓告诉，朝野因此事震惊，原因是宗室女子不仅嫁非士族的庶民低职官，况且对方的身份还出身蕃坊蛮夷，因此对于宗女嫁夷部的行为予以禁绝，娶宗室

① ［宋］窦仪 等 撰．吴翊如 点校．宋刑统 [M]．卷第十四·户婚律·六门·同姓及外姻有服共为婚姻．北京：中华书局，1984：218-221.

女子的家庭，三代之内必须有一代为官才可。[1] 在宋代出现了宗女嫁蕃夷的例子，首先说明在当时士庶之间婚姻的藩篱已经不再高高筑起，所嫁之人为蕃夷之事也说明在当时婚姻重财的观念深入人心，蕃坊作为阿拉伯、波斯穆斯林侨民在华聚居区，坊内蕃商一般“皆富有”，所在地方官每有仰其资助者。事由继承争财起，宗室女子嫁人重财不重门第，因此引起朝廷重视，对于宗室婚姻中对方的门第家世做出相关具体规定。对于宗室婚姻，宗正司向皇帝进言，认为宗室女的夫族和舅姑没有相关的仪制规制他们的身份，因此应当创立相关的规定和法律作为以后宗室女婚姻对象的定制。[2]

2. 违反程序规定成婚

（1）居丧嫁娶

所谓居丧嫁娶，在《宋刑统》内有专条进行规定，即在父母和前夫丧期期间嫁娶的，判处双方徒刑三年，居丧嫁娶为妾，减刑三等，这两种情形都应当强制离异。情知对方在丧服期，仍然为其主婚的，减刑五等处罚，不知情的不处罚。如果在周亲丧服期内嫁娶的，处以杖刑一百，如果亡者是卑幼的话，减刑二等处刑，为妾者不处刑。

对于居父母丧嫁娶违法的立法初衷，疏议中说明是由于：父母的死亡对于子女而言应当是其终身都因此忧虑伤怀的事情，因而，为父母服丧三年之后再着常服，是为通达明礼之人。依照礼法伦常而言，夫为妻纲，从礼制上说，妇人不再醮，是一种美德。如果在父母和丈夫的丧期内，也就是在他们死亡之后二十七个月之内，男子娶妻，女子出嫁及再嫁者，男女双方都应当被判处三年徒刑。娶妾者减娶妻三等处罚。如果男子在父母丧期娶妻，女子在丈夫丧期为人妾室，因为依照古礼，妾室通常是以卜筮的方法来确定其姓氏的，由此可见，妾的地位是比较卑贱

① ［宋］孟元老 撰．伊永文 笺注．东京梦华录笺注 [M]. 卷之五·娶妇·注．北京：中华书局，2007：481.

② ［元］脱脱 等 撰．中华书局编辑部 点校．宋史 [M]. 卷一百一十五·志第六十八·礼十八·亲王纳妃．北京：中华书局，1985：2739.

的。既然身份有差等，所遵循的礼制不同，因此，为人妾室的罪过较轻。法律强制双方离异，指的是在丧期内嫁娶的话，无论是嫁娶为妻还是为妾，法律都认定双方婚姻无效。而共为婚姻者指的是，男家享有主婚权的家长和女方享有主婚权的家长在知情的情况下，仍然促成双方的婚姻。在这种情形下，法律规定对双方享有主婚权的家长减五等处刑，处以杖刑一百，娶妾的话处以杖刑七十，如果双方有主婚权的家长不知情的话，不承担法律责任。

那么对于在周亲丧期嫁娶的，处以杖刑一百，卑幼减刑二等处分，为妾者，不予以处罚，此条疏议的解释是：在周亲丧期内嫁娶，无论是男子娶妻，抑或是女子嫁做人妇，双方都应当处以杖刑一百。卑幼减刑二等。虽然周亲亡故，但是亡者是为卑幼的话，减刑二等处罚，处以杖刑八十。为妾室不论罪，指的是周亲服制内男娶妾，女作他人妾室，不受法律处分。

在祖父母和父母违反法律被囚禁的期间，其子孙嫁娶的，其祖父母和父母犯死罪的，嫁娶子孙判处徒刑一年半，祖父母、父母犯流罪的，嫁娶子孙减一等处刑，祖父母、父母犯徒罪的，嫁娶子孙判杖一百。但是祖父母和父母指令子孙嫁娶的除外。对于这条，疏议的解释是：由于祖父母和父母身陷囹圄，子孙自行嫁娶，是为礼教法制所不齿的行为。如果娶妾和为人妾的，减娶妻和为人妻的刑罚三等。如果周亲尊长为之主婚，那么就以周亲尊长为首犯，成婚男女为从犯。如果是余亲为主婚人的话，提出婚嫁的是主婚人，那么以余亲主婚为首犯，成婚男女为从犯。如果男女自为婚姻的话，那么成婚男女为主犯，主婚人为从犯。如果成婚男女是被逼迫成婚的话，或者成婚人男子在十八岁以下，女为在室女的话，主婚应当独自承担刑责。但是此条的例外是，祖父母、父母本人要求子孙在其被囚禁期间成婚的，不受此条的限制和调整。但是依照相关户令的规定，双方成婚不得宴请宾客，大办婚仪。[①]

① [宋]窦仪 等 撰．吴翊如 点校．宋刑统[M]．卷第十三·户婚律·九门·居丧嫁娶．北京：中华书局，1984：216-217.

此条体现了立法者在立法时兼顾礼法之间的平衡，本条的法理基础是礼法对于孝道的维护，并且借由法律将其变成对社会伦理秩序的维护。但是同时对于例外情况，就是孝道本身的要求违反立法本意时，立法对于礼制优先地位的确认，立法在面对"私"领域内的事物，在不影响社会整体秩序的前提下，是不加干涉并且对其存有保护性举措的。

（2）违反成婚时间

对于各种违反法律法律规定的婚约，即使有媒妁之言和聘书聘财，但是本质仍然不合法。对于男方利用恐吓的方式强行娶定婚女的，加违律为婚罪的一等处罚，强行成婚的再加一等处罚，被强迫的女方依照违律为婚未成处罚。对于没有违法情形，双方应当成婚的，即使女方已经接受聘财，男方没有等到约定婚期就要提前强迫女方成婚，以及婚期已至，女方故意拖延不成婚的，这两种情形，法律都将对其处以杖刑一百的惩罚。

对于合法的婚约，法律持保护的态度，虽然婚约具有强烈的人身属性，但是本质上仍然属于契约范畴的一种，其中关于双方的身份和成婚的时间等都有约定，遵守这些约定是双方成婚的前提，也是双方发生纠纷之后法官等居中者判断是非、处罚和调停的依据。对于这条法律，疏议中的说明是：当双方约定成婚，没有法律阻却事由的情形之下，女方即使已经接受聘财，男方未等到约定期限内就要求女方成婚，而且过程中利用了威胁等强制手段的，法律规定中认定这种行为违法。同时成婚期限对于女方也有约束效力，这体现在，女方如果在婚约约定的成婚日期已经到达，故意违约不成婚的，这种情形与男方利用威胁和强迫的手段要求女方提前履行婚约的违法程度相当。① 因此，法律对于这两种情形的处罚力度相等，并且将这两种行为同时规定在一法律条文之下。法律对于这种情形下双方婚姻的效力规定是，如果双方因此有不合的情形，

① ［宋］窦仪 等 撰．吴翊如 点校．宋刑统[M]．卷第十四·户婚律·六门·违律为婚．北京：中华书局，1984：227.

那么可以行使婚约解除权。

3. 违反实质要件成婚

（1）有妻更娶妻

法律规定这种违法迎娶前后两位妻子的做法应当予以处罚，具体的处罚方式是对男方家庭的负责人处以徒刑一年的惩罚，对于女方家庭的责任人减男方一等刑罚处置。但是如果是男方欺骗妄冒导致以蒙蔽女方，导致女方在不知情的心理状态下与男方重婚的，男方家庭责任人应当被处以一年半徒刑，女方家庭不受刑罚处分，法律强制双方离异。

在疏议中，法律对于有妻更娶妻的重婚罪有这样的解释，依照礼制规定，太阳和月亮升起各有时辰，它们在不同的时间段交替出现，各司其职，并且相辅相成。诚如夫妻之间的关系，是相敬相齐的。而在一个家庭中，中馈之事是很重要的，而主妇妻子是主中馈的家庭成员。所以在原本有妻子的情况下，再娶一个妻子，于法于礼都不合宜，因此法律规定对于更娶妻的男方处以徒刑一年，女方减刑一等处罚，处罚女方的原因是其作为重婚的共谋，惩罚的是其“知情”，即其主观心理状态是明知，明知男方有妻子，还与男方成婚。但是法律也考虑到了，女方可能受到男方的蒙蔽，在不知情的情形下与女方成婚，因此法律规定在此种情形下，女方不受重婚罪的处罚和牵连。法律规定是无论女方是否知情，男方是否在重婚中存在欺妄，后婚的婚姻不受法律保护，而且法律要强制后婚的二人离异，以修正被破坏的一夫一妻制的礼法关系。

相关的问答中，提到了如果有妻更娶妻的情形，后娶的妻子虽然与法不合，法律规定双方应当强制离异，但是双方未经法律离异之初，如果女方亲属与男方亲属存在相互侵犯的违法行为，那么处罚的方式是依照凡人相犯还是依照夫妻亲属相犯的方法处置呢？相关的回答中明确提出，依照一夫一妻的基本礼法原则，后娶之妻其身份本身就不合礼法规定，法律的宣告只是确认了这一事实，并且确认了该行为的违法性，双方的婚姻由于实质违法，即使具有合法婚姻的礼节仪式，但是由于违法了一夫一妻的基本原则，该婚姻自始无效。那么后娶之妻自始便不具备合法的妻子和主妇的身份。故而在处置双方亲属相犯的问题上，应当依据的是凡人相犯的法律规定。[①]

（2）妄冒为婚

由于传统中国社会婚姻的成就依据的是男女双方家庭主婚人的合意，以及具备立法规定的礼节仪式。男女双方的个人意愿自始至终不在主要的考虑范畴，那么男女双方在婚姻成就之前没有见面是普遍现象，甚至于男女双方主婚人对于对方的了解也局限在相关的庚帖记载的其出生年月，父母双方及祖上的基本情况，其尊卑长幼等个人基本信息。成婚之前，主婚人没有见过对方当事人也是常见的。那么在婚姻中出现妄冒的情形，也不足为奇，法律对于婚姻中的妄冒行为，女家处徒刑一年，男方处刑加一等。婚姻没有成就的依照本身的约定进行，双方成婚。如果已经与妄冒者成婚了，法律规定双方应当离异。

原因是，结婚这件事本身要求有媒人在中间起到中介和推动作用，以了解男女双方身份的嫡出和庶出、在家排行的长和幼，定婚之时应当有相关的婚书、草帖等书面约定。[②]法律规定对女方妄冒的处以徒刑一年，对于男方妄冒的加女方刑罚的一等处刑。对于男方妄冒与女方妄冒处刑中的轻重可以发现，法律对于男方在婚姻中的妄冒行为评价更为严厉。可以看出在立法者的价值衡量体系里，男方妄冒的恶性更大，带来的危害结果更为严重，因此出于公平原则，在处刑力度上对男方违约妄冒的处刑更严厉。所谓未成者依本约，规定的是，如果双方只是定婚，而未成婚，那么在接下来成婚时立法者倾向于恢复双方的身份关系，推动双方按照原本约定的内容执行婚约，以在双方损失最小的程度上解决这一问题。同时规定，对于妄冒者已经成婚的情况，应当判定双方离异。法律对于妄冒的方式有列举说明，即对于男女双方的年龄大小、排行长

① ［宋］窦仪 等 撰．吴翊如 点校．宋刑统[M]．卷第十三·户婚律·九门·婚嫁妄冒．北京：中华书局，1984：214.

② ［宋］窦仪 等 撰．吴翊如 点校．宋刑统[M]．卷第十三·户婚律·九门·婚嫁妄冒．北京：中华书局，1984：214.

幼、以及双方的嫡出、庶出出身等问题进行妄冒的。

二、出嫁女为人妇的身份

古礼有云：如果公婆死亡的话，那么新妇需要在成婚之后三个月为公婆呈上奠菜，以示其入门为妇，完成由妻子到主妇的转变。[①]传统中国的婚礼，从天子往下的每个阶级，婚礼都是在黄昏成就的。新妇的公婆亡故的，就在成婚之后三个月在庙见之礼中正式接受新妇供奉。贾服对于庙见之礼的理解是，士大夫以上的阶层，不在于新妇公婆是否在世，都需要新妇在成婚入夫家之后三个行庙见之礼，此种意义上庙见之礼是新妇与祖宗相见，以明确身份，这才算是整个婚仪正式完成，出嫁女完成了由父宗到夫宗的家庭身份转变，也实现了由妻子到主妇的身份确认。而如果新妇公婆亡故的话，在不同版本对于婚礼的注释中有不同的说法，有观点认为是成婚之礼成第二天见公婆中在世者，庙见之礼不是为了见已故公婆的，而是为了敬告祖宗的。还有观点认为新妇的公婆如果亡故的话，需要新妇在成婚第二天早上呈贡盥洗之具，服侍公婆中生者洗漱，在三月庙见之礼时对亡故的一方或者两方行庙见之礼。

无论庙见之礼是否为见舅姑所设的专礼，古代婚礼中对于见舅姑的礼节仪制的规定都显示了出嫁女在进入夫宗家庭时需要经由见舅姑这一形式来确认其主妇的身份，明确其在夫宗家庭的家庭身份和地位。相对于成婚典礼的目的是为了宣示出嫁女对外的身份归属，那么庙见之礼也好，见舅姑也好，都是宣示其家庭内部的身份归属。

古礼中规定在室女的父亲在世的情形下，为其母亲应当服丧齐衰。叔嫂之间没有服制关系。原因在于双方亲属身份和关系很远了。主妇为公婆服丧是为齐衰。传曰，为什么主妇服丧为齐衰。原因在于妇人不得为两个尊长服丧斩衰。但是在唐代以后，礼法规定，妇人对于母亲和公婆也应当服丧三年，即和母亲和公婆的服制关系变得更为亲近，不受古

① ［汉］韩婴 撰 . 屈守元 笺疏 . 韩诗外传笺疏 [M]. 卷第二 · 笺疏 . 成都：巴蜀书社，2012：116.

礼的不得为两位尊长服丧斩衰的成规束缚。[①] 古礼的妇人不二斩，时至唐，已经变成为父系的母亲和夫宗的公婆服丧三年。这是伦理人情对古礼的社会适应性进行调整的结果。

宋太祖时期曾经下诏，妇人对其亡故的公婆分别应当服丧齐衰和斩衰，[②] 这与唐代将对妇女的公婆和母亲与其服制提升至斩衰，又产生了一个转变。在宋代这一转变，更多的是强调家主和主妇之间的身份差异。同时在宋代，宗族中不仅嫡子的地位非常高，而且其妻子，嫡妻在夫家的身份地位也超然于其他非嫡子的妻子，这体现在："齐衰期：舅姑为嫡妇。"[③] 当嫡妇死亡的时候，舅姑需要为其服丧齐衰一年。

普通家庭的主妇对于舅姑的孝养之义是其作为媳妇的主要义务，那么宗室女子，尤其是帝王家的公主，其身份的特殊和尊贵是否代表其不受普通媳妇的责任的束缚？宋神宗在谈到这个问题时提到：依照国家的旧时礼制和前例，士大夫的家庭崇尚娶帝王宗室女，在公主下嫁其家之后，为了尊崇皇家宗室的威严和地位，对公主格外尊崇，以至于失去其舅姑的身份和地位。神宗认为这种行为首先是不必要的，他在考虑到这个问题的时候，甚至觉得于心不安，原因在于怎么能因为自身皇家的地位和尊重，使得礼制人情中最基本父母长幼身份和地位都得不到保护呢？因此特意使相关主管的职能部门拟诏颁行。[④] 随后在壬辰，该诏施行，"壬辰，诏公主下嫁者行见舅姑礼。"[⑤] 其中主要规定了公主应当

① ［清］皮锡瑞 著．经学通论 [M]. 三礼·论古礼多不近人情后儒以俗情疑古礼所见皆谬．北京：中华书局，1954：38.

② ［元］脱脱 等 撰．中华书局编辑部 点校．宋史 [M]. 卷二·本纪第二·太祖二．北京：中华书局，1985：23.

③ 天一阁博物馆 中国社会科学院历史研究所天圣令整理课题组 校证．天一阁藏明钞本天圣令校证 [M]. 校录本·丧葬令卷第二十九．北京：中华书局，2006：361.

④ ［元］脱脱 等 撰．中华书局编辑部 点校．宋史 [M]. 卷十三·本纪第十三·英宗．北京：中华书局，1985：261.

⑤ ［元］脱脱 等 撰．中华书局编辑部 点校．宋史 [M]. 卷十四·本纪第十四·神宗一．北京：中华书局，1985：265.

行见舅姑礼，不异于常人，尊于礼法。

神宗颁诏之后，仍然特命陈国长公主对舅姑行舅姑之礼，公主的驸马王师约不得因为娶了公主就为其升行。公主见舅姑之礼自此之后真正确立。[①]按照旧例来讲，长公主向皇帝呈上表章，自称不是妾，礼院认为：男人和妇人称自己为臣、为妾，是合乎身份的称呼。现在宗室中皇帝的叔伯和近臣都自称为臣，那么公主理应自称为妾。何况如果在宗室中只讲家礼，不讲公礼的话，那么皇帝对于相关礼制和法律的规定就很难施行于朝廷上下。礼部上表奏称，要求自长公主以下的宗室，上表时，需自此之后根据其封地名称自称为妾。

在乾德三年，针对主妇为其公婆丧服的轻重，大理寺判进言。[②]依照法律的规定和《仪礼》中《丧服传》《开元礼纂》《五礼精义》《三礼图》等书目的记载，这些书目中都认为主妇应当为公婆服丧齐衰，而近代以来礼俗上媳妇多为公婆服斩衰，大臣刘岳书议中对于此事也有奏请。《三礼图》《宋刑统》都是国家的根本礼法典籍，怎么能固守《书仪》《小说》这些为国朝典章呢？大理寺少卿薛允中等大臣曾经进言：《宋刑统》中户婚律对于居丧嫁娶有规定：在父母以及丈夫的丧期成婚的，应当判以徒刑三年的刑罚，在这期间成婚无效，法律强制双方离异。如果在周亲丧期内嫁娶的，依法应当处以杖刑一百。《书仪》中也有规定：儿媳为公婆的丧服是斩衰三年。这个规定也已经通过敕的方式予以颁行。当律敕之间的规定有冲突和差别，需要奏请皇帝亲裁，以保证律敕之间的和谐。

对于律敕之间规定龃龉，右仆射魏仁浦等二十一人奏议中说明，依照礼内则中的说法：儿媳侍奉舅姑要如同侍奉自己的亲生父母一般。那么它的本质是指在礼法身份上舅姑应当等同于父宗的父母。在相关古礼

---

① ［元］脱脱 等 撰．中华书局编辑部 点校．宋史[M]．卷一百一十五·志第六十八·礼十八·公主下降仪．北京：中华书局，1985：2733.

② ［元］脱脱 等 撰．中华书局编辑部 点校．宋史[M]．卷一百二十五·志第七十八·礼二十八·服纪．北京：中华书局，1985：2930.

的记载中，有对于儿媳为舅姑服丧为齐衰，即一周年丧。时至后唐才开始规定媳妇应当为舅姑服丧三年，为斩衰服，至此才做到情理和法理意义上的恰当。观之前朝历代，对于服制的规定增加补益之处不胜枚举。依照《唐会要》的规定，叔嫂之间没有服制亲等关系，对太宗应当服丧承重小功。曾祖父母亡故，依照古礼的规定，应当为其服丧三个月，《唐会要》中增加为五个月。舅姑为嫡子的妻子应当服丧大功，后服制增重为齐衰。众子为主妇服丧小功，随后增为大功。父亲健在，母亲亡故，古礼原定为亡母服丧一年，高宗朝规定增加为三年，为斩衰。妇人原本对丈夫的姨母和舅父没有礼制上服制亲等关系，玄宗规定妇人应当依据丈夫的亲等关系，同样为丈夫的姨母和舅父服丧，同时又增加为姨母舅父同服制的缌麻亲以及堂姨母和舅父的丧服丧期。时至今日，这些规定并没有得到切实的执行。而且在丧期三年之内，并没有完全杜绝欢宴，如果说丈夫为亲属服丧粗布麻衣，妻子却身着华衣吉服，这实在不合乎礼法情理。如果依照夫妻同体的原理来讲，双方的痛苦和喜乐完全相悖，这是不符合这一根本的礼法人情逻辑的。而且如果丈夫亡故，妇人对丈夫的丧服亲等是为斩衰，对丈夫的父母却只有齐衰，由此可见，在礼法上是抬高丈夫的身份地位，同时也是在贬低丈夫父母。而且本朝的孝明皇后为昭宪太后服丧三年的前例，是完全可以被后世效法的。所以包括右仆射魏仁浦等二十一人在内的诸大臣希望从今以后为舅姑服丧的话，参照后唐的仪制，从其丈夫为三年斩衰丧，同时对丈夫的其他亲属服丧也应当依照丈夫的服制轻重为准。①

对天一阁藏明抄本《天圣令》中唐宋令关于舅姑服制的讨论，对于以上两奏议的分析是，校证考订者指出，唐宋之际关于舅姑服制的变化主要体现在宋代增加了“为夫之父”条以及除去了“国官为国君”条。其中前者的变化原因在于大臣奏议应在礼法制度上依据时代变化有

① ［元］脱脱 等 撰．中华书局编辑部 点校．宋史 [M]. 卷一百二十五・志第七十八・礼二十八・服纪．北京：中华书局，1985：2930.

所损益，后者主要是国家体制阶级结构发生变化，故而没有继续存立的必要。[1]

综上所述，关于宋代众多大臣对于儿媳对舅姑丧服轻重改革的奏议，这些大臣都认为因循古礼而枉顾纲宪是不恰当的，在服制规定方面应当在本朝立法的基础上进行损益。针对儿媳对舅姑的服制之法，他们的态度是，首先，《宋刑统》中对于居丧嫁娶的规定中，将居父母和丈夫的丧期成婚犯罪恶性类同，定罪的处刑为徒刑三年，而居舅姑丧期则被划定为另一个定罪刑期，如果违此法则被处杖刑一百。这与丧服制度的立法原意完全不对等。其次，根据夫妻一体的基本立法原理，如果丈夫和妻子服丧周期不相同，就会有丈夫身在丧期，妻子释服作筵这样不合情理的情形出现。其三，儿媳对舅姑服丧一年齐衰，服制太轻，这会导致理论上丈夫的身份地位被抬高，而舅姑的身份地位被降等。这些理由都指向同一个问题，就是律法的规定与敕令的冲突该如何解决。故而由此大臣有此奏议。

三、出嫁女为人母的身份

女子出嫁，除了为人妻、为人媳的主要职责是上事宗庙，下继后世。事宗庙是为人妻和为人媳的主要职责，而继后世不仅意味着主妇的家庭职责，随之而来的是其新的家庭身份，即为人母。而为人母并非仅仅代表着为自己所出的亲生子女的母亲，也意味着其与丈夫前妻所出子女、丈夫的媵妾婢所出子女，养子女等产生了相应的礼法身份关系。

对于母亲身份的划分，依据和正妻的血缘关系和子女母亲的身份可以将其分为嫡子女、庶子女、养子女。与之对应的母亲身份是亲母、嫡母、慈母。对于这几种母亲的身份，《宋刑统》中有完善的规定，具体说来，法律规定嫡母、继母、慈母如果和子女有抚养关系的，其双方的身份关

① 天一阁博物馆 中国社会科学院历史研究所天圣令整理课题组 校证．天一阁藏明钞本天圣令校证 [M]. 附 唐令复原研究·唐丧葬令复原研究 ·二、唐丧葬令复原内容及分析．北京：中华书局，2006：696.

系视同亲生。也就是说决定双方礼法关系的基础是抚养关系。疏议中对于这几种为人母的身份有具体的说明。所谓嫡母，依照《左传》相关注译中的解释，是指作为妻子是正妻的身份，对于其他媵妾婢所出的庶子而言其身份就是嫡母。继母是指继室的丈夫在其之前的前妻因为其死亡或者双方离异，留在夫家的子女，称其父亲的继室为继母。而慈母指的是，依照依法规定，妾室没有孩子，妾生子失去母亲的，其父亲指令无子之妾对无母之妾子形成的抚养关系，使得该妾室成为该庶子的慈母。如果不是上承父命，双方形成的抚养关系，依照礼法规定该庶子对慈母的服制关系仅止于小功，和亲生母亲有所区别。养母是指本身没有儿子，收养同宗昭穆相当的孩子。慈母身份以上的各种母亲，如果收养同宗的儿子，需要通过其丈夫的指令或者同意，所以加上若字来区别其与亲生母子之间的关系，但是依照礼法来讲，对双方的关系适用亲生母子的规定。[①]

依据宋代的礼法制度，儿子为自己的生母、继母和慈母（生母亡故之后，依照父亲的指令和其父的其他妾室结成抚养关系），从年幼的时候就过房给同宗族其他家庭庶子的生母。[②]根据《朱子家礼》的相关规定，适用齐衰服制的亲属有，当嫡孙的父亲死亡而祖父健在，为祖母所服丧期为齐衰的正服。应用齐衰降服的是为被父亲休离的母亲和再嫁的母亲的情形。义服的应用场合是其一，父亲亡故之后为继母已经再嫁的情形，其二，丈夫为妻子所服丧期。儿子没有随母改嫁或者归宗，继续留在父宗为后嗣的，对父亲休弃的亲生母亲和再嫁的亲生母亲是没有服制亲等关系的，继母被休弃的情形下，与前夫的子女之间的服制关系也至此终结。[③]现在对于相关制度的制定适用的卑幼主体是嫡子庶子对庶母、再嫁亲母、被父亲休弃的亲生母亲，规制的妇人主体为嫡子、庶子的妻子、

---

① ［宋］窦仪 等 撰．吴翊如 点校．宋刑统 [M]. 卷第六·名例律·七门·杂条．北京：中华书局，1984：100−101.

② ［清］郭嵩焘 撰．梁小进 主编．校订朱子家礼 [M]. 卷四·丧礼·成服．长沙：岳麓书社，2012：673.

③ ［清］郭嵩焘 撰．梁小进 主编．校订朱子家礼 [M]. 卷四·丧礼·成服．长沙：岳麓书社，2012：674.

为丈夫的庶母不同身份的母亲之间利益互相损害，同时涉及了嫡母、庶母、出母等问题。在宋太宗端拱元年，广安人安崇旭诉母一案中。安崇旭为了维护其亲生母亲被嫡母占据的家财，因此向官府诉讼其嫡母。依照宋朝法律规定嫡母身份类同亲母，经官诉讼亲生母亲是死罪。但本案中争议的焦点有二，其一，安崇旭所诉之嫡母是否已经在其父亲生前所休弃；其二，安崇旭诉嫡母的目的是维护亲生母（庶母）的生存权利。对于安崇旭所诉之嫡母是否与其亡父离异，法官对此根据证据认定，其嫡母并非出妻。对于争议焦点之二，法官认为，安崇旭并非为一己私欲诉讼嫡母，而是为了亲生母亲的生存权益来代母诉讼。那么，同样引据五母皆同的法意，安崇旭诉讼的目的也是为亲母，那么两母利益互相有所侵害，其身为子如何自处？同时作为唯一的男性后嗣，如果定罪处死，那么安家面临绝嗣，安崇旭两母无人侍奉养老，生计堪忧。[①] 最终法司对本案作出判决，判定安崇旭亡父的田业归安崇旭所有，其两母同居，共同受安崇旭供养。从本案中可以看出在立法中对于五母皆同的规定，在现实生活复杂的情况中，如果遇到五母之间利益互相侵害，同时作为庶子和亲生子如何抉择，即在亲生之母的亲情血缘关系和嫡母的礼法亲等关系之间如何选择。司法对于安崇旭所处的礼法和人情伦理之间的困境予以体谅，最终对本案做出了平衡法理和人情的处断，本案中关于妇女在为人母的语境下，立法和司法试图从两个领域对为人母之后的身份关系作出判定。

（一）嫡母

哲宗元祐元年，中书省对于封赏大臣的父母等级和方法作出奏请，[②] 元祐二年，具体的诏令议定发布：如果父亲和嫡母都健在的情形下，大

① ［元］马端临 撰．上海师范大学古籍研究所 华东师范大学古籍研究所 点校．文献通考 [M]. 卷一百七十・刑考九・详谳．北京：中华书局，2011：5095.

② ［元］脱脱 等 撰．中华书局编辑部 点校．宋史 [M]. 卷一百六十三・志第一百一十六・职官三・吏部．北京：中华书局，1985：3837.

臣不得请求封赐亲生母亲。同时其亲生母亲没有封赏的之前，也不得为其妻子请求封赏。从这一诏令可以看出，在封赏等国家礼节仪制中，嫡母的身份重于亲生母亲，亲生母亲的身份高于其正妻。由此可见，嫡母是作为与家主一起接受封赏的主体存在的，在荣典的场合，嫡母的身份是高于大臣的生身母亲的。

时任太常博士和祕阁校理的聂震的生身庶母亡故，请书朝廷其嫡母仍然健在，而亲生庶母亡故，应当为生身庶母丁忧的服制周期是什么轻重。[①] 礼官根据他的奏请，回应说：依照周朝旧制，庶子处于父亲掌管的家庭时，不能为他的亲生母亲举行祭礼除丧服。在晋解与蔡谟之间的问答可以作为这种情形的处置方法：另一个前例中，胡澹的亲生母亲亡故，由于有其嫡生兄长作为承继宗祧血统的儿子，同时他的嫡母健在，被质疑说不应当适用三年斩衰服为其亲生母亲服丧。回答中提出：为没有血缘关系，只有抚养关系的侧室慈母服丧都适用三年斩衰服，何况是虽为侧室，但是亲生的母亲呢，嫡母身份虽然贵重，但是压降的制度，只能适用于父亲，而非适用于母亲之间。由于妇人不能和家主相提并论，怎么能类比父在母亡的压降制度适用于不同身份的母亲之间呢？南齐时的褚渊遭逢庶母郭氏亡故，丧礼结束之后，仍被乞用为中军将军，但是随后，他的嫡母亡故，待其丁忧结束，解除丧服之后，被降为副职留用。基于以上种种前例，对于聂震的奏请，应当命令其当即卸下官职，聂震在当时任职册府龟元的点校官，时任枢密使的王钦若作为其直接管辖的上官，提出由于聂震的嫡母尚健在，应当判令其免于为庶母服丧丁忧。此事经礼仪院的讨论，最终向皇帝上奏，说明：如果皇帝有旨意，命令聂震不为其庶母丁忧，适用夺情的特殊制度，希望不要将此事立为常制。以免从今往后，有大臣因为类似的情况适用此条前例，不再解服为庶母丁忧。因此，在甲子时，皇帝诏令聂震继续进行点校册府龟元的工作，

---

① ［宋］李焘 撰．上海师范大学古籍整理研究所 华东师范大学古籍整理研究所 点校．续资治通鉴长编 [M]．卷八十六·真宗·大中祥符九年．北京：中华书局，2004：1966－1967.

原因是为了公职的迫切，因而适用夺情，是为权宜之计。上文中提及在荣典的场合，嫡母的身份是明显高于庶母的，但是，在为母丁忧的场合，嫡母和庶母的身份高低，由此享有礼制规则并非绝对的高低可以被判定的。其子任职官衔，依照礼法规定，母亲亡故应当为其解职丁忧。但是有在庶母亡、嫡母在的场合，涉及双方身份的差等，由此子与亲生母之间的服制关系是否由此有变。在经由礼仪院的讨论和皇帝的最终诏令，可以看出，在生母亡、嫡母存的事例中，当政者无意以礼法身份挑战人伦亲情。因此，可以说在为母服丧的场合中，嫡母和亲生庶母之间不存在明显的身份差异。这是基于礼法对基本人伦亲情的维护和确认。

（二）生母（庶母）

御史台针对秀州军事判官李定生母亡故，是否应当在丧期已过之后进行补服进行答复：庶子如果身为承继父亲宗祧的后嗣，如果他的嫡母还健在，那么为他妾室庶母服丧服制为缌麻，丧期为三个月，需要卸下官职以示其哀痛。如果他不是作为承祧的后嗣，那么为生身母亲需要服齐衰丧，丧期为三年，需要着丧正服，同时要在丧期结束之后举行释丧的典礼。现今淮南转运司取亲邻的言词证供：李定是仇氏亲生子，仇氏身亡之后，李定没有就此事上报，也没有因此持丧解官，只是在其生母死亡之当年，只对外称说其父亲八十九岁，在他处迎奉侍养不方便，因此将其父亲接到家中供养。除此之外，并没有见李定为仇氏丁忧持丧解官。现在追究此事，李定言说：仇氏死亡之时，有同乡的亲邻私下告诉李定仇氏本为其生母。当时李定对于此事拿捏不准，因此向父亲请教，父亲告诉李定仇氏并非是其亲生母亲。当下因为不得父亲的同意，同时亲邻私下告知李定的生母是为仇氏，因此，李定心中存疑，原意是不愿意继续为官，要以侍养为名为其生母持心丧。但是，这仅仅是现今事发之后，李定自圆其说之词，观之当时，至少李定是对此事不曾下定决心，坚决为其生母服丧。心丧最早的礼制来源，本来是为了体现卑幼孝养尊长的伦理感情而存在的。如果当时并没有明确李定的生母是否是仇氏，那么既然双方之间身份未明，不存在伦理亲情关系，那么如何要提及为仇氏持心丧呢？现在根据李定出生地亲邻所称，李定确实是为仇氏亲生儿子，应当依据礼法规定，李定应当为其生母仇氏追认服丧，丧服为缌麻，丧期为三个月，卸下官职为其生母持心丧三年。如果根据李定原来声称的他并非是仇氏亲生儿子，其旧邻却说他是仇氏的庶子，双方口供所称南辕北辙，故此上报朝廷，由朝廷再行定夺。诏令有云：由于李定的旧邻李肇等称李定是仇氏的亲生子，因此命令淮南转运司调查清楚，厘定有关事实，按照最后的调查结果定论。要录中记载：谢景温说：李定的邻居李肇是在嘉祐七年只是短暂地和李定家比邻为居，其证言的证明效力有限，不应当作为定论的根据。观之最早的元状上声称，有乡邻上告称李定为仇氏亲生子。因为此告诉为虚，故而命令转运司追究是谁诬告，追究其罪责。[①]

崔灵恩曾经对于不同身份的妾室亡故之后所享有的丧仪作出讨论，他认为日常履行正妻义务的妾室死亡的，应当在祖庙中为其设坛祭祀。而对于并非履行妻子职责的其他姬妾的丧礼，应当在别处设坛祭祀，不应当在祖庙中进行。孔颖达对于妾室具体如何祔祭进行说明。他认为，在《丧服·小记》中规定的妾亡故之后应该附祭于妾的祖姑后面；对于妾母不享受世祭的解释是妾不在祖庙享受祭祀，所谓附于高祖，是指如果没有妾祖姑，也可以按照昭穆顺序附于高祖之妾。也有说法是，妾不享受庙祭，应当另设寝处为其祭祀，就是妾室死亡之后如果有可祔祭之人，就享受祔祭的待遇，但如果在祖庙中没有昭穆相当其可祔祭者，则在寝处祭祀。[②]郑玄对于没有祖辈妾室为祔祭的妾室如何祭祀也做出解释，他认为对于种种情形，可以将其祔祭与正妻祖姑之侧。

① ［宋］李焘 撰．上海师范大学古籍整理研究所．华东师范大学古籍整理研究所点校．续资治通鉴长编 [M]．卷二百十六·神宗·熙宁三年．北京：中华书局，2004：5259-5260.

② ［清］黄以周 撰．王文锦 点校．礼书通故 [M]．第十一·丧祭通故·三．北京：中华书局，2007：593.

周全伯是程伊川的女婿，程伊川是程朱理学的代表学者之一。周全伯嫡母去世，随后他的生母也亡故，他对这两母应当如何服丧的问题，久决不下。司马光作为程伊川的好友，对这个问题是这么看的：曾经有人问道，有人在嫡母的丧期，适逢其生母亡故，那么如何确定他应当为生母服丧的轻重和丧期呢？依照《礼记·杂记》的规定：正在为父母守孝，已经过了小祥，这时又遇到大功亲属去世，就应该把头上的练冠、腰上的葛带统统改为大功的麻纽，只有孝棒和丧屐不用更换。在《杂记》中还有规定，父亲去世，正在服丧，如果在服丧期限未满以前母亲又不幸去世，那么在为父亲举行大祥之祭时，还应该穿上除服；祭过之后，再换上为母服丧的丧服。这个原则可以推而广之：正在为伯父、叔父、兄弟服丧，如果又遇到父母之丧，那么在为伯父、叔父、兄弟举行除服之祭时，也都可以暂时改穿吉服；等到祭过之后，再换上为父母应穿的重丧服。如果在三年之中先后遇到两个三年之丧的丧事，那么在后一个丧事的卒哭之后，如果举行前一个丧事的小祥和大祥之祭，也可以先换上小祥和大祥所受的轻服；事过之后再改穿后丧的重服。祖父先死，还没有举行小祥、大祥之祭而孙又死，孙子的神主仍然附在祖父后面。由此可见，先有丧期加身，随后再有丧事，应当分别为之服丧。曾子对于适逢两重丧期，应当怎么为两位亲属服丧呢？为两位故去亲属服丧，谁先谁后，也是必须要解决的问题。孔子认为：在亲属同年同月亡故的情形下，应当先为服制轻的营葬，之后再为丧服重的营葬。祭奠，先祭恩重的，后祭恩轻的。这是正礼所规定的程序。依据现今的律令规定，嫡母、继母、慈母和养母和生母所适用的礼法规定相同，其子都应当为其服丧三年。子对于母亲而讲，虽然身份有嫡有庶，但是情分并没有亲疏厚薄之别，依照礼法规定应当适用同一服制规定。

根据《丧服小记》的记载：妾室需要祔祭于祖父的妾室。原因在于妾室与正妻之间虽然是身份殊异，在祭祀的场合将其祔祭他所也是可以的。[①] 礼法自古以来都是大事，前辈先贤尚且不敢轻易发表意见，我怎么敢对此妄发意见。所以根据自己所闻所知对此事作出记载，书面呈现给世人。刘伯温之子刘博对此事认为：司马光对于此事的看法甚合礼法，可以作为后世处置类似事件的前例表率。因此在此对他的意见进行记录和赞扬。

在文献的记载中提到，当具有亲缘关系的亲属在短时间内先后去世，作为亲属晚辈如何为两人承丧。依照古礼的规定，丧服的轻重是葬礼和祭礼的先后依据。同时具体到五种身份不同的母亲之间，依据礼制的原理和律法的规定，司马光认为，在丧礼的场合，应当践行法律规定中五母皆同的规定，对于她们生前作为父亲的正妻和妾室的不同身份，虽然在礼法规定的许多场合，彼此之间的差等是非常明确的，但是在亡故之后，与其嫡子、庶子之间的亲情关系是不可以以尊卑贵贱衡量的。因此在丧葬的场合，五母皆同的礼法观念在宋代被完整贯彻。

李南公先后在朱熹和陆九渊门下学习，其作为典型的理学传承者，在对于孝养嫡母和生母（出母）之间的关系，为后人称道。[②] 当李南公嫡母亡故之后，他的父亲告知他并非嫡母亲生，其生母为其父亲之前休弃的王氏。因其嫡母没有亲生子，故而抚养李南公如同自己的亲生儿子。此后，李南公为全孝道，奔走求证其亲生母亲下落，最终得知其亲生母亲所在地位襄阳的雁汉，因此将其迎归与家，尽心侍奉二十多年，时人多以其行为为标榜。

胡宏三在《与折允升书》中写道：他不愿其祖母逝世之后在礼法上被慢待。其所依据的是《礼》的规定：父亲在世时，母亲亡故，其子应当为亡母服丧齐衰，丧期为三年。在齐衰丧期中不敢面见其父亲，原因

① ［明］马峦．［清］顾栋高 撰．冯惠民 点校．司马光年谱 [M]. 卷之四・一〇七六至一〇七七年（五十八至五十九岁）. 北京：中华书局，1990：372.

② ［清］黄宗羲 原撰．［清］全祖望 补修．陈金生．梁运华 点校．宋元学案 [M]. 卷六十九・沧州诸儒学案上・晦翁门人・知州李先生耆寿．北京：中华书局，1986：2285-2286.

在于父亲作为一家之尊，不能以丧仪的状态去见父亲，这是不合礼法的。这个规定适用的是父亲的正妻，其子之嫡母，同样的规定以妾母的身份是不能享有的。①

在父亲以妾为妻和其子与非亲生妾母之间的权义关系如何论处，在阿和诉陈友直一案中有具体的体现。②在本案中，陈友直辩称，阿和在其父亲生前，在其父家是妾室的身份，相关的证据已经在与诉讼有关的问舒总得到详细的体现。根据相关证据表明，阿和和陈盛之间的身份关系并非夫妻，而是家主和妾室的关系。但是同样值得注意的是，在礼法规定中，对于嫡母、庶母、生母、乳母和妾母都有具体的规定。阿和虽然在礼法上并非是陈盛的妻子，但是在陈家为陈盛育有二子。在陈盛对其荣宠最盛的时候，对其也以妻礼相待。按照《春秋》中相关前例和法意，在父亲以妾为妻的情形中，其子该如何。儒家先贤认为，以妾为妻的罪行应当其父亲承担，但是作为儿子不应当因为其父亲违礼的行为，就顺理成章认其父妾室为嫡母。再参照《礼记·内则》中的相关规定，父母身故之后，其生前的婢子在其父母生前得其宠爱，那么在其父母身后，作为其后嗣应当继续遵从孝道，继续以礼待之。本案中何氏作为陈盛的妾室，其身份高于婢子，礼法中对于婢子的规定应当顺理成章推及何氏之身。因此陈友直应当对何氏以礼相待，在日常生活中给予何氏尊重，基于其父亲生前与其身份关系和伦理亲情。再次，依照《春秋》之义，妇人有三从的基本守则，在父宗应当遵守其父亲的教养，归于夫家应当遵循夫婿的意志生活，而丈夫亡故之后则应当以其子为其代理人生活。妇人没有自主自专生活的道理，其一生都需要依靠男性尊亲属和卑亲属的庇护生活。即使其身为嫡母，也没有排除受制于长子的礼法规定。何况何氏作为陈友直的妾母，对陈家的家事是没有专断的权利的。现在

① 曾枣庄 刘琳 主编 . 全宋文 [M]. 第一百九十八册 · 卷四三八五 · 胡宏三 · 与折允升书 . 上海：上海辞书出版社 . 合肥：安徽教育出版社，2006：278.

② 曾枣庄 刘琳 主编 . 全宋文 [M]. 第二百八册 · 卷四六二二 · 王十朋九 · 定夺阿何讼陈友直 . 上海：上海辞书出版社 . 合肥：安徽教育出版社，2006：261.

台判如下：将何氏押回陈家为陈盛守孝，待其守孝期满，如果有改嫁的意愿，那么依照她的本意从其改嫁。而其与陈盛所出的孩子，应当由陈氏来养育，等到其长大成人之后，依照相关礼法规定对陈家家产进行分析。陈友直在何氏在陈家的期间，应当以妾母的礼仪对待何氏，不许陈友直借故对何氏慢待凌辱。陈家的家事管理权由陈友直承担，何氏不能专断。

（三）继母

仁宗诏命翰林学士、中书舍人、御史台和礼院对于父亲亡故之后，继母再嫁，继母与前夫之子服制亲等关系作出明确。这几个部门爬梳了旧礼前制，认为《仪礼》中对于父亲亡故之后，继母再嫁，其与继母之间的亲等关系降到齐衰期服。《仪礼》有此制的原因是，继母与继子之间的礼法身份关系随着继子父亲的亡故，不再具有约束力。因此不应当再视之为母，在服制关系中应当有所区别。时至唐代上元年间，皇帝敕令，父亲健在时，为继母服丧是三年。现在继母出嫁，原因是继子的父亲亡故，而非义绝或是休弃，所以双方的伦理亲情关系不应当就此降等，因此还适用三年斩衰服。唐绍议认为：如果作为父亲的宗法继承人，那么应当为出嫁的继母降服，但是如果不作为宗法继承人，请求上令不为继母降服。到天宝六年发布的敕令规定：五服制度的制定，应当依据亲属关系和情感的远近确立。三年的丧期是为了报答父母的生育抚养之恩情。出嫁的母亲亡故之后，应当为其服丧三年。按照《通礼》中五服制度的规定，父亲亡故之后母亲改嫁、作为和父亲离异的妻子的儿子、祖父在世而祖母亡故这三种情况，都是服丧一年，但是应当持心丧三年。[①]

随后时任侍讲学士的冯元对于古礼记载和唐代礼令制度进行分析指出：无论是古礼还是唐代的典章仪制都明确规定，作为承祧父亲的儿子，对于和父亲离异的母亲没有服制关系。其中只有《通礼义纂》引述唐天

① ［元］脱脱 等 撰．中华书局编辑部 点校．宋史 [M]．卷一百二十五・志第七十八・礼二十八・服纪．北京：中华书局，1985：2927–2928.

宝六年的旧制规定：为已经与父亲离异的亲生母亲和改嫁的母亲应当服丧三年。同时引用刘智的解释：作为父亲的承祧子，为被父亲休弃的母亲和改嫁的母亲服丧齐衰。这两者之间并无矛盾冲突，只是代表了两个群体的两个面向，其中唐天宝旧制指向的是诸子，即不承祧的众子，而刘智的解释指向的是承祧的儿子，对于这两种群体适用两种不同的丧服制度。随后天圣《五服年月敕》又载：父亲亡故之后为与父亲离异的母亲和改嫁的母亲降服为齐衰一年。新敕施行之后，代替了原先的天宝旧制。但由于新敕中规定父亲亡故后母亲改嫁，作为父亲的承祧子不为与父亲离异的母亲服丧，但是在母亲死后，如果身在仕林者，仍然要申请为母亲服心丧，但是不因此卸下官职。如果这么看来，根据礼经的原义，作为父亲的承祧子和众子均为出母服丧齐衰，这与礼法规定的两者之间须有所区别相悖。因此身为承祧子，应当依据《通礼义纂》和刘智的相关解释，为出母服丧齐衰，行卒哭之礼后丧服除去，亡后一个月才能祭祀，需要申明施行心丧之制。如果非为承祧子，为与父亲离异的母亲和改嫁的母亲依照《五月年月敕》的规定为她们服丧齐衰一年，需要卸下官职申明心丧，这才符合《通礼》五服制度和《宋刑统》中相关的规定。郭稹作为其父的承祧子，他卸下官职着丧服已经超过一年，此事已经难以改变，那么从此之后依照上文中相关规定施行。因此下诏令：从今往后，为出母、嫁母丧应当卸下官职，适用三年心丧制度。①

自此诏令施行以后，各京官和地方官均按此制行心丧，解官丁忧。②该诏令在施行过程中并非得到完全地践行，有的官员贪念仕途，因此在继母亡故之后，对于解除官职，施行三年心丧仍有抗拒，因此不断寻求有司量情裁夺。例如，何澹继母亡故，向主管礼制的中央机关请示，处继母丧应当如何为之服丧。礼官认为他应当卸下官职。何澹引相关文书

① ［元］脱脱 等 撰．中华书局编辑部 点校．宋史[M]. 卷一百二十五・志第七十八・礼二十八・服纪．北京：中华书局，1985：2928-2929.

② ［元］脱脱 等 撰．中华书局编辑部 点校．宋史[M]. 卷三百八十六・列传第一百四十五・刘珙．北京：中华书局，1985：11852.

规定，再次请求给事中和谏议大夫议定。太学生乔喜、朱有成听闻此事，特意修书何澹申明大义，他们认为何澹身居台谏，本身主管的就是纲常伦理等要事。四十多年以来对继母以生母的礼遇孝养，现在继母身故，怎么在生前可以为孝行，死后偏不愿意持三年心丧呢。因此不必再等待给事中和谏议大夫的议定，只用浅窥礼法规定，就可以知道接下来该当如何，何澹故此解下官职。[①]

对于何澹此行相关的讨论不乏有之，[②]这些讨论主要认为，判定一个人是否可为君子，应当首先根据其在大事上的所作所为来评价。忠和孝作为人应当遵守的两个重要的行事标准，胡纮劝导君上缩短丧期，其行径为不忠；何澹为其继母服丧不愿解官，士人对此舆论纷纷，至此他才解除官职持心丧，此为不孝。

《礼记》关于从为继母的近亲属服丧这一角度解释了继子女与生母和继母之间的礼法关系。其中论到，如果其生母与父亲离异，那么其子应当为其父亲的继室亲属服丧。如果其生母是亡故了的话，那么应当为其生母礼法规定的近亲属服丧。

如果母亲被父亲休出，做儿子的以后就要为继母的娘家亲属服丧。在通常的情况下，母亲虽已去世，儿子以后仍然要为母亲的娘家亲属服丧。凡是为母亲的娘家亲属服丧的，就不再为继母的娘家亲属服丧了。这是基于家无二统的基本原理，礼法作出的安排。[③]之所以在母亲亡故之后继续为亲生母亲父家亲属服丧，是基于其已逝世，祔祭于夫宗之祖庙，其身份礼法关系是基于死亡这一自然事件告于终结，不同于离异，双方恩义断绝，由于个人原因不再具有礼法伦理的约束，故而其父亲的

① ［元］脱脱 等 撰．中华书局编辑部 点校．宋史 [M]. 卷三百九十四・列传第一百五十三・何澹．北京：中华书局，1985：12025.

② ［元］脱脱 等 撰．中华书局编辑部 点校．宋史 [M]. 卷三百九十四・列传第一百五十三・梁汝嘉・北京：中华书局，1985：12043–12044.

③ ［清］孙希旦 撰．沈啸寰 王星贤 点校．礼记集解 [M]. 卷五十四・服问第三十六．北京：中华书局，1989：1356.

继室由于获得继母的家庭身份，从而与其继子女产生新的礼法关系。归根到底这些变与不变的身份关系和权利义务是以男性家主为中心展开的。①

礼制对于双方的服制亲等关系作出了规定，律法基于对于礼制的维护也作出了规定，保障了继子女的人身财产安全。在制定这条法令之初，立法者对于继母与继子之间的人伦亲情关系作了讨论，立法者认为由于嫡母和继母与庶子女、继子女之间的亲情关系一般而言是不能和血亲关系相当的。从情理上双方有所区别是可以被理解的，但是在法理上，一些行为是不能被容忍的。例如，如果继母侵害继子和继子的妻子，那么依据法律规定应当以凡人之间侵害论罪量刑，而不应当适用以尊犯卑的罪名减轻定罪量刑。在财产所有权问题上，如果继母在其丈夫亡故之后改嫁的，是不允许携前夫财产改嫁的，其前夫的财产在法理上是归前夫的子女所有的。若是前夫的子女尚且年幼的，应当启动检校制度，官府为其前夫子女保管好家产，待其长成，再将家产返还其前夫的子女。②

礼制对于继子女之间的亲等关系进行明确，是为了确认双方的身份，在日后的家庭生活和礼制仪式中能够明定权义。而法律在承认礼法关系的同时，在对于双方存在侵害行为时平衡礼法关系和伦理亲情，从而得出侵害的主观恶性，进而制罪名量刑罚。具体到律法中对继母与继子女之间的相关规定来讲，律法以禁止性行为和加重处罚的方式，为继子女弱势家庭身份提供最低限度的保障。

除去礼法对于一般继母与继子女服制关系的规定，法律对于违反礼制规定的行为进行遏制。身为皇室至尊，皇帝的孝行是作为正面宣教的例子，为继母和继子女之间的相处提供范本。胡寅认为士人有孝行者，孝养继母，史书传记宣传他们的行为，褒扬他们的孝行，这固然为普通

① ［清］郝懿行 著．管谨訒 点校．郑氏礼记笺 [M]．郑氏礼记笺・服问第三十六．济南：齐鲁书社，2010：1600.

② 司义祖 整理．宋大诏令集 [M.] 卷第二百・政事五十三・刑法上・继母杀伤夫前妻子及妇以杀伤凡人论诏．北京：中华书局，1962：740.

人的榜样。身为皇帝，能够践行孝道，对继母孝养亲敬，更是堪为天下表率。在普通家庭，不仅做到孝敬很难，甚至有一些子女，为了自己的亲生妾母贬抑、废黜嫡母的身份、撺掇亲生庶母违抗侵害嫡母、为了亲生母亲而杀害嫡母的。这些违背礼法孝道的行为并非个例。在此，能够对亲母和嫡母、继母之间都做到孝敬的，更显得难能可贵。高祖作为政治家擅长权谋，能征善战，同时有人认为他不能常怀公心，为天下计。太后萧氏身为高祖的继母，高祖对其极为孝敬，可称天下臣民的表率，百善孝为先，高祖孝行，承天庇佑，他人不可有僭越之心。[①]

（四）慈母

慈母是什么人？旧传中有云：妾室没有儿子的与庶子没有生母的，依照庶子的父亲命令，双方结成的拟制亲缘关系，双方的身份类同于亲生母子。在此种情形下，活着时庶子对慈母负有抚养孝敬的责任，终她的一生都如同生母般待她，父亲健在时，慈母死去，大夫的儿子要为之服丧大功，士人之子需要为其服丧斩衰。父亲亡故之后，慈母也故去的话，就为她服丧三年如同为生母，这是基于父命结成身份关系的要求。如果作为承祧子，那么则为慈母服丧缌麻。作为天子和诸侯之子其父亲健在，为其慈母丧着练冠、麻衣縓缘，当慈母营葬之后则除去丧服，父亲亡故之后，为其慈母服丧大功。“慈母有二：一则妾之无子者，妾子之无母者，父命之为母子。”第二种慈母是在其子的众多庶母之中选择有良好道德修养的，为其子的慈母家师。

那么子游曾问于孔子：慈母亡故应当视同亲母，这是否是合于礼制的呢？[②]孔子回答说：这并不合礼，原因是古时男子在外有师傅教育，在内有慈母教养，这是基于其父亲的命令产生的身份关系。怎么能以亲

①　［宋］胡寅 著．刘依平 校点．读史管见[M]．卷第十・宋纪・高祖．长沙：岳麓书社，2011：338.

②　［清］孙希旦 撰．沈啸寰．王星贤 点校．礼记集解[M]．卷十九・曾子问第七之二．北京：中华书局，1989：527.

等服制来界定双方的关系呢？历史上鲁昭公年幼丧母，抚养其长大的是为慈母，当他的慈母过世的时候，鲁昭公基于情感，要为其慈母服丧。相关的礼司知道了之后，进言：依照古代的礼节仪制，慈母与非亲生子没有服制关系，如果君上一意孤行是为违背礼法。如果坚持如此，相关的礼制机构和史书言官会如实记录，留给后世去讨论此行之悖礼违法。鲁昭公无奈答曰：古人曾经着厚缯或粗布之冠退朝而处。由于鲁昭公实在不忍丧母之情，因此着厚缯或粗布之冠退朝而处为纪念慈母。自此，此事变为以后处置慈母丧仪的前例。

郑玄曾经说：恩不能及慈母。孔子也曾说：父亲虽然命无子妾室为无母庶子之母，但是这是基于父命的血缘拟制抚养关系，并不能等同于亲生亲养的血缘关系母子，所以不能为慈母的父家父母服丧。[①] 礼法上规定为母亲的父母服丧，是为从母亲之丧，而为嫡母的父母服丧基于其正妻和主妇的尊贵身份。慈母作为妾室，与非亲生之子并无血缘关系，不论是从亲缘角度来看还是从身份尊卑关系来看，都不应该为慈母的父母从服。

古礼薄慈母，时至宋代，英宗治平元年太常寺吕公进言：依照《丧服小记》的记载，慈母不享受世祭。章惠太后是仁宗的慈母，因为其养育仁宗故而加号保庆。其生前有抚育幼帝的功劳，但是死后却不享有庙享世祭。现今至于英宗皇帝，其享受祭祀的年限已到。再配享祭祀于礼不合，因此请求皇上废罢宗庙里章惠太后的神位。[②] 于是在神宗熙宁二年，皇帝命令摄太常卿张掞奉迎章惠太后神位于陵园。[③] 宋代复原唐丧葬令中有关慈母的内容显示，慈母如母反映在令里，表现在与其养子的

---

① ［清］孙希旦 撰．沈啸寰．王星贤 点校．礼记集解 [M]. 卷三十三·丧服小记第十五之二．北京：中华书局，1989：883.

② ［元］脱脱 等 撰．中华书局编辑部 点校．宋史 [M]. 卷一百九·志第六十二·礼十二·后庙．北京：中华书局，1985：2619.

③ ［元］脱脱 等 撰．中华书局编辑部 点校．宋史 [M]. 卷一百九·志第六十二·礼十二·后庙．北京：中华书局，1985：2619.

服制关系为齐衰："齐衰三年：慈母如母。妾为夫之长子。"[①]

（五）养母

从政郎、新高邮军司理庞师求向礼部申明：因为他从小被过房养在叔叔家，由于本生父亲和生母亡故的时候都已经为其解官持丧，现在本生嫡母亡故，那么依据律法应当持何礼待之？礼部依据新修订的《服制令》相关规定回复说：为承祧子为父母和作为庶子的承祧子为其生母都需要解官行三年心丧。《绍兴令》的相关规定也如是说。现在庞师求的嫡母亡故正合于承祧子为父母解官心丧的规定。因此命令太常寺寻找相关的律令规定和前例故事，发现太常寺在隆兴二年刑部符中对于右奉议郎李浚相关申状的记载：由于李浚为庶子过房给其伯父，他的嫡母徐氏身亡之后，是否应当解官心丧，同样的问题他请求大理寺裁断。大理寺给出的裁断如下：为他人承祧子的，其本生父母亡故的，需要解官为其心丧。李浚并不是徐氏亲生，因此不符合为本生父母解官的规定。大理寺在深究《服制》的法意，其中规定的母亲改嫁，作为其父的承祧子的虽然不为其着丧服，但是需要解官心丧。其中强调的母亲指的是生母。原因是虽为父亲的承祧子，与生母之间的生养情义不会因为其父亲和生母之间身份关系的改变而改变，因此律法要求其子为生母解官心丧。这一规定针对的是出母和再嫁母，与为他人承祧子为本生父母服丧是两种不同的情况。而且法律规定嫡继慈养这四种母亲，无论是改嫁还是归宗，都需要经过三年以上才与其子恩义断绝，其子不为其丧而心丧解官。怎么有其嫡母仍然在堂，并未改嫁或归宗，其子为他人承祧之后，就不为在堂嫡母解官心丧的道理？由于大理院适用律法时截去"母及出嫁"之后的文字，将为亲生母亲的限定移花接木于为他人承祧子的为其本生父母解官心丧，那么按照这种解释，在堂的嫡母和离异的亲生母亲以及再

① 天一阁博物馆 中国社会科学院历史研究所天圣令整理课题组 校证．天一阁藏明钞本天圣令校证 [M]. 校录本・丧葬令卷第二十九．北京：中华书局，2006：360.

嫁的亲生母亲之间没有任何差异，这本质上是违背立法者原意的，如此裁断如何宣示律法的权威性？因此希望此事再送敕令所详断，徐氏作为李浚在室嫡母，李浚是否应当为其解官心丧。如果依敕令所的裁断，需要他解官心丧，应当着吏部问询，其是否已经解官心丧，若是没有的话，则需要当下就改正，为其嫡母解官心丧，以免此例误用，牵累名教。庞师求所申请的裁决与李浚实属一事，因此着庞师求自行解官心丧，太常寺会将相关裁决宣告内外。①

《朱子家礼》中对于服丧斩衰之亲属关系者，有列举式规定：在宋代，儿子为亲生母亲和为继母以及慈母服丧都适用斩衰三年的规定。具体来讲，儿子为奉父命与父亲妾室结成抚养关系的慈母、自小被过继给同宗族的其他家庭为养子的庶子为他原本家庭的生母、孙子的父亲亡故之后为他的祖母、为曾高祖母承担丧祭与宗庙的重任的、在室女为父母、丈夫为承祧子的情形下，主妇为其婆婆、庶子的妻子为丈夫的生母，这几种情形下丧服均为斩衰三年。其中关于儿子和儿媳为各种不同身份的母亲服丧，在礼制上具体的规定，基本上秉持着立法中关于嫡养慈继在为母身份上的法律拟制平等展开。值得注意的是，过房养子对于其亲生母亲的服制关系仍然是斩衰服制，法律拟制的养母虽然在理论上视同亲生母亲，但是由此可见，这种拟制的亲生关系是不排除真正的血缘关系的。礼法中对于这种收养关系带来的养子与两个家庭之间的身份关系，采取一种宽容的态度，根本原因在于礼法体系中对于伦理身份关系立法的基础是对血缘亲情和抚养亲情之间的平等保护。②

那么在现实生活中，过房养子和乞养异姓子的现象并不罕见，真正适用礼法规定的嫡养慈继视同亲生的情况却并不常见，原因是：在坊间

① 曾枣庄 刘琳 主编．全宋文 [M]. 第二百二十八册·卷五〇七五·周必大六二·礼部申明李浚追服事状．上海：上海辞书出版社．合肥：安徽教育出版社，2006：282–283.

② ［清］郭嵩焘 撰．梁小进 主编．校订朱子家礼 [M]. 卷四·丧礼·成服．长沙：岳麓书社，2012:673.

即使过继和收养，一则本于私隐的考量，再则对于抚养关系是否能对抗血缘亲情的隐忧，收养家庭一般对于收养关系是讳莫如深的。[①]

大臣胡寅由于其被过房收养的身份，而上书皇帝，请求厘清本生父母和养父母之间的服制差等，以别亲疏序伦理。而由此引发其他朝臣关于此事的讨论，胡寅就此事的回复，记录在其与宰相的书信中：在信中胡寅提到，引发朝臣辩论的亲生与收养服制关系是否存在差等，本质上是关于人伦亲情和先圣古训的讨论。对于养子是否应当为本生父母服丧，胡寅认为根本上在于养子的身份来源，养子源于同宗族中同姓者，经礼法确认双方家庭结成收养关系，这是顺礼应法的行为。因此，养子与本生父母之间不存在恩义断绝的情形，但是对于收养遗弃子的，就另当别论，由于遗弃行为发生的收养关系，遗弃行为本身就断绝了本生父母与亲生子之间的恩义伦理关系，接下来的收养关系由于存在抚养恩义，故而排除了本生父母与亲生子之间的服制关系，取而代之，成为养子唯一的礼法身份上的父母。可见，现实生活中养子与本生父母之间的服制关系是全有或者全无的关系，而与养父母之间的服制关系相对来讲是较为稳定的。[②]

第二节　出嫁女的权利和职责

在宋代笔记小说中胡翼之对于嫁女和娶妇得其圆满的总结是：女方家庭在结亲对象的选择上应当寻求各方面家力都优于其的家庭，男方娶妇则恰恰相反，需要选择各方实力不如其家的联姻。其中的道理是，如果将女儿嫁给家财雄厚，门第较高的家庭，那么女子对于这个家庭的履行为人妻、为人媳和为人母的身份责任会更为勤谨用心；同样的道

① ［宋］欧阳修 著．李逸安 点校．欧阳修全集 [M]. 卷一百二十．濮议卷一．北京：中华书局，2001：1850.

② ［宋］胡寅 著．尹文汉 点校．斐然集 [M]. 卷十七・寄书・寄秦丞相书．长沙：岳麓书社，2009：338.

理，娶媳妇娶门第和家财都不如男方家庭的女子也是为了达成同样的目的。[①] 这在同时代的士人中间是深以为然的主流价值观，以现代的婚嫁理念看来，其中对于女性价值的工具化非常明显。但是以现今有伴式婚姻的标准来苛责历史阶段中存在的经济婚的现象，是以今非古的做法。相较于前代婚姻注重阀阅的传统，在宋代，更通行的是女方以高额嫁妆置换男方世家身份的婚姻形式。本质上都是物质化的利益交换，但是值得注意的是，在这个过程中产生了阶级的流动。在这种普遍的婚姻形式下，女子在出嫁时由于经济上获得巨大的支持。在进入夫宗之后，在其婚姻存续期间，其嫁妆作为夫妻共同财产，为其带来财产私有权的同时，获得了相较其他朝代妇女更多的话语权和私权滋生的空间。

《全宋文》中对于出嫁到夫家为妇的女子完美履行了作为妻子、儿媳和母亲身份的人生，在其死后的墓志和文章中都显示出了褒扬的态度。陆孺人在生前侍奉祖先家庙、尊长舅姑可谓孝敬，能够做到晨昏定省，祭祀和烹饪也都亲力亲为，甚至时常昼夜不眠，就是为了主持家事。因其家中丈夫交友甚广，其友人中也多是时下的名人雅士，每当客人来到她家，如果在家中留宿，那么孺人会亲自下厨为宾客准备酒食，无论如何辛苦，她都毫无倦色，并且认为这是她身为妻妇的职责所在。而近来闺门的教养使得妇人多妄称自己学佛，在日常家事管理中毫无作为，这种行为本质上是以私财满足自己的一己私欲，并非是作为主妇应当可为的，更不用说是她们声称的那样，其礼佛是为了为家中祈福。夫家娶妇的主要目的是为了让妇人承担主持家中日常事务，并非是为了礼佛祈福。[②] 因此在宣扬陆孺人的德行之外，希望对于近世出嫁为人妻妇的女子有教育意义。可见在当时女子出嫁之后首要的责任是主持中馈，即履行基本的家事管理权。

---

① ［宋］孟元老 撰．伊永文 笺注．东京梦华录笺注[M]．卷之五・娶妇・注．北京：中华书局，2007:481。

② 曾枣庄 刘琳 主编．全宋文[M]．第二百二十三册・卷四九四七・陆游二五・陆孺人墓志铭．上海：上海辞书出版社．合肥：安徽教育出版社，2006：194–195.

一、出嫁女的职责

对于出嫁女子所需要具备的能力，《尚书》中的要求是：孔子认为女子到了适婚年龄，应当要掌握针织女红之类的技能，同时应当具有基本的文化素质，如果不具备这两项基本的能力，是没有成为主妇的资格的。同时孔子提及，主妇的主要职责是孝养舅姑、谨慎事夫和教养子女。[①]由此可见，其一，代表经典礼制古籍的观点是，由传统中国女性的职责反推其身份，在进入夫宗之后其主要的身份是为人媳、为人妻和为人母，其他的亲属关系是基于此衍生出来的。其二，对于出嫁女的责任描述可见其主要的职责范围是以恰当的服务丈夫以及丈夫的直系血亲，才能获得家庭成员的身份。基于履行义务从而取得身份，最终获取与身份相称的权利。

（一）为人妻的责任

出嫁女嫁入夫家，妻子的身份是其随着婚礼的完成当然取得的身份。那么在进入夫家之后，与丈夫之间的关系是首先被确认的，《尚书》中对于夫妻关系的重视，将其并列于君臣、父子、长幼之间。认为如果这几种关系处理好了，那么社会的和谐和统治的稳定是会顺理成章发生的。[②]如果百姓之间不亲睦、五品没有得到践行，主要原因在于没有处理好君上与大臣之间的义、父子之间的亲、夫妻之间的辨和长幼之间的序。一旦这些关系被处置得宜，那么社稷就有了稳定和发展的前提。

宋代学者张栻在具体讨论到娶妇的重要性时谈到，《周南》《召南》是周文王时所作的诗集，周文王以此为范，以此为后世贵族、士人、平民娶妻的标准。他认为治理家庭的方法，虽然约束自己很重要，同时选择配偶的时候也很紧要，娶妻是一个家兴旺或是衰败的根本。因此，

① ［清］孙诒让 撰．王文锦 陈玉霞 点校．周礼正义 [M]．地官司徒第二・下媒氏．北京：中华书局，2013：1035.

② ［清］王鸣盛 著．陈文和 主编．尚书后案 [M]．卷二十七・周书・吕刑．北京：中华书局，2010：1063.

注重宗庙祭祀、勤于修身、摆正夫妇之间的身份关系是一个家和睦的根本。①

1. 家事管理

对于主妇的家事管理义务主要体现在主中馈、助祭等具体职责。主中馈最早的意思是主理餐饮酒食：《周易》中对于在中馈的解读是贞吉，认为主妇很好地履行了此项职责，是为贞吉。孟子之母作为贤妇良母的传统妇女代表人物，也认为：妇人所应当遵循的礼时精于制作稻、黍、稷、麦、菽五种饭食，制作并且奉上精美的酒浆、孝养舅姑和缝衣制衣这样的女红细事。因此，需要主妇具有闺阁修养的技能，同时不能心系与女子无关的外事。②

宋代理学家程颐所撰写的《周易程氏传》中对于妇人主中馈的职能和来源做出了说明：他认为男子在处理家事时，难免囿于父子亲情，往往是因情废礼，只有刚毅的人能够不加偏私适用礼法治家，因此，在有关于家人的卦象中，是以刚为吉。如果是阴柔的人管理家庭的话，会导致不好的后果，因为就算是性格刚健的人，都不能时时免于私情的困扰，那么阴柔的人，更会无法统御妻子，会沉溺于与妻子的感情里。从妇人应当遵从的妇道方面来讲，妇人在家庭中的位置是居中者，馈为饮食，因此妇人主要的职责是主中馈。同时也以中馈来代指妇人。③

对于完美履行主妇家事管理义务的一些贵族妇女，《全宋文》中记载并表彰了她们的行为。据此可以考量在当时女子被正面褒扬和教育的标准。例如，《全宋文》记载永嘉郡夫人高氏在世的时候管理家事得宜，辅助祭祀有功，同时在日常生活中能够处理好与丈夫亲属的关系。这些

① ［宋］张栻 著．杨世文 点校．南轩诗说钩沈 [M]．南轩诗说钩沈・二南．北京：中华书局，2015：1579.

② ［宋］朱熹 注．王华宝 整理．诗集传 [M]．第十一・小雅二・祈父之什二之四．南京：凤凰出版社，2007：147.

③ ［宋］程颐 撰．王孝鱼 点校．周易程氏传 [M]．卷第三・周易下经上・家人．北京：中华书局，2011：209.

标榜其具有妇德的赞扬，可以看出在宋代，作为妻子的主妇的职责是以主中馈、助祭为主的家事管理。吏部员外郎郑公的妻子，安人钱氏作为贤妇，其墓志被收入《全宋文》的原因是，在日常主中馈、管理家事时，对于家财的管理十分精细上心。[①] 在张遥郡祭妻韩氏的墓志中对亡妻韩氏的生前懿行有记载："不入外言，唯主中馈。"[②] 韩氏在生前勤谨履行家事管理的职责，同时不闻外间之言。[③] 东牟郡夫人宣氏被封为鲁郡夫人时的封赐制中对于其出众的理家才能如此褒奖，作为名卿的夫人，她能够勤勉中正，恪守家事管理的本分，以此来使家庭兴旺。[④] 郑孺人的墓志中对于她能够在家事管理方面恪尽职守，还能唯其夫意愿是从，当需要作为主人招待宾客的时候，也能做到进退有度。[⑤] 吕氏安定郡夫人赠东阳郡夫人制中对于出嫁女子应当履行的责任是这样表述的："诵《内则》之篇，佩左纷而克谨；玩《家人》之卦，主中馈以尤严。"[⑥] 对于女子来讲，治理家事的基本原则和方法都在《内则》中有规定，在出嫁为妇之主持中馈时就应当依照书中的规定克勤克谨。

媳妇的公公亡故之后，她婆婆的身份则转变为老，即婆婆要在此事

① 曾枣庄 刘琳 主编．全宋文 [M]. 第一百五十五册・卷三三四三・程俱二〇・宋故尚书吏部员外郎郑公安人钱氏墓志铭．上海：上海辞书出版社．合肥：安徽教育出版社，2006：411.

② 曾枣庄　刘琳 主编．全宋文 [M]. 第一百七十九册・卷三九二六・洪皓・代张遥郡祭妻韩氏文．上海：上海辞书出版社．合肥：安徽教育出版社，2006：249.

③ 曾枣庄 刘琳 主编．全宋文 [M]. 第一百五十二册・卷三二八一・刘一止一八・宋故永嘉郡夫人高氏墓志铭．上海：上海辞书出版社．合肥：安徽教育出版社，2006：298.

④ 曾枣庄 刘琳 主编．全宋文 [M]. 第二百六十二册・卷五九一三・楼钥一四・参知政事陈騤该覃恩封赠制・妻东牟郡夫人宣氏封鲁郡夫人．上海：上海辞书出版社．合肥：安徽教育出版社，2006：349.

⑤ 曾枣庄 刘琳 主编．全宋文 [M]. 第二百九十册・卷六六〇九・陈文蔚八・郑孺人墓志铭．上海：上海辞书出版社．合肥：安徽教育出版社，2006：418.

⑥ 曾枣庄 刘琳 主编．全宋文 [M]. 第三百六册・卷六九九〇・洪咨夔七・知枢密院事乔行简赠三代制・故妻吕氏安定郡夫人赠东阳郡夫人制．上海：上海辞书出版社．合肥：安徽教育出版社，2006：310.

把家事管理权转移给嫡妇。嫡妇在做助祭和准备宴请宾客等家事管理的时候，需要请示她的婆婆，非嫡妇则需要凡事请示嫡妇。[①]家事管理权的传递，男女尊长有不同的标准，作为男性尊长，如果其七十岁仍然健在，需要在此时将家长权传袭给承嗣的儿子，作为女性尊长则是依据其丈夫的存亡和丈夫家长权的存续与否为准。因为祭祀和作为家庭的代表都是需要夫妻共同完成的。在家事管理权传承的同时，并非说作为尊长的婆婆在交接之后完全失去了此项职权，而是在具体家事的处置上由冢妇负责，同时冢妇需要在婆婆的许可之下具体执行。众妇则需要在尊重冢妇意见的前提下行使有限的家事管理权。由此可见，在家事管理的优先顺位上是婆婆优于冢妇，冢妇优于介妇。

古代礼法中规定男子六十之后妻子死亡或者是被休弃的话是不能再娶的，因为作为男性，他的阳道已绝，没有娶新妇的必要了，但是作为宗子，即使七十岁，没有妻子的话还是需要再娶新妇的，原因是他的妻子需要辅助他完成宗族的祭祀等义务："宗子虽七十，无无主妇（《曾子问》）。"[②]但是对于"宗子虽七十，无无主妇"的解释更为确切的是，作为宗子家长的男性，七十仪礼已经称老，故而其家长权和族权需要传递给他的承嗣者，由其承嗣者完成这些义务，那么承嗣者虽然年幼，但是因为承接相应的宗族义务，因此需要娶新妇，与其一起承担相关的义务。并非是说宗子七十岁丧偶或者离异，仍然需要娶新妇的意思。

徽宗曾下手诏将江宁府蒋山太平兴国寺赐予王安石家作为本家功德寺，最近听闻该寺的树木已经被砍伐殆尽，庙宇也年久失修，因此荒废，茔域没有人照管洒扫，原因是过房养的孙子王棣对此处的日常管理自作主张，以致于至今该寺无人照拂手诏。[③]皇帝所下手诏的目的是命令王

① ［清］孙希旦 撰．沈啸寰 王星贤 点校．礼记集解 [M]. 卷二十七·内则第十二之一．北京：中华书局，1989:739.

② ［清］皮锡瑞 撰．吴仰湘 编．礼记浅说 [M]. 卷上．北京：中华书局，2015:169.

③ ［清］黄以周 等 辑注．顾吉辰 点校．续资治通鉴长编拾补 [M]. 卷三十五·徽宗·政和六年．北京：中华书局，2004:1118.

棣不得干预相关的田产、粮食、财物等问题，并且令王家功德寺的日常管理方法依照王安石和其妻子吴氏在世的时候一般施行。皇帝的诏令中提及该寺的日常管理依照王安石及其妻子吴氏在世时，御赐王家功德寺是有相关的配套措施管理的。那么可见，行使日常管理职责的是王安石及其妻子吴氏。据此，可以窥见在当时主妇的日常管理权不仅限于家庭内部侧主中馈，甚至包括家庭产业的日产管理。该条手诏是从广义的法律角度确认了妇女在广义的家事管理中承担的职责。

2. 生（养）子继嗣

对于男女两家结成婚姻的目的，儒家的礼制规范中有对此的精到概述：婚姻成就的目的是合男女两姓的两家之好，最终目的是为了对上祭祀祖先宗庙、对下承继血脉亲缘。其中生子承嗣作为婚姻的主要目的，那么作为主妇的出嫁女在夫家应当履行的主要职责之一便是生子承嗣。[①]

但是在现实生活中由于种种原因，并非是每一个家庭、每一个妇女都能顺利产下子嗣或者将子嗣抚养成人的。根据白凯教授的统计：“在帝制中国，分家和承祧两者之间，前者是财产继承中更为常见的形式，但这并不意味着后者无关紧要。当时中国大约有五分之一的家庭没有长大成人的儿子。因此，大约有五分之一的家庭其财产继承不是通过分家，而是通过承祧来实现的。对一个女子来说，由于其一生中在娘家和夫家的地位，承祧对她更为重要。作为女儿，一个女子有 6% 至 12% 的可能性是生在一个没有活到成年之亲生子嗣的家庭。而作为妻子，她的夫家没有子嗣的可能性大约在 20%。这样，可能有三分之一的妇女是没有兄弟的女儿，或没有子嗣的妻子，甚至两者兼而有之，在她们一生中的某个时刻就很可能会因此涉入宗祧继承。”[②] 白凯教授为了论述古代家庭中无子家庭通过过继和收养完成家族传承进行统计，认为在古代无子

① ［清］李文炤 撰．赵载光 校点．家礼拾遗 [M]. 卷之三・昏礼・亲迎．长沙：岳麓书社，2012:630.

② 白凯．中国的妇女与财产：960—1949[M]. 上海：上海书店出版社，2007:2-3.

家庭远比想象中的更多。那么对于无法通过亲生子来承祧和继承财产的家庭，如何解决这些重大的家族延续问题呢？

《宋刑统》中对于无子正妻的处置，是这么规定的：即在当时法律规定中，无子作为法定选择性离婚条件之一，如果适用此条与正妻离异的话，应当有对正妻无子的年龄有所规制，宋代法律规定该年龄为四十九岁。那么，是不是说四十九岁以上的妇女没有子嗣的就当然应当被休弃呢？立法的原意并非如此，无子是为七处中选择性离婚要件，即选择权在夫家。因此，法律对于无嫡子的家庭的正妻，有其他保护性措施，其中之一即是在正妻五十岁无嫡子的情形下，允许立庶长子为承祧子。这在兼顾家庭稳定和传承的同时，为正妻提供了另外一种生活的可能性和保障。[①] 同时法律规定正妻五十岁以上没有嫡子，允许立庶长子为承祧子，所立之人必须为庶长子，若是不依法立，则应当承担不利的法律评价，入刑立嫡子违法条。

正妻在五十岁以后，由于生理因素生育的可能性微乎其微，法律明确规定了立嗣的顺位：没有嫡长子或者嫡长子因罪疾等无法履行嫡长子义务者立嫡长孙为嗣，没有嫡长孙的立其他嫡生子，没有其他嫡生子的立庶长子，没有庶长子的立嫡孙的同母弟，这些都没有的立庶孙为嗣，再以下的曾玄孙都依照这个顺序享有承祧子的顺位。[②] 由此可知，在没有嫡长子承祧的情况下，法律详细规定了家庭中承祧子的选立顺序，嫡长子具有当然优先的承祧权，其他诸嫡子和庶子以及孙只有在其缺位的情形下才有可能享有该权利。由此可见，在没有嫡子的场合，离异再娶并非是法律允许的唯一一种合法的解决家庭承嗣问题的手段。立庶子和庶孙乃至庶曾、玄孙也可。不仅如此，法律规定过房承嗣也是合法的承嗣手段，同时在宋代乞养的异姓男在一些情况下也可以被作为嗣子。

---

① ［宋］窦仪 等 撰．吴翊如 点校．宋刑统［M］．卷第十四·户婚律·六门·和娶人妻．北京：中华书局，1984:224.

② ［宋］窦仪 等 撰．吴翊如 点校．宋刑统［M］．卷第十二·户婚律·十门·养子．北京：中华书局，1984:193.

在具体的令文中规定的是，在没有以上亲生子、孙的情形下，无子家庭可以在同宗族中，挑选辈分适当的男丁入继本家，但是如果违反相关法令收养子嗣，是违法行为。其中贱民阶层无子家庭选立嗣子，虽然法律没有明文规定，但是令文认为在这个问题上，可以允许他们适用良人法立嗣。[①]

在异姓收养的情形下，养子并非一概为违法养子，其中收养异姓弃儿，弃儿在三岁以下的，法律允许其从收养者姓。[②]原因是三岁以下的遗弃子如果没有抚养者，是没有存活的可能性的，原本收养异姓子，不存在血缘关系，因此并非本族同枝，应当议罪。但是由于收养三岁以下遗弃子，现实遗弃子年幼，双方之间虽然没有血缘关系，但是因抚养关系产生的情感羁绊成为遗弃子获得合法身份的基础。故而在此种情形下，适用异姓男听从收养者姓的规定。

钦宗时，臣下上奏请皇帝关于司马光入继后嗣恩荫之事，[③]追赠司马光太师的身份，是为钦宗为政宽仁的首要举措，这是天下之福。由于司马光去世后他的儿子随后也去世了，并且在去世的时候没有留下后嗣，因此在族中选立嗣子司马桢为嗣承袭官爵。在上书之时的前一年，司马桢也死去了，当时也只有过房子，年龄在七八岁上。司马康的妻子张氏，今年八十岁，主持了司马光的祭祀。去年在恩赦之时，上表说明由于之前司马光的子嗣没有承接恩荫就死亡，以此特意求旨对下代继续行推恩。司马光的儿媳张氏，在八十岁上主持司马光的祭祀，不仅是承接男性家长权，同时也是对于夫死妇老不诸家政的突破。可见，在现实生活中，妇女的家庭权利和地位并非完全被礼法制度框定，而是在不同身份和阶级以及不同的家庭背景之下各有差异。在司马光家存在的特殊

---

① ［宋］窦仪 等 撰．吴翊如 点校．宋刑统 [M]. 卷第四·名例律·四门·会赦不首故蔽匿及不改正征收．北京：中华书局，1984:69.

② ［宋］窦仪 等 撰．吴翊如 点校．宋刑统 [M]. 卷第十二·户婚律·十门·养子．北京：中华书局，1984:193.

③ ［清］黄以周 等 辑注．顾吉辰 点校．续资治通鉴长编拾补 [M]. 卷五十三·钦宗·靖康元年．北京：中华书局，2004:1674.

情形是，司马光乏嗣，承接宗祧的职责是依靠过房收养的方式维系的，即使如此，也是面临着后嗣早夭的窘境，因此妇女在这种情形下不仅承担了本职的主中馈义务，而且在必要的时候还会承担男性家长权的主要内容之一——主祭权。

（二）为人媳的责任

1. 同居共财

同居共财是儒家家庭观的核心和主要内容之一，即“称同居亲属者，谓同居共财者”①。作为通过婚姻加入夫家的女子，同居共财也成为与其丈夫共同遵守的基本家庭成员义务：作为儿子和儿媳是不能有私财的，做官所得的俸禄和田产宅地所得都应当归父母、公婆所有。如果需要使用家财的话需要请示过父母舅姑，经过他们同意之后才能使用，不能私自挪用家财。作为妇人行为准则的典籍《内则》上有云：媳妇是没有个人所有的财物的，没有属于个人的畜产，也没有属于个人的器物。因此作为媳妇是不能私自将家中财物借给他人和未经允许私自使用处分的。妇人如果被赐予饮食、衣服、饰物等，应当奉献给舅姑，公婆接受了，媳妇就感到高兴，同自己刚接受了亲友的馈赠一样；如果公婆把东西又转赐我自己，那就要推辞，实在推辞不了，就要像重新受到公婆赏赐那样地接受下来，收藏好，以备公婆缺乏时再献。媳妇如果要向娘家亲友赠送什么东西，就要先向公婆说明原因，公婆拿出东西来赏赐自己，然后自己才可以送人。对于这其中的道理，司马氏《居家杂仪》的解读是作为父母的孩子，自己的生命和身体都是源自于父母，因此，自己的身体和生命都不能由自己自由处分，何况是拥有自己的私有财产呢？如果父亲和儿子各自有私人财产，那么可能会出现互相借贷的事情，在这种情况下，就会有儿子很富有父母却很贫穷的家庭组成形式。正如贾谊所讲：儿子借父亲的劳作工具，还担心父亲有意见；母亲取用家用清洁

① ［宋］窦仪 等 撰．吴翊如 点校．宋刑统［M］．卷第十六·擅兴律·九门·给发兵符．北京：中华书局，1984:254.

用品，还担心儿子和儿媳会有不堪地指责。这是不孝不义的源头。[①]

对于能够坚持同居共财的家庭，在宋代是受到社会主流的赞扬的：百年同居之家，经历了家庭的昌盛也经历过低谷，仍然坚守礼法规定的同居共财、尊卑孝义，因此史册留名。[②] 与此相对的是，宋太祖时期为了教化川峡诸州民众，颁发诏令，规定如果当地再有父母健在而子孙别籍异财的，以死罪论处。[③]

上文是讲作为儿子和儿媳是不能有小家庭的私财的，儿子不能有私财原因在于其父母生其身养其长，那么作为儿媳应当遵守同居共财的原因是什么？经典的礼制规范对此做出了说明：对于作为儿媳，不应当有私货、私财、私器等的原因是由于家庭事务需要由尊长作为最高决策者决定，作为儿媳的身份首先是为人妻，再是为人妇、为人母。因此，在其前两种身份的要求中，她的身份是基于婚姻产生的家庭身份，是作为家庭生活的辅助者和执行者存在的。只有当前两种身份消失（舅姑亡殁、丈夫去世），她的家庭地位才能得到根本的提升，因为身为母亲的身份，使其获得传统儒家礼法的孝义准则庇护。[④]

礼法中作为儿子和儿媳应当遵守父母在不得别籍异财的规定，在《全宋文》中将当时具有高尚的操守和完美履行了为人妻为人妇职责的妇人记录在册，以其墓志彰显其一生德行。陈夫人墓志中记述她生前作为在室女和为人妇，在每天都为尊长、家人奉上精美的食物、为尊长侍奉盥洗、亲自下厨，凡事都是亲力亲为，天长日久，也没有在她的脸上流露出丝毫的疲倦神色。与丈夫同甘共苦，与丈夫的兄弟媳妇相处和谐，最

① ［清］李文炤 撰．赵载光 校点．家礼拾遗 [M]. 卷之一·通礼·司马氏居家杂仪．长沙：岳麓书社，2012:616.

② ［宋］王钦若 等 编纂．周勋初 等 校订．册府元龟 [M]. 卷第八百三·总录部（五十三）·义第三．南京：凤凰出版社，2006:9333.

③ ［元］脱脱 等 撰．中华书局编辑部 点校．宋史 [M]. 卷二·本纪第二·太祖二．北京：中华书局，1985:30.

④ ［清］孙希旦 撰．沈啸寰 王星贤 点校．礼记集解 [M]. 卷二十七·内则第十二之一．北京：中华书局，1989:740.

重要的是与丈夫的父母同居二十多年，坚守礼义不与尊长分析家财。[①]同样坚守礼法规定，与丈夫的继母同居共财二十多年的法曹俞君，也因其坚持不分家和将夫家上下关系处置圆融为时人称道。[②]

对于同居共财的义妇基于礼法时人对其有赞扬和褒奖之词，与之相反的别籍异财者，法律对其也做出了相对应的消极评价，法律将父母在别籍异财和诅骂直系尊亲属以及供养有缺、居丧嫁娶等行为一同并列为不孝之罪，处以刑罚。可见在当时别籍异财的行为性质是非常恶劣的，原因不仅在于其行为可能导致儒家伦理家庭制度的崩坏，也会引起户口和赋税兵役等制度的混乱，对国家的统治造成不良的影响。因此，对于别籍异财的管制，在宋代是非常严苛的。[③]

作为子孙不能为了一己私欲要求与直系尊亲属别籍异财，那么如果别籍异财意愿是父母等直系尊亲属作出，甚至是他们命令子孙别籍异财，宋代的法律对此又如何评价呢？哲宗年间适用的律文规定是，如果祖父母健在，作为子孙别籍异财的，应当处以徒刑三年，如果祖父母和父母命令他们别籍异财的，应当处祖父母和父母徒刑两年，对子孙是不处刑的。[④]户部对于劝诱寡母或者寡祖母改嫁，从而达到减低户等，少纳赋税的目的者的处分方式是，依照别籍异财罪名加二等处分，作为劝诱的首犯处以发配本州的刑罚，该罪允许非利害当事人举报和告诉，对于举报和告诉者给予赏赐。[⑤]对于别籍异财的禁令如此严厉，但是在现实生

① 曾枣庄 刘琳 主编．全宋文 [M]．第一百三册·卷二二六六·黄裳二二·夫人陈氏墓志铭．上海：上海辞书出版社．合肥：安徽教育出版社，2006:367.

② 曾枣庄 刘琳 主编．全宋文 [M]．第一百四册·卷二二六七·黄裳二三·法曹俞君墓志．上海：上海辞书出版社．合肥：安徽教育出版社，2006:5.

③ 何忠礼．宋史选举志补正 [M]．卷三·选举三·学校试．北京：中华书局，2013:119.

④ ［宋］李焘 撰．上海师范大学古籍整理研究所 华东师范大学古籍整理研究所 点校．续资治通鉴长编 [M]．卷四百二十·哲宗·元祐三年．北京：中华书局，2004:10177.

⑤ ［宋］李焘 撰．上海师范大学古籍整理研究所 华东师范大学古籍整理研究所 点校．续资治通鉴长编 [M]．卷四百八十一·哲宗·元祐八年．北京：中华书局，2004:11436.

活中，此类现象却是屡禁不止，在此不再赘言。[①]

2. 孝养舅姑

《周礼》中对于妇人在夫家的主要职责要求是，其一是准备酒食招待亲友宾客，其二是侍奉供养公婆。由此可见除了主中馈之外，对舅姑的孝养亲奉是作为人妇主要的职责之一。[②] 甚至在宋代有这样的说法，认为作为人妇能不能做到侍奉舅姑勤谨周到是其是否能够被认可的标志。[③]

根据儒家经典的要求，儿媳对于公婆的孝养程度需要做到如同对亲生父母般孝养。从词源上分析了舅姑的民间称呼以及作为书面用语的舅姑词源以及其准确的内涵：对于舅姑作为书面的准确用语，传统儒家一以贯之，虽然舅姑称呼与父母不同，但是礼法上规定的是儿媳奉养舅姑要如同奉养父母。[④]

按照儒家的经典中记述的，事舅姑如同事父母，但是为舅姑服丧是一年，儿子为父母服丧是三年，其中的原因在于：先圣皇帝立法的原意是，以三纲为人情道统的指导原则，因此儿子为父母服丧三年。丈夫作为妻子的行为的纲宪。除此之外，夫宗的其他亲属都应当次于妻子对丈夫的服丧等级。并且为父母服丧作为人情和道义的根本，女子嫁入夫宗之后，对本生父母服丧的等级降为一年丧，没有道理本生父母与自己的亲等血缘关系反而逊于夫宗的舅姑，因此儿媳对于本生父母和舅姑服丧均为期年。古礼如此，虽然在宋代礼法规定中儿媳对舅姑服丧均升等为三年，其中的缘故是如果夫妻不在同一丧期，那么违背夫妻一体的基本

① ［宋］钱若水 修．范学辉 校注．宋太宗皇帝实录校注 [M]. 卷第二十七．北京：中华书局，2012:66.

② ［清］李文炤 撰．赵载光 校点．周礼集传 [M]. 卷之三・春官宗伯第三．长沙：岳麓书社，2012:371.

③ ［清］孙希旦 撰．沈啸寰 王星贤 点校．礼记集解 [M]. 卷二十七・内则第十二之一．北京：中华书局，1989:738.

④ ［清］郝懿行 著．李念孔 高文达 赵立纲 张金霞 刘淑贤 点校．管谨訒 通校．证俗文 [M]. 第四・称谓・舅姑．济南：齐鲁书社，2010:2292.

婚姻原则，可以说在宋代是确实体现了从生到死的事舅姑如同事父母。[①]

作为子女对父母的孝养亲敬是基于血缘亲情的纽带或者是抚养关系的恩义，无论是哪一种都源自天然，双方对于亲情和孝敬的表达方式是多样的，作为父母，对子女的疏漏是宽容的。礼法规范中将父母和舅姑的地位放在同一个标准上，但是由于女子进入夫家之后，基于礼法与其产生身份关系和财产关系。因此，要求女子事舅姑如同事父母需要有一个相对客观标准的存在，这不仅是对舅姑尊长身份的尊重，也是作为妇人行事的准则，从这个意义上来看，标准的存在也是为了儿媳是否合格和优秀提供了确定的原则。因为测量的尺子掌握在舅姑的手中，如果测量的尺度本身由测量者确定，那么会有任意处分的不公平风险。

具体来讲，达到怎样的标准才能算是事舅姑如同事父母，《内则》又言：作为主妇应当在鸡第一遍打鸣的时候就准备盥洗的器具，为舅姑准备衣物和整理仪容。[②]对于违反教令的子孙和对父母奉养不够周到的子孙，他们的行为是足以入律的，法律对子孙施行的处罚是处以两年徒刑。达到本罪的标准是，其能力范围内有服从和供养能力，但是没有服从和供养父母。本罪是亲告罪，需要教令被违反和供养有阙的直系尊长向官衙告诉方可。对于是否有供养和服从教令的能力，法律有详细的规定，并非完全的一刀切，而是根据子孙的实际家庭情况来认定。[③]

（三）为人母的责任

1. 教养子女

传统中国父母等直系尊亲属对子女的教养称为教令，[④]有关词源的

---

① ［清］李文炤 撰．赵载光 点校．家礼拾遗 [M]. 卷之四・丧礼・成服．长沙：岳麓书社，2012:644.

② ［清］孙诒让 著．汪少华 整理．周礼正义 [M]. 卷十六・天官・追师．北京：中华书局，2015:742.

③ ［宋］窦仪 等 撰．吴翊如 点校．宋刑统 [M]. 卷第二十四・斗讼律・九门・告周亲以下．北京：中华书局，1984:369.

④ ［清］王先谦 撰．吴格 点校．诗三家义集疏 [M]. 卷九・车邻．北京：中华书局，1987:436.

考据中将教令和命令、法令等并列讨论，证明了教令虽然为家庭私权，但是同样具有不可违抗性。一般而言教令权的行使是由男性直系尊长为主体，但是作为女性尊亲属，实质上是具有教养子孙的职责的。[①]《礼记》认为民众的教养是需要尊长行使，教养的方式是敦亲慈睦，目的是使人民能做到孝养亲敬。[②]在此，也特意指出教令权的行使是尊长，妇女在家庭中也可以以尊长的身份对子孙行使教令。[③]

从服制的角度来看，作为父母对儿子的妻子行使教令职责，那么这也是他们之间服制关系建立的基础。[④]教令的正确行使作为家事顺遂、家人和睦的基础，被赋予重要的意义，[⑤]作为父母行使教令是前提，作为子孙听命于父母教令是义务。[⑥]

在教谕民众如何处理家庭关系的《六顺晓示》中提到，作为婆婆应当考虑到自己的女儿也要出嫁到夫家，自己最开始也是作为媳妇进入夫家的。因此，如果在日常生活中视儿媳如同女儿，那么儿媳自然会心生感激，在儿媳生养、养育子女的时候会将孝敬的观念传递给下一代。反之，如果凌虐儿媳，儿媳心生愤懑，所生养的儿孙怎么能有孝敬之心呢。当儿媳身处婆婆的关怀和丈夫的情义中，那么万一丈夫亡故，她就能够做到不再嫁、不招接脚夫，她会孝养丈夫的父母和丈夫在世时一样。归根到底，作为婆婆，能够做到教养子孙儿媳慈祥亲近，那么在其老迈的

① ［清］王先谦 撰．吴格 点校．诗三家义集疏 [M]. 卷二十三・抑．北京：中华书局，1987:933.

② ［清］朱彬 撰．饶钦农 点校．礼记训纂 [M]. 卷二十四・祭义第二十四．北京：中华书局，1996:707.

③ ［清］郝懿行 著．管谨訒 点校．郑氏礼记笺 [M]. 郑氏礼记笺・祭义第二十四．济南：齐鲁书社，2010:1478.

④ ［清］朱彬 撰．饶钦农 点校．礼记训纂 [M]. 卷四十四・昏义第四十四．北京：中华书局，1996:882.

⑤ ［清］郝懿行 著．管谨訒 点校．郑氏礼记笺 [M]. 郑氏礼记笺・中庸第三十一．济南：齐鲁书社，2010:1545.

⑥ 方向东 著．大戴礼记汇校集解 [M]. 卷一・主言第三十九・卷一・哀公问于孔子第四十一．北京：中华书局，2008:84.

时候，会受到儿子儿媳的反哺。[①]作为具有教育宣讲意义的《六顺晓示》从说理的角度，向一般民众说明教养子女儿媳的正确做法，从而正面引导双方关系，从根本上维护家庭的稳定和谐。

那么嫁入夫家之后，为人妇的责任除了教养自己的子女之外，对于无母年幼的小叔和小姑，也有教养的责任，虽然这一责任并非是法律规定的、如果不履行需要承担法律后果的责任。而是礼法伦理道义上的责任，对于这样的责任，主妇履行之后，法律对其服制关系作出积极规定。即因其养育关系，与其养大的年幼叔姑有小功的服制亲等关系。[②]

对于子女媳妇行使教令是其职责，作为长嫂对丈夫年幼的弟妹行使教令，也是其家事管理和获得贤妇声誉的一个部分。[③]作为长嫂，陈堂前在其丈夫的幼妹在室时，对其教育抚养，待其适龄，厚资遣嫁。在舅姑亡故之后，丈夫幼妹要求继承遗产，作为长嫂的陈堂前毫不吝啬，将二老遗物财产尽数给予。在妹妹所获遗产被丈夫挥霍殆尽之后，还接受妹妹归宗。陈堂前的行为受到褒扬，可见在当时，虽然抚养教育丈夫弟妹，不属于礼法强制要求的义务，但是如果善行如此，是受到当时主流价值观的肯定的。

从法律角度来看，身为母亲对于下一代的教令是如何受到保障的。[④]父母在，子孙不得有私财，这是同居共财的基本要求，同时法律对于仅有母亲在堂的情况，也做出规定，子孙也不得有私财、违教令。可见，母亲作为教养子女的主体，其教令的施行，不以子女成年为分野。教养子孙是作为父母、祖父母等直系尊亲属的职责，如果子孙违反教令，那

① 曾枣庄 刘琳 主编．全宋文 [M]．第一百二十册·卷二五九七·米芾一·六顺晓示．上海：上海辞书出版社．合肥：安徽教育出版社，2006:319.

② ［宋］黎靖德 编．王星贤 点校．朱子语类 [M]．卷第八十七·礼四·小戴礼·檀弓上．北京：中华书局，1986:2234.

③ ［元］脱脱 等 撰．中华书局编辑部 点校．宋史 [M]．卷四百六十·列传第二百一十九·列女·陈堂前．北京：中华书局，1985:13485.

④ ［元］脱脱 等 撰．中华书局编辑部 点校．宋史 [M]．卷四百三十七·列传第一百九十六·儒林七·程迥．北京：中华书局，1985:12950.

么法律对其的处罚是非常严厉的。[①]对于子孙、玄孙违反教令，法律的评价方式是一样的，即处以徒刑二年。

相反，如果由于子孙违反教令，法律对于因此激愤殴杀子孙的教令者，是如何处置的呢？法律对于直系尊长殴杀不听教令的子孙，处以一年半的徒刑，用刀刃杀不听教令的子孙，处以两年徒刑，这两种情形下，如果直系尊长出于故意的心态造成不听教令的子孙死亡的，那么在各自的刑等上再加重一等处刑。非亲生母亲的话，处刑再加重一等。如果出于过失的话，就不再论罪处刑。

法律解释了为什么在不同主观心态下和不同的身份属性下论罪处刑有所差异：[②]首先法律对于什么情形下违反教令，从而触怒行使教令权尊长杀伤入罪，进行了界定。法律认为只有在子孙有能力完成行使教令权的尊长要求的事项，但是出于主观故意，不愿意去完成教令权指向的内容的，在这个前提下才适用本罪的第一个量刑档次，即非刃杀处以一年半徒刑，刀刃杀处以两年徒刑。那么不是出于违反教令而杀伤子孙，仅仅是借口教令未得到遵守实施的故意杀伤行为，则处以本罪的加重刑，非刃杀处以两年的徒刑，刀刃杀处以两年半徒刑。那么身为嫡母、养母、慈母和继母，由于与子孙的身份关系是源于礼法规定，而非血缘亲情，因此在行使教令权时，这些非亲生身份的尊长更容易突破教令的限度，导致杀伤子孙的结果，因此法律对于这种情形下对行使教令权的母亲议罪，再加重一等处罚。本罪的除却事由是如果出于过失导致处罚违反教令的子孙死亡的，那么是不处刑的。同时对于虽然对违反教令的子孙殴打处罚，不过行为限度很克制，符合礼法规定，但是由于种种原因，最终子孙死亡的，对于行使教令的尊上是不处刑的。

教养子女并非仅仅行使教令权即可，教令权的形式也并非毫无限度，

---

① ［宋］窦仪 等 撰．吴翊如 点校．宋刑统 [M]. 卷第六・名例律・七门・杂条．北京：中华书局，1984:100.

② ［宋］窦仪 等 撰．吴翊如 点校．宋刑统 [M]. 卷第二十二．斗讼律・六门・夫妻妾媵相殴并杀．北京：中华书局，1984:349.

在实践中，法官对于非亲生母亲行使教养权的尺度的判定往往依照的是世俗人情。[①]朱子在外任浙东时，在建阳簿权县，遇丈夫不养赡妻子是否可以经官听离一案。与直卿讨论是否应当追究其中的内情时，直卿以继母不恤养丈夫前妻之子类比。讲到后母如果不存恤教养丈夫前妻之子，应当严厉地惩戒，以儆效尤。可见在日常生活中，对于非亲生母亲行使教令权的尺度，法官判定起来态度是十分审慎的。由于双方没有血缘关系的天然羁绊，因此，更要警惕以行使教令权为由的凌虐。

2. 主婚

传统中国的婚姻秉承“父母之命、媒妁之言”的程序要件，并非是个人意志的体现，而是作为家庭代表的父母意志的体现。作为母亲，为儿女主婚是合礼合法的，并且在适当年龄为子女选择婚姻对象也是作为母亲的义务：在《名公书判清明集》中有大量母亲主婚的例子，可见在宋代母亲作为主婚人是正当合法的。[②]

那么作为主婚者，承担的义务是为婚姻的合法性和有效性负责，在嫁娶违律的场合，作为主婚者是要负婚姻违法的大部分甚至是完全的责任的。相较父母主婚和余亲主婚的主要区别是，如果父母主婚，只论父母的责任，如果余亲主婚，则要看为婚的主要造意者，如果造意为双方男女，追究双方男女的主要责任，如果相反，则追究余亲主婚的责任。可见在父母主婚的场合，法律认定主婚人的意思表示其是推动婚姻成就的主要原因。故而在婚姻问题上，在一般情况中，父母承担婚姻成就和婚姻合法性的主要责任。

法律对主婚人的责任来源解释得非常清楚：由于父母在儿女婚姻中是决定性的人物，因此，在违律为婚的情形下，作为结婚对象的双方当

① ［宋］黎靖德 编．王星贤 点校．朱子语类 [M]. 卷第一百六・朱子三・外任・浙东．北京：中华书局，1986:2644–2645.

② ［明］张四维 辑．社科院历史所宋辽金元史研究室 点校．名公书判清明集 [M]. 卷之九・户婚门・婚嫁・诸定婚无故三年不成婚者听离．北京：中华书局，1987:350.

事人，是践行父母之命完成婚姻，其个人意志在婚姻成就的过程中几乎完全不造成影响。婚姻本质上是与个人私情私欲无关的承上启下，因此，承担婚姻违法的责任人与成婚的对象产生了分离。[①] 在男女被逼迫完成违法婚姻的处置方法，法律如是论，如果男女被逼迫成婚违法，主婚的父母和祖父母是要承担完全责任的，主婚人利用威势，强迫双方男女成婚，囿于孝道和教令权的控制，身为卑幼是没有能力与之抗衡的，因此，由行使主婚权威逼男女双方成婚者承担全部婚姻违法的责任。[②]

父母不仅在儿女的初婚上是有主婚职责，而且在女儿改嫁问题上也有发言权，[③] 法律解释认为，作为父母应当在女儿擅自离开夫家有再嫁之意图的时候予以训诫，而非为其主婚，私自改嫁。一旦父母为擅去之女主婚，那么该罪的主要责任人就变成主婚之父母。

二、出嫁女的权利

出嫁女的权利取得并非完全是通过婚姻的成就当然取得，而是依据其在夫家承担的职责和义务，法律出于其弱势处境的考量以及儒家伦理道德因素对其进行的保障性规定。出嫁女在夫家，其身份首先是妻子。基于其妻子的身份，出嫁女成为舅姑之妇和子女之母。因此，法律给予其妻子身份地位的保障性权利是人身权；其次，作为母亲，即传宗接代的主体，在没有生育后嗣的情形下，法律对其收养权的规定也为其在夫家的身份和地位的稳定提供了保障；再次，作为个人，宋代法律在私有财产权的归属和保护方面也对妇女作出保护性规定。同时，在双方感情破裂的情况下，赋予妇女有限的离婚权。法律对于出嫁女的保护是较为

① ［宋］窦仪 等 撰.吴翊如 点校.宋刑统[M].卷第十四·户婚律·六门·违律为婚.北京：中华书局，1984:228.

② ［宋］窦仪 等 撰.吴翊如 点校.宋刑统[M].卷第十四·户婚律·六门·违律为婚.北京：中华书局，1984:229.

③ ［宋］窦仪 等 撰.吴翊如 点校.宋刑统[M].卷第十四·户婚律·六门·和娶人妻.北京：中华书局，1984:224—225.

全面的，在当时妇女在进入夫家之后并非是受到传统观念中理学和法律的双重压制，难以喘息。相反，在宋代，妇女在夫家的身份和地位在客观上是受到确实的保障的。

（一）人身权

出嫁女加入夫家，作为夫家的家庭成员，其人身权受到夫权的庇护。在一般情况下，从财产上来讲“妻财并同夫为主”，妻子的财产权从属于丈夫，妻子的人身权也基于妻子身份关系的改变，以及以夫为纲的伦理关系，受夫权的保护。但是，在现实中，妻子被丈夫或者丈夫的家人侵犯人身权的情况并不罕见。对出嫁到夫家的女子人身权的侵犯主要体现在两个方面：人身安全和身份权。前者包括其一，侵犯妇女的人身归属，即典妻和雇妻。其二，侵犯妇女的贞操权，即被丈夫的家人强奸。后者包括乱妻妾位和有妻更娶妻。立法中注意到了妻子在夫家的弱势地位，在立法中对于妻子的人身权作了完善的规定。

1. 人身归属权

（1）典、雇妻妾

宋代战乱频发，家道艰难卖妻鬻子者不胜枚举，朝廷对于这种违反人伦的行为所持的态度是明令禁止的。在相关法律的规定中，对危害妻子的人身权利的卖（典）妻者，法律惩处的力度很大：“立契券（质）卖妻子者，重其罪，仍没入其直。”[①]即法律对卖妻或者典妻者会以重罪处罚，重罪为何呢？“至于卖妻鬻子，死徙而后已”[②]。从法律规定上来讲，往往是处以徒刑，情节严重的可以被处以死刑。

具体来讲，对于典卖妻妾者，法律规定了具体的罪名和与不同情节相适应的刑罚：对于卖妻为他人之婢女的，与卖周亲卑幼为他人的婢女是有所区别的。虽然妻子也在丈夫的周亲亲属范围内，但是不同的是，

① ［清］毕沅 撰．标点续资治通鉴小组 点校．续资治通鉴 [M]. 卷第一百八十一·宋纪一百八十一·帝昺·德祐元年．中华书局，1957:4956.

② ［宋］李心传 撰．建炎以来系年要录 [M]. 卷六十五．中华书局，1988:1105.

作为婚姻中的双方，夫妻、亲属关系的成就是基于双方家庭的敦睦友好关系。并非和周亲卑幼一般是基于双方的血缘尊卑关系。犯本罪的并非法律规定的绝对离婚情形，而是相对离婚情形，即可以由女方选择作为双方感情破裂的原因向官府主张终结双方的夫妻、亲属关系。如果卖妻为贱民的话，更应当适用本条规定，对责任人施以惩罚。由此可知，卖妻不同于卖周亲的卑幼，那么应当依据买卖周亲以下亲属或没有亲缘关系的普通人来依据买卖凡人论罪。殴杀的话，也依照凡人之间侵犯人身之罪处刑。总而言之，如果卖妻者明知卖妻为他人婢女的，不应当以卖周亲卑幼之罪处断。

那么进一步说，构成本罪的当事人超过一人，为共同犯罪的话，家长参与，是否应当依据立法的基本原理，家长作为犯罪的共犯，只处罚家长呢？答案是否定的：原因是，依照例文的规定，如果法律对于具体的罪另有特别规定的，依据该特别规定定罪量刑。对于卖周亲服制的卑幼和兄弟的子孙、外孙的妻子、自己的子孙和子孙的妾以及自己的妾，法律条文中均有明确的规定。被卖的人因为身份是家中的卑幼，其部分人身权利是受到尊长的管控的，因此不应当因此而加重对尊长的处罚，舍弃轻刑而适用重刑。如果是卖其余的亲属的，应当适用买卖凡人的法律规定，既然适用买卖凡人的法律规定，那么当然就排除了适用一般规则，只处罚家长，而是适用普通人共同犯罪的处断方式。

对于买家在明知是祖父母、父母卖子孙、子孙的妾室或者自己的妾室的情况，应当如何处罪呢？法律规定是应当加卖家一等处罪，如果在辗转知情的情况下买得者，与知情第一手买家同罪。虽然买的时候不知道，买了之后知道此人的身份出处，但是装作不知情的，以知情来论罪。在法律解释中，对于本罪的情节加重情形做出例外规定，如果是在强行略人买卖与和诱买卖的场合，因为本罪情节恶劣，处刑较重，那么买家应当减买家一等处刑。同时法律举例说明了何谓辗转知情而买，所谓辗转知情而买就是在上手买家那里对所买之人的身份已知情，无论其中转卖几次，知情者一同论罪，适用同一档刑罚。[①]

对于丈夫卖妻者和直系尊亲属卖子孙妾者，法律对其都有不同档的量刑方法处罚，并且对于大部分知情买家处刑更为严重。可见，在夫家妻妾作为私产、货物被买卖是一种被上升为犯罪的行为。法律中也明确指出，夫妻双方的服制关系虽然是周亲，但是女子并非男性的卑幼身份，其身份是在双方婚姻成就之初就已经确定了。双方虽然并非基于个体人格的平等和爱慕结为夫妻，而是基于双方家庭的利益权衡和友好关系成婚，但是成婚之后，双方虽然没有达到身份地位的完全平等，但是作为双方家庭的代表，出嫁女是享有作为个体基本的人身安全权益的。

但是如果仅仅禁止，那么起到的效果毕竟有限，因为卖妻的根源往往是为了在饥馑之年谋求生存活命，因此，在官方救济方面，宋代也有相关的举措，试图从根源上解决卖妻的现实原因，"故人妻子贫不能活者，一切收养之。"[②]朝廷也认为，卖妻者多数是家贫不能养活妻子，甚至是自身活命已然艰难者所为。大臣对于这种情况向朝廷上表，具体指出问题，并且提出合理的解决方案。在真宗大中祥符年间，由于经年累月的数次饥荒席卷全国，造成一家人中亲属四散在不同的地域中，那么他们的命运多数是幼者被收养、女子充为奴婢或成为他人之妻，如果本身是没有契约的或者是和前夫没有离异的，希望能够在签订契约、婚书之前还归其原家。如果因此产生纠纷，诉至官府，而官府不受理的，对官府负责人依照违制罪论处。皇帝在收到这一建议之后，认为应当予以推行。[③]之后在仁宗景祐年间，皇帝诏令，因为民间发生饥荒，民间被典卖的妻子和被遗弃的稚童，如果被人收养的话，那么其收养行为和

① [宋]窦仪 等 撰. 吴翊如 点校. 宋刑统[M]. 卷第二十·贼盗律·五门·略卖良贱. 北京：中华书局，1984:316−317.

② [元]脱脱 等 撰. 中华书局编辑部 点校. 宋史·卷三百四十九·列传第一百八·杨遂. 北京：中华书局，1985:11062.

③ [宋]李焘 撰. 上海师范大学古籍整理研究所 华东师范大学古籍整理研究所 点校. 续资治通鉴长编[M]. 卷九十五·真宗·天禧四年. 北京：中华书局，2004:2196.

婚姻雇佣关系都因此生效。由此可见，在饥馑之年，对于被典卖的妇女，官方的态度主要是以其活命权为首要关切。[①]

（2）侵犯妇女的贞操权

妇女在传统中国的坚守贞操是其获得名誉权的基础，即使宋代社会的贞操观远没有达到理学家倡导的“饿死事小，失节事大”的程度，但是却也没有脱离被儒家伦理价值观桎梏的整体处境。因此，保持贞操是其作为妇女的基本要求。在室女在父家有闺训的约束，很少有机会和外界接触，处于贞操被窥伺的道德窘境的情况远没有出嫁之后多。在室女出嫁之后，在夫家是以主妇的身份主中馈，在此期间，被不法之人侵犯贞操权的概率成倍增加，而其中大概率上是家族内部成员对妇女实施侵害。而这不仅会导致妇女一人的蒙羞，受到道德和礼法严厉地双重审判，同时也意味着家庭伦理秩序被破坏。因此，法律在保障出嫁女贞操权的方面，呈现出评价体系非常完善的特点。

对于奸污缌麻以上服制的亲属以及该亲等亲属的妻子，再嫁之妻和前夫的女儿以及自己同父异母的妹妹。法律对此种违法行为规定的处罚是三年徒刑。如果是强奸的话，则加重处罚，处以流刑两千里。因为强奸造成受害者身体受到严重伤害的，对加害人判处绞刑。前面的各种犯罪行为如果施加到妾的身上那么减一档刑等处罚。本条中有犯罪对象是妾的都按此例减一等刑罚处置。法律对于奸污缌麻以上亲属的妻子的犯罪恶性与奸污再嫁前妻的女儿和自己同父异母的妹妹的恶性对等。缌麻亲作为服制亲等关系中最为疏远的亲属关系，奸污他们以及他们的妻子之所以被判处如此严峻的刑罚，是由于奸污亲属的妻子所带来的不良影响，是会对家庭的整体稳定以及伦理秩序造成严重危害的。

法律解释中明确规定了对于本条在遇到复杂的案件中应当怎样依据具体情况判定本罪以及认定刑罚等。法律解释认为，缌麻亲的范围应当

---

① ［宋］李焘 撰．上海师范大学古籍整理研究所 华东师范大学古籍整理研究所 点校．续资治通鉴长编 [M]. 卷一百十四·仁宗·景祐元年，北京：中华书局，2004.2682.

囊括所有有亲属关系者，其中包括代表父亲一族有亲属关系的内服和代表母亲一族有亲缘关系的外服。就是对于服制亲等关系做出了扩大解释，构成本罪的标准很低，只要具有服制关系就可议罪。因为强奸而导致对方身体严重损伤要处以流刑两千里，原因是本罪侵害的不仅是作为妇女的贞操权，还严重伤害了妇女的身体权，这两种后果都非常严重，据此，应当给予施暴者更为严厉的惩罚，才能与其造成的犯罪后果相适应。作为其他地位逊于妻子的男子的配偶，她们如果受到侵害该如何处置呢？法律解释中说道，侵犯媵的应当比照侵犯妾的处罚标准来处罚施暴者。所谓余条奸妾罪都依此办理，说的是在本条中规定的其他犯罪对象是妾的都依照减侵害妻子一等刑等处置。

对于侵害姨母或者兄弟的妻子以及兄弟儿媳的，应当处以流刑两千里。施暴强奸的，应当处以绞刑。对于奸污父祖的妾室以及曾经为父祖生过孩子的妇女、叔伯母、姑母、姐妹、子孙的妻子和兄弟的女儿，应当处以绞刑。如果奸污的对象是曾经与父祖发生过性关系的婢女，减刑二等处罚。法律认为奸父祖妾和奸高祖妾同罪。对于有父祖子者的解释是：非父祖的配偶而曾经为父祖生育儿子的。那么没有没有生育父祖儿子的，应当比照上文中奸污父祖妾，减罪一等处罚。奸污曾经与父祖发生性关系的婢女，是不论对方有没有为父祖生育过儿子的。

那么在具体实践中，会遇到如果曾经是富足的妾室，而且曾经为父祖生育过儿子，其父祖亡故之后，该女改嫁别人，作为其前夫的子孙奸污了她，那么是否以犯人犯奸罪处置。解释认为，作为妻妾，其在夫家的身份和服制亲等院系都是根据丈夫来确定的，从礼法规则上来讲，子孙与父祖的妾本身不存在服制亲等关系，父祖亡故之后，再改嫁他人的，应当适用凡人犯奸罪处罚。法律中曾经有为与五服以外的亲属妻妾成婚而专设罪名，但是对于和奸的，却没有相关的罪名相对应。

作为奴仆奸污良人的，处以两年半徒刑，强奸的一方处以流刑，在强奸过程中造成人伤亡的，处以绞刑。作为部曲和奴仆强奸本主以及本主的周亲亲属，以及若周亲亲属的妻子的，判处绞刑，妇女减罪一等处罚，强奸的处以斩刑。奸污主人缌麻以上的亲属以及缌麻以上亲属的妻子，应当处以流刑，强奸者处以绞刑。法律解释中注明，在奴奸良人的场合无论是否有夫奸，所处刑等一致。而折伤必须是为达到强奸的目的或者是强奸过程中造成的折伤才以情节加重的刑等处分。

所谓部曲和奴仆强奸主人以及主人的（若）周亲亲属及其妻子，所应当处罚是斩刑，那么妇女应当如何处分呢？法律解释明确规定，作为这种情形下的妇女是不论罪处刑的。对于奸污主人缌麻以上亲属的妾，法律规定比照奸污妻子减罪刑一等处置。由于妾的儿子也是正式的家庭成员，相对于奴仆、部曲，其身份是家庭的主人，因此作为庶子的母亲，当然也是家中的主人，而非奴仆，应当适用奴奸良人罪论处。

对于和奸的，没有明确规定妇女的罪名和刑等的，应当与男子同罪。以上所有类型的奸罪中，如果是男性强奸的话，妇女不论罪不处刑；通过他人从中介绍而通奸的，减和奸罪一等处罚。如果触犯罪名多种，那么依照罪名和处罚最重的处刑或相加减。

所谓和奸指的是彼此之间形成合意从而成奸，由于本条没有特别刊列女子的罪名刑等，在这种情况下，其断罪处刑与男子相同。当以上各种罪名，并非妇女参与和奸，而是施暴者强奸的话，那么对于妇女是不论罪处刑的。多为通过中间人介绍从而成奸的，其中的媾和介绍人，应当减普通和奸罪一等处置。所谓触犯罪名不同，应当根据重罪减罪处罚的意思是，作为介绍媾和之人，在论其罪时，如果因为和奸者存在特殊身份等情形，造成和奸双方处刑不同，那么应当在较高的刑等基础上减刑一等处刑。

监临官员在其监临的地域范围内与良人和奸的，加普通和奸罪一等处刑。如果是在父母丧期或者是丈夫丧期内犯奸罪的，加普通奸罪一等刑处置，与道士和女道相奸的话，再加罪一等处置。此罪中的妇女以普通的和奸罪论处，不加刑等。

监临官员与其监临地良人身份妇女行奸的话如何处置，法律认为，如果和奸的妇女有丈夫的话，应当处以两年半徒刑，如果没有丈夫的话处以两年徒刑。如果行奸是在男女双方一方父母的丧期或者妇女丈夫的丧期的，无论行奸者是作为亡夫的妻子或者是妾室均同等论罪。如果同道士或者女道和尼姑行奸的，再加罪一等，就是在父母、丈夫丧期行奸的基础上加罪一等，加凡人奸罪二等处置。在男子父母的丧期中行奸，妇女应当以凡人奸论罪。如果妇女在父母丧期或者是其丈夫丧期内行奸的，则加凡人奸罪二等处罚，男子则以凡人奸论罪处刑。其中身份有尊卑贵贱差异的，应当根据本法的相关规定再行加减。①

法律对特殊身份的奸罪设置是从亲属奸、良贱奸和监临奸这三个方面进行规定的，在奸罪的立法设置中基本上秉持了男女犯罪者适用共同的而评价标准，对女性处于被强奸的对象时，法律并没有过多苛责，在明确以严刑峻法惩治施暴者的同时，也明确了对于受害女性不应当处刑，置于道德舆论或将对妇女施加的压力，则是另外一个需要讨论的问题了。

2. 出嫁女的身份权

传统中国基本延续了一夫一妻多妾的婚姻配置，其中作为妻子的妇女在家庭中的身份是高于丈夫的其他媵妾配偶的，这个尊卑贵贱的差异会表现在日常生活、荣典仪式等不同场合。而其身份权的差异也代表其享有差等的权益。维持这样的差异也是儒家家庭伦理制度的重要一环。礼法中如何体现如此差异的呢，基本上是从法律确认并且保护作为妻子的妇女特有的身份权益以及惩罚侵犯妻子特有身份权益的丈夫下位阶配偶来实现。

作为丈夫身份的男子，其身亡之后，其祖庙墓穴都只应当和一位妻子相配，原理上是由于双方成婚时成就了夫妇之道，为的是双方在没有意外情况时，能够达到死生相伴的目的，并且从礼法上来讲，夫妇之配是为一夫配一妻。但是，世事难全，夫妇双方总是有可能存在一生一死

① ［宋］窦仪 等 撰．吴翊如 点校．宋刑统 [M]. 卷第二十六·杂律·十四门·诸色犯奸．北京：中华书局，1984:422–424.

的问题，礼法对于女性的约束是应当从一而终，那么在理论上对于男性也是如此。但是儒学家认为男性之所以不同于女性是其承担着家族的血脉传承和祭祀等事物。那么作为丈夫，妻子亡故之后，再娶继室也是出于一起承担这些义务的目的。这就会遇到一个问题，就是如果丈夫再娶，其前后就会有两位妻子，那么在死后的名分和丧礼庙享配位的安排上如何处置就是需要再讨论的了。理学家认为，这种情形丈夫应当与元配妻子葬于一处，在宗庙祭祀时也应当与元配共享香火，那么继室就应当在死后另辟他所进行埋葬和受血食。

而对于古礼中认为在确定夫妇祔祭配享者的时候，应当要依据亡妻和继室是否有子来确定，朱子认为全然是曲解礼法原意。[①] 因为根据程氏所说，一夫一妻为宗庙配享的合礼配置，一般情况下作为丈夫的男子与元配亡妻合葬，共享宗庙祭祀是正理。但是当作为承祧后嗣的儿子时继室所生，那么应当将继室祔祭与丈夫，而不应当固守元配为正配之礼。朱子认为此说的谬误之处在于，《唐会要》中记载，凡是嫡母没有先后顺序，那么作为继室的儿子承担宗祧之后，对于父亲的元配亡妻而言也是其后嗣。所以《唐会要》的原意是无论元配还是继室都应当与丈夫并附合祭，这一点与古代诸侯之礼是不尽相同的。夫妇之爱是差等之爱，这是其本质，也是古代婚姻制度存续的基础，作为丈夫有妻有妾是正常的，但是从妻子的身份来讲，是不存在两个妻子的。只是在死后配享祔祭的事情与生前又是两事。现在要处理的情况是，作为丈夫拥有前后两位妻子，前者早逝，丈夫又续弦，元配妻子未生育承祧后嗣，而继室生子继嗣。在这种情形下，朱子认为还是应当丈夫与元配妻子合葬共祭，而继室可以在他处营葬享受祭祀。

古代的婚姻是礼制婚，需要完成一系列的礼节仪式象征着双方身份的改变。那么是否完成相应的礼节仪式就证明双方具有合法的婚姻关系

---

① ［清］王梓材［清］冯云濠 编撰．沈芝盈 梁运华 点校．宋元学案补遗·卷十七·横渠学案补遗上·高平门人·献公张横渠先生载·礼记说．北京：中华书局，2012:1355−1356.

呢？答案是否定的，成就婚姻时有很多限制性条件，其中之一就是有妻不得更娶妻，否则不仅后婚无效，而且可能责任人需要承担相应的法律责任。对于有妻子还又再娶的男子，法律惩处的方式是处以一年徒刑，女家如果知情参与，那么减男方一等刑处罚。如果女方不知情，那么女方不承担刑责。无论是哪种情况，双方的婚姻都是无效的。原因在于夫妻之义要求双方应当在一夫一妻的前提下成就婚姻，否则就是违反基本的儒家伦理关系，因此惩处的不仅是其违犯婚姻本质的行为，也是惩罚其破坏儒家家庭伦理道德的基础。

那么在有妻更娶妻的情况下，虽然后婚应当强制离异，但是在没有司法机关介入之前，双方的夫妻关系仍然存续之时，发生了双方亲属相互侵犯的案件，应当依照凡人相犯之法处置还是依照夫妻相亲属相犯之法处置。在亲属相犯的问题上，无效婚姻的双方适用凡人之法。

那么法律在面对乱妻妾身份地位的情况，是如何处断的呢？法律认为如果将妻子视为妾来对待与把婢女作为妻子对待的恶性后果是可以相类比的。因此，对于这两种行为，法律对其的处断是处以两年徒刑。把妾和客女作为妻子与把婢女作为妾的行为的违法程度是一样的，应当处以一年半徒刑。以上几种情形因违背礼法，故而无效，双方的身份回归到本来的地位。

对于以上立法的解释是：妻子与丈夫夫妻一体，其生前在家庭中承担不同的家庭职责，也享有共同的财产权利。在死后双方在宗庙祭祀上，双方祔祭作为完整的被祭祀对象，是在礼法上都具有合理性的。而作为妾室的妇女，其身份是不能与作为妻子的妇女相比较的，因为从本质上来讲，妾是可以通过买卖得来的，法律上也没有明确规定其个数，也就是在家庭中，它的数量取决于家主的财力和意愿。那么乱妻妾位的行为本身是对当时婚姻制度的挑战。故此对于违反法律规定者，应当处以两年徒刑，处罚力度是很重的。

法律对于乱妻妾位的处罚力度这么大，那么对于乱妻媵妾之间身份的行为该当何如？法律对于这种行为参照斗讼律中妻媵妾之间互相侵犯的处罚程度轻重，类推在日常生活中乱三者位分的行为，由于丈夫侵害媵的话比照丈夫侵犯妾的刑等处罚，那么乱妻媵名分的行为应当比照乱妻妾位分的行为处分。这样一来，当乱媵妾的位分如何处断又是一个新问题。法律解决这个问题的方法是依照不应为之罪中最重的刑等——杖刑八十来处断。但是，在通过诈欺的方法，妾冒名顶替媵的身份，那么应当依照诈伪律中的诈增加功状以求得官罪处断，判处其徒刑一年。

家庭中奴婢的身份也不是一成不变的，作为奴婢与家主发生性关系，因此诞育子女的与通过放良都可以成为合法的妾室的。这两种情况与以妾为妻的性质是一样的，婢妾之间的身份壁垒并没有那么森严，但是与妻子之间的身份却是天差地别，其出身决定了不具备承担妻子身份职责的能力，因此应当依照以妾为妻罪处断。①

（二）收养权

作为妻子，其承担着绵延后嗣的职责，在夫家需要履行的主要义务就是生子继嗣。但是，在现实生活中，存在因种种原因妇女没有生育后嗣或者后嗣早夭的问题，对此，是否夫家一律会对其弃之如敝履，选择以离异再娶来解决问题呢？这一选择在当时也并不当然，许多无子家庭或因双方家族利益原因，或因双方感情甚笃，或因男方生育能力有问题等因素，选择以替代性方案解决无子问题。而其中过房收养和收养遗弃幼儿是被礼法承认的合法手段。

在相关的立法中具体规定了妻子在多大年纪没有生育后嗣应当休弃，法律规定：入果没有后嗣的家庭，选择以此为理由解除与妻子的婚姻关系，那么应当在妇女四十九岁以上才能与之离异。那么选择通过立庶子为承祧后嗣的方法，是在嫡妻多大可以进行的呢？法律认为是在嫡妻五十岁以上才可以。从律文的规定中可以看出，法律以生理年龄为限，来判定作为妻子是否有能力为夫家诞育后嗣，在大概率上女性完全丧失生育能力的年龄才允许以此为由进行下一步打算，或立庶子或离异再

① ［宋］窦仪 等 撰．吴翊如 点校．宋刑统·卷第十三·户婚律·九门·婚嫁妄冒．北京：中华书局，1984:214-216.

娶。[①] 在古礼中规定在嫡夫人没有儿子的情况下，先立右媵的儿子为嗣，如果右媵没有子，那么立左媵的儿子为嗣子，再以此类推，上位没有子，立下位，这在宋代也是立嗣子的基本原理。[②]

1. 收养异姓子

在《宋刑统》中对于收养异姓为子的规定是，首先需要是遗弃子，其次年岁需要在三岁以下，此种收养为嗣的行为才合法。但是这是针对收养以继嗣的需求，在收养为了慈善的目的，法律的规定并没有那么苛刻。宋元之后，收养异姓子承嗣的行为已经属于违法，在明清两朝，无子之家只能在同姓侄子中选择一人承嗣，并且承嗣是强制的，无子之家若是作为家主的夫妻二人不立嗣，那么族长是可以指定昭穆相当的侄子入继的。可见，在宋代收养的选择方式是多样的，收养的自主权也掌握在收养人手中。

由于宋代战乱频发，再加上天灾也是作为农耕社会不可避免的。故此，在当时一般民众的生活基本上是朝不保夕的，作为没有劳动力的妇女和幼儿在这个过程中与家人走散，那么等待他们的命运将是可悲的。尤其是幼儿，因为他们没有独立的生活能力，没有抚养人的照顾，等待他们的命运将是死亡。因此，朝廷针对灾荒年间的异姓收养所持态度是较为开明的，目的是为了以民间力量结合官府救济，从而尽可能缓解灾情带来的影响。宁宗年间，皇帝诏令闹灾荒的歉州县："乙未，诏荒歉州县七岁以下男女听异姓收养，着为令。"[③] 对异姓收养年纪放宽到七岁。

哲宗时，大臣蔡京上奏重新修订敕令，要求修改的内容是对于被遗弃的三岁以下幼儿可以被异姓收养。[④] 这种收养的性质是收养人可以成

---

① ［宋］窦仪 等 撰．吴翊如 点校．宋刑统 [M]．卷第十四·户婚律·六门·和娶人妻．北京：中华书局，1984:224.

② ［清］孙诒让 撰．王文锦 陈玉霞 点校．周礼正义 [M]．地官司徒第二·下媒氏．北京：中华书局，2013:1040.

③ ［元］脱脱 等 撰．中华书局编辑部 点校．宋史 [M]．卷三十九·本纪第三十九·宁宗三．北京：中华书局，1985:753.

④ ［元］脱脱 等 撰．中华书局编辑部 点校．宋史 [M]．卷十八·本纪第十八·哲宗二．北京：中华书局，1985:345.

为承祧后嗣的。从根本上变更了收养的幼儿身份归属。冷应澂在针对歉收年景下民众遗弃婴儿的处置措施是，被弃养在兵道的遗弃子在十五岁以下的可以被各个国籍的人收养，该收养行为得到朝廷法令的支持。对于遗弃子的收养，年龄已经放宽到十五岁，对于收养人的身份，已经由一般的“恣民”扩大到“诸色人”。[①]这固然跟被遗弃者所处的危险境地有极大的关系，被遗弃在兵道，生命安全随时都受到威胁，故而有此规定。在部分地区虽不遇灾年，但是对于日常生活贫困的人家，地方官府奏请朝廷，请求允许收养异姓贫困的缌麻以上亲属之子孙，并且收养之后允许被收养人从收养人之姓。在福建地区就是如此，朝廷对于这种举措表示赞成，并且下敕令将此奏请转化为官方法令。[②]

2. 过房收养

所谓过房收养，指的是将子孙过继给同族的其他家庭收养，其服制亲属关系由本生父母家转变为收养之家。在记录宋代才子生平事迹的古籍中，对词人杨缵所立之传指出，其名字中的“缵”字和嗣、继同意，均代表被过继收养的意思，[③]而过房的准确含义是“舍所亲而去，谓之‘过房’”[④]。舍去原有的血缘身份转而到同族他房以新的身份生活。

对于过房收养子的身份与亲生子的身份是否存在异同，这可以从礼法服制关系中一窥究竟，在《朱子家礼》中对于服制斩衰三年的亲属关系有详细的说明：身为儿子对继母和慈母以及过房养育的庶子为其本生庶母均应当服斩衰丧三年。[⑤]在宋代遗留下来的文献古籍中，能够发现

① ［宋］李心传 撰．建炎以来系年要录[M]．卷四十七．北京：中华书局，1988:846.

② ［宋］李心传 撰．建炎以来系年要录[M]．卷一百二十．北京：中华书局，1988.1936.

③ 傅璇琮．王兆鹏 主编．宋才子传笺证[M]．词人卷·杨缵传．沈阳：辽海出版社，2011:776.

④ ［宋］陈均 编．许沛藻 金圆 顾吉辰 孙菊园 点校．皇朝编年纲目备要[M]．卷第二十四·哲宗皇帝·绍圣元年．北京：中华书局，2006:584.

⑤ ［清］郭嵩焘 撰．梁小进 主编．校订朱子家礼[M]，卷四·丧礼·成服．长沙：岳麓书社，2012:673.

有不少的大臣、名士都是过房养子，他们被过房收养的原因可能不尽相同，但是，他们大都并不讳言出身，可见时人对于过房收养的态度是视之如常。宋代词人马廷鸾作为过房养子，其被过房收养的原因是母亲在嫁入马家之后十年初，便遭逢其父亡故，成为寡妇，无力抚养幼子，故而将子过继给伯房收养。① 淳熙十五年十一月，居厚房因为无后嗣承祧，因此请求将其兄弟第四子过房给居厚的妾收养为嗣。② 此事在《全宋文》和《宋会要辑稿》中都有记载。遂宁郡君赵氏在生前爱重其子杰，其丈夫由于弟弟没有后嗣，为此忧心。因此，他向赵氏征询意见，是否可以将赵氏钟爱的儿子杰过房给弟弟收养。作为贤德的妇人，赵氏认为这是好事，能够解决丈夫弟弟无嗣的窘境，也是作为兄弟应当为对方做的。因此，她将爱子交于丈夫弟弟收养，毫无吝惜之色。这在当时的人看来，也是非常无私和贤德的行为。③ 故此，此事详悉记录在赵氏的墓志铭上，并且被收录入典籍，作出褒扬。

在宋代，过房收养的身份之所以并不被时人所轻视，原因不仅在于这是立法承认的主流收养方式，同时作为过房养子是具有承嗣的资格的，④ 因为宋代的法律规定，作为人后的人是不以嫡庶而论的，所以即使本生庶养过房承嗣，是合法有效的家庭身份晋升途径和财产继承方式。

但是在民间没有接受礼教教育的普通人，大多关注的是自己的面子或者忌惮过房养子的身份会导致养子孝养亲敬不能尽心等原因，对于收

---

① 傅璇琮 王兆鹏 主编．宋才子传笺证 [M] 词人卷·马廷鸾传．沈阳：辽海出版社，2011:838.

② 曾枣庄 刘琳 主编．全宋文 [M]. 第二百七十册·卷六一一三·张氏·乞多闻比换南班请给奏．上海：上海辞书出版社．合肥：安徽教育出版社，2006:370.

③ 曾枣庄 刘琳 主编．全宋文 [M]. 第一百三十三册·卷二八八〇·张琏·宋故遂宁郡君赵氏墓志铭．上海：上海辞书出版社．合肥：安徽教育出版社，2006.305.

④ 曾枣庄 刘琳 主编．全宋文 [M]. 第三百五十三册·卷八一六八·吴革一·陆地归之官以息争竞判．上海：上海辞书出版社．合肥：安徽教育出版社，2006:128.

养之事往往是加以隐瞒的。[①] 但是，官方的态度是，作为承接香火祭祀的大事，过房收养也好，养异姓子也罢，都是为了家庭的延续。是合礼合法的正当行为。

存在过房收养，那么也就有通过过房收养来钻空子的人。[②] 对于假造相关证明文件和过房的书帖契据之人，如果如是供认的话，应当从轻减轻处罚，如果继续隐匿真相，那么应当适用刑讯的方法迫使其阐明真相。

3. 过房收养与收养异姓的区别

《名公书判清明集》中有一案记载，在南宋有贾氏一家，其中有庶子过房二人、异姓抱养一人，其中法官的判词中提到，过房养育者应当在家产分割时从本生之房，抱养之子应当归于收养之家。过房收养与异姓收养的区别是，双方是否与本生家庭切断身份关系。[③]

由此可见，过房养子与虽然身份归属于收养家庭，但是法律并没有剥夺其与本生家庭的血缘恩义。原因在于过房收养与收养遗弃子不同，前者是礼法认可的身份关系的变更，不存在双方恩义的断绝事由，作为本生父母，是出于公心而将儿子过房。而遗弃子之所以与本生家庭恩义断绝，是由于遗弃行为代表本生家庭放弃与他的血缘亲情，将遗弃子的生命安全置于险恶之地。因此，在遗弃行为发生之后，遗弃子与本生家庭伦理身份关系即终结，在进入收养家庭之后，新的身份关系重新建立。[④]

---

① ［宋］詹大和 等 撰．裴汝诚 点校．王安石年谱三种 [M]. 王荆公年谱考略·卷十三．北京：中华书局，1994:414.

② ［明］张四维 辑．社科院历史所宋辽金元史研究室 点校．名公书判清明集 [M]. 附录三·后村先生大全集·乐平县汪茂元等互诉立继事．北京：中华书局，1987:631.

③ ［明］张四维 辑．社科院历史所宋辽金元史研究室 点校．名公书判清明集 [M]. 卷之五·户婚门·争业下·侄假立叔契昏赖田业．北京：中华书局，1987:146-147.

④ ［宋］胡寅 著．尹文汉 点校．斐然集 [M]. 卷十七·寄书·寄秦丞相书．长沙：岳麓书社，2009:338.

（三）财产权

作为出嫁归于夫家的妇女，其财产权的所有形式是与丈夫共有，财产权指向的内容是其出嫁时的妆奁。出嫁女虽然通过婚姻与夫家建立了新的身份关系，但是并不意味着其在母家的血缘身份关系被弱化，或者是不再享有相应的财产权利，出嫁女在母家的财产权利仍然受到法律的保护。那么就意味着在婚姻存续期间的妇女同时享有父宗和夫宗的相应财产权利。

1. 在夫家财产权

妇女在夫家的财产权得到充分体现的情况是在分家的时候，宋代法律规定妻子在娘家得到的妆奁和遗产等财产是不包含在分家的财产里的，[①] 妻子所得的资财是作为其夫妻的共同财产，即使妻子亡故之后，妻子的家人也不准借故要求返还财产。原因是在赠与嫁妆或者接受遗产的时候，财产的所有权就产生了变更，成为出嫁女和丈夫的共同财产，那么妻子死亡之后，就意味着共同所有人之一死亡，此后该财产的所有权人是其丈夫，妻财此刻并非作为遗产被再分配，而是变成丈夫独有。

妻子的财产不在分家的范围内,那么当时很多人就从此条法律规定，试图钻法律的空子。作为丈夫将财产所有权转移到妻子名下，那么就可以在分家的时候得到大量的好处。对于这种时下屡见不鲜的伪造手段，《袁氏世范》中有对于这个行为的记载和分析，也表明了当时理学家的总体态度：在民间存在大量因为分家引发的诉讼，究其原因往往是贪图家产之人，将田宅、财物所有权通过契约和变更登记等方式变更所有人，使妻子成为该财产的所有者，从而在分家的时候将这些财产排除在外。这样的小动作导致分家时诉争不断，连绵迁延，以至于十数年者往往有之。引发这个问题的根本原因是，作为更多的财产所有者，他们往往会通过种种不当的手段攫取更多的利益，导致在分家过程中受到亏待的弱

① ［宋］窦仪 等 撰．吴翊如 点校．宋刑统 [M]．卷第十二・户婚律・十门・卑幼私用财．北京：中华书局，1984:197.

势通过各种手段维护自己的财产所有权。而经官诉讼往往是他们最常采用的手段。袁先生认为引发诉讼之后会导致请托行贿等不法手段滋生，导致家产破败和阴德有损。根本的解决办法是作为更多财产的所有者体恤弱势，将财产适当分与他们，而取得这些财产的弱势不要太过于计较，因为毕竟这些占据更多财产的同宗族人是由于其辛苦置业而累积到这么多财富。至此，双方互相理解，那么之后的讼争便可消弭，分家各房才能最终获得安宁，家族也不至于因此遭遇破败之祸。①

2. 在母家财产权

作为出嫁女，在宋代的财产所有权范围是较其他朝代要更大的，这在出嫁女这一群体的表现是，在家庭遭遇户绝不幸时，她们能够参与到母家的遗产继承中：在宋代的法律规定中，户绝之家的财产在排除营葬死者和日常管理支出外，其余部分是作为遗产可以被在室女、出嫁女和归宗女分得的。其中出嫁女所得份额是为三分之一，这不仅是一笔很大的财产收入，也代表了出嫁女在母家家人的身份以及与其家人身份相称的财产继承权受到了法律的承认。② 有学者认为这种继承权的适用是特殊情况下，并非是所有的继承场合妇女都参与到母家的财产继承，而且继承份额远没有男性亲属的多，据此，他们认为妇女是没有独立的继承权的，其所有的是家产受益权而已。在宋代的语境下，这一结论是否完全确当，是值得商榷的。也有学者利用现代继承法理念解释，认为妇女是有继承权的，只是说这牵涉到继承顺位的问题，妇女（无论是在室女、出嫁女、归宗女）她们只是继承顺位次于男性亲属的继承权人。从这个方面去理解妇女的家产继承权有其合理之处，因为妇女与男性一样基于出生与本生家庭产生血缘服制关系。如果男子是否能够承祧、继承血脉、

① ［清］王梓材［清］冯云濠．编撰 沈芝盈 梁运华 点校．宋元学案补遗[M]．卷四十四·赵张诸儒学案补遗·诚斋同调·袁先生采·袁氏世范．北京：中华书局，2012:2417.

② ［宋］窦仪 等 撰．吴翊如 点校．宋刑统·卷第十二·户婚律·十门·户绝资产．北京：中华书局，1984:198.

承担更多的家庭义务这些方面来解释其享有高于妇女的财产继承权这固然有其合理的一面。同时应当意识到在男性继承人的群体内部，作为后嗣的承祧子和其他嫡子或者庶子，他们之间获得家产份额也是相对公平的，那么以此也来解释男性继承人之间为什么适用诸子均分的方式去分析家产似乎又有不当。故而，可以推论在宋代继承的基础可能并非家庭义务的负担和贡献。那么宋代继承法的基础是什么？结合作为女子在户绝情形下享有财产继承权，并且为确定的三分之一份额。那么，宋代财产继承权的基础是不是血缘亲情？作为儿子不论是否是承祧子，在父母生前，都要与父母同居共财，而作为女儿人生中只有短暂的二十年上下与父母相处，那么，在遗产分配上表现出参差差异，也是理所应当的了。

仁宗年间，有民妇张氏，夫死户绝，按照当时的条法规定，应当将财产三分之一给出嫁女儿继承，剩余部分由承嗣子——其同居外甥所有，但是由于其家产甚巨，她认为作为户绝之家，在家产如此富裕的情况下，应当将此上报朝廷，由朝廷决定这些家财是由她的外甥一人承继还是没官充公。[①] 朝廷对于她这种举动大加褒扬，时任城乡和参知政事都认为这是仁义之人才能做出的举动。最终，朝廷认为，她的家产是辛苦营业所得，应当由自己依法处分，不必没官充公。此一事可见，在当时户绝之家出嫁女的财产所有权是当然享有的，份额为三分之一无疑。

宋代由于商贸发达，有很多不同国家的商人来华贸易，甚至在此定居，在当时的立法中也存在着对其私有财产权的保护措施，在遗产继承领域表现为“死商财物”条：其中规定外国商人在中国亡故的商人，其财产中的三分之一应当给予出嫁女。可见当时对于妇女的私有财产权保护力度也可称之为大。[②]

① ［宋］李焘 撰．上海师范大学古籍整理研究所 华东师范大学古籍整理研究所 点校．续资治通鉴长编 [M]. 卷一百六·仁宗·天圣六年．北京：中华书局，2004:2467.

② ［宋］窦仪 等 撰．吴翊如 点校．宋刑统 [M]. 卷第十二·户婚律·十门·死商钱物．北京：中华书局，1984:199−200.

（四）婚姻终结的选择权与保障权

在古代中国，离婚权的行使是倾斜于男性的，女性只有在很小的限度内享有离婚权。在婚姻中并非是完全由男性掌握婚姻的主动权，礼法意识到女性在婚姻中的弱势地位，于是通过两方面保障妇女在婚姻是否终结的权益，其一是通过限制男性的婚姻解除权；其二是给予女性部分的婚姻解除权。

在古代男子单方面行使休妻权是普遍的现象，作为儒家正统传承的孔氏家族，三代均因妻子身犯"七出"之罪而休妻，但是并没有因此剥夺"罪"妻儿子的承祧权。由此可见，在坚持普遍的儒家仪礼前提下，在存在违反相关仪礼的行为时，儒家代表家庭孔氏家族，并没有吝于行使单方休妻权。[①] 那么如何行使单方面休妻权更为符合儒家伦理道德的最高要求呢？宋代著名理学家程伊川先生曾经说道：妻子不贤不惠，那么休妻是合礼的选择。[②] 儒家著名的先贤子思也曾经休弃过妻子，但这并不是其道德行为上的瑕疵。但是，现今世俗坊间认为休妻是一种失德的丑行，因此，在妻子即使违背基本的家庭伦理道德之时，夫家仍然不敢轻易休妻。这种想法和行为是不对的，并不是恪守儒家教诲的合理做法，应当是妻子违礼违法、不尽职责，就应当休妻无妨。儒家教化告诉人们修身齐家为首要的道德追求，那么在做到修身之后，如果不能利用适当的手段齐家理事，那么谈何其他。既然如此，有人问先生，古代人出妻的理由往往不是妻犯"七出"大罪，而往往是在婆婆面前大声斥犬、饭食没有做熟之类的小事。这又作何解？伊川先生认为，这正是古人在践行儒家仁道，其中的原理是，如果因为大事大罪而休妻，那么他的妻子在以后归宗或者再嫁之时不仅会受到很多非议，而且会丧失选择新生活的可能性，

① ［宋］胡寅 著．刘依平 校点．读史管见 [M]. 卷第十五・隋纪・高祖・二十年．长沙：岳麓书社，2011:559.

② ［清］王梓材 ［清］冯云濠 编撰．沈芝盈 梁运华 点校．宋元学案补遗 [M]. 卷十五・伊川学案补遗上・胡周门人・正公程伊川先生颐・伊川语要．北京：中华书局，2012:1250.

对于妻子来讲，这才是最大的“恶”。故而，古人出妻的事由看起来极小，其实是为妻子更大的行为失当作遮掩。正如和好友绝交，对外宣称的都是大而化之的小事，但是根本上还是由于对方道德品质的缺陷伤害了双方的友情，但这些是不必宣之于口的。对于妻子也是如此，双方之前有情义在，不能因为最后选择分开就出口而恶言，为其道德品质盖棺定论，作为弱势一方，这是百口莫辩的，因此，为对方留下选择新生活的可能性，这是伊川先生理解的为儒者所应当在休妻时坚守的道德底线。

程朱理学大家程伊川先生从儒者的角度首先阐述了休妻合礼合法行使的必要性，同时也说明了如果作为道德品质高尚、具有儒家仁道情怀的士人应当坚守的出妻底线，但是这一底线却可能是普通人无法企及的最高点。因此，在现实生活中不同身份的家庭对于休妻是怎么做的。法律作为守护底线的存在，对于如何休妻，在何种情形下休妻，在何种情形下不得休妻的规定如何是值得进一步深究的问题。

1. 限制男性婚姻解除权

作为婚姻中处于相对弱势地位的妇女，礼法从道德宣扬和法律禁止两个方面限制男性的婚姻解除权，以免该权利被男性滥用，造成恣意的后果，危害女性权益和家庭的稳定。

为了维持婚姻的稳定，至今流传着的民间俗语，很多源自于儒家的道德教化：传统的儒家道德伦理将年轻时成婚，生活中共患难的妻子与在贫贱无依之时的朋友相类比，都认为这是经过考验的真挚情感，应当珍视。而在规定丧服等级等事宜的礼书中规定，如果妇人为丈夫的父母持丧之后，是不应当适用“七出”的休弃理由，将其休弃的。其中的原因是，担心丈夫在生活状况改善之后，借口其他将妻子休弃。此类关于不可轻易休妻的道德教化和宣导，到现在仍然在人们的观念意识中发挥着作用。[①] 在宋代有关选举的文献中规定：对于在违反婚姻制度有关规

① 方向东．大戴礼记汇校集解[M]卷十三·公符第七十九·卷十三·本命第八十．北京：中华书局，2008:1307.

定的行为，应当对其处以不姻之刑，[①]其中妻子没有“七出”罪过出妻者，是为其一。

那么出妻权的形式是丈夫的自由意志能够决定的吗？在宋代来看，至少丈夫的意志并不是单一的要素，起到决定性作用的更多的是丈夫的父母。作为其子婚姻的主婚人，丈夫的父母在双方婚姻问题上具有完全的决定权，即婚姻的成就与结束，丈夫的父母对此都有权决定。这尤其体现在匹夫庶民之家，如果丈夫要休妻，首先要做的是告知父母，在征询父母的意见之后，父母准许其休妻，才能通过相关程序进入到休妻阶段。[②]其中的原理是，妇女不仅作为丈夫的妻子进入夫家，而且身为公婆的儿媳，其身份是丈夫的家庭成员，尊重公婆的决定，是尊重其家长权的表现。

儒家女慎氏与严灌夫成婚之后一起生活了十年有余，在这期间慎氏一直无孕，以至于其夫产生了休弃慎氏的念头。当严灌夫以此为由决定休弃慎氏，慎氏身为儒家出身的女子，感伤之际临别写诗，其中表达了对丈夫的不舍与恩情，严灌夫感念双方之间的恩义，于是就此作罢，夫妻二人和好如初。[③]可见，在当时没有子嗣是普通民众家庭很难容忍的妇女缺点。

与之相对，阶级身份更为高贵的皇室中，对于皇帝的单方解除婚姻权不仅有礼法的限制，还有诸多政治因素的制约和考量。大臣陈并对于皇帝因为皇后为妻善妒而亦欲废后上书表言：以先圣君王做例子，说舜可以让尧女恪尽职守，遵从妇道，文王能够很好地驾驭寡妻，现今在坊间的平民和贱民尚且以休妻为不耻之事，何况皇帝万圣之尊，作为天下

① 何忠礼．宋史选举志补正 [M]. 卷三・选举三・学校试．北京：中华书局，2013:119.

② ［宋］李焘 撰．上海师范大学古籍整理研究所 华东师范大学古籍整理研究所 点校．续资治通鉴长编 [M]. 卷一百十三・仁宗・明道二年．北京：中华书局，2004:2652.

③ ［宋］李昉 等 编．太平广记 [M]. 卷第二百七十一・妇人二・才妇・慎氏．北京：中华书局，1961:2136.

的共主，言行作为天下人行事的标准，其一言一行都受到朝廷以及万民的瞩目。作为践行夫妇之道的表率，怎么可以轻言废黜皇后呢？陈并认为，如果存在严重得道德瑕疵，存在废黜的罪行，那么废黜皇后自然是和于礼法。如果没有严重的道德瑕疵，只是有一些小的过错，那么作为皇帝，诘问追责教导是可以的，或者错误比较严重，可以将皇后安置别馆居住，并且命令掖庭教管即可。现今皇后，并没有违拗圣意，所做失当之处无非是妒忌，这在妇女来讲，是一般的心理状态，不应当加以苛责。[①]可见，妒忌作为一种“七出”的罪行，其实在这七宗罪行里，并不是严重得不可饶恕的道德瑕疵。以上种种可以说明，即使行为在“七出”之列，无论是帝王还是平民，实践中，礼法赋予其一定范围内的宽宥权的，并且对于“七出”的运用，丈夫都是相对审慎的。

法律规定对于丈夫单方离婚权的限制是：对于违反“七出”条的妻子，如果存在“三不去”的排除事由，那么丈夫休妻的事由就被阻却，无法行使。如果在存在“三不去”事由的情形下，仍然违法休妻，丈夫要被法律处以杖刑一百的惩罚，丈夫在妻子没有符合“七出”和义绝的行为，仍然休妻的，应当被处以一年半徒刑。同时，该离婚行为无效。但是在“七出”中符合身染重病、恶疾和身犯奸罪这两种不受本条休妻“三不去”的限制。

法律解释中阐明的原因是：作为夫妻之间的基本伦理道德和相处之道，双方在生前应当遵守夫妻之间相敬如宾、一体同心的行事原则，在死后应当合葬在一起，共同享受后代的祭祀。所以，双方之间的恩义关系是极为亲近的，在没有严重违反礼法规定行为的情形下，不应当随意休妻。符合礼法规定的休妻，应当是妻子严重违反夫妻之间伦理道德的行为后，丈夫才能选择施以的最严厉的惩罚。所谓妻子严重违反儒家家庭伦理道德的行为，主要包括这七大类：没有生育子嗣、行为淫荡放纵、

---

① 曾枣庄 刘琳 主编．全宋文 [M]. 第一百二十二册・卷二六三五・陈并・答诏论彗星陈四说疏．上海：上海辞书出版社．合肥：安徽教育出版社，2006:191-192.

不孝养公婆、口舌无状、有偷窃行为、嫉妒丈夫的其他非婚配偶、身患严重疾病无法治愈。双方离异同时还有可能是另外一种情况，即夫妻之间和夫妻之间的服制亲属互相之间存在侵犯的行为，该行为会导致法律直接推定双方家庭的姻亲伦理关系受到严重损害，无法修复，因而，在引起更大的祸端之前，法律规定强制夫妻双方离婚，此所谓义绝。[①] 义绝的主要情形被分为四大类：其一为丈夫殴打妻子的直系尊亲属或者杀妻子的外祖父、兄弟姐妹、伯叔父母等服制亲缘关系亲近的亲人；其二为妻子殴打或者咒骂丈夫直系尊亲属以及杀伤丈夫的外祖父母、伯叔父母和兄弟姐妹等亲属关系亲近的人；其三为与丈夫有服制关系的亲属与妻子的姨母有奸事；其四为有杀伤丈夫之心或者行为的。对于义绝的规定，束缚的不只是已经通过正式的婚姻仪式进入夫家的妻子，而且对于还没有完全完成的未婚妻子也适用此条规定。所谓单方休妻权的限制条件“三不去”，指的是：其一，作为妻子与丈夫一起，曾经操持和为公婆守丧三年的；其二，妻子嫁入夫家之时夫家贫困，在夫家显达之后，就不得休弃妻子；其三，妻子在嫁入夫家时家中父母近亲属尚在，丈夫意欲休妻之时，妻子母家已经没有父母、近亲属了。但是作为妻子，身患绝症或者严重传染性疾病以及由奸事的情况下，是不受以上三种阻却事由约束的，丈夫如果决定休弃她，那么在礼法上也是合乎规范的。

2. 妻子的有限离婚权受保护

神宗熙宁十年，皇帝颁诏：对于宗室家庭有离婚诉求的，应当经过宗正司的审核和调查之后，才能根据现实状况作出是否准予其离婚的决定，如果存在律法规定的离婚要件的以及双方婚姻存在不相安谐的情形，那么才可以准予离异。如果在调查之后发现双方离婚不存在合礼合法的事由，那么需要向上核准奏裁。在决定双方准予离婚之后，对于官方曾经赐予的与其身份相关的资财物件，应当追还，女方的嫁资也需要还予

① ［宋］窦仪 等 撰．吴翊如 点校．宋刑统[M]．卷第十四·户婚律·六门·和娶人妻．北京：中华书局，1984:223.

对方，作为宗室休妻之后，不再依据初婚之时的规格再恩赐财物。身份并非是宗室袒免以上亲属的宗室女子在与丈夫离异之后，再嫁人需要宗正司审核方才准行。由于再嫁，乞许为后夫加恩升官爵者，降前夫一等赐予。[①] 妻子离婚的选择权是在多大范围内的，可以通过以下几个例子做一窥探。[②]

崇国夫人冯氏在元丰年间与其丈夫王扬因为互相之间相处不和睦而离婚，因此被送到瑶华宫入道修行，随后崇国夫人冯氏被皇封为希真凝寂大师，同时对其身份等级以及居所都有皇封御赐。由此诏令可以窥见，在当时与丈夫感情不好，相处不和谐，是可以被接受的离婚理由。神宗元年，中书省上奏：大宗正司关于宗室赵谔的孙女夫丁禧因病发狂，赵谔请求皇帝取消双方的婚约，要求对方将嫁资返还，取消丁禧相关官封。由于先前没有由于丈夫得病，妻子要求离异的前例，所以特批双方离异，丁禧不再授予官衔。但是这样的例子在数量上并不是大多数，而且多数是女方本身出身高贵，具有更多的选择权，因此，不具有普遍性。但是，同时也代表了在当时，有用一定财力或者身份的妇女在离婚的问题上是具有选择权的。[③]

记录宋代神鬼志异的文献《夷坚志》中对于当时的社会风貌有基于现实的描述，对于当时妇女的离婚权行使，有这样一则故事：当时唐州有一富人名曰王八郎，其人因在江淮地区经商成为富户大贾，在外和一个娼妓长期厮混，归家即表现出对元配妻子极大的不满，甚至到最后他想要和妻子离婚。王八郎的妻子是一个富有智慧的女人，她为王八郎生

① ［元］脱脱 等 撰．中华书局编辑部 点校．宋史 [M]. 卷一百一十五 · 志第六十八 · 礼十八 · 亲王纳妃．北京：中华书局，1985:2739−2740.

② ［宋］李焘 撰．上海师范大学古籍整理研究所 华东师范大学古籍整理研究所 点校．续资治通鉴长编 [M]. 卷四百二 · 哲宗 · 元祐二年．北京：中华书局，2004:9780.

③ ［宋］李焘 撰．上海师范大学古籍整理研究所 华东师范大学古籍整理研究所 点校．续资治通鉴长编 [M]. 卷二百九十四 · 神宗 · 元丰元年．北京：中华书局，2004:7170.

养四个女儿，而且其中三人都已经出嫁，剩下的一个幼女，现在还在稚龄。因此，她向丈夫求诉：作为夫妻，双方已经有二十年的恩情，并且生育有这么多孩子，现在孩子也已经生育后代，他们已经是身为外祖父母的身份了。此情种种，希望唤起丈夫的愧疚，放弃离婚的念头。但是王八郎并不领情，之后的行为愈演愈烈，他在公开场合携妓往来，并且在与家相邻的客栈和此妓眠宿。他的妻子在家中将器物典卖，将所得资财藏在隐秘的匣子中，家中空无一物，看起来像是家徒四壁的样子。王八郎偶然归家，发现是如此情形，十分恼怒，表示他和妻子之间再没有复合的可能性了。妻子也是十分刚烈，丈夫如此行径，非要经官告诉才可以。因此坚持当场和丈夫去县府告诉，县官审理之后判决双方离异，所属财产平均分配。王八郎希望将幼女判决交给他抚养，妻子向县衙陈述不能将女儿交给丈夫抚养的理由：她认为丈夫是蓄妓弃妻，足可见其品行不端，如果将女儿交给他，那么女儿面对的命运必将是无家可归甚至是流落街头。县官认为她是明礼节义的妇人，在判决之后，她带着女儿在别处村落居住，做一些小本买卖。一日，她的前夫路过，用昔日曾为夫妻时亲昵的语气问女子：做这个生意能不能赚钱啊？有没有换一种谋生方式的打算啊？妻子呵斥并且驱逐了他：当初既然双方恩义断绝，并且经官离异，现在双方的关系就应当如同路人，凭什么干涉我家的私事？自此之后，双方再不相见。她幼女年长之后，到了谈婚论嫁的年景，于是其母将其嫁于方城的田氏，适时，妇人已经积蓄十万缗的家财，并且将这些财产全部交给女儿作为嫁妆。王八郎在和妻子离异之后，和蓄养的娼妓生活，随后客死他乡。①

王八郎与元配离异的故事，其中看似男方拥有比女方更多的对男女双方关系走向的选择权，但是在故事中，女方在决定离异时，对于双方财产的处置和经官诉讼离异的主动，都显示出当时有智慧和勇气的妇女

① ［宋］洪迈 撰．何卓 点校．夷坚志 [M]．夷坚丙志卷第十四·王八郎．北京：中华书局，2006:484-485.

在婚姻中的强势地位。在诉讼过程中，县宰对于王八郎妻子显示出的坚强和节义都表示出极大地赞扬。对于判决结果，双方的家产均分，法官也对于男方停妻蓄妓的行为有所贬抑，因此在幼女的抚养权问题上，倾向于幼女的母亲。这本是志怪小说，表示的是最后一对怨偶死后仍然不原谅彼此。但是在双方离异的问题上体现出了当时社会的风貌，妇女的离婚权在很大程度上不仅取决于法律规定的情形，在双方矛盾升级、一致决定离婚的情形下，法官是倾向于判离的。并且在不考虑双方幼女在室的前提下，对于女方的财产所有权也是有照顾的，判决双方平分家财。虽然这个故事并非专门的法律文书，明确记载双方共同财产额来源与数额，但是在故事之初，就交代了，王八郎家财很大一部分是在与女方成婚之后，在江淮地区经商所得，并未提及其妻的嫁妆和在经商中的实际助力，那么在离婚时，法官仍然判决王八郎的发妻拥有一半财产所有权。可见，在当时，妇女的离婚权在司法中得到了充分的保障，虽然没有达到离婚自由的地步，但是相较于后代以及后代对于宋代妇女的刻板印象来讲，现实中宋代妇女的离婚权益是被较为充分保障的。

（五）犯罪容隐权

对犯罪相容隐的权利最初来自于儒家基于血缘亲情之间，在犯罪问题上享有的礼法允许的排除作证权，在入律之后其内容扩展到基于同居共财的家庭成员之间的排除作证义务：对于除了叛国罪以外的罪行，作为出嫁妇女的完全排除责任的容隐范围是：身为大功以上亲属、身为若孙的妻子、兄弟妻子犯罪，可以被夫家相关亲属容隐而无罪；对于本身为小功以下的亲属，减普通人罪行的三等论罪。

立法为何如此规定，原因是：同居共财的人，是不论服制亲属关系的远近，一律适用犯罪相容隐的原则庇护。那么如若孙的妻子、兄弟的妻子犯罪，为其容隐的原因是，她们虽然与容隐者的服制关系不近，但是基于日常伦理亲情确实较为亲近的，因此她们与大功亲属一起享有犯罪想容隐权。可见，嫁入夫宗的妇女，在伦理身份关系上是受到礼法的承认的。妇女中该项权利的产生一则是基于同居共财的财产身份共同体；二则是基于与丈夫家庭亲属的拟制服制亲等关系；三则是基于在丈夫家庭中获得的伦理亲情庇护。[①]

第三节　司法保障出嫁女的礼法权利

一、司法保护出嫁女的财产权

依据相关的立法规定，出嫁女在嫁入夫家之后，其财产权主要体现在三个方面：在夫家的财产所有权、在夫家的财产管理权以及在母家的财产继承权。立法规定中对于这三者的规定落实到现实生活中的司法争议，法官如何认定出嫁女实际享有的财产权益，这不仅体现法官对于相关立法的理解，而且能真实勾勒出宋代妇女在家庭生活中财产权的真实享有情况。观察有限的经济自由所催生出的作为个体的妇女的权利胚胎，是理解宋代妇女家庭身份和地位一个有意义的视角。

（一）司法保护出嫁女的财产所有权

传统中国出嫁从夫的观念不仅体现在意识形态领域，而且在财产方面，妇女的妆奁作为夫妻共有财产，其性质是独立于家族共产之外的。妻子对奁产及其收益，与丈夫一起属于共同所有人，一旦改嫁或者丈夫死去，那么这部分财产从法理上来讲就属于其个人所有，从这个意义上来讲，出嫁女在夫家是拥有财产私有权的。

本案来讲，王氏作为吴贡士继室，深受吴贡士喜爱，因此，在吴贡士生前以奁产的名义得到大量吴家家产，在吴贡士死后，却面临家产诉讼。[②]

---

① ［宋］窦仪 等 撰 . 吴翊如 点校 . 宋刑统 [M]. 卷第六・名例律・七门・有罪兼容隐 . 北京：中华书局，1984:95.

② ［明］张四维 辑 . 社科院历史所宋辽金元史研究室 点校 . 名公书判清明集 [M]. 卷之十・人伦门・母子・子与继母争业 . 北京：中华书局，1987:365–366.

本案缘起于王氏寡妇不能守贞，在丈夫亡故之后携产再嫁。首先，法官感叹，现今世道如果以古代儒道要求寡妇守贞不嫁，继子孝敬无诉是很难的了。法官根据吴贡士的遗物是大量的书籍，可以推断其生前是饱学之士，但是在齐家方面并没有受到儒道智慧熏陶，以至于兴此讼端。吴贡士丧妻，前妻留下一子七岁，随后吴贡士续弦，再娶王氏，贤良淑德，事夫恭顺，教子恩慈。但是，在双方夫妻关系存续期间，王氏以自己奁产的名义，转移大量吴家家产，以至于吴家所有财产都归于其名下。如果说将财产私有是为了逃避分家和孝养舅姑的责任，但是由于吴贡士上无父母侍养，身边也没有平辈兄弟分析家产，那么将财产全部转移到王氏名下实在是没有可以上台面的理由，无非是基于吴贡士对于娇妻的溺爱。在吴贡士死后，果起祸端，吴贡士的儿子不肖奢侈，将家产几乎败坏殆尽，因此与王氏离心离德，王氏见状将其名下财产席卷再嫁。由于吴贡士之子已经将家产挥霍一空，无法维持日常生活，因此诉继母王氏，要求重新划分家产。这种行为固然已经偏离孝道的标准，但是既然这件事已经经官，必然要依据法律的规定，对其中的是非曲直作出基本的判断。

吴贡士生前的家产是房屋一座，田产一百三十亩，家中生活用品和相关收藏器物都很丰厚，其中有王氏随嫁田产二十三种，以王氏妆奁添置的田产一共四十七种，以及在吴家的一些首饰器物都一起收拾再嫁了。其余种种已经被吴贡士之子挥霍殆尽，现在再去追究继母携产改嫁，实在无理。根据王氏辩称其所得四十七样田产，都是吴贡士用她的奁产置备的，相关的契据合法有效，那么这些产业的性质和归属不言自明，均属于王氏合法所有。反观吴贡士子汝求，在父亲亡故之时，他已经成年，如果家中有流动财产，那么为什么不在父亲亡故之时主张权利，或者在其买家质物之前使用，而是在家财破当之时，继母改嫁之后再行词讼，其中的逻辑无法自洽，同时吴汝求在父亲亡故之后领走的器物财产均详悉记录在案，诡辩不得。法官希望王氏念在亡夫之义，也念在与继子的母子之情，将王氏购买的刘县尉的房产给吴汝求居住，但是法官同时限制吴汝求处分该房产。这样，双方的恩义也不至于完全断绝，对于九泉之下的吴贡士来讲也是安慰。

案件中，法官虽然对于双方当事人因财兴讼，枉顾母子人伦、节妇贞义的行为有谴责，但是作为专业的法官，对于案件事实的认定和法律的适用都没有收到道德评价的影响。法官在检索相关的契照证据之后认定，在王氏与吴贡士夫妻关系存续期间，置办田产使用的是王氏妆奁购置，所有权关系明晰，属于王氏随嫁所得，是王氏与吴贡士夫妻共有财产，而非吴家家产。属于吴家家产部分在吴贡士死后已经被吴汝求破当殆尽。即使王氏不顾及吴贡士生前溺爱，死后不扶植吴汝求，只顾一己私利，携产改嫁，法官也认定王氏携带资产是合法有效的个人私产。在案件判决的最后，法官建议王氏顾念亲情，将新购的刘县尉房产交给吴汝求使用，同时为免吴汝求不肖成性，法官不允许吴汝求处分该房产。法官对于事实的认定基于的是证据，对于财产的性质和归属认定基于法律规定。判决时曲尽人情，即使对于妇女无情改嫁表示不理解和不接受，但是对于妇女的私有财产权所持的态度依然是无偏私的适法中立态度。体现出法官对于妇女合法私有财产权的保护态度是无关于道德评价的。

（二）司法保护出嫁女的财产继承权

女子出嫁为他人妇，意味着其主要的身份关系由父宗转移到夫宗，但是并不意味着女子出嫁之后就与父宗完全斩断亲缘关系，法律规定在户绝的情形下，已婚妇女是享有有限财产继承权的，法律规定这个份额是在遗产总数的三分之一。这三分之一份额的继承是在其获得奁产之外的份额，而在现实中，这部分财产的实际继承受到的阻力会是巨大的。因为，作为户绝之家，家族内其他亲属对于户绝财产都会有环伺侵占之心，他们会试图以昭穆相当的亲属身份入继获取财产，甚至会在死者亡故之后利用公开或者隐秘的手段直接占有财产等。对于已经出嫁的女儿，囿于出嫁妇的夫宗身份，再加上被女性不完整诉权的限制，在非诉的场合每每处于弱势，继承权益不得伸张。但是在诉讼领域，可以看到出嫁女的权益是被法官看到和保护的，从这个角度来看，出嫁女在父宗获得财产权益的基础是其自然的血缘亲情，虽不至于与男性继承人完全等同，但是同样具有继承权的属性。

在本案中，起因原是父子二人违法使用官府已经检校的财产，在案件最终处置结果上，对于户绝在室，争产诉讼时出嫁的女子遗产继承划分有相关的讨论，从这一案例可以探究出嫁女的继承权性质及落实情况。[①] 法官在判决开篇对于曾仕珍父子的顽愚健讼的缠讼行径表示愤慨和谴责，认为即使在湖湘珥笔健讼的风气下，此二人表现出的无赖特性仍然使法官惊异。二人先是私自处分经由官府检校的财物，在被收押之后其子曾元收还有越狱的违法行径，案件没有经过初审，便不断上诉，在上诉的理由中诬赖初审法官违法刑讯，致使其父死亡，曾元收以上种种行径可称无赖。法官依据擅支朝廷封桩钱物法和诈为官司文书及增减法，数罪并罚，择重罪处置，处以曾元收脊杖十五。对于曾仕殊的家产，依照法律规定应当一半给予其女曾二姑，本级佥厅和推官依照出嫁女的继承份额，只给曾二姑三分之一，实有不妥。其中原因，大使司的公文信札内有明确的说明：关于继承遗产的诉讼虽然是在曾二姑已嫁为人妇之后，但是曾仕殊之家户绝是在曾二姑在室之时，那么应当依在室女依照儿子的份额一半来划分继承财产份额，而非是出嫁女只得家产三分之一处置。同时曾仕殊白手自置的房产家业属于曾仕殊的私产，不在分家范围内，应当全数给予曾二姑。

本案中关于继承一事的争议焦点是：曾二姑适用在室女得男之半法来继承户绝亡父家产，抑或是依照出嫁女得户绝家产之三分之一继承。曾仕殊的私置产业是否在分家范围内，如果不在，如何处置？对于私产其女是否有继承权？法官审理继承部分纠纷时，提到以下几点，作为支撑其作出最终判决的依据：其一，曾二姑作为户绝之家的女儿享有继承

① ［明］张四维 辑．社科院历史所宋辽金元史研究室 点校．名公书判清明集 [M] 卷之八·户婚门·检校·侵用已检校财产论如擅支朝廷封桩物法．北京：中华书局，1987:280−282.

权，依据法律规定，区别在于身份的不同导致份额的不同；其二，曾二姑的身份在兴讼时为出嫁女，户绝时为在室女。因此，应当依照在室女得男之半处置；第三，对于私产，女儿享有完全的继承权。因此，法官判决曾二姑享有家族共产中其父曾仕殊一份份额中的一半家产所有权加上曾仕珍私产的全部所有权。本案最后虽然判定曾二姑的身份为在室女，但是在审理之初推事们对于她出嫁女身份的认定，确认了其三分之一的家产继承权份额。可见，无论女儿在室抑或是出嫁，在父宗的继承权基于的是其血缘亲情的基础，在室女、出嫁女和归宗女等父宗视角的女性群体，并非单薄的家产受益人，而是家产继承权的主体。

前文所述的是出嫁女继承权的范围，本案所体现的是出嫁女继承的限制。[①]本案中的原告蒋汝霖诉继母叶氏遗嘱违法，案件的争议焦点是叶氏五十七硕养老田是否可以遗嘱给亲生女儿归娘，归娘三十一硕随嫁田是否合法。法官根据证据查明，蒋汝霖其父蒋森死后遗留下来田产二百五十硕，叶氏在其家兄的鼓动下，将财产分为三份，一份为蒋汝霖一百七十硕，一份为亲生女归娘三十一硕随嫁田，一份为五十七硕已用养老田。由于归娘所嫁之人为叶氏表兄，因此叶氏一家势大，蒋汝霖势孤，叶氏试图将养老田遗嘱给亲生女儿归娘，引发蒋汝霖不满，诉至官府。官府认定事实如下：叶氏对于家产的处分有效，其中三份合理合法。但是叶氏试图将养老田遗嘱给出嫁女儿的行为违法无效，原因在于，叶氏承产为蔡家家产，而非其个人私产，蔡家家产在其守贞养老的前提下为其所用是为合法，但是蔡氏家产在由子嗣承继的情形下，叶氏是没有处分权的。遗嘱继承要求遗嘱给缌麻以上亲属，前提在于户绝无人承嗣的前提下，本案中显有蒋家亲生子承嗣，不适用遗嘱继承。对于争议焦点之二，归娘的三十一硕随嫁田，法官判定划分有效。

本案中涉及出嫁女对于家产的处分权和财产继承权两个问题。叶氏

① ［明］张四维 辑．社科院历史所宋辽金元史研究室 点校．名公书判清明集 [M]. 卷之五·户婚门·争业下·继母将养老田遗嘱与亲生女．北京：中华书局，1987：141-142.

作为出嫁蒋家的妇女，对于蒋家财产的处分权仅限于划分家产权，是受到亡夫家长权的庇护，如果滥用，则有非诉途径中的族长权纠正和诉讼领域内法官的判定。同时叶氏作为出嫁女，遂于亡夫家产的继承，继承的范围不是家产的所有权，而是家产的使用和收益权，与奁产的所有权不同，作为妻子对于亡夫家产的继承权是有限的，所有权是残缺的，其继承权的基础是其生存权。归娘作为出嫁到郑家的出嫁女，对于父宗财产继承权仅限于父宗户绝情形下的法定继承和遗嘱继承，其继承顺位和份额是排在男性继承人之后的。

综上所述,出嫁女在父宗继承权是基于血缘亲情的所有权绝对继承，在夫宗的继承权是基于守节前提下生存保障的用益物权继承。在不同身份下继承的基础各有不同。

（三）司法保护出嫁女的财产管理权

陈圭诉讼其子陈仲龙和儿媳蔡氏，诉讼的理由是二人没经过其父的同意，将家财范围内的众分田卖给儿媳的弟弟蔡仁。官府传唤蔡仁，蔡仁的供状中声明：争议田产是陈仲龙的妻子随嫁资财购买所得。官府追溯田契的上手，此田上手所属是阿胡，唤上阿胡到官，阿胡称该田是陈仲龙用其妻子的妆奁购买所得，因此，法官判定该田产是为陈仲龙和其妻子所有的私产，不在众分田的范围内。法官依据的律法条文是：妻子在娘家随嫁所得财物，不在夫家分家的范围内。妇人的财产，听从丈夫所有、处置。现在争议田产，是陈仲龙与其妻子的弟弟经由相关合法手续过割，产权变更合法。但是由于交易的对象是蔡氏的弟弟，其中的关窍确实让人生疑。再加上陈圭诉称，该田产被蔡仁意图强买强卖，而争议田产契书在端平三年才银钱两清，过割分明。因此，根据诉讼时效的相关规定，已经在三年期之外，不应当承认其效力。官府认为，争议田产的典价为二十贯，依据其数额，加上此事争议之时发生在务限期内，本来不应当由陈圭赎回，但是由于蔡仁是蔡氏的弟弟，蔡氏的公公已经对此有很大的意见，经官诉讼，那么蔡仁出于其家姐的考量和双方的亲戚关系，不应当再继续占有田产。因此，准许陈圭准备好现钱或者银票，在诉讼期间赎回田产。蔡仁在法官审理期间，表示愿意遵从法官的裁判，把相关田产还给姐姐，那么官府对此是乐见的。但是，本案属于田产资财的民事细故案件，所以应当对双方当事人的诉求都加以考量，那么法官站在这个角度判决：如果陈圭愿意出钱赎回田产，那么田业就应当经官当众还给陈圭，钱地两清，该田产就由此成为陈家众分田，在陈家分家析产的范围之中，不再是陈仲龙和其妻子的私产。如果陈圭不愿意出钱赎回，那么田业继续归蔡氏所有，依照随嫁田的处分方法由蔡氏和其丈夫自由处分，蔡氏弟弟蔡仁合法所有。此两种解决办法，任选其一，选定无悔，以免得迁延日久，再生词诉。①

本案的原告是为陈圭，被告为陈圭的儿子和妻，子陈仲龙和蔡氏。争议物是陈仲龙和妻子蔡氏私自处分的田产。争议焦点有二：该争议田产的所有权属性，是为家庭共有的众分田，抑或是儿媳和儿子私有的随嫁田。其二，该争议田产转移的程序合法性，典卖双方当事人是儿媳和儿媳母家兄弟，双方的身份，使买卖田产和私下转移同居共产之间界限不明。法官传唤相关证人和分析有关证据之后认定的事实是：田产的交割程序合法，钱契两清。从法理上可以认定陈仲龙和妻子蔡氏与蔡仁的交易合法有效。

本案依据的法规主要有两条，其一是规定妻子随嫁财产的所有权归属的“妻财并听同夫为主”；其二是规定妻子嫁妆所有权的“妻子嫁妆不在分限”。这两者规定了出嫁女嫁入夫家之后私有财产所有关系。在同居共财的财产所有关系中，妻子和丈夫在夫妻关系存续期间，是享有有限的私有财产权的。并且根据司法判决可以明晰，这种私有财产权是完整的权利，包含权利内容中的占有、管理、使用、处分的完整权能。本案中，之所以在判决中，允许陈圭赎回田产，基于的是陈圭的父亲身份，由此带来的家庭纷争，法官为了彻底解决案件纠纷的根源，根据现实，

① ［明］张四维 辑．社科院历史所宋辽金元史研究室 点校．名公书判清明集·卷之五·户婚门·争业下·妻财置业不系分．北京：中华书局，1987:140.

赋予陈圭不突破田产所有权范围内的赎回权。根本上还是承认了陈仲龙夫妇对其私产的所有权。值得注意的是，妻子的财产是不能独立于丈夫存在的，所以法律在承认妻子享有私有财产的同时，对于她私有财产权的权能有一定的限制，她的随嫁资财是要和丈夫共有的。本案中妻子嫁资的处置之所以合法有效是因为，财产来源的合法性——妻子的奁产，处置主体的合法性——丈夫与妻子共同处置，处置程序的合法性——产权转让契约完整。

二、司法保护出嫁女的人身权

（一）司法保护出嫁女的名誉权

妇女的名誉权作为人身权中重要的一个部分，不仅代表时下舆论对于其人身价值的是非论断，而且是其是否有资格为人妇的基础，丧失名誉的妇人，无论是现实生活的实际压迫还是道德领域的消极评价，对于她们都是毁灭性的打击。在当时，被污以奸事，对于妇女来讲是很严重的道德以及犯罪指控。因此，在实践中，法官判断妇女是否有奸，态度是审慎的。父宗和夫宗作为妇女贞洁的守护者，原则上在不同时期内可预防妇女名誉受损和保护妇女的贞洁，但是现实中，作为夫宗的丈夫或者族人往往为了一己私利，诬陷妇女，以达成其他目的。作为法官就需要明辨是非，成为司法守护妇女名誉权的最后防线。

本案祸起族人之间田宅买卖，田产经几代几重买卖之后，所有权归属不明，在现有证据无法证明产权归属之时，诉讼陷入泥淖，导致双方各出奇招，其中一方孙斗南甚至诬陷自己妻子与纠纷对方亲弟有奸事。[①]

法官判断此案中王氏是否与孙达善成奸，主要依据的是以下几个事实：首先，孙斗南称王氏与孙达善成奸，事出于双方田产纠纷白热化的期间，时间确实可疑；其次，捉奸需要由丈夫完成，并且要求有确切的

---

① ［明］张四维 辑．社科院历史所宋辽金元史研究室 点校．名公书判清明集[M]．卷之六·户婚门·争田业·争业以奸事盖其妻．北京：中华书局，1987:180–181.

证据。本案中孙斗南依据的是族人捕风捉影的闲话，没有扎实可靠的证据支撑，只是臆断；再次，根据当事人王氏的证供，并没有心虚遮掩之词，对于事涉这么重大的指控，在当事人没有明显破绽供述的前提下，是不应当轻易定罪的。以上种种，构成法官认定王氏未有奸事的基础。因此，对于诬陷王氏与孙达善疑奸，法官判决，对于孙斗南从轻处以杖刑八十的惩罚，小惩大诫。

对于妇女贞洁问题，在传统中国一直是被当作伦理道德的高压线，作为程朱理学产生和发展的宋代，留给人们的印象也多是对妇女贞洁的苛求和桎梏，对于妇女贞洁的要求达到了完美无瑕的高标准。从本案来看，法官对于妇女贞洁的判断是综合证据谨慎处置的，对于查明真相之后，对诬陷者施以的惩罚也是确当无疑的，即使诬陷者是其丈夫，也没有因此得到豁免。在现实中，身为丈夫诬陷妻子的事情毕竟为少数，因为是否坐实妻罪，对于丈夫的声誉也具有毁灭性的打击。在现实中，更多的是，为了个人目的诬陷他人成奸。

本案中徐文举作为戴家女婿，为了使自己的儿子入继戴家，诬陷戴家已有嗣子与戴家长辈乱伦成奸。[①]

作为戴家女婿，徐文举诬陷戴家嗣子妻子与其妻舅戴六七成奸，意图抹黑戴家嗣子声誉，本案在法官调查之下，确定了徐文举诬陷的事实。对于徐文举处以杖刑八十的处罚。从以上两案可以看出，在当时，妇女的贞洁很有可能成为他人利益的牺牲品，也是最容易被他人诟病的目标。当案件上升到司法阶段，由法官居中裁判，摆事实讲证据。但是，从他人往往诬陷妇女奸事可以看出，在现实生活中此招虽然没有底线，但是往往有效，在没有到达司法处断的程度上，这一方法对于被诬陷者和被诬陷者的家庭造成的打击是巨大的。为有心者达成目的，是最为直接和有力的方法。因此，当案件到达司法审判的程度，法官对于这种行径的

① ［明］张四维 辑．社科院历史所宋辽金元史研究室 点校．名公书判清明集［M］．卷之七　户婚门・立继・婿争立．北京：中华书局，1987:212−213.

目的是了然于心的，故而，对于妇女的贞洁，法官在厘定事实的基础上是充分予以保护的。

（二）司法保护出嫁女的有限离婚权

宋代由于一直处于外族政权环伺的环境中，因此战火不断，由此妻离子散、流离失所者便不足为奇，法律出于这种情况下妇女的生存问题的考量，允许在双方失联之后一定期间以后离异。同时，宋代有关婚姻法律的规定中，对于妇女的离婚权的权能是扩大的，这体现在立法中表现为，成婚之后，丈夫移乡编管，如果妻子愿意离异的话，法律支持妻子离婚的诉求。以上两者使得宋代妇女的离婚权在很大程度上得到延展，这是宋代妇女婚姻权益提升的一个重要标志。

具体到本案，卓五姐在于林莘仲成婚之后，林莘仲编管他乡，期间六年不再与卓五姐联系，根据法律规定成婚之后，移乡编管的话，妻子如果愿意可以行使单方离婚权。林莘仲先是编管，再是久不相问，只要卓五姐向司法机关提起离婚诉讼，那么就应当判决双方离异。由于本案中卓五姐的父亲念在双方恩情，不愿就此离异，就将双方成婚当时的聘财交还林莘仲，并且立下相关离婚契约，随后卓一又向官府陈状相关事由。现在，林莘仲在经此种种，前妻已经改嫁之时再去诉求双方离婚不合法，要求卓五姐还归与他，是在无视礼法，因此，法官判决将林莘仲收罪。本案是出嫁女行使单方婚姻解除权的典型，对于移乡编管的丈夫，合法行使婚姻解除权，并且在前夫诬告之后，其前夫得到司法官的贬斥和处罚，其离婚再次被法官确认合法有效。①

三、司法保护出嫁女的收养权

对于无子之家来讲，在丈夫生前收养异姓子和过房族内昭穆相当的

---

① ［明］张四维 辑．社科院历史所宋辽金元史研究室 点校．名公书判清明集[M]．卷之九·户婚门·离婚·已成婚而夫离乡编管者听离．北京：中华书局，1987:353.

养子是当时较为常见的手段去防止一家的户绝。其中，在丈夫生前合法收养的被称为立继，丈夫死后收养称为命继，这一区别只存在于宋代，区别在于立继子和命继子之间继承财产份额的区别。在宋代，另一个在收养方面具有特殊性的现象是，立继或者命继不是当然的，在此后的明清两朝，族侄强制入继是不容置喙的强制性法律。也就是说是否收养的选择权很大程度上取决于夫妻的个人意志，而且收养对象可以是三岁以下的异姓子，此异姓之子是可以获得承祧的身份的。在宋代，出嫁到夫家的女子在收养权的获得和保障方面是很优越的。

以此案为例，案件中一家三代妇女的婚姻形式囊括了当时几乎所有的主流、合法婚姻形式，由此产生复杂的身份和继承问题，在此着重讨论其中涉及的收养异姓子承嗣的问题。[①]

案件的缘起是由于吴琛其人与妻子育有亲生女四人，由于没有儿子承嗣，故而收养了一个异姓子作为养子抚育，并且在生前有明确立异姓子为嗣子的表示。其四女中的三女皆招赘婿上门，幼女尚未婚配。在吴琛、异姓子吴有龙死后引发赘婿、幼女和吴有龙之子争产一案。其中争议的焦点有二：其一，异姓子吴有龙是否有资格承嗣；其二，若吴有龙无资格承嗣，那么出嫁女、在室女、赘婿是否适用户绝继承法分产。

本案中吴琛和妻子阿张在吴有龙一岁之时收养吴有龙为子，根据法律规定三岁以下异姓男可以被收养为嗣子，不仅意味着此子可以成为养父母的合法家庭成员，也意味着他可以获得承祧嗣子的身份。案件中由于赘婿为了瓜分家产，所以伪造契证，将吴有龙一岁被收养，改为七岁。法官基于其他书面证据认定是赘婿私改契照，并且从吴琛亡故之后吴有龙服丧承重和吴有龙死前都未见词诉，得出结论，认为吴家赘婿是妄图混淆吴有龙嗣子身份，从而占有吴琛家产。法官判定收养吴有龙为嗣子合法有效，吴家不适用户绝之家遗产继承方法中分家产，是对于合法收

① ［明］张四维 辑．社科院历史所宋辽金元史研究室 点校．名公书判清明集[M]．卷之七・户婚门・立继・立继有据不为户绝．北京：中华书局，1987:215–217.

养异姓子的支持。值得注意的是，收养异姓子的收养权并不掌握在妻子手中，而是依丈夫的意见为主，原因在于承嗣的主体是丈夫，但是不可否认的是，是否选择收养异嗣子和收养何人为嗣子，妇女在丈夫生前和死后均有权利做选择。并且法律对于收养权的保护不仅体现在同意权和选择权，也体现在取消权。

收养子不肖无状，作为收养家庭的父母是否可以驱逐此养子，立法规定：如果存在立继子、命继子无法履行作为嗣子的职责和品德败坏等行为，作为养父母和养祖父母是可以通过司法途径解除双方的收养关系的。这些违反嗣子的职责和品德败坏的行为，比较典型的表现方式是不孝养养父母和养祖父母。尤其是作为嗣子，养（祖）父亡故之后，养母和养祖母作为弱质女流，嗣子不孝，这是非常的罪过，对于她们来讲，解除权是法律赋予她们收养权的一个重要权能。

为了防止解除权被滥用，变成收养权人肆意行使的权利，法律规定，解除收养权的行使必须经过司法途径。[①]养母何氏，丈夫石居敬在生前族内选定的嗣子石岂子，丈夫死后面对宗族义务的时候，不仅不承担应尽义务，并且破当家产，游历不归，养母派仆人催促其归家，还遭到殴打，更有甚者，还捶门叫骂其养母。因此何氏经官诉讼，请求官府判令双方解除收养关系。官府依据法律规定，对于同宗族内的嗣子，没有正当理由不得令养子归宗。复观本案，何氏所持正当理由是石岂子以上种种不孝破落的行径。法官经过审理，采信相关证人证言，认为石岂子的行为构成勒令其归宗的程度，经由养母亲告，因此处以其杖刑一百，勒令归宗的处罚。本案中养母何氏作为亲告的主体，行使解除收养权得到法官的支持，足可见在收养问题上，作为母亲身份的妇女权利是很大的，在合法的前提下，可以排除丈夫生前的指定和宗族的指定。

① ［明］张四维 辑．社科院历史所宋辽金元史研究室 点校．名公书判清明集[M]．卷之七·户婚门·归宗·出继子不肖勒令归宗．北京：中华书局，1987:224-225.

第三章　寡妇的法律地位

丧夫者为寡妇。传统中国大部分妇女的生活轨迹是围绕父宗和夫宗展开的，在父宗的生活是人生中很少的一部分时光，随着出嫁，在室女变为出嫁女，妇女的身份归属由父宗转移到夫宗。妇女在夫宗的生活以丈夫死亡为分界，丈夫死亡前，妇女的身份是人妻、人妇、人母。丈夫亡故之后身份就成为寡妇，[①]将寡妇的亡夫与其父母的服制等同，可见，丈夫与妻子的服制关系是最为亲近的。

在宋代，传统的刻板印象中成为寡妇就意味着强制性的守贞压力，原因在于兴于一时的理学对于妇女贞节的推崇，理学家程颐留下"饿死事小，失节事大"的言论。但是，真实的礼法、司法和社会的样貌是否如理学家理想中倡导的那样，守贞成为寡妇是主流人生选择。作为理性的经济人，寡妇们真的仅仅会因为儒学理论的教化而选择成为道德崇高的符号性人物吗？寡妇在其之后的人生选择会基于怎样的考量？她们的选择是否能获得礼法以及司法的支持？从礼法和司法反观寡妇的权益，她们获得这些权益的基础是什么？这些是本章试图思考并且解决的主要问题。

第一节　寡妇的身份选择与转换

在宋代，寡妇在丧偶之后生存空间是很大的，不仅由于当时守贞并没有被官方以体系化的政策奖励和道德宣扬控制，而且由于当时商品经

---

① ［元］马端临 撰．上海师范大学古籍研究所 华东师范大学古籍研究所 点校．文献通考·卷三百二十六·四裔考三·百济．北京：中华书局，2011:8974.

济发达，私有财产权生长拥有广阔的空间和法律土壤，使妇女有可能成为财产的主人，甚至成为独立的纳税主体。与之相符的是寡妇身份的转换和选择余地是很大的，在当时守贞其实不仅需要高尚的道德操守，并且需要家庭财力的支撑，因为在宋代暂时还没有形成制度化、体系化的寡妇旌表和供养举措。其中，大多数守贞妇，守贞的前提是亡夫留下充足的家产，以供给寡妇的生活所需。正因如此，寡妇选择守贞以外的生活，也是社会中的主流。除去守贞之外，再嫁、招接脚夫、成为女户、归宗等，都是当时寡妇的合法选择。

一、守节妇

寡妇守节在当时需要具有丰厚家财的支持，也是不少妇女愿意为之的一个选择，原因有二：其一，寡妇守贞在传统中国每个朝代都可成为道德表率的高尚行为。宋代文献中认为寡妇应当选择守贞的礼法原因是，婚姻的本质是夫妇相守一生，同气连枝。所以，不仅妇女不应当再嫁，作为男子也不应当再娶，因为自然界的禽兽尚且有坚贞不渝的一世伴侣，身为深受道德教化的人类，更应当有此坚守。男子不一定坚守这个婚姻原则的原因是，身为男子身负继嗣的责任，为此可以再娶。但是身为妇女，即使是面临生存的选择，是饿死还是守贞，理所应当选择为亡夫守贞，这是忠于婚姻原则的坚守。[①] 在儒家经典中，甚至对于妇女不能在夫亡之后再嫁的理由可能是，由于妇人已经成为亡者之妻，就不能与其他男子共同生活，否则就是违背夫妻之义。其二，从经济因素上来讲，寡妇守贞在宋代意味着继承丈夫的家产和私产。在富有的家庭来讲，这是妇女获得私有财产的使用权和优渥生活的保障。[②]

---

① ［清］王梓材［清］冯云濠 编撰．沈芝盈 梁运华 点校．宋元学案补遗 [M]．卷九十八·荆公新学略补遗·欧贯门人·文公王临川先生安石·附录．北京：中华书局，2012:5817−5818.

② ［元］马端临 撰．上海师范大学古籍研究所 华东师范大学古籍研究所 点校．文献通考 [M]．卷三百四十七·四裔考二十四·室韦．北京：中华书局，2011:9627.

（一）为追求贞节道德评价守节

对于寡妇守贞的要求，源自于自古以来儒家理论的世代教化，[①]儒家经典理论中对于守贞的要求是基于对妇女“三从”标准的践行，女子在父宗时个人意志以及身份归属属于父宗家长，由家长全权决定其人生归属，即决定在室女归于哪个夫宗。进入夫宗之后，出嫁女子应当围绕夫宗身份履行职责。丈夫亡故之后，由儿子代表其作意志表达。夫亡不再嫁，是基于丈夫亡故之后，应当围绕儿子展开生活的儒家家庭伦理要求。

时至宋代，有选择守贞的寡妇，意图践行当时高阶的价值观念，完成个人道德地位升华，作为直史馆刁家女儿，在丈夫亡故之后，谨守闺门教养，与其他两位寡居节妇生活在一起，以高标准的儒家贞节观要求自己，在当时当地一时传为佳话。[②]其中，可以窥见，刁氏节妇之所以能够在丈夫亡故之后，能够完全践行个人意愿，成就个人的贞操观，其原因不一而足，其中比较重要的几点是：其一，家兄为直史馆，刁节妇应当从小接受的教育都是时下最为精致高级的，其本人应当是具有很高的文化道德修养；其二，所嫁之人也为士大夫阶层，对于她守贞提供的支持也是很大；其三，无论是父宗还是夫宗的家世都甚为显赫，守贞能够为他们提供的家风底蕴和舆论褒扬，都值得双方家庭为之提供相应的支持和条件。这样的守贞在人性和自由层面上对于刁氏等三节妇来讲，可能构成一定的桎梏。但是在当时的时代背景下，对于她们个人道德价值的实现和优渥生活的保证来讲，不失为一个合理的选择，是家族利益和个人价值之间达到调和之后双赢的结果。

那么是否所有具有显赫家世和嫁入门当户对的统治阶层的所有妇女

① 方向东．大戴礼记汇校集解 [M]．卷十三·公符第七十九·卷十三·本命第八十．北京：中华书局，2008:1301.

② ［元］脱脱 等 撰．中华书局编辑部 点校．宋史 [M]．卷二百九十四·列传第五十三·胥偃．北京：中华书局，1985:9818–9819.

都会做出这样的选择呢？答案是，未必。诚如故驸马都尉李遵勖之妹，其丈夫亡故，留下六个儿子，作为兄长，希望李氏能够自请守贞，他采取的策略是奏请不再使李氏再嫁，以此迫使李氏自证心意，表示守节。可见，即使在宗室阶层，寡妇在再嫁问题上是有很大的选择权的，也未必是都会囿于时下风评，一味坚守不嫁。在士大夫阶级以上，当时的妇女有更多接触儒家妇德教育的机会，但这不代表着她们自愿被圈禁在儒家伦理框架下，毫无选择的自由。正是由于这些妇女拥有更多的资源，使得她们相对中下层妇女，拥有更多选择的自由。[①]诚如此例，在六子守寡的情形下，作为夫宗亲属，仍然担心寡妇再嫁，说明她有再嫁的可能性的。

（二）为现实生存压力守节

选择守寡的寡妇，多数是有子女奉养或者选立嗣子，这无论是对于家产的管理和增值，还是对于最重要的养老问题，都是解决之道。因此，在没有显赫家事需要她们为之守贞加成的情形下，也有人考虑到现实生活还是会选择在有嗣子的情形下守贞。苏庆文作为远近闻名的孝子，被记录在史册中，由于母亲早年守寡，艰辛抚育其长大。因此在他成婚之后，要求他的妻子像他一样事母至孝，甚至威胁他的妻子，如果对母亲做不到孝养亲敬，那么就要休弃她。最终，其母得以安享晚年。[②]苏庆文对于母亲的孝敬虽然建立在对妻子的苛刻要求之上，但是在当时的主流价值观来看是无可厚非，甚至是价值取向高尚正确的。亲生子对于寡母的孝敬，源自血缘亲情，以儒家伦理价值为内核，自然是寡妇在生存前提下对于人生选择的一个最优解。

史书中对于珦慈其人的描述是果断又兼具温情，他作为守原则、讲

① ［元］脱脱 等 撰．中华书局编辑部 点校．宋史[M]．卷三百三・列传第六十二・唐询．北京：中华书局，1985:10042−10043.

② ［元］脱脱 等 撰．中华书局编辑部 点校．宋史[M]．卷四百五十六・列传第二百一十五・孝义・苏庆文・台亨．北京：中华书局，1985:13409.

情理的士人，将自己的五个儿子过房给需要承嗣的其他兄弟，对于没有生存能力的近旁诸人和亲属都给予财物支持，对于寡居的伯母尽力奉养，迎寡居妹妹归宗，亲自教养妹妹的儿子。其中他对于寡居本家伯母的供养和归宗寡妹的供养，是她们守节生活能够在足够的经济支持下进行。[①]以上可见，作为寡妇，选择守节往往需要强大的经济支持，无论这个支持是来自父宗抑或是夫宗，对于现实来讲都是寡妇们需要考虑的必要条件。

（三）为个人价值实现守节

作为寡妇如果没有显赫的家势和高等教育为之加持，那么作为寡妇选择守贞，是否还有其他的出发点，作出这样选择的寡妇会面对怎样的生活现实，又会做出怎样的回应呢？以曾氏寡妇为例，曾氏妇人，夫死守节，抚养幼子，当下时局混乱，当地贼寇横行，以致于生民逃散。作为一个守节妇人，她却具有一般男子都不具备的胸襟和勇气，曾氏妇人资助当地两个具有武装力量的土豪，平定贼乱，并且收到很好的效果。但是正因为此，导致贼寇由先前的取财作乱变成报复反击，导致这两个土豪的防御被攻破，但是曾氏选取有利地形，修筑相关的防御工事，倒是一直保持守势，未被攻破。直到一日，贼寇向曾氏索要妇女和财物，曾氏不准备向其示弱，所以召集她的家丁仆佣，向他们表达自己除贼的决心，她认为，贼寇索要妇女，就是亦欲辱她贞节，那么为了守卫她的贞节，希望家丁仆佣能够和贼寇决一死战，如果不敌，就杀掉曾氏，以成全她的守贞意愿。并且在表示坚定的决心之后，将自己的财物首饰分发给田丁，田丁有感于她的勇气和慷慨，在她的带领下，奋勇杀敌。曾氏在战斗的过程中始终保持身在阵前，为田丁敲击战鼓，命令奴婢鸣金，为田丁杀敌增加勇气，最终贼寇不敌惨败。四方乡邻知晓她的英勇战绩，对于她抵御敌寇的能力和智慧表示赞赏，并且认为曾氏有能力保护他们，

① ［元］脱脱 等 撰．中华书局编辑部 点校．宋史 [M]. 卷四百二十七・列传第一百八十六・道学一・程颢．北京：中华书局，1985:12713−12714.

因此就携家带产投奔曾氏。对于没有粮食家产的民众，曾氏也慷慨解囊，为他们提供粮食食物，以至于曾氏追随者甚众，于是她与之前被打败的两个土豪共同再置备四个军事工事，在追随曾氏的壮年中挑选能够作战的丁口作为兵丁，当有贼寇攻击的时候，能够守望相助，互为保障，以此击退了几次贼寇的袭击。由于曾氏的军事才能，使得当时当地的老幼免遭涂炭者数以万计，南剑知州授予曾氏金银财物，以表彰她的英勇和智慧。曾氏将这些财物也分发给下属的这些民众，给予自愿成为兵丁的人们额外的奖励，并且完善军事工事的人员结构，将其所属的军事工事称为“万安”。皇帝听闻此奇女子的善行义举，亲赐封诰曾晏为恭人，其儿子破格封为补承信郎。①

曾氏其人，作为寡妇，兼具勇敢和谋略，智慧和善良。现在透过史料，仍然能感受到她知雄守雌的盖世豪情。即使身在现代，再去审视这样一个女子的一生，仍然被其广阔的胸襟和能力所折服。她选择年少守贞，并非仅仅出于对于道德优越感的追随，更多的是源于她对于自我命运的掌控感。在寡居的生活中不仅坚守了自己的选择，同时也为需要帮助的一般民众提供庇护。其抵御敌寇的坚强决心和军事头脑使得她在一众须眉男子之间脱颖而出，最终获得朝廷荣誉的加封并非其人生的最高峰，她忠于自己选择的胆略和能力使她的人生无论高开还是低走，每一段篇章都如此精彩。在她身上可以看到，守贞的选择不再源于无助的道德束缚和压抑人性的生存策略，而是源于对自己人生主动进取的精神。正是因为在传统中国，这样勇敢的女性形象显得更加熠熠生辉。

在传统中国，守节艰苦，守贞亦难。守节不嫁代表着天长日久的人性压制，守贞代表着道德零瑕疵。守节可能带来的后果是孤独终老，守贞的结果往往是以死明志，死亡几乎是所有记载在册的贞妇的共同归宿。宋代端宗德祐年间，战乱不止，宋代到了风雨飘摇的末代时段。王氏贞

① ［元］脱脱 等 撰．中华书局编辑部 点校．宋史[M]．卷四百六十・列传第二百一十九・列女・曾氏妇．北京：中华书局，1985:13486–13487.

妇貌美，其丈夫和公婆都被元军俘虏并且杀害，王氏听闻噩耗，随即准备自杀明志。被元将阻拦，王氏看自杀不成，就向元将表明心迹：作为寡妇和儿媳，不为新丧的丈夫和公婆举哀服丧，是不符合天道伦理的，她若是成为这样的人，会受到上天的惩罚。因此，她希望为丈夫和公婆守丧，否则，她总会想方设法以死明志。元将因此同意了她的要求，但是，王氏并没有因此屈从。在次年春天，元将班师，行至嵊青枫岭，王氏在元将守卫松懈的时候，咬开指头，在山上石头书写下自己的经历和守贞的心迹，然后就跳崖身亡。朝廷在之后为其旌表为贞妇，郡守在其自杀的山岭上为其修祠立庙。[①] 王氏贞妇的自杀成就了她坚守性道德的底线，也可以作为当时贞妇们最后人生归宿的一个缩影。适逢战乱，王氏之贞，不仅仅是渗透时下主流道德教化的贞，也是身为一般民众，对于家国民族的贞。

二、再嫁妇

在宋代丧夫妇女选择改嫁可能存在多方面原因：一是，本于生存压力改嫁为谋生活，在当时，守寡需要的成本在名门旺族可能有祖产、家产支持，对于一般平民阶层则没有基本的生活保障，国家对于寡妇没有制度性、系统性的物质保障措施；二是，改嫁在当时并不会受到过多的非议，尽管士大夫理学家阶层对于改嫁的态度很是贬抑，但是整体的社会风气没有因为这些精英阶层的道德完善主义受到很大的影响，理学理念并没有下降到平民阶层；三是，改嫁受到很多具体的社会因素影响，例如，有寡妇被母家支持甚至是强迫改嫁，基于的是母家攀附新的姻亲关系，由此获取利益。也有寡妇儿子迫使母亲改嫁，为的是降低户等，少纳赋税。也有再嫁为寻求个人生活的幸福等等，其中原因不一而足。可以看出，在当时寡妇改嫁是作为主流的人生选择方式，礼法对于此所

① ［元］脱脱 等 撰．中华书局编辑部 点校．宋史 [M]. 卷四百六十・列传第二百一十九・列女・王贞妇．北京：中华书局，1985:13489-13490.

持的态度是宽容的。基于改嫁的原因，对于改嫁的不同类别划分如下：

（一）母家支持改嫁

宗室女子的婚姻是受到贵族家庭的特权支持和护佑的，即使在宋代婚姻不问阀阅的大背景下，宗室女子的婚姻首先要考量的是对方的家事门阀，[①]对于初婚的宗室女，要求对方家庭的身份是至少家有二世禄，而再嫁只要求仅要求对方父祖有二代担任州县官以上即可。可见对于宗室女再嫁，官方所持态度是宽容的，放宽对方家世的要求，从某种意义上来讲是为宗室女再婚放宽条件，提供便利。由此可见，即使是贵族宗室，对于再嫁的态度也是宽容和一定程度上的支持的。

宗室女再婚被宽容和支持源自于宗室的阶级优越地位，作为士大夫阶层，也就是当时的道德精英阶层，应当追求本阶层通行的精致的唯道德论生活，践行儒学家庭伦理观，但是，实际情形却并非如此。在记载宋人的才子轶事的文献中记叙，范仲淹的孙女因为丧夫，导致情绪崩溃，以致于常年闭锁屋内，不问世事。适逢窗外桃花大盛，她登树食花，随后在家人的帮助下，扶梯而下，随后痊愈。家人为其再谋夫婿，再嫁之后，与丈夫相伴生活、平安一生。对于范氏女苛求再嫁的表现，家人对此所持的态度也甚为宽容，并且在为其谋求夫婿时，也为其寻找到了门第相称者。[②]范家对于再嫁的态度，从根本上源于范仲淹自己的人生经历，范仲淹幼年丧父，其母随后改嫁，在范仲淹功成名就之后迎侍母亲归家，随后恪守孝道。这不难发现，对于他来讲，对于作为妇女的母亲亲身经历的同情，这也成为其家风中对妇女再嫁问题宽容态度的源头。[③]

这也解释了范仲淹所做的族产的分配规则中对于再嫁族人的慷慨态

① ［元］脱脱 等 撰．中华书局编辑部 点校．宋史[M.]卷一百一十五·志第六十八·礼十八·亲王纳妃．北京：中华书局，1985:2739.

② 丁传靖 辑．宋人轶事汇编[M].卷八·范仲淹．北京：中华书局，2003:344.

③ 傅璇琮 祝尚书 主编．宋才子传笺证[M].北宋前期卷·范仲淹传．沈阳：辽海出版社，2011:294.

度：范仲淹对于出嫁和娶妇规定的拨给钱财的数额有很大差异，出嫁奁产远高于娶妇聘财，再娶和再嫁也有这样的悬殊差等，这一则可以说明，在当时婚姻重财，在女性奁产上得到了充分的体现。同时也表明了，对于再嫁，范氏所持的态度是极为宽容的。[①] 范仲淹作为名臣，所代表的官宦世家在面对家人妇女再嫁问题上以现实为取向的态度也许并不能完全代表作为儒学家、理学家的整体态度。那么对于留下守寡妇女严苛道德标准的程颐的观点是什么？时人请教程颐，寡妇在礼法上不得再嫁的原因是什么？程颐认为，其中的原因主要是寡妇已经经历过一次婚嫁，作为妇女应当为丈夫谨守贞节，不论她的丈夫是否亡故，如果寡妇再嫁的话，对于寡妇来讲是为失节，那么对于娶她的人来讲，也是失德的行为。时人再次追问：那么如果说寡妇再嫁原因是因为家贫无依无法生存，那么又如何论？程颐认为：饿死对于一个人并不可怕，可耻的是，为了活命牺牲名节，因此，即使面临生与死的抉择上，寡妇应当选择贫穷而死，而不应当选择失节偷生。[②]

在现实生活中，程氏家族在处理家人亡夫再嫁的问题又该当何如呢？程氏家书中记载着当时阖家共同商议程润姨母再嫁之事，并且在商议的过程中反复强调，此事并不宜再延宕下去，应当尽快办理。[③] 程氏其家作为理学世家，对于妇女名节的要求达到零瑕疵的地步，但是在面对自家妇女的再婚再嫁问题上的态度却截然相反，其中的矛盾态度令人玩味。

北宋才子王令带着寡姐和外甥举家迁往江阴讲学，王令曾经为了寡姐再嫁之事求告与好友孙觉等人。随后文献考证，王令为寡姐谋再嫁之事，证明确有其事，令其迁居实为寡姐之故，然详情难晓。暨阳，地在

---

① [清]黄宗羲 原撰.[清]全祖望 补修.陈金生 梁运华 点校.宋元学案[M].卷三·高平学案·睢阳所传·文正范希文先生仲淹·附录.北京：中华书局，1986:138-139.

② [宋]程颢 [宋]程颐 撰.[宋]李吁 [宋]吕大临 等 辑录.[宋]朱熹 编定.朱杰人 严佐之 刘永翔 主编.程氏遗书[M].第二十二下·附杂录后.上海：华东师范大学出版社，2010:376-377.

③ 孔凡礼 撰.苏轼年谱[M].卷十一·熙宁五年.北京：中华书局，1998:241.

今江苏省张家港。同卷《与束伯仁手书》其五云，王令为了寡姐再嫁不仅请托亲友，并且为了寡姐再嫁的妆奁借债甚多，以至于需要举家迁往他处，教学赚钱还债。王令为寡姐举债再嫁，不仅表现出王令对姐姐的深厚亲情，也体现出当下文人阶层对于家族道德高尚的追求和对个体幸福生活的取舍。①

（二）自谋改嫁

作为母家为女儿计，为其改嫁提供各种支持，这对于亡夫妇女来讲是很有利的。作为亡夫寡妇，个人追求改嫁，重新投入婚姻生活，这是需要很大勇气的。在当时，能够有能力自谋改嫁的妇女，多数是拥有超前自由观念的才女或是拥有一定财产自由的富家女以及被生存所迫的底层妇女。她们的共同点是对于生活的个人掌控能力都是很强的。她们在作出人生选择的路上所需要对抗的是世俗舆论的偏见和攻击。在当时，即使改嫁本于父宗或是夫宗之命，都属于有相对正当理由的，因为出嫁由他不由己。如果是个人主动的追求，不可避免地是面对失节的评价。

李清照作为宋代著名的女性词人，不仅在文学上造诣非凡，而且在追求个人生活的自由和幸福上，也是积极主动的。② 无论是当时宋人对于李清照的婚姻，还是后世对于她的选择，讥讽和不理解者为多。李清照与先夫感情甚笃，但由于丈夫亡故，之后李清照再嫁后夫，后夫在面对敌寇时失节投降，李清照对于后夫的人品和节操产生了鄙夷，因此在再婚后不久就与丈夫离异。故此，其行为受到的很多诟病，认为李清照虽是才女也是失德女，将其晚年的独自生活归咎于她对于高质量婚姻的追求。

左领军卫将军薛惟吉孀妻柴氏变卖家产自谋改嫁一事，牵涉深广，

① 傅璇琮 祝尚书 主编．宋才子传笺证[M]．北宋前期卷·王令传．沈阳：辽海出版社，2011:832.

② 傅璇琮 王兆鹏 主编．宋才子传笺证[M]．词人卷·李清照传．沈阳：辽海出版社，2011:343−344.

引发对于再嫁携产的合法性、对亡夫财产处分权等问题的讨论。[①]

左领军卫将军薛惟吉齐家不严，生前与继室柴氏无子，与前妻育有两子安上和安民，在其死后，柴氏自谋改嫁，就准备变卖其祖父的家产以携产改嫁，并且与右仆射张齐贤商定再嫁事宜。但是在张齐贤准备迎亲的路上，安上向开封府诉告柴氏，关于其携产再嫁事宜的合法性问题，因此开封府命令有管辖权的机关马上提审柴氏，柴氏对于安上的诉状表示惊异和冤屈，因此柴氏敲击登闻鼓告御状喊冤，她诉称兵部侍郎、平章事向敏中接受安上贱卖府邸以及妄图与本人议婚不成，伺机报复，教唆安上诬告继母。皇帝知晓此事之后亲自询问向敏中其中缘故，向敏中称确实购买薛家府邸，但是正常交割，付出了相等的价款，不存在贱卖一事。再者向敏中声称自己新近丧妻，无心再议及婚嫁，并没有向柴氏议婚。皇上出于对向敏中的信任，就相信了他的供词，没有再多加追问。但是，事情并没有因此结束，柴氏再击登闻鼓诉讼，于是她的案件就被发往下御史狱再次调查审理，查明是齐贤子太子中舍宗诲教唆柴氏缠讼不已，于是查验柴氏的私产藏货，发现仅仅金贝就有二万计。安上安民平素行为不端，不孝养长辈，为了财产跟继母争讼，先前对于薛家的宅地规定是不允许私自处分的，但是安上违法买卖。御史狱向向敏中索要相关契照，但是契照前后书写不一，盐铁使王嗣宗和向敏中素来不和，因此在此关节举报向敏中与故驸马都尉王承衍女弟私下议婚，双方已经订婚但还没有行纳彩之礼。皇帝向王氏求证，王氏对于相关事实供认不讳，因此皇帝大怒，当面指责向敏中欺瞒于他。时至丁亥，向敏中行使日常纠察职责，随即皇帝对吕蒙正等等大臣说：向敏中的职责是如此，但是由于议论对他多有非议，因此不能不考虑他是否适合身处其位。由于朝廷对于宰辅高官的任免是十分谨慎的，希望负责的大臣能够坚守中正的态度，为皇帝分忧，确定向敏中是否适合继续履行职责。在此事之

① ［宋］李焘 撰．上海师范大学古籍整理研究所 华东师范大学古籍整理研究所点校．续资治通鉴长编 [M]．卷五十三·真宗·咸平五年．北京：中华书局，2004:1157−1158.

前，翰林院学士宋白曾经向向敏中借贷白金十铤，但是向敏中不肯相予。前仇在此，宋白就此机会向皇帝上书对向敏中的行为多有毁损，在书写对于向敏中的处理意见时写道：向敏中对皇帝撒谎食言，作为大臣又常怀私欲。向敏中看到制诏，惊惧而泣。

柴氏为再嫁贩卖祖父家产，自谋改嫁对象之后，遭到继子的阻挠，继子对于她所持有的家产有意见，希望官府能够阻止她携产改嫁。柴氏并非一般的弱质女子，在继子诉讼之后，她也不甘示弱，敲登闻鼓告御状，直接掐住继子的命门，指出继子之所以无理妄诉是由于背后有人唆使，不仅状告继子不肖无理还状告教唆之人违法买卖。最后使得案件被皇帝关注，牵连者都被处以相应的惩罚，或降职或承担刑责。柴氏之刚烈，基于的是她拥有的大量财产，使得她在再嫁问题上拥有极大的选择权。

（三）其他情形下的改嫁

寡妇再嫁不仅可以基于母家的安排、自由意志，也有可能因为其他种种具体的现实原因被允许，甚至是强迫改嫁。其中主要的几种是：其一，被夫宗要求改嫁，原因在于，降低户等赋税的需求。其二，亲友善人相助改嫁，为寡妇寻求更好的人生归宿。第三，被国家鼓励改嫁，目的是为了提供给她们生存的机会，以及保证客户、奴婢阶层人口输出稳定。

对于第一种情形下，为了降低户等，迫使寡妇改嫁的情形在当时并不少见，当时为了少纳赋税，许多人家想到的办法是驱逐养子归宗、命令赘婿和女儿离异、迫使寡母再嫁、兄弟分家析产。[①]这些手段虽然违背法律的规定，但是往往是时人应对高额赋税和兵役的现实应对措施，虽然违法、失德，但是却被大量应用到现实生活中，以应对实际的问题。

宁宗时，大臣范荪上奏施、黔等州地处偏远山区，地广人稀，无人垦种，占田富人需要客户前去垦佃，于是许之以利，使得大量客户因此

① ［元］脱脱 等 撰．中华书局编辑部 点校．宋史[M]．卷一百九十二·志第一百四十五·兵六·保甲．北京：中华书局，1985:4784 页．

居家迁往。[①]由此带来诸多问题，范荪因此向上进言，希望能够针对这些问题，对施、黔等州地处偏远山区施行特别法，关于客户妇女亡夫再嫁的问题，他认为，应当听其自便，不再受普通法拘束。国家对此的态度是，准范荪所奏。这是国家根据特殊地方的民情对普通法进行变通，支持客户妇女再嫁的典型例子。之所以如此，一方面是为了维持客户阶层的稳定，另一方面是为了保证客户阶层的人口增长，保持垦佃人数的增长，对于施、黔等州地处偏远山区的开发和利用带来长远利益。

对于寡妇再嫁还存在一种社会救助的情形，陈规为人公正而又不苟言笑，但是本质上是一个平易近人的良善之人，由于乐善好施的性格，使得自己的家产都被用来救济需要的人。他曾经为自己的女儿寻找侍婢，得到一个娴雅贞精的女子，觉得很奇怪，这样具有良好修养的淑女怎么会流落到为人侍婢的地步，根据这个女子自陈，她原本是云梦县张贡士的女儿，由于丈夫在战乱中亡故，她也因此失去了生活的支柱，因此选择了卖身为婢，只为能够自赡，陈规听到她的不幸遭遇，当时就把女儿嫁奁赠与妇人，支持她再嫁。[②]陈规为人乐善好施，有很高的道德素养，因此倾囊相助。这虽然不是寡妇再嫁的主流原因，但是也不可忽视，社会救济在寡妇再嫁问题上起到的积极作用。

对于寡妇再嫁可能遇到的一些问题，官方对此有具体的措施来指导当事人化解这些问题。其中较为典型的是两个问题，一是身为继母改嫁携产的问题；一是作为有女寡妇，携女改嫁的问题。这两者分别涉及寡妇改嫁的两个核心问题，一是财产所有权的问题，一是抚养权归属的问题。

对于此，官方的态度分别是，对于为人继室，再行改嫁携产，是不得携带夫家家产改嫁的，否则其行为将被视为盗罪。那么，对于寡妇携带私

---

① ［元］脱脱 等 撰. 中华书局编辑部 点校. 宋史 [M]. 卷一百七十三・志第一百二十六・食货上一. 北京：中华书局，1985:4178.

② ［元］脱脱 等 撰. 中华书局编辑部 点校. 宋史・卷三百七十七・列传第一百三十六・陈规. 北京：中华书局，1985:11645.

产改嫁的问题是否适用该规定，需要在下面有关的司法案例中加以讨论。[①]

对于寡妇再嫁携带女儿进入后夫之家可能面临的道德风险，袁采先生曾经也有一些忧虑，并且提出了他认为更为恰当的解决办法，寡妇如果再嫁，其幼女还没有议婚，那么需要家长抚养教育，寡妇带幼女一起在后夫家生活，是不合适的，会受到舆论的猜测和非议，对于女儿的名誉会造成毁损。较为合适的做法是将幼女留在本生父宗家养育。[②]但是，在现实生活中，往往母亲不舍女儿在本生父宗家可能备受冷遇的处境，带女儿改嫁者并不少见。但是《袁氏世范》中的建议，更多的是从大众舆论角度为再嫁妇提供了建议，同时也说明了，袁先生对于寡妇再嫁问题的态度是支持的。

三、归宗女

何谓归宗女，古书中对于妇人归宗有三层意思解读：其一，所谓妇人归宗，宗指的是宗子，也就是宗妇的丈夫。归宗指的是宗妇因婚姻，与宗子结成夫妻，恪守夫妇之道，宗妇归于宗子，故言归宗；其二，相对于夫宗而言，父宗对于妇人来讲是小宗，归宗也是归宁的意思，指的是妇人为父宗亲属服丧还归父宗；其三，指的是作为亡夫寡妇或者被休弃的弃妇，妇人与夫宗身份关系终结，身份关系还归父宗。[③]南宋名臣真德秀在《申尚书省乞拨降度牒添助宗子请给》中提到：对于宗妇成亲和宗女归宗应当申请度给，不能随意支出。[④]

---

① ［宋］李焘 撰．上海师范大学古籍整理研究所 华东师范大学古籍整理研究所 点校．续资治通鉴长编 [M]. 卷十八·太宗·太平兴国二年．北京：中华书局 .2004:405.

② ［清］王梓材 ［清］冯云濠 编撰．沈芝盈 梁运华 点校．宋元学案补遗 [M]. 卷四十四·赵张诸儒学案补遗·诚斋同调·袁先生采·袁氏世范．北京：中华书局，2012:2419.

③ 黄节 撰．刘尚荣 王秀梅 点校．变雅 [M]. 小雅·黄鸟．北京：中华书局，2008:536.

④ 曾枣庄 刘琳 主编．全宋文 [M]. 第三百一十二册·卷七一六〇·真德秀二六·申尚书省乞拨降度牒添助宗子请给．上海：上海辞书出版社．合肥：安徽教育出版社，2006:447.

作为寡妇，归宗和守节并不冲突，在母家生活，为亡夫守节，对于寡妇来讲生活压力更小，江宁府王雱之女，夫亡守丧，丧期完结丧服除去之后就返还父宗为夫守节。因此江宁府向上申请为王氏旌表。[①] 在宋代归宗女归宗的原因除去其夫亡、被休弃，还有一种特殊情形下的归宗，即丈夫犯罪之后，丈夫被收监，妻子如果不受牵连，那么依法可以归宗。[②]

本章是在丈夫亡故之后，讨论寡妇归宗的问题，此种情形下的归宗主要涉及两个方面的问题：归宗女与父宗亲属的服制亲等关系；归宗女归宗之后的生活保障。

（一）归宗女与夫宗的身份关系

归宗女与前夫家庭的身份关系，随着其前夫的亡故和其本人的归宗，按照礼法来讲是归于终结。但是这是否意味着归宗女与前夫家庭所有家庭成员的身份关系都断绝了，这在现实中会有一个问题，归宗女归于父宗往往是独自归宗，只有很少的情况下父宗愿意接受归宗女携带子女还归。那么归宗女的子女仍然在父宗被抚养，他们和归宗女的身份关系是如何被规定的。大臣俞辉在为亲生归宗母服丧和继母服丧的问题上先后向上呈请厘定他们之间的服制关系。

俞辉为归宗母与继母如何服丧的问题向掌管礼制的部门请示，随后得到批示：在传统经典的《周易》中对于妇德的描述是从一而终，同时也指出，如果做不到从一而终，那么谓之失德，失德妇人是不容于家的。作为妇女应当在一生中在不同的时段和身份之下分别忠于父亲、丈夫和儿子，以他们的意志为行事的指南。丈夫亡故之后，应当依据儿子的意志生活，并且与儿子相依为命，这才是有德行的妇人应当做的，只是现

① ［宋］孔平仲 撰．杨倩描 徐立群 点校．孔氏谈苑[M]．附录·诸家叙录与论跋·余嘉锡四库提要辨证卷一七·子部八·小说家类一·孔氏谈苑四卷．北京：中华书局，2012:295-296.

② ［宋］窦仪 等 撰．吴翊如 点校．宋刑统[M]．卷第十七·贼盗律·五门·谋反逆叛．北京：中华书局，1984:271.

实中有因为生存不易的寡妇选择再嫁或者归宗，礼法体谅她们生存的不容易，但是对于这种行为也是不加褒扬的。如果再嫁的话，前夫儿子与她的服制关系降等但是不断绝，由于其嫁于后夫，那么与后夫及其家人相关的服制关系重新建立。如果寡妇归宗的话，那么和父宗亲属的关系还归到她出嫁以前，成为她主要的身份服制关系。这些规定在礼法上都可以看到详细的说明。和前夫有儿子，前夫亡故，寡妇再嫁，再嫁之后后夫又亡故，此女还归前夫之家，这是不符合常规的特殊事件，因此在法律中没有明文规定。由于后夫之家和韩氏没有断绝服制亲属关系，前夫之家也没有礼法依据升等其服制关系，对于前夫之子而言，韩氏为生身母亲，同时也是改嫁母亲，即使还归其家，也不应当过问儿子的家事管理，不应当承奉祭祀之事。原因在于，她在亲生儿子的家中生活是由于亲生儿子与她血缘恩情的羁绊，但是在身份上，她同客人无异。妇人落得如此境地是由于她失德，无法容于其家，本来就是羞耻的事情，礼法之所以没有规定，是由于这样的行为是不受礼法庇佑的。至于对韩氏之子和俞辉如何为母服丧，根据现行法律，韩氏前夫之子应当为韩氏服丧期年，原因是其为嫁母。俞辉应当为韩氏继母服丧三年。原因是其为亡父寡妻，并改嫁与父恩义断绝。[①]

随后俞辉亲生归宗母亲亡故，又存在礼法规定上的暧昧地带，由此，他再次上奏，请问该当何服。回复中提到，按照现行法律规定，嫡养慈继这四母在服制关系上与儿子依照亲生拟制，其丧服等级之高依据的是双方的恩义关系。以上四类法律拟制的母亲，如果是改改嫁或者是归宗，时间历经三年以上的就与前夫家子恩义断绝，双方之间不再存在服制关系。继母虽然再嫁，但是是携前夫之子再嫁，法律规定为其服丧期年，是由于抚养的恩情，对于前夫家来讲因为前夫亡故和寡妇再嫁已经断绝了亲属关系，但是对于此子而言，由于抚养关系，双方之间的服制并没

① 曾枣庄 刘琳 主编 . 全宋文 [M]. 第一百八十三册・卷四〇一〇・王普・俞辉当为继母服三年丧议 . 上海：上海辞书出版社 . 合肥：安徽教育出版社，2006:53.

有完全断绝。经义中对于继母与继子之间关系的记述是这样的，继母之所以在法律意义上与继子的亲生母亲想等同，原因在于继母与继子的父亲为婚，其地位源于继子的父亲，双方由于是夫妻，生前双方共同祭祀先祖、管理家事、宴亲交友、死后双方同葬一墓，共享后代血食祭祀。如果丈夫先亡故，那么作为寡妇应当为其主持祭祀，养育亡夫的孩子，这是继母与继子享有与生母同样服制关系的基础。如今韩氏丈夫亡故不过百日，韩氏在前夫儿子之家生活已经十四年，韩氏与其后夫之家恩义已经断绝。不为后夫服丧，不抚育俞氏孤幼，不承奉俞氏祭祀，死后不与后夫合葬，牌位不归于俞氏的祖庙，那么她与俞氏子之间既没有血缘关系维系，双方恩情道义也已经断绝，虽然俞氏子顾念双方曾经的恩义，愿意为她服丧，但是于情于理都没有依据。如果为韩氏服丧的话，那么将来祭祀其父祖的时候，对于他们来讲也是无法交代的，父祖在泉下灵魂也会不得安息。如果说因为韩氏曾经为俞辉父亲的妻子，作为继子，出于礼法不得不为她以亲生母亲的服制服丧。因为改嫁和归宗，不应当成为断绝双方服制关系的理由。遍寻前例故事，可以发现，在礼法规定中没有归于前夫之子家的先例，徐叔中、宋庾蔚对于应当如何处置，参照的是再嫁之法，原因是韩氏最终与前夫同穴合葬，但是参与讨论的其他人认为不应当如此比附，原因是韩氏实质上并没有改嫁，如果以归宗类比的话，也是不合适的。但是律法中只有对于寡妇改嫁或者归宗的相关规定，但是没有关于归于前夫之子家的规定。之所以这在礼法中存在空白，原因是圣人制礼做法，秉承的基本原理是，作为妇女应当从一而终，即使是因为现实所迫而改嫁他人或者归宗母家，都是不得已而为之。但是本案的情况是后夫亡故，寡妇归于前夫之子家，说明当初她改嫁并非由于生活所迫无可奈何，而是由于利益所驱使，在后夫家生活不如前夫家生活优渥，她就又归于前夫子之家，这是礼法律令不容此行的原因。进一步说，如果依照改嫁来参照韩氏的行为，对于她来讲是不合适的，原因是她的行为远比改嫁恶劣。如果要说是继母之所以还前夫子之家，原因是后夫之子奉养她不够孝顺，那么也是说不通的，因为再嫁的妇人与前夫未必一定生育有子，而几乎每一个出嫁妇女都有父宗可归。现今如果比照归宗来推定双方之间恩义断绝，原因是作为儿子不容继母，这是不孝罪的典型，事实上却并非如此。礼律产生是为了别差等，依据的是人们之间的恩义关系，服制关系作为礼律规定中最基础的人情伦理关系，也是由此创设的。调查得知，俞辉的母亲由于敌寇作乱，已经下落不明三十余年，久访其迹，一无所获，现在他的亲生父亲已经亡故，继母也已经亡故，他并非是承重之子，那么此时他再不为亲生母亲服丧，又等待何时呢？参酌前例，李敏出海失踪，久访吴国，其子本欲为父服丧，但是父亲生死未卜，之后他与父亲同龄的邻居亡故了，他才确信父亲即使之前没有死亡，现在很大程度上也已经寿终正寝了，因此为父亲服丧，从此以后，他的这个行为成为此后类似事情的前例。现在俞辉即使和继母之间恩义断绝，但还是他的亲生母亲，和继母是同年生人，可以类比李敏之例。人生只由父母，礼立之别亲疏，因此，俞辉应当为齐声母亲王氏服丧斩衰三年。①

由此可见，作为被留在父宗抚养或者承嗣的亲生子与归宗母亲之间的服制亲属关系，不因母亲归宗断绝，原因是双方之间血缘亲情的羁绊继续存续。而作为继子的前夫之子，和归宗母亲服制关系则在三年之内继续存续，此三年是为双方基于亡夫和亡父之间的礼法亲情关系所制，三年之外，双方恩义断绝。除去亲生子和继子之外，其他前夫父宗亲属对于归宗女因其归宗，不再与之存在服制亲等关系。

（二）归宗女的生活保障

归宗女归于父宗，父宗父母在，本于血缘亲情为其提供物质生活保障，现实中往往父母不在，那么母家兄弟成为提供姐妹生活所需的供给者。更多情况下，有条件的家族中对于归宗妇女有专门制度性的生活保障支出。

① 曾枣庄 刘琳 主编．全宋文[M]．第二百一十九册・卷四八六八・林栗一・乞听俞辉服亲母王氏齐衰三年奏．上海：上海辞书出版社．合肥：安徽教育出版社，2006:304-305.

安仁品行端正，对于早寡的妹妹怀有怜惜之情，因此，他不仅迎接妹妹归宗，赡养余生，而且教导抚育年幼的外甥，直到外甥成年，还为其主持婚姻事宜。安氏有安仁这等重情重义的兄长，是安氏之幸。① 现实中，未必每一个归宗女都有父母兄弟可以依靠，那么对于物质条件丰厚的家族，会有制度性的族产分配措施，帮助归宗女等弱势家庭成员的生存，其中典型的是宗室女子，她们身为贵族，在丈夫亡故或者其本身被休弃之后，归宗之后的生活支出是可以向官方申请支取的，而且不论其是否携带有子女需要抚养，都必须给予她们相应的生活费。②

四、招接脚夫

在宋代，丈夫亡故寡妇再婚之后与后夫一起在前夫家生活，是寡妇再婚的一种特殊形式，这被称作招接脚夫，寡妇招接脚夫在宋代是较为常见的情形。③ 在唐代以前，招接脚夫并不常见，寡妇招接脚夫最早是为了亡夫家的香火承继，因此招新夫上门，完成前夫负担的宗庙祭祀和家庭劳动的职责。

宋代在法律中对于接脚夫的身份和地位作出规定，这是从立法上承认寡妇招接脚夫婚姻的合法有效："有接脚夫，盖为夫亡子幼、无人主家设也。"④ 对于接脚夫在其妻子前夫家生活，法律规定其对其妻子继承的前夫家产只有使用权而没有所有权，其继承权也经历了从无到有的变化，神宗以前接脚夫对于寡妇继承的前夫家产是没有继承权的，在神宗时家产继承方面对接脚夫的继承份额作出调整：他们的继承份额没有

---

① ［元］脱脱 等 撰．中华书局编辑部 点校．宋史 [M]. 卷二百八十七・列传第四十六・赵孚．北京：中华书局，1985:9659.

② 曾枣庄 刘琳 主编．全宋文 [M]. 第一百九十册・卷四一九九・赵令詪・宗子等陈乞请受事奏．上海：上海辞书出版社．合肥：安徽教育出版社，2006:352.

③ 曾枣庄 刘琳 主编．全宋文 [M]. 第一百二十册・卷二五九七・米芾一・六顺晓示．上海：上海辞书出版社．合肥：安徽教育出版社，2006:319.

④ ［明］张四维 辑．社科院历史所宋辽金元史研究室 点校．名公书判清明集 [M]. 卷之九・已出嫁母卖其子物业．北京：中华书局，1987:296.

定数，只是比照有继承权的其他亲属分得的家产份额的一半。

寡妇招接脚夫上门，从婚姻状态来讲已经不算是为前夫守节，但是由于其继续生活在前夫之家，并且和后夫一起完成承接宗祀、孝养前夫尊长等义务，所以在法律意义上她在一定份额内（五千贯）继承丈夫家产，多余的部分家财收归国有。由于寡妇和接脚夫一起使用前夫家财生活在前夫之家，需要和前夫宗族内的亲属相处，就是分外困难的事情。作为寡妇招接脚夫会面临族人的种种非难，但是为什么还是要选择这种生活方式呢，现实中主要存在以下几种事由促使寡妇招接脚夫：

（一）奉舅姑之命

作为寡妇前夫父母，在本身年老、孙辈年幼的情况下，留住壮年的寡妇为前夫守节需要冒很大的风险。因此，命寡妇招接脚夫上门，一方面为留住寡妇继续为前夫之家奉养老人、抚养子嗣。另外一方面，接脚夫上门为家产的增值和家门的延续提供新的可能性。例如在间丘绍死后，他留下来的寡妇奉其婆婆的指令，招一男子为接脚夫，为的是在间丘绍死后，他的寡妇继续留在家中孝养尊长、抚育子嗣。在这种情况下，怀有歹心的亲族借此兴讼，称寡妇阿张非法占有前夫家产，经官要求阿张离开前夫之家，阿张不平，辩称在前夫之家执掌家业，孝养亲敬，抚养后嗣，为前夫增值家产，因此，在前夫之家继续生活是合理合法的。法官审理之后认为寡妇阿张的辩解本于事实，因此，认可阿张继续在前夫之家执掌家业。[①] 在这种情形下，寡妇奉婆婆之命招接脚夫，为的是前夫家产不至于旁落，前夫尊长有人赡养，子嗣可以被教养。

（二）为自身生存

身为寡妇只有在守志的前提下才能够继承或者接管户绝前夫的家产，但是现实中为前夫守志，不论是否为其立嗣，都会面临家产被觊觎

① ［明］张四维 辑．社科院历史所宋辽金元史研究室 点校．名公书判清明集 [M]. 卷之六·争田业．北京：中华书局，1987:175–176.

的风险。这样的觊觎可能是来自于所立嗣子，也可能是来自于同宗族的其他利益相关者。一旦将自己置于这样的险境，寡妇的地位是很孤独无依的，因此，在这种情形下，招接脚夫可以守住家业。只是出于这种原因招接脚夫的寡妇，在司法中是否得到法官的支持，主要是看法官对于此事的态度是偏向法意，还是注重伦理人情。在不同的案件中法官作出完全迥异的判决，依据的就是这个原则：寡妇阿甘为前夫收养一子，两人在前夫之家均没有劳动能力，因此，她招接脚夫上门。但是，利益相关者告上衙门，认为不论是寡妇为前夫抱养养子还是招接脚夫上门占据家业都是违法的行径。但是法官认为，法无禁止条款，甚至法律有明确规定在五千贯以内，寡妇阿甘是享有前夫家产继承权的，本案继承家产正在这个范围内。因此，认定阿甘的选择是合法有效的。[①]

在另外一案中，赵姓寡妇为了占据前夫家产，以招接脚夫为名，立下契据，在前夫之家成亲，意图占据前夫家产，被前夫兄长告上衙门。由于前夫和其兄长没有分家，而且实质上赵姓寡妇并非为延续前夫香火或者奉养老人为目的，甚至也并非自身无力生存，因此，被法官认定她别有居心，判定她是改嫁而非招接脚夫。

朱子在浙东任上时，绍兴一妇女身为他人继母，与亡夫的表弟私通，因此在丈夫亡故之后，招丈夫表弟为接脚夫。后夫擅自挥霍前夫家业，破当不肖，前夫之子由此生怨，诉至官府。最初，官府由于继子诉母，在名分上多有不便，因此官府没有接受他的告诉。在此之后，他并没有就此放弃，继续求告，言辞恳切，于是他的诉求被受理了。但是审理者始终认为身为儿子诉讼母亲极为不便，即使是继母。他就向法官陈诉：如果此妇有身为人母的自觉，就不应当做出如此失德之事，她都没有顾惜和前夫的恩义感情，作出破当前夫家产、与前夫亲属私通的事情。如果官府不介入审理调查，那么对于已经亡故的父亲来讲是最不公平的事

① ［明］张四维 辑．社科院历史所宋辽金元史研究室 点校．名公书判清明集 [M]．卷之八．夫亡而有养子不得谓之户绝．北京：中华书局，1987:272–273.

情。法官感于此子所言诚恳有理，于是就接下此案，由于法官对于此案追诉甚为急切，接脚夫感到非常恐惧，担心罪行败露受到刑罚，因此他投井去了，以致于接脚夫的罪行完全败露。① 本案中，绍兴妇人罪不在招接脚夫，而在私通接脚夫在先，招其上门在后，在于接脚夫上门之后，两人破当前夫家财。由此可见，寡妇为了自身生存招接脚夫是否被认可，主要依据的是其行为指向的目的判定的。

五、女户

女户在宋代的存在，其范围受到学者们激烈的讨论，主要存在的争议是：女户是女子做户主的特殊户口形式，是否只能由寡妇设立。具体来讲，对于宋代存在父母双亡的在室女立女户、因为离婚而自立为女户的情况、在婚姻关系中的妻子也可以凭借奁产立为女户是否应当算在女户的范围内，学者们各持己见。由于宋代存在以“诡名寄户”的方式，别立女户，以达到降低户等和赋税等目的的违法行为，因此，对于在婚姻关系中的妇女别立女户的违法行为，不应当是规范意义上女户的范围。也就是说，女户的范围集中在大量的寡妇和少量户绝在室女中。②

而宋代女户依照户等可以被分作女主户、女客户、女官户。由于女户成立的基本要求之一就是对于亡夫或者亡父家产的继承，因此这些不同户等的女户在宋初期承担了较重的赋税义务，随后在官方注意到这个问题为女户带来极大的负担之后，宋代历朝皇帝都在政策上为女户减轻赋税作出具体的规定，作为彰显其体恤民情的具体举措来实施。但是由于在实施相关减税举措的同时，部分女户借此钻法律的漏洞，以至于在南宋女户的存在带来一系列的社会问题。

既然女户主要由寡妇和户绝之家在室女为户主，那么女户之中是否只能由妇女组成呢，事实上并非如此。由于女户是妇女执掌家业，会比

① ［宋］黎靖德 编．王星贤 点校．朱子语类 [M]. 卷第一百六・朱子三・外任・浙东．中华书局，1986:2644−2645.

② 程郁．柳田节子新作《宋代庶民的妇女们》评介 [J]. 中国史研究动态，2005（7）。

男性户主面临更多的挑战，来自同族的或者前夫之族的男性亲属对家产的觊觎，来自政府赋税的压力以及所在地其他亲邻的欺凌。因此，在女户之中是允许存在男性的，他们可能是赘婿、嗣子、幼子、接脚夫，还可能是义男、户绝亲属等。同时法律规定根据以上男性家庭成员成年与否，女户还可以被分为有丁女户和无丁女户。

由此可见，在宋代，女户指的是由寡妇和户绝在室女担任户主的，与普通户等相比，承担有限国家赋税义务的户口。以女子为户主的家庭中，男性是被法律允许存在的，女户在宋代成为户口的一种组成形式，其存在有助于宋代“私”权，尤其是私有财产权的发展。

第二节　对不同类别寡妇的礼法保障

一、对守节妇的保护与褒奖

宋代与传统中国的其他朝代一样，是不吝于对守贞妇进行褒扬和赞赏。主要的方式是旌表节妇和贞妇、给予官方财政补贴、给予寡妇立嗣权等方面。其中具有创造性的做法是，对于寡妇的财政救助主要来源是户绝财产，做到了通过官方调节优化民间资产的配置。而宋代寡妇的立嗣权是完整的立嗣权，如何能够称之为完整，这里采取的是柳立言先生对于立嗣权的内涵界定，一个完整的立嗣权是包含优先权、选择权、同意权和废除权在内的权利。宋代妇女相对于前朝和后世，在立嗣问题上具有完整的权利，这个权利包括：对于是否选立承嗣人、选立何人承嗣、对于其他立嗣权人选立对象的承认和对选立对象的否认。在此之后的明清两朝，寡妇立嗣不仅成为一种义务，而且在这个问题上的权利受到族权的桎梏。寡妇在以上诸多方面受到礼法规范的认可和保护，使得宋代守节寡妇在家庭中的身份和地位较高。

（一）旌表节妇

宋代旌表节妇不仅与表彰孝子、贤孙和义夫并行，而且与名臣、贤士的表彰也是并称同列。宋代对于节妇的旌表不仅代表着对节妇本人的道德宣扬，也意味着对整个家族门风的肯定。其他的优待依据不同皇帝在位期间不同的政策有所差异，主要体现在以下几个方面：其一，免除夫亡守节妇一定范围内亲属的兵（劳）役；其二，给予守节寡妇一定数额的物质奖励等。

宋代十分重视节妇："掩考案卷，犹使人加叹，义夫节妇，朝廷所重。"[①] 其重视的程度主要体现在：对于各地的皇帝陵寝、名臣贤士以及义妇节妇的坟葬共同设置立法保护，如有人毁损会受到严厉的惩处。[②] 将节妇与皇帝、名臣、贤士并列，可见对于地位的抬高和重视。

对于节妇的旌表，在宋代并没有形成规则性系统性的制度，体现在每个皇帝在位期间都会对这个问题表示重视，要求地方上报节妇事迹，并且加以旌表。但是这从另一个角度来看，就是旌表节妇一个没有成为事务化、制度化的地方政务。[③] 在哲宗元祐年间，皇帝下诏，要求地方上报典型的孝子顺孙义夫节妇事迹，并且在上报之后，辑录宣扬，为天下周知，地方负责官吏应当做到为受到表彰的孝子顺孙义夫节妇旌表门闾。此事发生在哲宗元祐元年，体现了哲宗继位之后的政务关切重点，历代皇帝继位之后，一般对于国家重要事务都要表达态度，其中对于节妇宣扬旌表，可以窥见对于守贞的伦理道德宣扬，在当时是皇帝治国理政的一个重要关切。对于负责民间节妇上报和管理的官员，其自述为官

① ［明］张四维 辑．社科院历史所宋辽金元史研究室 点校．名公书判清明集 [M]. 卷之七・户婚门・立继・双立母命之子与同宗之子・仓司拟笔．北京：中华书局，1987:222.

② 司义祖 整理．宋大诏令集 [M]. 卷第一百五十六・政事九・褒崇先圣・圣帝贤臣陵墓禁樵采诏．北京：中华书局，1962:586.

③ ［宋］王钦若 等 编纂．周勋初 等 校订．册府元龟 [M]. 卷第九十一・帝王部（九十一）・赦宥第十．南京：凤凰出版社，2006:1011.

行政职位较高且日常清闲。[①]足可见朝廷对此的重视程度。

名臣司马光后人司马梦求，其母程氏夫亡不改嫁，后被旌表为节妇。[②]潼川府中江县孝廉里进士杨榆家嫡母贾氏因守节多年，事公婆孝敬得到旌表，贾氏在生前侍养前夫父母至纯至孝，以至于二老无疾而终，得享高寿。自己的日常行为也为儿子树立了孝敬的榜样，儿子对于贾氏也是亲身侍养，以至于贾氏也是高寿仙逝。在死后坟墓旁边遍生芝草，以当时的看法是，代表其品质高洁。[③]以上得旌表之节妇，一为士大夫世家、一为地方贤士，属于政治精英阶层，不论是受到的儒家道德洗礼还是家庭物质条件都是十分丰厚的，这在很大程度上成为她们能够守节的条件。进一步来讲，在当时守节还属于精英阶层的妇女能够得到个人道德提升和光耀家族门楣的选择。

贞、节对于妇女来讲一般是相辅相成的两种品质，守节必须行为守贞，但是守贞妇不一定是夫亡守节的寡妇才能得到的美誉，在节妇之中，以贞妇获得最终表彰的，往往是由于意志以外的原因，贞节受到侵犯，以力抗争，往往付出生命的代价才能得到名誉的留存。[④]任氏遭遇强奸，力量对比悬殊的情况下，采取了自戕的手段成就道德名誉。闻之心惊，但却是彼时彼刻妇女为表明自己守节决心的唯一选择。

对于节妇的家人，政府为了表彰节妇的行为，也是出于家人对于节妇守节的支持，往往会在旌表之余，对于子孙的劳（兵）役等予以免除。[⑤]甚至对于其中事迹更具典型教育意义的，政府另外给予封赏。

---

① 丁传靖 辑．宋人轶事汇编 [M]. 卷十九・杂人上．北京：中华书局，2003:1060-1061.

② ［元］脱脱 等 撰．中华书局编辑部 点校．宋史 [M]. 卷四百五十二・列传第二百一十一・忠义七・司马梦求．北京：中华书局，1985:13309.

③ 汪圣铎 点校．宋史全文 [M]. 卷二十六下・宋孝宗六．中华书局，2016:2238.

④ ［宋］陈均 编．许沛藻 金圆 顾吉辰 孙菊园 点校．皇朝编年纲目备要 [M]. 卷第二十七・徽宗皇帝・大观二年．北京：中华书局，2006:696.

⑤ 天一阁博物馆．中国社会科学院历史研究所天圣令整理课题组 校证．天一阁藏明钞本天圣令校证 [M]. 校录本・赋〔役〕令卷第二十二．北京：中华书局，2006:265.

（二）供养、财产所有

财政支持寡妇的生活在宋代虽然没有形成常制，但是在当时还是有针对鳏寡孤独没有生存能力者的统一措施，就是利用国家收缴的绝户财产作为定向支援，为这些弱势群体提供公力救济。其中对于寡妇的政策，国家也有单独的法令予以支持。

1. 朝廷旌赏、地方赈恤、名士救济

宋代政权一直处于被周遭少数民族政权环伺的不稳定状态，导致连年兴兵，战争带来的直接后果就是大量的人口减损，士兵阵亡，那么后方的寡妇就会增多，对于这种身份的寡妇，国家是格外优待的："诏逐处籍出阵亡之家，察其寡弱，别加存养。"[①] 仁宗年间，皇帝下诏，对于战死士兵、军官的人家，应当查明其孤幼老寡的情况，对于这些弱势群体的家庭应当给予财政补恤。

除去对于阵亡战士的家属进行抚恤性救济之外，对于享有朝廷旌表的节妇，朝廷会在荣典之后，对于其日常生活也有相应的照拂，其中一点就是给予金钱救济。[②] 哀帝即位之初就对于旌表的节妇，下诏令给予经济支持，具体执行交给地方管理此事的官吏。这不仅是显示皇帝执政爱民的举措，也是在即位之初，安定人心、彰显皇帝懿德的惯常做法："其余节妇义夫……顺孙孝子……有堪旌赏。"[③] 可以看出，在旌表之外，往往伴随着赏银，这些钱财的目的是带有奖励性质的，并非常态支出，往往只是在旌表之时给予的表彰性物质奖励。

对于节妇等无力自营者，朝廷多数上是命令地方根据当地情况，由

① ［宋］李焘 撰．上海师范大学古籍整理研究所 华东师范大学古籍整理研究所 点校．续资治通鉴长编 [M]. 卷一百四十一・仁宗・庆历三年．北京：中华书局，2004:3377.

② ［宋］王钦若 等 编纂．周勋初 等 校订．册府元龟 [M]. 卷第九十一・帝王部（九十一）・赦宥第十．南京：凤凰出版社，2006:1011.

③ 司义祖 整理．宋大诏令集 [M]. 卷第二百二十五・政事七十八・伪国上・平蜀曲赦．北京：中华书局，1962:869–870.

地方政府做出赈恤，[①] 能够受到旌表的节妇是守寡妇人中的少数，寡妇群体中多数身为平民，没有显著、典型的教育性事件可以上报，或者是没有高洁的道德修养和家庭背景作支撑。这些普通的守节妇人生活时时受到穷困的考验，那么对于这些妇女的生存问题，朝廷的态度是交给地方，地方依照财力和能力对她们给予安置。

除去朝廷奖励性的表彰和奖金，地方政府的量力赈恤，还有一些名士豪绅，他们会基于善心，对于寡妇群体给予救助，名士余良肱作为其中的典型，其善行被记录在册。[②]

2. 地方设置收容机构

对于没有劳动能力的群体，例如老迈病弱和寡妇等，国家对于她们的救助措施首先是鼓励近亲属收养，如果没有及亲属收养，则要求地方乡里设法安置养育：作为基层设置救助机构帮扶这些无法独立生活的群体，需要大量稳定的财政支出，如何发挥公力救济的最大能量呢？作为管理京师重地的官员设置了居养院，作为这些群体的日常收容和管理机构，并且利用户绝财产作为支撑，进行营运，[③] 取得了示范性的效果。

根据户部的申报，诸路所设置的安济坊经费存在不足的情况，如何处置。对于安济坊存在经费缺口的问题，户部认为应当在保持朝廷收缴的户绝财产持续投入的同时，将不足的部分从常平钱斛中补足。可见在当时常平钱斛的设置成为地方固定的救济机构，而且这个机构不断完善和扩展，救济群体的扩大使得日常支出增加。朝廷对于这个问题也是很重视的，提出要以常平钱斛钱继续投入建设安济坊。[④] 那么追溯安济坊

① 司义祖 整理．宋大诏令集 [M]. 卷第一百十七·典礼二·封禅下·命考制度使诏．北京：中华书局，1962:397.

② ［元］脱脱 等 撰．中华书局编辑部 点校．宋史 [M]. 卷三百三十三·列传第九十二·余良肱．北京：中华书局，1985:10716.

③ ［元］脱脱 等 撰．中华书局编辑部 点校．宋史 [M]. 卷十九·本纪第十九·徽宗一．北京：中华书局，1985:365.

④ 梁太济．包伟民 著．宋史食货志补正 [M]. 上篇·食之部补正·振恤．北京：中华书局，2008:355.

的缘起，就要从蔡京当朝的时候说起。而据《宋会要》所载，正式赐名“居养院”实在崇宁五年十月九日。则无论实际抑系赐名，宋纪皆误。[①]蔡京是最初设计安济坊的朝臣，在徽宗崇宁年间，皇帝诏令建立安济坊，安济坊的前身是权知开封府吴居厚申请在诸路设置的将理院，目的是安置病人，尤其是传染病人，以杜绝时疫的传播。同年，京师设置居养院以救济鳏寡孤独等弱势群体，并且以国家收缴的户绝财产作为日常支出。史册记载认为自此开始居养院成为常制，但是经过考证，确认是在京师设置居养院之后四年，皇帝才正式将京师所设救济机构赐名居养院。由此，专门救济鳏寡孤的机构成为地方固定政府机构。

3. 公力救济来源——户绝财产

作为居养院的日常支出来源，国家收缴的户绝财产的份额是，一个家庭在确认户绝没有承继者时候，对于除去管理不动产和牲畜、车马等大型动产支出，以及死葬费用之外，其他份额应当归作三份，其中三分之一应当归出嫁女继承，其余三分之二应当收归国有。例外情况是，如果财产中有田庄，应当交由近亲承佃，原因不仅出于公平观念和继承顺位的考量，而且在当时土地抛荒率非常之高，交由近亲承佃，意味着官方可以持续收缴税费，对于土地利用率和税收稳定更加有利。除此之外，对于出嫁女被休弃和寡妇无子，没有继承丈夫家产的出嫁女，选择归宗的之后，父宗家庭绝户，这两种身份的归宗女享有和在室女一样的财产继承权，即继承父亲全部家产。[②]这些例外规定的存在，体现了国家在私有财产权领域的控制减少，意味着国家尊重私有财产权的存在，进一步讲，国家对于妇女的财产权是确认和保护的态度。

4. 夫亡守志妇财产所有权

宋代妇女守寡之后对于丈夫的家产是拥有有条件的继承权的，这个

① 梁太济．包伟民 著．宋史食货志补正 [M]. 上篇・食之部补正・振恤．北京：中华书局，2008:355-356.

② ［宋］窦仪 等 撰．吴翊如 点校．宋刑统 [M]. 卷第十二・户婚律・十门・户绝资产．北京：中华书局，1984:198.

继承权首先基于妇女是否守志；其次是丈夫是否存在嗣子，或者在死后寡妻或者族人是否为丈夫立命继子承继。如果寡妻不能守志，那么携产再嫁的范围职能限于其嫁奁的范围内，携带夫家家产改嫁原则上是违反法律规定的。如果立有嗣子，那么无论是立继子还是命继子，[①] 寡妇对于亡夫财产就只享有管理权和收益权，不再享有处分权。

具体而言，宋代法律规定，作为寡妻妾没有子嗣的情形下，丈夫亡故，寡妻妾作为第一顺位继承人，享有丈夫财产的继承权。如果丈夫的兄弟都亡故了，那么她继承的份额也只是丈夫那一份。如果有儿子或者嗣子的话，继承的财产不得与儿子或者嗣子分析，双方对于继承财产是共有关系。[②] 在夫家守志的寡妇拥有分析家产的管理权和受益权。但是一旦改嫁，那么前夫的田宅、奴婢和部曲不得带走，都应当分给前夫的其他继承人。

对于妻子继承亡夫财产的性质，法律有详细的讨论。[③] 针对家产分析来讲，基本原则是儿子作为第一顺位继承人，承接亡父家产，如果没有亲生儿子的话，就由守志的寡妇作为第二顺位继承人，继承丈夫的家产分析份额。妻子得到丈夫的家产，在其守志期间，是实际的所有权人。如果妻子选择为丈夫立继，那么就意味着，妻子愿意将遗产分配给丈夫的嗣子，这是妻子合法处分自己财产的行为，不应当受到其他家属和族人的非难。法律明确指出，妻子合法承继丈夫的家产份额属于妻子所有，守志期间，合法地处置是不应当受到无关人等的干预的。对于妻子承产的法理依据，法律也规定得很完善，法律认为，即使是朝为夫妻，暮则夫亡，那么妻子也能够作为丈夫家产的合法承受主体。其中的原理是妻

① 他们之间的区别是继承财产的份额不同，立继子的继承份额多于命继子。

② ［宋］窦仪 等 撰．吴翊如 点校．宋刑统 [M]．卷第十二·户婚律·十门·卑幼私用财．北京：中华书局，1984:197.

③ ［明］张四维 辑．社科院历史所宋辽金元史研究室 点校．名公书判清明集 [M]．卷之七·户婚门·立继·双立母命之子与同宗之子·仓司拟笔．北京：中华书局，1987:220.

子和丈夫基于婚姻关系成为财产共同体，也是成为丈夫财产的第二顺位继承人，地位仅次于丈夫的亲生子。其合法的财产继承权，以及获得遗产之后合法的财产私有权，不应当受到非利害关系人的干涉。①

而夫亡守志者承产是否专指夫亡的嫡妻，不包含守志之妾，法律对此也有解释，《户律》中规定，丈夫亡故，妇人能够守志的话，应当继承丈夫的家产，同时由族长选立族内昭穆相当的男子承嗣。如果妇人不能守志，那么夫家的家产和其妆奁应当留在夫家，不得携产改嫁。问题是，此处的守志妇人，是否专指寡妻，不包含寡妾呢？

对于这个疑问，立法解释是，这个法律条文最初的设置是为了确认立嗣事宜的，并不是遗产继承方式的规范。守志妇人是否能够继承遗产，是应当在本条规定以上，根据不同的情况衡平处置的。本条的立法原意指的是，如果能够守志，不论是身为妻子还是妾，都能够获得丈夫家产的承产资格。如果不能守志，那么不论是身为妻子还是妾室都不能保有继承的丈夫财产。这个解释，是依据下文的对于妇人改嫁失去继承财产和嫁奁来讲的。律文中规定的是嫡妻承夫分，但是此例中含混说明只要妇人守志就可以承夫分，那么依据此例来讲，妇人自然包括妻、妾。法律规定中原本的目的是强调，继嗣为重，如果仅仅着眼于此，就认为妻、妾之间身份殊异，不应当相提并论，就忽视了在本质上，妻、妾之间的区别是作为男性配偶之间的身份高低的差异，本质上都是男性的配偶，都服膺于家长权，从服制亲等关系上论，对于亡夫，她们都应当服丧斩衰三年。

本条对于立嗣的规定，是规定立嗣的顺位，在丈夫亡故没有承嗣人的情形下，立嗣的优先顺位者是寡妻，如果没有正妻，那么应当有期、功亲属为其立嗣，如果没有这些亲属，身为丈夫的妾室，就没有权利为丈夫立嗣，眼见丈夫绝嗣吗？这显然是不合人情常理的。这种情形下，作为寡妾应当请求族长为丈夫立继，这才是正确的做法。在律法条文中，

① ［明］张四维 辑．社科院历史所宋辽金元史研究室 点校．名公书判清明集［M］．卷之八·户婚门·检校·检校嫠幼财产．北京：中华书局，1987:280.

既然没有不许寡妾为丈夫立继的规定，同时礼部的例文中也存在着为寡妾旌表的规定，可以推知，在承产问题上，守志妻和守志妾之间不应当有明确的区别。如果守志妾没有资格继承丈夫的家产，那么对于亡夫立嗣的事宜也当然没有发言权，照此来讲，妻子眼见着丈夫绝嗣毫无办法，起歹心的争产族人会瓜分丈夫家财，这样残酷的事情仅仅是由于妾不享有承产权引发，不得不说是人间惨剧。如果这是律令的原意，那么通古今之制，立法就显得没有必要了，所立之法为恶法，不如不立。民众在生活中，存在着妻子亡故，丈夫不再续弦，由妾室代替妻子管理家事、财产的现象。丈夫亡故之后，留下家产，反而不允许妾来处置、管理和继承。这于情于理都说不过去。再如规定官员承袭事宜的律文中有规定：如果被承袭人没有子嗣可以承袭，允许被承袭人妻小按照前例申请朝廷继续拨发被申请人生前俸禄，以养赡自身。在本条规定中的妻小，在当时被解释成妻妾。国家俸禄尚且继续拨发给妻妾，举重明轻，就应当知道，一家之产，守志妾也是有资格承受的，这才是律文规定的原意。

对于律文的立法依据进一步说明，如果一个家庭能够有财力营建居室，应当先对家庙进行建设，子孙的居所完全可以同宗同族阖族而居。待到家长亡故之后，营建的屋舍可以由承重的嫡子孙继续居住，其他庶子孙可以在他处购买或者建设自己的居所，这是由于嫡庶身份的差别造成的。古代父亲和儿子居住在不同的宫室、房屋，兄弟分别居住，但是他们是一个完整的财产共同体。因此在《丧服传》中对于父子兄弟异居有说明，认为异居的基础是共财。但是宋代人误解了古人的立法原意，认为异居意味着分家析产。从根本上来讲，异居的作用应当体现在消弭日常相处中的摩擦，并不是为了区别嫡庶尊卑，这是理解律文原意的一个漏洞。作为家长应当为身后计，如果一味坚持探阄析产的方法，那么家产无定主，意味着家主死后无定庙，法律规定的有寡妇无子承夫分，在室女户绝承父分。如果妇女利用法律条文的规定，不再为亡夫和亡父身后祭祀考虑，仅仅为了个人私利，那么会导致一家绝嗣，无人侍奉宗庙。作为子孙应当遵守家法族规，复原宗子礼，依据宗法支取支出，坚守共财，如果一家如此，遂天下如此，那么会少去很多纷争。[①]

对于寡妇承夫分和女儿户绝承父分的继承方法所存在的争议焦点是，如果此条被有心的妇女掌握，那么她们很有可能被私欲蒙蔽，做出不利于一家承嗣传承的事情，这对于一个家庭来讲是最大的不稳定因素。因此，提出这个论点的人认为，应当复行古代宗子法，宗子继承家业祖屋，可异居但不可以析产。这根本上是在对抗当时普遍存在的社会习惯，分家析产依靠探阄进行，妇女享有家产继承权。这些本质上是家庭范围内，私权萌发的源泉。

对于这场讨论的最后结果是，法律之所以对家庭财产继承作出规定，根本原因在于顺应人情，那么无论是否守志，不论身份为妻还是为妾，在择立嗣子之后应当由嗣子承受家产，对于承嗣之父的未亡人，无论是妻、媵还是妾都应当侍养到老。这才是兼顾礼法和人情的做法。如果作为未亡人，声称是为夫守志，其实是为了占据亡夫的家财，导致与嗣子之间纠纷丛生，最终导致家庭的不稳定，这就需要司法机关针对具体情况进行审理判决，追求现实生活中的个案衡平。[②]

对于寡妇对亡夫家产的继承权讨论，基本上是围绕着立嗣问题展开的，对于寡妇是否享有丈夫财产的继承权，法律规定是承认的，但是这个继承权受到立嗣的限制，一旦为亡夫立嗣，那么财产继承权就要与嗣子进行划分。作为寡妇获得丈夫家产的前提是守志，一旦这个前提被破坏，那么理论上是不允许携前夫家产或者个人奁产再嫁的，当然，在现实中，这个问题的处理起来往往没有那么绝对，这就需要参考司法判决来从另外一个角度来探究。

对于寡妇的财产所有权，法律规定其承夫之产和奁产为其所有财产，

---

① 曾枣庄 刘琳 主编．全宋文 [M] 第一百八十八册·卷四一三八·高闶·送终礼．上海：上海辞书出版社．合肥：安徽教育出版社，2006:162.

② [清]沈家本 撰．邓经元．骈宇骞 点校．历代刑法考 [M]．寄簃文存卷五·答问·答友人问夫亡守志例文书．北京：中华书局，1985:2204-2205.

但是同时对于这些财产的处分权行使作出限制，[①] 如果寡妇子孙年纪在十六岁以上的，是不允许典卖处分田宅的，立法原理是，依据“三从”妇德的本意，丈夫亡故之后，寡妇应当听从儿子的意志安排生活，所以对于丈夫的田宅，妇人没有处分权的，应当以成年儿子的意见为主。再说妇人的随嫁田，随嫁田在丈夫家庭中分家析产时，是作为私产，不在分家范围的。其本质是丈夫与寡妇的共同财产，丈夫亡故之后，按照财产所有权的一般逻辑，寡妻成为该财产的产权人。但是法律规定是这部分田产也是不能被随意处分的，因为当初作为随嫁，田产产权发生转移，即使不在丈夫家庭分家的范围内，但是，本质上，属于夫家财产。因此，作为寡妇仍然不得随意处分。那么寡妇对于合法继承的丈夫家产是否享有遗嘱处分的权利呢？法律规定中说明，在某种意义上寡妻是享有遗嘱处分权的，前提是丈夫没有其他的法定遗嘱继承者，寡妻方可在缌麻以上亲属内选择继承人。

（三）立嗣

宋代寡妇的立嗣权的权能是非常完整的，作为寡妇，除非丈夫生前已经属意，那么在丈夫亡故之后，寡妇择选昭穆相当的嗣子权利很大，是可以与族长的立嗣权向博弈的，在这个问题上，其他朝代与宋代是不能相比较的。

左朝散郎彦增在生前与兄长彦堪已经议定，将彦堪的次子入继本房，但是相关的过房手续还没有完成，两人均已亡故，在彦增亡故之后，寡妻申请继续完成过房手续，将彦堪之次子按照亡夫意愿入继本房。她提出这次入继是符合法定条件的，双方昭穆辈分相当，入继嗣子为本生次子，非嫡非长，再加上元氏亡夫生前选中，寡妇元氏在丈夫死后无异议。因此，入继应当是合法有效的。[②]

---

① ［明］张四维 辑．社科院历史所宋辽金元史研究室 点校．名公书判清明集 [M]. 卷之五・户婚门・争业下・继母将养老田遗嘱与亲生女．北京：中华书局，1987:141–142.

② 曾枣庄 刘琳 主编．全宋文 [M]. 第二百一十一册・卷四六七八・赵士铢・乞许赵宽夫过房与赵彦增为后奏．上海：上海辞书出版社．合肥：安徽教育出版社，2006:70.

丈夫在生前选定嗣子，对于寡妇来讲是不可违拗的，但是往往丈夫在生前对于立嗣问题没有明确的意思表示，死后由妻子行使立嗣权，也是合法的，故武经大夫、浙西兵马都监赵希古的妻子吴氏，在丈夫亡故之后，与本宗尊长赵希永进行商议，申请本宗宗子第三子为本房之嗣。相关机构对于双方身份进行审查确认之后，认为双方昭穆相当，加上立嗣程序合法，不存在法律规定的阻却事由，因此，核准立嗣。在此次立嗣中，寡妇亡夫生前无指定嗣子，死后寡妻与本宗尊长商议，最终选定昭穆相当者入继，获得了法律的支持。①

为丈夫选择嗣子承嗣，最主要的是为丈夫选定合适的继承人，来保证本房香火的承继。次一方面，是对于寡妇基于未来养老问题的考量，嗣子的主要职责之一是奉养寡母，如果在孝养亲敬这一方面有缺失，很有可能被剥夺嗣子身份。这也是立嗣子和命继子之间继承财产份额差异的主要原因，即是否尽到赡养的责任。同时还有一种可能，是作为享受推恩和荫庇制度的家庭，如果绝嗣，继续享有相应的官爵和待遇的可能性也就随之终结。这不仅是对于一个家庭的损失，也是对于一个宗族的损失。基于此，不论是寡妇还是族人都不会在立嗣问题上消极应对。②此外，在当时入继为嗣，并非一定为嫡妻之子，入继为妾子也可以合法取得嗣子身份。

（四）其他法律保障

宋代寡妇守节虽然可能存在很多制度保障上的不足和物质生活上的短缺，但是再嫁也并不意味着是自由意志下的婚姻，寡妇自谋再嫁的为少数，也不为法律所提倡。原因是即使作为二婚，也没有泯灭婚姻的本

---

① 曾枣庄 刘琳 主编 . 全宋文 [M]. 第三百四十三册・卷七九三四・赵师禹・赵希古妻过房继嗣事奏 . 上海：上海辞书出版社 . 合肥：安徽教育出版社，2006:355.

② 曾枣庄 刘琳 主编 . 全宋文 [M]. 第二百七十册・卷六一一三・张氏・乞多闻比换南班请给奏 . 上海：上海辞书出版社 . 合肥：安徽教育出版社，2006:370.

质属性，在传统中国，婚姻的成就不是由个人自由意志决定的，需要以父母之命、媒妁之言的形式判定婚姻的程序合法性。故此，在寡妇再嫁的问题上，父宗的父母、祖父母还是有决定权的。与初婚不同的是，初婚中享有主婚权的亲属，在寡妇再嫁问题上是不享有决定权的，这些亲属如果违反法律规定，强迫寡妇再嫁的话，会受到法律的制裁。

对于寡妇本愿守志，但是受到亲属阻挠强嫁的，法律规定对此行为会被处以一年徒刑，周亲亲属强嫁的，减一年徒刑二等处罚，再嫁婚姻无效，法律强制离异，女归前夫之家，娶者不处刑。

法律解释中对于强迫守志妇改嫁的不同身份亲属给予不同的惩罚，其中对于大功以下身份的亲属强迫寡妇改嫁的，处以徒刑一年。对于周亲强迫寡妇改嫁的，处以杖刑九十。也就是身份亲等越亲近，所处刑罚越轻。①

二、对再嫁和归宗的宽容态度

再嫁和归宗在当时作为出离前夫之宗，重新进入后夫之宗或者返回父宗的两种方式，强调的都是寡妇可以出离前夫之家选择其他的生活方式。法律对于寡妇再嫁和归宗的态度都是很宽容的。这在法律上体现为，对于再嫁寡妇，前夫之子与其服制亲属关系依然受到法律的承认和保护。对于归宗，法律的主要支持体现在归宗女的继承权与在室女等同。

宋代对于承嗣的嗣子和归宗寡母之间的服制亲属关系有过很多讨论，每每大臣在为母亲申请服丧的时候，这个问题就会引发朝臣的诸多讨论。以大臣前祠部员外郎、集贤校理郭稹为例。由于郭稹的母亲是其父亲的寡妇，之后再嫁他人，郭稹当时年幼，再加上之后郭稹没有叔伯兄弟，其家只有他一个嗣子可以承嗣。现在郭稹的亲生母亲再生不幸，那么对于郭稹应该为亲生再嫁寡母服丧何等成为讨论的焦点。其中依照

① ［宋］窦仪 等 撰．吴翊如 点校．宋刑统 [M]. 卷第十四·户婚律·六门·同姓及外姻有服共为婚姻．北京：中华书局，1984:221.

规定服制礼法的条文中可以得知，为父亲休弃的妻子和父亡再嫁的寡妇，作为儿子应当为其服丧齐衰杖期降服。但是，有例外情况，就是如果作为父亲的嗣子就不能为亲生再嫁母服丧。

但是侍御史刘夔持有不同意见，他认为依照旧时唐代礼令之三（天圣六年敕，开元五服制度、开宝正礼）的记载可以看出，承嗣子不为再嫁寡母服丧是符合礼法规定的。但是《假宁令》中有更为详尽的规定：对于母亲再嫁的，虽然身为父亲的承嗣子可以不为亲生母亲服丧，但是应当为亲生母亲守心丧。原因是，不能因为是父亲的承嗣之子，就因为礼法规定，断绝生身之情。所谓心丧，一般是在妾子为妾和儿子为被父亲休弃的妻子所服之丧，丧期为二十五个月。再寻找格令记载，可以发现明确的规定：儿子虽然是父亲的承嗣之子，但是应当为再嫁之母服心丧。在心丧期间不得居哀作乐、冒哀求仕等，所守禁忌参照为父母正服丧。现任龙图阁学士王博文、御史中丞杜衍都为再嫁母亲守丧解官。他们的行为是维护孝道的最好方式，如果他们不去为亲生母亲服丧，这才是枉顾名教精神中孝道的要求。

关于杖期降服的规定是源于开元礼，终于天宝降敕，期间历时三年，之后废黜，原因是自觉失礼，不同时期的儒学家对于这条具文也多有批评，甚至追本溯源，对于圣人之后孔鲤之妻再嫁之后，圣人之子子思仍然为亲生母亲服丧作前例。指出，圣人之后尚且顾念母子亲情，为出母服丧，现今的礼制不应当与儒家正统精神相违背，一味强调身份差等，枉顾血缘亲情。因此认为郭稹应当为再嫁寡母服斩衰丧。[①] 对于前夫家儿子的服制亲等关系作出规定之外，法律对于前夫家家庭成员与再嫁寡妇或者归宗寡妇的互相侵犯的处罚，是不同于凡人，也不同于家庭成员的。对于寡妇殴詈亡夫的祖父母、父母的，应当减殴詈舅姑罪二等处罚，造成折伤后果的加役流，造成对方死亡的，处以绞刑。过失杀伤的，依照凡人相犯论。

① ［元］脱脱 等 撰．中华书局编辑部 点校．宋史[M]．卷一百二十五·志第七十八·礼二十八·服纪．北京：中华书局，1985:2926-2927.

法律解释了为何成为故夫的情况以及各种不同的伤害情况划分的刑等，夫亡改嫁者殴打亡夫的祖父母和父母处以三年徒刑，诅骂者处以两年徒刑，殴打致牙齿断裂以上伤的，处以加役流刑，致死者，处以斩刑。过失杀伤的，依照凡人相犯来论，允许赎铜代刑，赎铜没入前夫家。相反，如果亡夫的父母、祖父母殴杀伤旧时儿媳或者孙媳的，造成对方折指以上伤害的减凡人相犯三等处置，造成对方死亡的处以绞刑。

法律解释中对于夫亡子孙妇守志，婆婆守寡再嫁，那么这种情形下相互侵犯应当怎么定罪量刑。法律规定的是如果子孙妇守寡守节，婆婆再嫁，互相侵犯应当适用婆婆和媳妇相犯的罪名和刑等。[①] 原因是，作为子孙之妇，为丈夫守寡，丈夫与婆婆之间的血缘亲情是无法断绝的，即使作为婆婆再嫁，也不能改变。但是，对于嫡养慈继四种母亲，不在此条的规定范围内。

由此可见，在旧舅姑与再嫁寡妇之间存在相犯的罪行时，在造成死亡后果之下，那么法律对于双方之间的刑等划分是旧舅姑犯再嫁妇，轻于凡人、重于亲属的，再嫁妇犯旧舅姑是重于凡人的、轻于亲属的。法律在身份伦理关系和法意之间选择了一个平衡点，定义了旧舅姑与再嫁寡妇在非常之时的身份关系。

对于户绝财产中归宗女的继承份额法律认为，原则上户绝财产属于在室女和归宗女所有。如果户绝财产数额巨大，达到千贯以上的，应当拿出给予出嫁女。只有归宗女的情形下，三分之二属于归宗女，剩下部分的一半属于出嫁女。对于出嫁女的继承份额是归宗女和在室女的很小一部分。作为归宗女，法律在维护其归宗期间的物质生活保障是很到位的。[②]

① ［宋］窦仪 等 撰．吴翊如 点校．宋刑统 [M]. 卷第二十二·斗讼律·六门·夫妻妾媵相殴并杀．北京：中华书局，1984:350−351.

② ［宋］李焘 撰．上海师范大学古籍整理研究所 华东师范大学古籍整理研究所 点校．续资治通鉴长编 [M]. 卷五百一·哲宗·元符元年．北京：中华书局，2004:11935.

三、对于寡妇其他人生选择的法律支持

（一）通过肯定接脚夫的继承权承认接脚夫婚姻的合法性

接脚夫无论是在法律规定或者是现实生活中，都是备受歧视的群体，法律并没有因为他们是被舆论贬抑的群体就忽视对他们权益的保护。提举河北保甲司言："乞义子孙、舍居婿、随母子孙、接脚夫等，见为保甲者，候分居日，比有分亲属给半。"诏者为令。[①] 法律对于接脚夫的财产权益并列于其他弱势边缘家庭成员之间，在继承财产的份额中给予其一定的保障。

（二）对女户的法律优待和救济

法律对于女户的优待主要体现在免除女户的兵役和劳役等役使，对于税收实行的是免除或者减轻的方法。从这两方面去对女户的存在进行保护，最初是本于社会救济理念的免除赋税杂役，在宋代中后期变成了社会的痼疾，女户成为诡名寄户的避税方式，女户从社会的弱势也一跃成为富户地主。但是即使如此，终宋一朝，对于女户的法律优待并没有因此就被减弱或者撤销。虽然对于女户的法律优待会带来这么多的社会问题，但是在宋代对女户免除赋役的政策贯穿始终，原因是：苏轼认为作为弱势的女户，自立尚且艰难，作为皇帝，更应当多为体恤。[②]

高宗年间，金岐王亮弑主自立，其上位之后的最初几项举措包括对于无子女户的免役之法，[③] 高宗在位期间对于无子女户的政策措施并非

① ［宋］李焘 撰．上海师范大学古籍整理研究所 华东师范大学古籍整理研究所 点校．续资治通鉴长编 [M]. 卷三百三十二·神宗·元丰六年．北京：中华书局，2004:8009.

② ［元］脱脱 等 撰．中华书局编辑部 点校．宋史 [M]. 卷三百三十八·列传第九十七·苏轼．北京：中华书局，1985:10805.

③ ［元］脱脱 等 撰．中华书局编辑部 点校．宋史 [M]. 卷三十·本纪第三十·高宗七．北京：中华书局，1985:570.

此一例，随后己未，高宗再次下诏，对于无子女户的各类役使再次免除。[①] 神宗时王安石变法，其中一项是关于赋税兵役的措施，称为助役法，主要内容是将原本应当分派给每家每户的各色役使折算成钱，[②] 主要针对的就是以女户为代表的无役可出之家和单位组织。主要方法是：对于这些折役对象，根据她们依据户等应当出役的人数，折算成钱，将这些钱财收缴，随后将之用于雇佣诸色役使。[③]

针对折役这项举措在实施过程中可能出现的问题，大臣上奏，折役法施行的原因是，地方税收仅仅依靠乡户是难以承受的，所以在那时就已经要求有田产物业的官户、女户等每个月缴纳十五贯税钱以折免他们原本应当负担的役使。在此法施行之后已经收到很好的成效，对于女户一类弱势户等来讲这也是合理的举措，如果在此时对于这项政策进行改变，强加赋税，对于这些弱势户等来讲是很不公平而且是负担很重的。这与最初施行折役法的初衷也背道而驰。[④]

神宗之后哲宗即位，他在位期间，折役法有继续发挥其效能的一面，也随着这项政策的不断深化推行，造成了一系列执行当中的问题，折役法的施行本身是权宜之计，造成的不良后果是役钱久拖，因此，在哲宗时针对这一问题下决心予以整治，诏令催缴这些拖欠役钱，限期缴纳，如果不能在有效期间内上缴，就依照相关条例规定对其进行处罚。但是

---

① ［元］脱脱 等 撰．中华书局编辑部 点校．宋史 [M]. 卷三十・本纪第三十・高宗七．北京：中华书局，1985:570.

② ［元］脱脱 等 撰．中华书局编辑部 点校．宋史 [M]. 卷一百七十七・志第一百三十・食货上五．北京：中华书局，1985:4301.

③ ［元］脱脱 等 撰．中华书局编辑部 点校．宋史 [M]. 卷一百七十七・志第一百三十・食货上五．北京：中华书局，1985:4316.

④ ［宋］李焘 撰．上海师范大学古籍整理研究所 华东师范大学古籍整理研究所 点校．续资治通鉴长编 [M]. 卷三百六十七・哲宗・元祐元年．北京：中华书局，2004:8826.

同时也注明，对于女户等弱势群体，不适用本条催缴令。[①]可见，在当时役钱的收缴开始是为了照顾女户等弱势群体，在施行过程中为了保证这些优惠措施确实有效，皇帝也会根据现实情况及时调整策略："遂罢官户、寺观、单丁、女户出助役法，其今夏役钱即免输。"[②]遭遇荒年或者灾年时，对于女户的役钱收缴会予以免除。甚至在需要的时候，对于女户还会给予补助。[③]

哲宗时，女户折役钱的政策不仅在执行中面临难以催缴的问题，还有种种其他的弊病丛生，女户中有因为所在地方的执法残苛，造成女户实际上缴数额远高于法定数额，而其中狡猾者却是难以上缴执行。以至于同样的法度，在同一群体中口碑褒贬不一，造成的实际效果也是与预计中的相去甚远。[④]以致于，在部分地方由于民户能够输出役使的人家不足三成，加上真正能征收上来的女户等助役前不足二成，也即是说在施行助役法效果较差的地区，存在着一半以上的役钱和役使缺口。这显然造成国家建设、国防力量的不足。[⑤]

那么针对这些情况，大臣提出了一些举措去弥补助役法实行中的问题，大臣认为由于户等的高低、财力的多寡和差役的雇佣难度这些因素是不衡定的，因此，应当制定针对这些情况的轻重之法，对于宽余之年

① [宋]李焘 撰.上海师范大学古籍整理研究所 华东师范大学古籍整理研究所 点校.续资治通鉴长编[M].卷三百六十六·哲宗·元祐元年.北京：中华书局，2004:8789.

② [元]脱脱 等 撰.中华书局编辑部 点校.宋史[M].卷一百七十七·志第一百三十·食货上五.北京：中华书局，1985:4316.

③ [宋]李焘 撰.上海师范大学古籍整理研究所 华东师范大学古籍整理研究所 点校.续资治通鉴长编[M].卷三百九十三·哲宗·元祐元年.北京：中华书局，2004:9581.

④ [宋]李焘 撰.上海师范大学古籍整理研究所 华东师范大学古籍整理研究所 点校.续资治通鉴长编[M].卷四百二·哲宗·元祐二年.北京：中华书局，2004:9788.

⑤ [宋]李焘 撰.上海师范大学古籍整理研究所 华东师范大学古籍整理研究所 点校.续资治通鉴长编[M].卷四百七·哲宗·元祐二年.北京：中华书局，2004:9909.

可以将多余的部分用作减轻女户助役钱的缴纳。

同时，对于本身就处于下等户的女户，她们在助役法实行之前本身是没有提供役使的义务的，现在她们也成为纳税的单位，这对于她们来讲是很重的负担，以至于女户在施行助役法之后愈加贫困。[①] 对于提出在收取助役之钱时，应当多留一分作为加减盈余，可以用于减轻女户的助役金额，这些其实是假借女户之名，行富户方便之实。[②] 因此，哲宗时对于助役法的完善，体现在对女户的宽减措施上是，如果女户遇到添丁进口，向朝廷缴纳两年以上助役钱之后，可以免除差役一次。[③]

第三节　司法保障寡妇的礼法权利

一、司法对寡妇人身权的保障

（一）司法对寡妇自愿守节的保障

寡妇在夫家守节生活并非由于其获得主流道德评价的褒扬而被夫宗亲属鼓励和支持，相反，由于寡妇守节给他们带来的实际物质损失，会使得夫宗亲属为寡妇的守节生活带来一些人为的困难和麻烦。守节寡妇由于失去丈夫，如果再没有子嗣的支持，因此往往处于弱势，当这种种纷争进入到司法领域，法官对于守节寡妇所持的态度多都是同情和保护的。这不仅出于朴素的是非价值观，而且是职业司法官对于礼法精神对

① ［元］脱脱 等 撰．中华书局编辑部 点校．宋史 [M]．卷一百七十七・志第一百三十・食货上五．北京：中华书局，1985:4310−4311.

② ［宋］李焘 撰．上海师范大学古籍整理研究所 华东师范大学古籍整理研究所 点校．续资治通鉴长编 [M]．卷四百三十五・哲宗・元祐四年．北京：中华书局，2004:10484.

③ ［宋］李焘 撰．上海师范大学古籍整理研究所 华东师范大学古籍整理研究所 点校．续资治通鉴长编 [M]．卷四百六十四・哲宗・元祐六年．北京：中华书局，2004:11087.

弱势群体的保护在司法中践行的体现。

法官在判词开篇就提及，近来社会风气极偏斜，身为同宗同族的亲属，在面临他房人口凋敝、无人支撑的状况，不仅没有顾念亲情，为之提供应有的帮助，往往乘人之危，不问死者丧事，只顾一己私欲，抢占孤儿寡母田产房地、瓜分死者财物，种种行径令人齿寒。况且这种事情不仅发生在没有受到礼法教养的平民家庭，甚至社会身份和地位更高的儒生世家都难以免俗。

本案肇始于刘家家长刘传卿亡故，随后其子、其女均先后死去，留下其子季六的未亡人曹氏守节理家。而其女季五的入赘夫梁万三意图强占刘家产业，因此兴讼。法官认为，作为赘婿，其妻在世时，他不应当干预妻子家产之事，妻子死后，他更没有资格占据妻子家人物业。那么这个在法理和情理上显而易见的事实，为什么会不被梁万三重视，继而兴讼，究其原因是在于亲戚族人之间的仇嫌恶薄。支持曹氏的刘氏族兄和族弟先后亡故，与曹氏一方有仇怨的刘氏长房趁机借口立嗣，意图侵占曹氏一方家产。作为妻子亡故，已经出刘家自立门户的梁万三也起了霸占曹氏家产之心。以至于曹氏腹背受敌，族内其他小人，也趁机一哄而上，试图分一杯羹。他们提出的理由是，曹氏意图改嫁，不再守节，因此不具有家产管理权。再加上曹氏本身无子，没有资格掌管刘氏三房家产。针对这两项指控，法官基于各方提供的证据事实情形判定：首先将刘传卿的家产进行清点，如果曹氏作为守节妇没有改嫁的行为或者意图，且曹氏确实收养春哥为嗣的话，就将现存的所有物业官方封存，交给曹氏管业，并且限定曹氏不允许典卖这些物业，等春哥成年之后交付物业。期间产生的管理费用，应当从封存财产内支出。现下当务之急是安葬季五和季六，季六安葬费用由梁万三自付。梁万三侵占产业应当及时交还曹氏，如果不按判决执行，那么就要追究梁万三的刑事责任。①

① ［明］张四维 辑．社科院历史所宋辽金元史研究室 点校．名公书判清明集 [M]．卷之七・户婚门・孤寡・宗族欺孤占产．北京：中华书局，1987:236-237.

宋代寡妇守节不仅会面临与其他朝代的寡妇一样受到父宗或者夫宗亲属的逼迫再嫁的压力，而且由于宋代寡妇有遗产继承权和立嗣权。因此，她们面临夫宗亲属族人的恶意更多。守节妇在没有子嗣的情况下能保有亡夫的财产并且安度晚年，需要的不仅是亡夫丰厚家财的支撑，往往需要有自己的亲生子、收养子或者立继子为其做代言人和赡养者，缺少男性角色的辅助，在大多数情况下寡妇持有亡夫家产的合理性会受到宗族亲属的质疑。因为他们作为潜在利益相关者，一旦寡妇再嫁或者归宗，他们以立继的名义可以获得更多现实的物质利益。因此，守节寡妇在夫家面临的挑战是持续发生的。

本案中曹氏的困境是非常典型的，法官依据立法中寡妇夫亡无子守志承夫分的规定，最终判决，曹氏在幼子成年之前管业家产，不得典卖。同时，承认了曹氏作为刘家守节寡妇的立嗣权。法官对于曹氏能在壮年为夫守志表示褒奖和支持，同时通过司法判决为曹氏守志提供条件。

（二）对寡妇再嫁的支持

对于寡妇守志，司法官一方面出于道德评价上的赞扬，另外一方面出于对现实中寡妇守节将会遇到的很多困难表示理解。因此，在寡妇选择再嫁的问题上，法官也往往持宽容和理解的态度。本案中的寡妇周氏一生三嫁，最后亡故，第三夫京氏兴起词诉，要求取周氏遗骸同葬。

周氏初嫁曾氏，与曾氏有一子曾岊叟，后夫亡改嫁，嫁于赵副将，随后再次改嫁京氏。嫁于京氏两月余，由于京氏宠爱姬妾，周氏遂逃归曾家。京氏转任他处，周氏不再相随，其间已历四年，周氏亡故。京氏和周氏婚配之后，以夫妻名义相处仅一年不到的时间，京氏耽于姬妾美色，与周氏夫妻恩义已经断绝，加上周氏在前夫之子家已经四年，其间京氏转任，没有携周氏迁往，并且没有丝毫关切联系。双方可以说早已经断绝了夫妻之间恩义，现在，周氏身亡之后，京氏意图取回周氏尸骨，与其同葬，这是没有道理的。在世的时候双方厌弃彼此，死后反而要归于一穴，这显然也不符合死者的意愿。并且，京氏以周氏携带妆奁归于曾家作为借口，实在有失世家大族风范。京家称周氏最初是作为赵副将之前妻的身份嫁给京氏的，因此，曾家没有立场要求周氏葬在曾家。但是他忽视了关键的问题，周氏是从曾家出嫁的，同时归于曾家也是由于京氏沉湎与姬妾之情，忽视和轻视周氏引发的。之后周氏归于曾家，怎么能说周氏与曾家没有关系呢？周氏与曾家固然依据法律规定是为义绝，但是同样的法律也适用于周氏与京氏之间，即丈夫外出三年不归家的，听任妻子改嫁。现在京氏离弃周氏在先，期间已历四年，超过法律规定的三年，双方的夫妻关系已经不复存在了。于恩情义理上来讲，周氏与京氏之间的恩义早已经断绝了，但是，周氏与曾氏子之间的母子之情却是牢不可破的。法官认为，京氏作为世家子弟，在妻子生前对她的身份和地位极为不尊重，死后以抢夺妻子奁产为目的，要求妻子尸骨归于其家，其行为实在没有品德格调。因此，驳回京氏要求周氏尸骨归葬的请求，并且如果因此缠讼不已，就依法追究京氏的刑事责任。①

周氏三嫁之后，法官对于其道德操守并没有过多的非难，仅仅就其死后财产的归属以及安葬等事宜依法进行判决，在判决的最后，对于其三嫁丈夫京氏的失德行径进行了谴责。其中，判定周氏的婚姻状态和身份归属依据的是立法规定，对于周氏死后的身份归属，也曲尽人情，不仅基于婚姻关系的存续与否，同时根据母子之间亲缘感情。从判决中认定的客观事实来讲，周氏与曾氏有子，因此，周氏在曾氏之家守节生活并没有太大的现实困难。并且，周氏携产不断改嫁，可见其并非迫于生计。再加上其三嫁负气归曾家，可见其母子亲情关系很深厚。综上所述，其改嫁完全源于其个人自主选择，即便如此，法官也没有对曾氏进行道德非难。其中的原因不独为曾氏已往生，死者为大，更多的是作为司法官，对于寡妇再嫁的宽容和理解。

---

① ［明］张四维 辑．社科院历史所宋辽金元史研究室 点校．名公书判清明集[M]．附录二·（新淦）·京宣义诉曾嵓叟取妻归葬．北京：中华书局，1987:602–603.

（三）司法对寡妇招接脚夫的宽容

立法中对于寡妇招接脚夫没有明确的禁止或者鼓励，现实生活中，寡妇招接脚夫也是民间常见的一种婚姻形式。这种婚姻形式因为涉及多方关系，尤其涉及前夫、寡妇和后夫之间的财产关系，因此，容易引发纠纷。在纠纷达到司法介入的情形下，法官对于寡妇招接脚夫婚姻中相关问题的判决可以窥见法官对于接脚夫婚姻的态度。

本案被告甘氏为寡妇，为前夫之家继嗣收养亲戚家三岁以下的儿子作为养子，在丈夫亡故之后招接脚夫。朱先乘人之危，妄图侵占丁昌家业，因此兴讼，争议的焦点是阿甘招接脚夫且为前夫收养养子是否合法。阿甘是否有权占有前夫物业。针对前项，法官查明，阿甘收养的养子确实没有完成收养手续。即收养同宗子为嗣子应当完成除附的法定程序，即将养子从本生父母之名籍中除去，将其以养子身份加入收养之家。完成这项程序才算是收养程序合法。但是宗谱名牒往往是世家大族所有，一般平民家庭没有这些配置，甚至连除附的程序都不知晓。丁氏收养的异姓子是侯四之子，侯四家贫，连户籍都未必登记在册，再加上收养的子嗣，当时年纪还不足三岁，依照法律规定，是可以跟随收养之家的姓氏，并且作为承嗣之子。那么从这个意义上来讲，有没有除附的程序都不构成收养的合法条件了，只需要向官府申请附籍丁昌之家即可。虽然依据法律规定不适用除附，但是在初审之时，法官适用除附的相关规定，判定收养不合法，因此，要将丁昌之家作为户绝之家，丁昌之养子也被判定离开养母之处，主张诬告无理之徒的嚣张气焰，这在情理和法理上都是不合宜的。针对甘氏已经招接脚夫，就不应当为前夫之家再养养子，借此要籍没前夫的家业，这也是不合理的。原因是，作为妇人是没有自谋生路的能力的，因此，为前夫收养养子，一是为了承嗣前夫之家，再是为了养老之谋划。而招接脚夫，是为了自身现在的生活有所依靠，这都是无可厚非的，同时在法律规定上也没有明确禁止的条文。即使这个养子不应当为前夫所养，阿甘招接脚夫也并没有违法之处，这二项都不足以判定将其收监。法官依照法律规定：作为寡妇没有子孙以及其他同居之亲属，招接脚夫的，前夫的田宅经过官方登记，可以将其交给寡妇管业，但是所有物业价值不得超过五千贯。只有寡妇死亡或者寡妇自愿归于接脚夫之家的，前夫的家业才依照户绝之法继承或者没官。而本案中，丁昌的家业加在一起也不过是二百多贯，交给阿甘处置是合法的。朱先无赖破落，为了蝇头小利，就妄诉丁家绝户，初审官家也唯利是图，妄图将丁家产业没官，因此一拍即合，不依法令就将丁家财产没官。由于初审县官不想依照再审法官判决，就妄自将判决文书等文件混乱处置，因此，对于承办此事的吏人处以杖刑八十。对于丁昌的物业，应当依据法律规定交给甘氏管业。[①]

本案中，对于甘氏招接脚夫一事，法官明确表明态度，认为其招接脚夫以安其身是为情理可悯，为前夫立嗣抱养子，也是合情合理。法官对于寡妇的选择，自始至终秉承的理解和悲悯，对于不法初审机关的处置和妄诉之徒的严厉，不仅体现了身为名公的法律素养，同时也表现了其身为儒学家的人文关怀。

（四）司法对女户的优待

女户作为编户齐民的一个单独的纳税单位，在宋代受到法律诸多的优待，其中主要集中在赋税和役使方面。女户的户主为妇女，生为女户，死为绝户。成为女户并非不可逆的选择，本案中原本身为女户的赵八郡主为了避税，再嫁之后仍然充作女户，因此兴讼。

赵八郡主因为物业田产的经营收益，户等上升为百户，因此承担的差役也随之提升，同时由于赵氏再嫁郑说，其女户的身份就不再被承认和受到法律优待。法官说明了其中的缘由，如果拿出当初抚恤孤幼而将赵八郡主立为女户的官方文件，已经不合时宜了。原因是，赵八郡主现

① ［明］张四维 辑．社科院历史所宋辽金元史研究室 点校．名公书判清明集 [M]. 卷之八·户婚门·户绝·夫亡而有养子不得谓之户绝．中华书局，1987:273–274.

今已经再嫁，今时不同往日，已经不存在孤幼这一重身份，现在拿出来女户的身份是为了避税和避役。如果现在再说是女户孤幼，那么她嫁于郑氏又作何解释。综上所述，法官判定对于赵八夫妇所属两户进行财产清查，对于其所应当承担的差役，依法判定并且执行。[①]

立法中对于女户的优待反映到司法中，呈现出的是差别优待。由于女户带来的社会问题一直以来困扰着宋代中晚期社会，赵八郡主身为宗室女，以女户名庇荫，资产累积经营成为百户，仍然妄图以女户之名继续享受法律优待。司法官明断事实，对于赵八郡主的目的了然于心，因此判定赵八郡主不再以女户之名减免差役。而是按照户等，纳税出役。司法中对于女户的身份的严格判定，是对立法优待女户的前置条件的审查。

二、司法对寡妇财产权的保护

（一）对归宗女的财产继承权保护

立法对于户绝情形下的财产继承，诸女的承继份额存在一定的差异。其中在室女和归宗女在没有其他承继者的情形下享有户绝财产的全部继承权。但是现实中，往往这一规定并不能完全得到兑现，诚如前文提及，对于妇女继承财产的规定都是记录在立嗣的部分。目的并不是仅仅为了使妇女的财产权益受到保护，而是在保证承嗣情形下公平的考量。往往无子之家在家长生前会由家长立继，家长亡故之后由守节寡妇立继或者族长、其他近亲命继。存在这些法律拟制的继承人，那么亲生女在继承份额上往往无法得到全部。秉承怎样的分法，根据的是法官对于法律的理解和具体现实情况的差异。

江家争立嗣子，争议的焦点是立嗣的人选、立嗣的方式以及承产的份额。法官在审理嗣子候选人的相关资格之后认为，从昭穆身份和继承

① ［明］张四维 辑．社科院历史所宋辽金元史研究室 点校．名公书判清明集 [M]. 卷之三・赋役门・差役・以宗女夫盖役．北京：中华书局，1987:76.

家产份额的相对公平角度来讲，江瑞是最为合适的嗣子。至于江瑞的身份是为命继子还是立继子，也是显而易见的，两者之间的差异是，前者在被入继之家父母皆亡的情形下，由族长或者其他近亲尊长选立，后者是夫亡妻在，妻子选立。那么本案江瑞的身份是为命继子。命继子依据法律规定在没有其他女性继承人前提下，只得家庭财产的三分之一。但是《户令》同时规定，如果户绝家庭还有其他女性继承人的话，继承方式就变得极为复杂，以归宗女为例，如果户绝之家只有归宗女的话，依据户绝法判给归宗女家产，即将立继子和命继子继承之后剩余部分的二分之一交给归宗女继承。但是既有在室女又有归宗女的话，给归宗诸女五分之一的家财。剩下的部分没官处置。本案中，继承财产从公检校，江瑞作为命继子，合法继承家产之三分之一。其余份额法官判定一份依照诸女分法，没入族产，作为救济弱势的基金。另一份没官。①

本案中虽然没有确切的归宗女继承人，但是法官对于归宗女的继承资格和继承份额做出了确认，并且最终在划分家产继承份额时，依据诸女在之法，将其中一份化作族产。体现出现实中法官并没有儒学理论家的过多担心，担心妇女在通晓法律内涵之后，利用礼法规定，攫取过多财产利益，无视家族祭祀传承。法官在面临现实继承问题时，更在意的是衡平法意的各方当事人的利益，以达到实质上的相对公平，以平息讼端。在处理这些涉及妇女诉讼问题上，法官们往往没有过多的理论预设，认为妇女是无视家族利益的无是非判断能力的单纯受益人。法官往往在面对妇女继承问题上，将其放在与男性继承人一样的，与父母之间存在优先的亲情血脉联系的后代的位置。可见，在司法实践领域，法官理解的妇女继承的前提是与男性继承人一样的血缘亲情羁绊。

① ［明］张四维 辑．社科院历史所宋辽金元史研究室 点校．名公书判清明集[M]．卷之八·户婚门·立继类·命继与立继不同·再判．北京：中华书局，1987:266-267.

（二）司法对守节妇的财产权保护

1. 司法对守节妇财产继承权的保护

寡妇承夫分获得亡夫家产继承权的唯一方法就是守节不再嫁，但是守节是一个漫长的时间段，期间会有无数的变故出现导致寡妇作出再嫁、归宗、招接脚夫等选择。但是不能因为对于寡妇的不信任，就剥夺寡妇的继承权，因此，司法中，只要寡妇为夫守节一日便是亡夫家产的合法继承人。只是，作为寡妇再加上没有承嗣之子为其代言，那么在宗族之中，其承受的财产很容易被宗族内心怀叵测之人觊觎，其中蛮横者会强行霸占寡妇继承的财产，狡猾者会通逼迫寡妇承认其本人或者其子为嗣子的方式，合法占据寡妇家产。这两者对于寡妇来讲都是非常不利的。当这类纠纷发生之后经官裁判，那么作为当事人的寡妇的继承利益是否会受到法官保护，法官会以何种方式对寡妇的合法继承利益进行保护，这是我们接下来要讨论的问题。

方天禄死而无子，留下青春年少的寡妇独自支撑家业。由于其无亲生之子也无合适嗣子继嗣，就引发了族内二人的觊觎，其中之一妄图以自己独生之子为方天禄继嗣，另一人试图干预寡妇承产。法官在查明相关事实之后判定，方天福之子为独子，不具备入继资格，因此不得入继方天禄之家。王思成不得干预方天禄孀妇之承产事，否则以不应为罪勘断。同时，法官考虑到作为十八岁的寡妇，即使现在有心守节，但是天长日久，未必不生变故，因此，法官对于方天禄的家产施加另外一重保障，官方检校其家产，并且将其分为两份，其中一份作为未来嗣子的继承份额，责令族长为方天禄选择昭穆相当的嗣子入继。①

本案中有两位当事人分别对寡妇的继承权进行了非难，这二人代表了对寡妇守节进行纠缠，试图从中渔利的族人共同行为特征，以寡妇是否能够守节和寡妇选择何人承嗣为突破口。这两点也是寡妇是否能够获

① ［明］张四维 辑．社科院历史所宋辽金元史研究室 点校．名公书判清明集 [M]. 卷之八・户婚门・检校・检校嫠幼财产．北京：中华书局，1987:280.

得亡夫家产继承权的前提。法官对于这类纠纷，基本上秉持着为死者计，选择合适的嗣子入继，平衡族内的利益关系，并且对于寡妇的继承权利进行确认和保护。其中的优先顺序根据的是身为法官的不同价值关切，值得注意的是，在法官作出判决之时，这些因素均在其考量的范围内。

2. 司法对守节妇财产处分权的保护

传统中国对于妇女的道德守则之核心是，其没有完整独立的行为能力，因此需要一生处于男性尊亲属或者卑亲属的监护之下生活，是为“三从”之义。但是，在商品经济发达的宋代，财产私有在家产共有的框架下萌芽，在这个意义上，家产作为共有财产，其处分的合法有效，基于的是交易主体的适格。宋代法律规定，不论守节寡妇有亲生子嗣或者立嗣之子，也不论亲生子或者入继子是否成年，房屋、田产等不动产家产的买卖需要寡妇在契首署名，表示认同这笔交易。否则，该交易将被判定无效。由此可见，寡妇在家产处分中拥有很大的权力，现实中如果有枉顾守节寡母的意见，进行田宅买卖的行为，是不会受到法官的支持的。

魏氏孀妇李氏尚存，其子魏峻破当不肖，沉迷饮酒赌博，因此负债累累，遂动起了典卖田宅的心思。私下找到丘汝砺典钱，并寻危文谟为牙保，为其处置交易事项。事情败露之后，经官诉讼，丘汝砺、危文谟声称所交易田宅为魏峻承分之家产，枉顾一般认知中，对于家产处分需要在寡母首肯前提下，众兄弟联名认可才能生效的一般常识。因此，法官此二人均进行惩戒，并且要求魏峻限期赎回家产，否则也处以刑罚。[①]

司法官对于寡母的家产处分权的认可程度，基于的是立法规定。守节寡妇在选择守节之后，其生活不仅受到子嗣的供养，而且在家事管理、家产处置等重大家庭事务中享有宽泛的权利。

3. 司法对守节妇财产管理权的保护

守节之妇在夫家日常行为受到礼法贞节规范规制的同时，在亡夫家

① ［明］张四维 辑．社科院历史所宋辽金元史研究室 点校．名公书判清明集 [M]. 卷之九·户婚门·违法交易·母在与兄弟有分．北京：中华书局，1987:301–302.

日常管理事物中作为寡母往往有决策的权力。这一部分权力一方面基于儒家伦理道德的孝养亲敬观念，另外一方面基于寡妇在家产管理方面的决定权。其中尤其是当嗣子还未成年，寡妇作为嗣子的抚养者和代家长，其家庭地位会更为突出。正因为如此，她对于家事的管理权会时时受到宗族内成员的挑衅，意图侵吞其家产者比比皆是。

毛氏二十三岁年少守贞，仅有二女也无法孕育后嗣，阖族之内寻找合适的嗣子为亡夫承嗣，并且立誓要为亡夫守节，这是需要很大的勇气才能做出的决定。如果词讼诬陷毛氏是为了亡夫的家产才决定守志，法官是不予采信的。因为毛氏亡夫的家产也并不算极为丰厚，而且毛氏立黄臻为后也是无可奈何之举，其亡夫之一兄一弟要么早亡无子，要么年幼新娶，唯余一长兄，虽有三子，但是其长兄与亡夫素有嫌隙，甚至到了恩义断绝的地步。如果选择他的儿子入继，恐怕不符合亡夫的意愿，导致亡夫灵魂不安。故而毛氏向其表姑廖氏家请求立其次子法郎为嗣子，改名黄臻。这是本案纠纷的焦点，即黄臻是否有资格承嗣。本身依据立法规定，收养缌麻以上亲属家三岁以下的异姓子为养子，可以改为养父母家姓，但是黄臻入继之事又是另外一端，是没有经过家族合议的。由于没有除附的证明和宗族长为其作证，毛氏只谓黄臻为丈夫生前收养，这在立继一节上已经存在程序不合法之端。因此，引发黄氏诉讼，从黄氏的角度来讲也是合情合理的，以外姓旁人来入继本宗，本身就属违法。但是，法官话锋一转，对于立法规定又进行了检索，得出结论，立继之事，本身就是夫亡妻在，听妻择立，况且择立继子之事并非一朝一夕，黄臻入继已经十八年，母子之间没有什么矛盾，对于家庭日常事务，黄臻也是尽职尽责，家产在他的经营下也增值颇多，在道德上和行为上都没有可以挑剔之处。并且由其叔伯为其主婚，当时黄氏族人没有反对之词，现今黄臻叔伯皆已亡故，廷珍之子黄汉龙见毛氏孤儿寡母软弱可欺，因此起了李代桃僵之心，故此缠讼不止。从这个角度来讲，黄臻已经亡故的叔伯皆有子嗣，他们并无一词，偏偏与黄臻嗣父不睦的长兄之子对此颇有微词，那么不得不让人怀疑其诉讼的正当性。因此，法官兼顾各方利益进行判决，要求阿毛在八位侄子中选任适格嗣子入继，与其养子黄臻共同作为亡夫的嗣子承嗣。对于家产的处置，法官将其分作两份，官府进行清点印押，交给黄臻和新任嗣子各自收管，但是家产全部听从毛氏管理，嗣子不得私自处分。[①]

本案中毛氏作为年少守寡的寡妇，在丧失亡夫本族兄弟支持之后，被亡夫长兄之子质疑其立嗣合法性，法官在审理中对于寡妇立嗣权进行了解释，并且判定毛氏立异姓子承嗣有效，但是为了兼顾宗族利益，以免案件缠讼不止，也免得族人再起觊觎之心，要求毛氏并立一同姓嗣子。最后对于家产的分拨，秉持着由毛氏掌管家产全部的原则，对于毛氏作为寡母的家产管理权进行确认。由此可见，无论嗣子由谁选立，对于寡妇来讲，其对于家产的绝对管理权是不受此干涉的。法官无论是出于家产完整性的考量还是体恤作为寡妇的弱势地位保障的考虑，往往会使寡母作为家产的管理者继续管理亡夫产业。

4. 司法对再嫁妇携产改嫁的保护

寡妇的财产所有权主要分为两个部分，一个部分是作为在室女出嫁夫家携带的奁产，寡妇的奁产最早是作为母家对其夫妻财产的赠与存在的，丈夫健在时，双方共同拥有这一部分私财，这一部分财产本质上不属于丈夫家产的一部分。另一部分是寡妇继承的丈夫的家产。这两部分在寡妇改嫁之时，原则上是不允许寡妇带走的，在相关的法律解释之中，这两部分财产均属寡妇亡夫的家产，寡妇继承的部分财产性质不再赘述。作为寡妇私产的奁产为什么不在其携产改嫁的范围之中，法律解释认为，奁产最早赠与的对象并不是寡妇本人一人，而是寡妇与亡夫两人，并且寡妇和亡夫在其生前，是基于同居共财的财产共同体与丈夫一家生活。丈夫亡故之后，其奁产也应当作为丈夫家产的一部分，被嗣子继承。但是现实中确实如此吗，尤其是当司法官在面对这个问题时，是否认为奁

① ［明］张四维 辑．社科院历史所宋辽金元史研究室 点校．名公书判清明集[M]. 卷之七・户婚门・立继・双立母命之子与同宗之子．北京：中华书局，1987:217−219.

产的归属者应当是亡夫的继承人吗。这就取决于法官对于法条的理解以及现实中面临的不同情况各有不同了。

本案中王氏作为吴贡士的继室，和继子在丈夫亡故之后兴起纠纷，亡夫之子认为王氏携产改嫁是为违法。其中携带资产有一部分是亡父的家产，而非王氏私产。针对这一指控，法官审理证据之后得出结论：王氏携产改嫁，所携带财产的性质，从法律意义上来讲的确属于王氏私产。原因是这些田产物资要么是王氏妆奁所得，要么是王氏奁资买卖所得，并非吴贡士家产，即使这存在吴贡士生前过于溺爱王氏的因素，将财产尽数登记在王氏名下，但是究其本源，本身这些财产就是王氏嫁奁。在吴贡士死时，作为继母和继子已经把家产划分清楚，吴贡士之子当时也已经是成年人，对于财产划分有异议，当时就应当经官诉讼，而非在王氏再嫁之后再起事端。法官对于王氏持有的财产性质进行了确认，认为是合法的王氏私产，因此不应当在分家之限。作为再嫁之妇，法官对于王氏的财产私有权仍然根据法意平等保护。[①]

三、司法对寡妇立嗣权的保障

宋代寡妇立嗣权的权能是完善的，不论是其同意权（是否亡夫选立嗣子）、优先权（优先于除丈夫之外的其他夫宗近亲属和族长）、选择权（在适格的嗣子范围内选择适合的入继对象）、取消权（对于不适格或者不履行义务的嗣子可以经官取消其嗣子身份）。在实践中，立法上寡妇的立嗣权是否能够在现实上得到落实，当寡妇立嗣权受到侵犯，在司法诉讼中，法官又是秉持何种态度处置，厘清这些问题是窥探宋代寡妇立嗣权实态的关键。

（一）司法保障寡妇立同宗适格者为嗣

立继一事，夫亡从寡妻，这是宋代立嗣的基本原则之一。寡妻在同

① ［明］张四维 辑．社科院历史所宋辽金元史研究室 点校．名公书判清明集 [M]．卷之十・人伦门・母子・子与继母争业．北京：中华书局，1987:365−366.

宗昭穆相当者之中选定嗣子入继本家，在法理上是正当且不受干扰的权利。在司法实践中依据立法原理进行判决固然详悉明白，但是在现实生活中，会有无赖之徒欺凌孤儿寡母，妄兴词诉。法官在处理类似案件中的说理和态度，不仅表达了对于这些无耻之徒的贬抑，也体现了法官对于立法原意的理解和对立法指导司法的原则坚守。

本案事实清楚，争议的要点在于华老是否身为两家嗣子，故而身份违法。法官认为，华老入继王作霖，事由祖母主理，华老本身身为王作霖族侄，昭穆相当，身为同姓，除祔手续俱全。因此，在立嗣的问题上是不存在被动摇的可能性的。至于声称华老为两家嗣子就更是无稽，为王兴祖嗣子者是为贵老而非华老。本案兴词于王思权意图贪并王思中家产，妄图欺凌孤寡，法官深谙其心理，因此，对于王思权的行径进行贬斥，并且确认了华老入继的合法性。作为主导华老入继的祖母，法官对于其立嗣权的合法性和优先性在判词开篇就予以说明：夫亡妻在，听其妻。可见，在立嗣一节上，寡妇享有的优先权、选择权、同意权等受到司法的全面保障。[①]

（二）司法保障寡妇突破立继范围的限制

夫妻皆在而无子，从同宗昭穆相当人家收养后嗣谓之过房，夫亡妻存，守志寡妇为夫立嗣为之立继。夫妻皆亡，族长、近亲属为之立嗣称为命继。寡妇立嗣权主要体现在立继的过程中，其法定权利能否得到司法保护，就是需要探讨和关注的问题。

为邢林立嗣一案，争议焦点是作为邢林嗣子的蔡氏子是否有资格入继承重。本案缘起于兄弟之间，邢林为兄，邢柟为弟。邢林死后无嗣，最初邢柟不愿意其亲生子入继邢林，故而邢氏兄弟之母蔡氏与邢林之寡妻周氏以蔡氏之侄为邢林之嗣子，对于这个结果，邢柟不仅没有反对，

① ［明］张四维 辑．社科院历史所宋辽金元史研究室 点校．名公书判清明集 [M]．卷之八・户婚门・立继类・已立昭穆相当人而同宗妄诉．北京：中华书局，1987:247.

而且表示同意。从蔡氏入继子的身份来看，其昭穆不当加之身为异姓，本身入继不合法意。但是由于当时与本案相关的利害当事人都没有表示异议，加之决定此事的是具有立嗣权的周氏。现今，此事已经过去八年之久，蔡氏和周氏都已经亡故，再去追溯，于情于理都不再合宜。况且没有令嗣子归宗的原因，作为嗣子的蔡氏子在孝道和德行上无亏，与其祖母和母亲的关系也一向很亲近，在八年间不仅蔡氏和周氏没有微词，邢柟也没有因为蔡氏子德行有亏表现不满。时移世易，八年间，作为邢林的嗣子，蔡氏子承重三重，为其嗣父、嗣母、嗣祖母，可谓是已经完成自己嗣子的使命，又邢柟无缘无故要立吴德孙为邢坚的弟弟，是何居心。现在阖族都以邢坚不为本族昭穆相当者为借口，要求邢坚归宗，其居心昭然若揭。又都以邢坚年幼无法掌事为理由要驱逐邢坚，但是在八年前邢坚才七岁就成为邢林嗣子，当时也没有族人对其进行反对，怎么八年之后，邢坚更成熟之后，反倒出现这样反对的理由。并且邢柟为达到自己的目的，指责邢坚行为不肖，邢坚作为年少之子，行为有不当之处也是能够理解的，作为叔父应当对其进行教导，而非直接驱逐其出家门，况且，指控他行为不当，并没有确实的证据，仅仅是邢柟的一面之词。综合以上理由，法官认为不应当支持邢柟的诉求。其中最重要的原因是，要求邢坚归宗并不是什么难事，但是将邢坚驱逐出去，作为邢林之家就不再有继嗣承重者，若说改换承继之子，但是，原本邢坚是寡母周氏和祖母蔡氏选任的，轻易改换，对于她们来讲会灵魂不安。法官纵览案件的始末，对于因何叔父与侄子之间反目成仇也有了自己的判断，法官认为是在周氏和蔡氏亡故之后，作为母舅的周耀和母亲婢女的王燕喜其中撺掇，导致叔父与侄子之间离心离德。最初邢柟并没有改易嗣子之心，但是由于邢坚听信他人挑唆，也反复兴词，指责叔父妄图霸占家业，导致叔侄之间矛盾不断加深。因此，法官判决，将邢坚母舅处以杖刑以示惩戒，将邢坚母婢嫁遣他人，以绝后患。将刑林家业进行检校，分作两份，一份由邢柟管理，待到邢坚成年之后再交付给他，另外一份由邢坚自己作为生活支出，不得破当买卖。法官希望通过小惩大诫和官方检校和说理等手段，对双方的矛盾作一缓和，并且对于类似案件的当事人作出教谕。[①]

本案的争议当事人邢坚的身份，在立嗣的资格问题上，存在很大的瑕疵。原因是其作为邢家姻亲，为异姓亲属，并非邢家同宗之子，在入继之时年龄已经是七岁，远超过立异姓子为嗣子的三岁年限。作为异姓入继子昭穆也是不相当的，其本身身份是和嗣父邢林同辈，现在入继邢林为嗣子是于礼于法都不合适的。正是作为嗣子身份诸多不适当，使邢坚在祖母和母亲去世之后，其身份合法性受到质疑。但是，本案的法官在了解一系列事实的基础上，并没有因此支持邢柟的诉求，将邢坚驱逐归宗。基于的原因是，邢坚的嗣子身份在立嗣之时并没有受到质疑，并且其嗣子身份是嗣母和祖母命定，邢柟首肯，族人没有异议的。这一系列同意或者默许的行为已经证明这些利害当事人放弃了追诉邢坚身份的权利。并且身为嗣子，邢坚已经完成三重承重义务，这在礼法上是为功不可没，完成了嗣子的主要义务，诚如不得休妻的一个原因是，与更三年丧，与丈夫一起为舅姑守丧三年的妻子尚且不可以驱逐归宗，作为嗣子承重三重，自然也是不可以由于日常小事被迫归宗。加上作为嗣子，在德行上并没有很大的瑕疵，履行了孝养嗣母和祖母的义务，如果在这二位去世之后改易她们的决定，会使得她们泉下不安。并且，作为叔父的邢柟并没有以自己亲生子为邢林之后的心愿，因此，在没有更为合适的嗣子人选前提下，法官认为维持现状对于双方都有利。

综上所述，法官在判定一件嗣子身份违法的案件时，并没有固守法条的规定，一刀切式进行判决。在本案法官的价值顺位中，对于寡妇立嗣权的尊重是优先于对寡妇立嗣权限制的适用。

那么对于昭穆不当而入继的讨论，在《全宋文》中有着详悉的记载："夫子伪政，必先正名。名不正则言不顺，其极至于民无所措手足，名

① ［明］张四维 辑．社科院历史所宋辽金元史研究室 点校．名公书判清明集[M]．卷之七・户婚门・立继・生前抱养外姓殁后难以摇动．北京：中华书局，1987:201−203.

不可不正如此。夫族中过房，有以侄孙为子者，其弊则所生兄呼过房弟为叔。又有以侄曾孙为子者，其弊则所生父呼过房子为叔。又有以弟为子者，其弊则同父弟呼过房兄为侄。名之不正，莫此为甚。元发引《刑统》，内一项云：元无子，许立孙，仍以所生父为世次。以侄孙或曾侄孙为子者可援此例，依所生父世次降居本行可也。但以弟为子，未有所处。元发引《袁氏世范》云：苟不得已，则兄抚弟为子，弟事兄为父，不乱昭穆可也。燚窃谓此说可以笃情谊，非可以奉祭祀，何也？谓如兄抚弟为子，假使弟有两子，将来尚可分继；如只有一子，则将绝兄之后乎？抑自绝其后乎？此亦无所措手足之验。僖之继闵，《春秋》不书即位，既以正逆伦之罪，而跻僖公之书，又以正逆祀之罪。失礼之中又失礼焉，《春秋》所以屡讥也。降尊为卑，与升卑为尊，其乱昭穆等耳。礼莫大于分，分莫大于名，可不慎哉！[①] 原文是在讲过房收养本宗之亲属，昭穆不顺者如何处置，对于姻亲亲属昭穆不顺入继之事也有一定的参考价值。讨论中认为过房收养中昭穆身份不相当，首先会引发称呼的混乱，继而会引发身份伦理关系的混乱。因此，实属不当。《宋刑统》中对于没有昭穆相当之子入继，允许以孙子入继。但是，以弟弟的身份入继哥哥的礼法依据还没有找到确实原典。唯一可以用来解释的是《袁氏世范》中对于弟弟入继兄长，事兄长为父的做法在不得已的情形下是允许的。但是胡次燚仍然认为，这样的说法是说以兄弟之间的情义来讲这是可以的，但是从继嗣承重的角度来讲仍然是非法的。考以古礼，对于这种行为是非常反对的，甚至视为是乱人伦的开始。

昭穆不相当而入继，引发讨论的原因很有可能是现实中存在很多类似情况。在面对这些情况引发的纠纷和事件，身为法官和身为儒学家之间的差异就体现在这里，宋代法官很有可能是儒学、理学的拥趸，但是更重要的身份是经过专门司法考试入仕的司法行政官员，在衡平个人价

① 曾枣庄 刘琳 主编．全宋文 [M]. 第三百五十六册・卷八二四四・胡次燚三・论过房．上海：上海辞书出版社．合肥：安徽教育出版社，2006:133.

值取向、礼法道德要求和立法原意和原理之间需要找到适合案件解决的最佳平衡点。脱离案件的最终解决的理论价值讨论，不是身为法官的优先价值取向。

四、司法对寡妇教令权的保障

妇女在传统中国一直处于被监护的有限行为能力地位，限制其行为能力的是作为儒家教化妇女的伦理道德核心——“三从”，在家从父、出嫁从夫、夫死从子。事实情况上，丈夫在亡故之后，作为守节寡妇是否真的完全在儿子的家长权之下过被监护人的生活？从某些方面来讲，这是不准确的说法，因为，儒家伦理道德中同样有对于卑幼的行事标准要求——孝敬尊长。作为母亲的寡妇，在教养儿子的问题上，不仅仅是在儿子未成年时负有责任，即使在儿子成年之后，仍然有权利对儿子的行为进行管束。这不仅体现在对家产的管理权，而且体现在，日常的孝养亲敬。一旦身为儿子违反母亲的教令权，母亲可以选择亲自教养或者经官诉讼，无论是私力还是公力都会受到几乎一边倒式的支持。

以此案为例，母亲状告儿子避卖家产，就是强迫母亲在买卖契约上署名，以达成私意处分家产的目的。母亲经官诉讼，法官认定其作为儿子的孝道有亏，因此，判令被告读《孝经》一个月。并且判令家产田业不得逼卖，只得母亲自愿首肯才可买卖。[①] 李氏诉子胡大，为人子不听从母亲心意，是为不孝。[②] 法官认为，母亲认为其日常行事有不孝之端，作为儿子理当反省悔过，并且为了平息母亲的愤怒。法官判决李氏可以对胡大行家法十五下。

以上两案，均是寡母状告儿子不孝，引发寡母诉讼的端由有具体的

① ［明］张四维 辑．社科院历史所宋辽金元史研究室 点校．名公书判清明集 [M]. 卷之十·人伦门·母子·读孝经．北京：中华书局，1987:360.

② ［明］张四维 辑．社科院历史所宋辽金元史研究室 点校．名公书判清明集 [M]. 卷之十·人伦门·不孝·母讼其子量加责罚如再不改照条断．北京：中华书局，1987:386.

家产处理问题，也有细微的日常孝敬行为的问题。以上两案可以看出，法官对于母亲的诉讼一般都是支持的，同时对于儿子的惩处也是象征性多过于惩罚性。一则，身为母亲经官诉子，目的是以公权力巩固自己的家庭地位，并非如同凡人和一般亲属之间的利益之争。再则，如果法官依法严厉惩处，对于母子之情来讲，只能造成更大的裂痕，对于双方和家庭的安定来讲都是大大不利的。再次，对于孝养类案件的惩处，更多的是体现法律的教育导向意义，以小见大，为儒家伦理道德的宣扬作出示范。

第四章　特殊身份妇女的地位

第一节　特殊家庭身份妇女的分类

传统中国的女性家庭成员并非由单一的（拟制）血缘关系或者婚姻关系构成的家庭成员组成，在家庭生活中存在通过买卖或者雇佣产生的家庭成员或者准家庭成员。她们在家庭中的身份和地位受礼法规制，她们之间的身份在文献表述或者日常生活中时常发生混同、转化。在宋代这一特殊的准家庭成员妇女群体主要指的是，妾、婢、家妓。妾作为地位次于妻的男性配偶，与妻子不相同的是妾是可以通过买卖交易获得或者是贱民放良取得。其地位仅次于妻子，妻妾之间的差等在立法规定上体现的壁垒森严，但是在宋代家庭中，礼法上的身份差等很容易被突破。婢女作为被雇佣或者被买卖的类同货物者，在宋代的文献中却常常与妾连用，被称为婢妾。不仅是使用中称呼的混乱，在现实中也存在双方身份、职责和实际地位的无限趋近。家妓为宋代士大夫阶层豢养的供人娱乐的服务人员，在当时作为文人雅士、世家门阀的风尚，其身份并不是一成不变的。无论是妾、婢还是家妓，在家庭中的身份和地位建立在什么基础之上，她们的权利在多大程度上受到律法保障，现实生活中她们的权益受到侵害，反映到司法上，她们的权利能在多大程度上得到保障和救济。经过这些问题的讨论，试图窥探她们在家庭成员的组织结构中处于什么位置。

一、妾

传统中国社会在婚姻制度上的特点是一夫一妻多妾制，宋代在婚姻家庭制度上也是如此规定。宋代立法中对于男性的配偶，依照身份的高低等差规定的是：妻、媵、妾、婢。媵妾陪嫁制度源自于春秋战国时期，时至宋代，媵妾之间的身份高低和由于身份高低造成的权利范围的大小已经没有那么明显，也就是说，虽然法律规定中有对于媵的规定，现实中已经很难看到媵在家庭生活中的身影了。

溯至古代，礼法中对于妾的规定不仅体现出妻、媵、妾之间的差等，同时也在妾与妾之间划分出身份的高低，古籍中提到的所谓长妾和贵妾，是作为妾室生育子嗣者或者嫡姐为正妻，其妹为妾室，这两种身份的妾，其身份也是比其他普通的妾更为高贵。[①] 这体现在，身为贵妾，作为士大夫的丈夫在其死后要为其服丧缌麻。[②]

时至宋代，贵妾与普通的妾室之间身份壁垒被打破，身为妾室是否有子不成为其礼法身份是否优越的标准。作为妾室，其在家庭中的身份和地位，可以通过当时立法规定中与其他家庭成员之间的服制亲等关系来一窥究竟，对于服制关系，立法中有云，分为两种关系，一为属从；一为服从。所谓属从指的是，双方之间存在血缘关系，因此，在一方死亡之后，另外一方基于血缘远近关系为其服丧。另外一种是由于法律拟制的身份关系，本于礼法规定，其中一方应当为另外一方和另外一方的近亲属服丧。较为典型的是，儿子为母亲的近亲属服丧、妻子为丈夫的近亲属服丧、丈夫为妻子的近亲属服丧、臣属为君的近亲属服丧、庶子为嫡母服丧、妾为正妻服丧、妾为正妻之近亲属服丧、庶子为嫡母的近亲属服丧等。这些关系中，妾以及妾的儿子都需要为正妻嫡母以及她的近亲属服丧。[③] 这就属于立法规定的丧服制度，法律如此规定的原因是

---

① ［清］郭嵩焘 撰．梁小进 主编．礼记质疑 [M]．卷二·曲礼下．长沙：岳麓书社，2012:39.

② ［清］孙希旦 撰．沈啸寰 王星贤 点校．礼记集解 [M]．卷三十二·丧服小记第十五之一．北京：中华书局，1989:877.

③ ［清］王梓材 ［清］冯云濠 编撰．沈芝盈 梁运华 点校．宋元学案补遗 [M]．卷六十九·沧州诸儒学案补遗上·晦翁门人·抚干李先生如圭·仪礼集释．北京：中华书局，2012:3795.

双方身份等级关系的高低差异。通过服制亲等的拟制，确认妻妾双方地位的不同和在家庭成员结构中各自的地位。

在当时社会的普遍印象中，家庭中的婢妾不相安谐是一个家庭祸乱的开始，主要的原因是，社会对于妇女的普遍印象是妇女是不事生产，又多嘴多舌，婢妾之间难免因此发生口舌之声，以至于利益之争。而发展到最后，变成了婢妾挑拨主母与其他人之间的关系，如果主母有识人之明或者坚守妇人的道德标准，不听信婢妾谗言的，家宅或得一时之安。相反，则会一家不宁，嫌隙丛生。[①]社会对于婢妾的评价如此之低，但是在家庭中她们又是当时家庭成员构成的一部分，存在于大多数家庭中。在立法中如何通过正面的引导和适当的限制、惩罚来规范她们的行为，从而维护家庭的安定和谐，这是当时礼法和司法的主要出发点。

（一）妾之来源

《宋刑统》中对于买妾不知姓名的处置方法是："买妾不知其姓则卜之。"[②]利用占卜来确定对方的姓氏，这原本是在规避同姓为婚的风险，同时可以看出虽然作为男性的配偶，在法律规定上，其身份仅次于妻，但是从来源上讲，在当时妾是通买卖的。与妻子的明媒正娶有所不同，这就造成了双方身份在礼法上的悬殊。除去买卖之外，妾可以是由赠与或者婢、妓放良转化而来。在宋代，婢、妓之间的身份向妾上流动是相对比较容易的。同样值得注意的是，作为妾，虽然与妻子的身份差等主要体现为妾通买卖，但是，不能否认的是，妾同样可以通过婚姻可得，只是婚姻的程序与妻子之间存在等级差异，中古之前的时代妾之间身份也有高低差等，有贵妾、长妾和庶妾。那么在宋代是否存在这样的差异，

① ［清］王梓材［清］冯云濠 编撰．沈芝盈 梁运华 点校．宋元学案补遗[M]．卷四十四·赵张诸儒学案补遗·诚斋同调·袁先生采·袁氏世范．北京：中华书局，2012:2419.

② ［清］王梓材［清］冯云濠 编撰．沈芝盈 梁运华 点校．宋元学案补遗[M]．卷三十一·吕范诸儒学案补遗·张程门人·正字吕蓝田先生大临·蓝田礼记说．北京：中华书局，2012:1892.

通过婚姻入夫家的妾，与其他方式成为妾室的妇女，在礼法上是否存在差别对待，这是值得探讨和研究的一个问题。

1. 婚嫁所得

宋代太祖年间，名将汉超娶妾不成，皇帝亲自为之疏通调解，汉超在关南任职之时，由于他要强娶民女为妾被人诉讼，太祖知道这件事之后，召见了汉超要娶之女的家长，向其晓以利害，表示汉超作为守边大将，卫国保民，成为此人的妾室是荣耀的事情，而非此女现在一介农妇的身份可以比较的。如果没有汉超的英勇作战，那么此女之家将不家。太祖在说完这些之后为汉超还债，并且为其主持纳妾事宜。汉超感念皇恩，为国家身先士卒，为官期间清廉公正，获得生前身后名。[①] 由此可见，在当时娶妾可以通过婚姻的形式完成，往往是身份是良人的平民女子可以通过婚姻形式成为一家之妾。

2. 婢妓升等

婢女升等为妾室是妾室来源的一种途径，高文虎恐怕幼子失于照料、教养，因此在儿女成年之后才将侍女银花升等为妾室。银花原为母婢，侍候其母至孝，因此留在高家多年，此次升等为妾室，是合于礼法之举，因为婢女经过放良留为妾室是立法允许的做法，在现实中也存在受宠的妾室当家理事的很多例子。[②]

宋代的妓女主要分为官妓、家妓和民间娼妓。官妓虽属贱籍，但是属于朝廷下属的机构教坊，为官员宴饮娱乐提供歌舞服务，与唐朝略有不同的是唐代的官妓是可以合法为官员提供性服务的，时至宋代，朝廷公开的禁止了官妓为官员提供性服务。因此，身为官妓被官员看中，升等为妾，也是当时妾室的主要来源之一，唐询出任湖州，因一官妓为他所喜，因此将其立为妾室，如此此妓也脱离了贱籍，成为唐氏的家庭成

① ［元］脱脱 等 撰．中华书局编辑部 点校．宋史 [M]. 卷二百七十三・列传第三十二・李汉超．中华书局，1985:933.

② 傅璇琮 程章灿 主编．宋才子传笺证 [M]. 南宋后期卷・高似孙传．沈阳：辽海出版社，2011:72.

员。[①]

与官妓并列的另外一种妓女的类型是家妓，由于宋代士族大家蓄养家妓在当时可以被称为一种风尚，苏东坡之妾朝云本就身为家妓，后被苏东坡升等为妾。民间因此有诸多议论，认为苏东坡是将一民间歌妓买身为妾，其实根据史料考证，当时朝云其人是苏东坡的家妓，因宠升等为妾。[②] 家妓这一群体，在当时在家庭中的身份和地位并不是固定的，不仅意味着她们可能随时被赠与或者驱逐，也有很大的可能因为主人的喜好，成为妾室，即正式的家庭成员。

3. 买卖所得

妾与奴婢之间的共同点是同样可以通过买卖所得，并且大部分的妾是通过这种方式取得的，宗室买妾，斥资数十万钱，以妾之姿容艳丽。身为买卖之妾，如遇无礼之主，命运往往坎坷，美艳的妾妇被毁损容颜，只得丰厚的遣散之资，可谓命薄。[③] 身为朝廷官员在民间狎妓是不被允许的违法行为，将娼妓买来做妾室也是身为大臣的败德污行。元丰年间，大臣来之邵就因此受到处罚，来之邵将娼妓买来为妾，被同僚告发，因此贬官，可见在当时即使将娼妓买来作为妾室，也是为官者被禁止的行为。[④] 为官者如此，身为皇家贵族的宗室买娼妓为妾室也将受到惩处，宗室原定的承袭魏国公爵位的承继人，因为买娼妓为妾被发现，因此被褫夺了承袭资格。[⑤] 买娼妓为妾在当时为官者和宗室都属于违反礼法的

① ［元］脱脱 等 撰．中华书局编辑部 点校．宋史 [M]. 卷三百三·列传第六十二·唐询．北京：中华书局，1985:10043.

② ［宋］苏轼 著．李之亮 笺注．苏轼文集编年笺注 [M]. 卷五五（尺牍一百四十首）·与林天和二十四首之十五·【笺注】．成都：巴蜀书社，2011:229.

③ ［元］脱脱 等 撰．中华书局编辑部 点校．宋史 [M]. 卷三百二十七·列传第八十六·王安礼．北京：中华书局，1985:10555.

④ ［元］脱脱 等 撰．中华书局编辑部 点校．宋史 [M]. 卷三百五十五·列传第一百一十四·来之邵．北京：中华书局，1985:11181.

⑤ ［宋］李焘 撰．上海师范大学古籍整理研究所 华东师范大学古籍整理研究所 点校．续资治通鉴长编 [M]. 卷四百五十五·哲宗·元祐六年．北京：中华书局，2004:10904.

行为，实际上却是屡禁不止，其中有贤良厚德者在家庭生活和辅助丈夫处理外事等方面展现出过人的智慧和才干，因此得到封赏者，也时有之，张俊的宠妾章氏原本是杭州妓女张氏，被张俊买来为妾室，改姓为章，意图掩盖其原本的身份。由于章氏颇有文才，在张俊在前线战斗的时候，写家书问章氏家事，章氏以名将霍去病和赵云不问家事为例，劝导张俊安心前线战事。皇帝听闻此事，特意表彰章氏的德行。此外，将章氏的爵位升等为郡夫人。章氏原本身为娼妓，一朝身份升等，成为大臣妾室，安心家政，劝导丈夫为国尽忠，获得嘉奖。[①] 这是否能说明在当时即使身为娼妓，成为大臣妾室之后，终究可以通过种种方法获得合法的身份。或许答案是否定的，章氏一例在当时也是凤毛麟角，因此得见史书，同时章氏改名换姓，本身就是为了掩盖其原本的娼妓身份，就是说她的身份是不合礼法要求的，其之后被皇帝褒扬，很大一部分原因是其夫张俊在前线杀敌，皇帝对于其家人的赏赐，政治象征意义多过于礼法认可的意义。因此，在当时娼妓为官贵妾室，还是非法的行为。[②]《三朝北盟会编》对于张俊继室章氏改姓的解释是，为讳其同姓，故而改姓。

官贵买娼妓为妾室非法，由于娼妓的低贱身份不容于礼法，相反，要是买宗室女为妾室，礼法判断这种行为也属非法，御史沈与求弹劾大臣私买宗室女为妾一事，皇帝听闻之后，交给大理寺查明事情的真相，大理寺调查之后得出结论，买家是为叶三省，此人与中间人均上书待罪。[③] 由此可见，宗室女子不通买卖为妾，这与其高贵的血缘身份有关系。

买卖所得的妾室有可能在之前就为他人之妾，也就是说妾室本是可以被买卖的，户部侍郎韩招生前广纳姬妾，有三个妾室美貌异常，因此在他死后也受到很多其他人的觊觎，其中一个妾室被大将吕力花重金购得，并且在买其为妾之后十分宠溺，以至于该妾到了公开干预其内外家

---

① ［宋］李心传 撰．建炎以来系年要录 [M]. 卷一百三十九．北京：中华书局，1988:2235.

② 丁传靖 辑．宋人轶事汇编 [M]. 卷十五・张俊．北京：中华书局，2003:806.

③ ［宋］李心传 撰．建炎以来系年要录 [M]. 卷三十五．北京：中华书局，1988:677.

事的程度。[①] 可见，妾通买卖，指的是妾不仅可以被买得也可以被卖出。

通常意义上买妾者多为男子，为一己私情购得。但是，在当时，身为妻子为丈夫买妾，可以被称作是宽厚有德的典范，王荆公身为知制诰，其妇人吴氏为其买一妾室，王荆公见到之后交谈之间了解了该女的身世，其原本为一大将之妻，因为丈夫运米的时候舟船倾覆，无力偿还欠债，故而卖妻为他人之妾。王荆公因此恻然，将其女还给前夫，并且将买妾之财尽数赠与夫妇二人，一时传为美谈。[②] 另有司马温，年长无子，妻子为子嗣而烦恼，因此为丈夫买来一个妾室为承接香火，司马温并不接受，因此，时人对其多有美誉，认为他不贪恋财色，仅仅热爱读书。可见，在当时买妾不仅是男子为了自己私情的满足，也有可能是身为妻子为了承接子嗣的方法，买妾之人可能是家长本人，也有可能是嫡妻主母。

（二）妾之家庭身份

宋代妾室的身份和地位在士大夫官宦家庭呈现明显的上升趋势，其中主要表现在妾成为承担荣典的对象，[③] 而普通家庭中身为妾室的家庭身份体现在于家庭成员的亲等服制关系，日常管理家庭事务的管理权、与妾相关的违法犯罪处置、寡妾之归宿这四个方面。身为妾室，礼法规定在家庭妇女群体中的地位仅次于妻。现实生活中，通过这三个方面的观察，可以探知，礼法中的对于妾室身份地位规定是否能够反映到现实生活中，或者现实生活中的种种乱象是否是立法规定中妻妾身份壁垒森严的根本原因。

1. 妾与家庭成员的服制亲等关系

身为妾与附加的亲等关系主要体现在为丈夫、主母和儿子的服制关

① ［宋］李心传 撰．建炎以来系年要录 [M]. 卷一百九．北京：中华书局 .1988:1777.

② ［明］马峦．［清］顾栋高 撰．冯惠民 点校．司马光年谱 [M]. 遗事一卷．北京：中华书局，1990:268.

③ 汪圣铎 点校．宋史全文 [M]. 卷十九中 · 宋高宗八．北京：中华书局，2016:1391.

系，法律规定，身为庶子，如果要为父亲承嗣者，对于亲生庶母应当行心丧，原因是为其生母，血缘亲情的连接要求其遵循伦理亲情关系。其中行心丧的规定和法律禁忌与正服者类同。[①] 女子许嫁为妇，行成婚礼时，在夫家主事为妇女身为家长者，执事是为婢妾者，[②] 由此可见，身为妾室的身份和地位，是处于辅助主母、正妻的位置。

2. 妾的日常事务管理权

虽然法律规定，对于妾的日常用器和服制冠冕不得有僭越，[③] 如果违反法律规格滥用，那么将受到严厉的惩处。但是在现实生活中妾在家庭中的日常管理权往往超出原本礼法规定的范围。尤其是生子之妾，如果依仗家主的宠爱，很有可能僭越家事。[④]

宰相陈执中在主持后宫之丧的时候消极应对，因此被同僚认为是于礼有亏，从而延伸到他身为家主，不能修身、齐家，以至于一家之内，妻子不能安于其位，受到妾室的欺负和压制，外事处理上也不能恪守礼法。故而，身为宰相和家主，都是不合格的。由此可见，在当时，并非当然主母在一家之中身份超然，在丈夫没有公正处事的能力和妾室不安于本分时，妻子受到僭越的挑战也是常事。

3. 与妾相关的违法犯罪处置

宋代法律规定，身为人子，不应当在（祖）父母丧期娶亲，否则是为居丧嫁娶之罪，居丧娶妾虽然有罪，但是立法对于处罚的力度轻于娶妻者，甚至在一些时候，娶妾者得免其罪，原因是身为儿子，在父母生前尽

---

① ［宋］李焘 撰．上海师范大学古籍整理研究所 华东师范大学古籍整理研究所 点校．续资治通鉴长编 [M]. 卷一百十七・仁宗・景祐二年．北京：中华书局，2004:2750.

② ［宋］孟元老 撰．伊永文 笺注．东京梦华录笺注 [M]. 卷之七・清明节・注．北京：中华书局，2007:628.

③ ［元］脱脱 等 撰．中华书局编辑部 点校．宋史 [M]. 卷十二・本纪第十二・仁宗四．北京：中华书局，1985:244.

④ ［清］王梓材［清］冯云濠 编撰．沈芝盈 梁运华 点校．宋元学案补遗 [M]. 卷六十四・潜庵学案补遗・朱吕门人・朝奉辅传贻先生广・潜庵礼记说．北京：中华书局，2012:3532.

心侍奉，在死后有违礼嫁娶，但是由于是娶妾，本罪为轻，故而判定其不坐。因为诉讼之人是他的侄子，身为卑幼告诉尊长，法律反而将其坐罪，夺官一等。[①] 违法娶妾，在当时显见不是重罪，故而能够轻易得到饶恕。

但是，对于妾室因违反礼法而坐罪的情况，为上者并非一定予以宽恕，往往会根据事情的性质和当事人的主观恶性判断。元偓因为宠溺妾室张氏，在日常生活中张氏显示出她暴虐的本性，以致于出现捶杀奴婢额恶行。因此，僭越礼制规格为张氏父母招魂。皇帝听闻此事，大为光火，在调查之后，对张氏相关人等施以杖刑，毁张氏父母的墓地，绞死张氏。皇帝雷霆之怒，主要由于张氏日常行为失礼暴虐，加上逾越礼制规则，其主观恶性很大，导致皇帝对于张氏一族的处罚很重。[②] 陈执中的妾室由于日常小事，笞打婢女，导致其死亡，此事引发朝野的广泛讨论，陈执中为其宠妾辩护，他供称，之所以宠妾笞打责骂奴婢是基于他的命令，是由于婢女不逊。而支持陈执中的一派大臣认为，陈执中身为家主，因为奴婢的过错，命令惩罚，并没有杀伤的意图，造成死亡的结果是意外，因此不应当处刑。[③] 皇帝对于此事的态度是，认为因此事上书之人，往往是意图以其针砭时弊的态度来引起皇帝的注意，多数是新任官员的惯用手段，指摘一些进言的大臣，不要步此后尘，[④] 可见，皇帝对意图平息此事，不愿过多的朝臣关注和追究。对于皇帝的态度，一些朝臣认为，皇帝由于宽厚仁慈，因此治下以宽，但是有心者曲解了皇帝的原意。陈执中家妾笞杀婢女之事，确实在国家大事面前不值一提，身为宰相要因此被废，确实有失行政任命的严肃性。但是不可否认的是，

---

① ［元］脱脱 等 撰．中华书局编辑部 点校．宋史 [M]. 卷四百七十九·列传第二百三十八·世家二·西蜀孟氏·毋守素．北京：中华书局，1985:13893.

② ［元］脱脱 等 撰．中华书局编辑部 点校．宋史 [M]. 卷二百四十五·列传第四·宗室二·昭成太子元偓．北京：中华书局，1985:8698.

③ ［元］脱脱 等 撰．中华书局编辑部 点校．宋史 [M]. 卷二百九十九·列传第五十八·崔峄．北京：中华书局，1985:9947.

④ ［元］脱脱 等 撰．中华书局编辑部 点校．宋史 [M]. 卷三百三十·列传第八十九·郭申锡．北京：中华书局，1985:10620.

陈执中身为宰相，不能在政事上恪尽职责，导致国家狱政淹滞，政务失当。这是确实发生的大事，因此，不应当抓小放大，追究陈执中的家事，而应当追究他的行政能力的问题。[①]陈执中妾室击杀婢女引发朝臣讨论，一开始是认为陈执中家事处理失当，导致乱妻妾位，这是对于陈执中违反礼法相对严重的指责，但是，无论陈执中是出于维护妾室还是脱罪的原因，称击打奴婢是他的命令，妾室仅仅是执行他的意志。原因是婢仆的无状，将罪责的性质由乱妻妾位变成了行使家长权过当。在当时身为妾室，僭越家母的家事管理权，这是确定无疑的事实，无论是否出于陈执中的命令，足可见，受宠爱的妾室在夫家的生存空间是挤占正妻的前提下获得的，而归根到底，其僭越部分的权益是基于家主的偏爱。礼法对于这部分僭越的评价，是基于其行为侵犯儒家宗法伦理的程度，如果侵犯到儒家宗法伦理的根本,那么对于妾室失礼违法的处分是很严重的。相反，礼法对于家庭成员关系中呈现出的灰色地带是有一定的容忍的。

4. 寡妾之归宿

身为寡妾，理论上拥有与寡妻一样的选择权，对未来的人生作出规划。但是，现实中，寡妻的人生选择都要受制于种种现实因素，身为身份次于寡妻的寡妾，在作出这些选择时，更身不由己，名臣孔融在生前安排自己的后事，为他的两个妾室都安排了未来的生活，即允许她们再嫁。他认为不应当使妇人因他放弃后半生的生活，选择寡居，因此，他嘱托两妾，在他死后即可改嫁。[②]

身为丈夫，心系寡妾，在生前立遗嘱，将财产交于寡妾和儿子均分，因此兴讼。[③]法官认为，父亲生前溺爱妾室，因此担忧其死后妾室的生活无法受到保障，因此遗嘱与妾，将家产均分。按照立法规定，身为子

① ［元］脱脱 等 撰．中华书局编辑部 点校．宋史 [M]. 卷三百三十七・列传第九十六・范镇．北京：中华书局，1985:10785.

② ［宋］王钦若 等 编纂．周勋初 等 校订．册府元龟 [M]. 卷第八百九十八・总录部（一百四十八）・治命．南京：凤凰出版社，2006:10432.

③ ［元］脱脱 等 撰．中华书局编辑部 点校．宋史 [M]. 卷四百一十二・列传第一百七十一・杜杲．北京：中华书局，1985:12381−12382.

嗣，出于孝道，应当从家父的意愿和教令。但是，这一教令是不应当超出法律规定的范围之内的，具体来讲，即使父亲的意图是保障寡妾的生活，但是立法没有规定寡妾承夫分，因此，无论寡妾守志与否，财产都不应当为寡妾所有。

以上可见，身为妾的人生归宿很大程度上取决于她的丈夫对于她的喜爱程度，但是无论丈夫如何偏爱，一般来讲，都不应超过法律允许的范围内，对寡妾的未来生活作出安置。尤其是关于家产承继的相关问题上，更不能突破传统的立法规定原则，这会引发一系列的矛盾，并且成为家庭不协的根源。

（三）妻与妾的关系

妻妾之间的身份差等反映在礼法上是不可逾越的，即使妻子亡故之后，身为妾室也不能被扶为正室。立法中申明其中的原因是，身为正妻需要具有相当的身份来履行家庭职责，妾室是通买卖的，其身份是不能与嫡妻相比较的，因此，礼法当然认为妾室是不具有承嫡的能力。但是，在现实生活中是否每家都完全遵循立法规定，不敢违拗？答案否定的，往往在很多家庭中，存在妾室承担主母的职责，或者在主母亡故之后，由妾室继室为夫人。[①] 宗景在正妻亡故之后，使出一个小伎俩，意图使妾室即位妇人，他先将妾室出于本家，再在家外为妾室置一外室，托名她为良家女子，再将其迎娶进府。中间改换了妾室的身份，不再以妾的名分出现在其家中，通过出妾、伪造良家身份、再娶完成由妾到妻的身份转变。此做法在礼法上存在瑕疵，但是为了躲避更严厉的法律惩罚，即以妾为妻罪，这是宗景能想到的最适当的手段。[②] 但是最终，其伎俩手段还是被识破，因其宗室身份和以妾为妻的违法行为，时人多有非议，

① ［元］脱脱 等 撰．中华书局编辑部 点校．宋史 [M]. 卷二百四十五·列传第四·宗室二·镇王元偓．北京：中华书局，1985:8704.

② ［元］脱脱 等 撰．中华书局编辑部 点校．宋史 [M]. 卷三百四十六·列传第一百五·陈次升．北京：中华书局，1985:10970.

以至于带累宗室名誉。

身为妻子和妾室之间的身份关系，根据法律规定，双方之间嫡庶、尊卑地位悬殊明显，但是这些都是反映到双反法律权利义务最基本的要求中。而在现实生活中，落实到真正的相处，双方之间的关系往往很紧张，即使作为妻子有不允许嫉妒的“七出”红线和身为妾室有尊重主母的基本要求。但是同事一夫，情感上难免有远近薄厚，因此，妻子和妾室之间的关系不相协也是常态，[①] 当遇到强悍又善妒的妻子，那么身为妾室的生活会非常难过，在极端情形下会受到死亡威胁。即使法律对于妾室的生存有最低限度的保障，不允许主母杀伤妾婢，但是现实中，类似的案件发生，如果没有妾室母家坚持庇护和追究，往往妾室被主母杀伤，是很无助的情况。本案中，由于主母暴虐，杀妾藏尸，妾父锲而不舍一直追诉，才使得案件大白于天下。对于亡故的妾室，应该是大不幸之于的告慰了。现实中因为悍妒导致的刑事案件并不是常态，只是个别情形下的极端事件，往往妻妾之间不相安谐的主要表现形式之一，无子悍妒，身为丈夫对此无法合理应对。张居正就是其中较为典型的例子，张居正身为首府，妻子强势且容易嫉妒，因此，张居正即使有妾室侍婢也不得亲近，导致张居正无子，只好收养养子以充后嗣。[②] 同样身为士人告官，对于政事可能公正通敏，对于家庭内部的事物可能也要受制于妾室，与张居正不同的是，昭亮其人，妻子早亡，因此宠爱三个妾室，导致尊卑颠倒，家政混乱，三个妾室争风吃醋，导致家道不安，对此昭亮竟然毫无作为。[③]

妾室不容于主母，主母可能以种种方式为难妾室，贾似道生母就是

① ［元］脱脱 等 撰．中华书局编辑部 点校．宋史 [M]. 卷二百四十七・列传第六・宗室四・赵子潚．北京：中华书局，1985:8748.

② ［元］脱脱 等 撰．中华书局编辑部 点校．宋史 [M]. 卷二百六十四・列传第二十三・薛惟吉．北京：中华书局，1985:9111.

③ ［元］脱脱 等 撰．中华书局编辑部 点校．宋史 [M]. 卷四百六十四・列传第二百二十三・外戚中・李昭亮．北京：中华书局，1985:13564.

庶妻，因不容于贾氏主母，被赠与县宰陈与青。[①]贾似道生母怀有子嗣，因此不容于主母，主母伙同陈与青，将贾似道生母赠与其为妾，因此贾似道生在陈家，至其显达之后才还归父姓。

身为正室无子乃是“七出”大过，可能面临被休弃的风险，在当时能够强势专治的正妻固然有之，但也有很多因为无法为丈夫诞育后嗣，因此受到非难，地位被生子妾室威胁，阎氏身为正室却无后嗣，妾室生子，阎氏在家事管理等问题上对妾田氏诸多忍让，最后却被田氏夺取正妻之位。[②]在当时，田氏的行径虽然受到贬抑，但是，对于这个结果，也只有舆论风评的贬损，对于当事人来讲，并没有最终扭转这一结果。[③]

阎氏不独为被妾室所制，因此丧失正妻的地位和权利者。王罕为太守之时，遇一疯妇缠讼不止，以往历任太守对此都避之唯恐不及，王罕为官重视人情道理，因此引上此妇了解其诉讼因由。[④]由此得知，妇人原本为人正妻，由于丈夫亡故之后，妇人无子，有子妾室借此霸占家产，驱逐正妻，此妇人常年求告无门导致情绪失控。王罕了解案情之后，妥善处置了此事，此妇人因此康复。皇帝知晓此事特意嘉奖王罕，并且王罕因此得以升迁。

身为丈夫，宠爱妾室，忽视妻子，以致于妻子常年抑郁不平，即使如此，在一般情况下，妻子是不能表示出抱怨或者嫉妒的样子。因为，在立法规定中，是为妇人嫉妒的“七出”恶行，如果有此行为，很有可能被丈夫休妻。王晏与王兴善娶了两姐妹，王晏因为身份地位高于王兴

---

① [元]佚名 撰. 王瑞来 笺证. 宋季三朝政要笺证 [M]. 卷四·度宗·甲戌(一二七四). 北京：中华书局，2010:357-358.

② [元]脱脱 等 撰. 中华书局编辑部 点校. 宋史 [M]. 卷二百六十四·列传第二十三·沈伦. 北京：中华书局，1985:9114.

③ [宋]李焘 撰. 上海师范大学古籍整理研究所 华东师范大学古籍整理研究所 点校. 续资治通鉴长编 [M]. 卷三百七十三·哲宗·元祐元年. 北京：中华书局，2004:9046.

④ [元]脱脱 等 撰. 中华书局编辑部 点校. 宋史 [M]. 卷三百一十二·列传第七十一·王罕. 北京：中华书局，1985:10245.

善，因此在日常行事态度上对其表示出很多的轻慢。王晏的妻子缠绵病榻，王兴善借此毁谤王晏，认为王晏妻子的病因是由于王晏宠爱妾室，冷落正妻所致。这样的指控不仅指向王晏的妻子善妒，也批评了王晏本人的偏私无礼。王晏由此对王兴善更为不满，借口其他的事情，对王兴善夫妇定罪处置。①

妻妾之间不相安谐，在情感上的原因似乎很容易被理解。身为妻子和妾室相处和谐者，在当时也是很常见的，原因是，妻妾之间各守本分，尤其是在丈夫去世之后，寡妻妾同居的情况也很常见。在排除争产和争位的竞争，身为寡妻妾，互相扶持安度晚年者也有之。②

二、婢

宋代社会商品经济的发展反映到家庭领域表现为，雇佣关系的人力和女使取代了一部分奴婢的职位，为家庭中为家庭成员提供服务的群体。因此，宋代家庭中的奴婢群体相对其他朝代来讲呈现紧缩之势。从身份归属来讲，奴婢和女使相比，双方在于家长的人身依附关系存在远近，奴婢较女使为近。从职责上来讲，宋代家庭中婢女往往承担的不仅是为家庭成员提供一般的生活辅助，如果男性家长与之发生性关系，并不属于非法的行为。甚至法律规定，如果因为和男性家长发生性关系而怀孕生子的，可以听其为妾室。在文献和日常生活中，婢与妾常常连用，也体现出了这两种群体的职责出现混同。因此，了解宋代奴婢在家庭中的身份和地位要结合其来源、职责和法律权益来探索：

① ［元］脱脱 等 撰．中华书局编辑部 点校．宋史 [M]. 卷二百五十二・列传第十一・王晏．北京：中华书局，1985:8849.

② ［宋］李焘 撰．上海师范大学古籍整理研究所 华东师范大学古籍整理研究所 点校．续资治通鉴长编 [M]. 卷二百三十五・神宗・熙宁五年．北京：中华书局，2004:5697.

（一）婢的来源

1. 被赏赐的官婢

家庭中的奴婢与官婢之间身份有所差异，主要体现在两种奴婢的来源和身份自由。官婢的来源往往是获罪之家的女性家庭成员，家主因罪被处决，身为家庭成员即使没有串同的违法行为，但是由于家主罪大恶极，故而家属也受到处罚，处罚方式往往是将其身份阶层降等为贱民。①

官婢与家庭中的奴婢虽然有区别，但是两个群体之间并不是身份固化的，官婢在被赏赐的情形下可以成为家庭奴婢，虽然这样的转换并没有改变奴婢的贱籍，但是成为家庭奴婢，其未来面临的生活选择也宽于官婢时。② 在赏赐官奴婢时，一般来讲是要还归奴婢的本家之姓，原因是以免造成奴婢的后代身份模糊，导致良贱通婚的情况发生。

2. 买卖所得

奴婢由买卖的形式获得是当时最为普遍的一种取得方式，而宋代由于战乱频发，人口流离失所，导致丧失基本的生产资料的家庭组织，其中流亡妇女的一条出路是卖身为婢，以求生活。在大中祥符年间，密州大量流民卖身为婢女、妻口，官方对于此事的回应是，如果这些人在卖身之时没有签订相关契约，希望将其放还，因此产生诉讼的，官司必须受理。③

除去因为社会大环境动荡的原因，在当时，家主为自己或者其他家庭成员买婢也是很常见的。规端为女买婢，婢行为娴静优雅，因此规端怀疑她的出身高贵，当了解她是贡士之女，因战乱丧夫，为求活命，鬻

① ［宋］李焘 撰．上海师范大学古籍整理研究所 华东师范大学古籍整理研究所 点校．续资治通鉴长编 [M]. 卷二百六十四·神宗·熙宁八年．北京：中华书局，2004:6470.

② ［宋］钱若水 修．范学辉 校注．宋太宗皇帝实录校注 [M]. 卷第四十三．北京：中华书局，2012:563.

③ ［宋］李焘 撰．上海师范大学古籍整理研究所 华东师范大学古籍整理研究所 点校．续资治通鉴长编 [M]. 卷九十五·真宗·天禧四年．北京：中华书局，2004:2196.

身为婢。规端感慨同情，因此将女儿的嫁妆赠与此女为其主持婚嫁。[①]

卖身为婢，并非一定是自身自愿，很多情况下是其家长为其主张，为保证其他家庭成员的生活，将在室女质卖。查道其人清贫，家中亲族为了支持他赶考，凑足费用交给他，谁知途中遇到故交旧友，老友家中贫困，以至于老友身死无力营葬，查道为其支付丧葬费用，并且给予老友在室女嫁资，以助婚嫁，免得其家人妄图买卖此女。随后查道又遇到类似的事情，故友亡故，家人要将在室女卖与他人做婢女，查道为故友女儿赎身，并为其主婚，嫁于士族大家。查道所遇两事，都是家中贫穷无法生活，就起了卖女之心，卖女为婢。[②]两家实属幸运，在卖女之际，遇到品德高古的故友，因此其女得以出嫁，大多数情况下，被鬻卖之女命运就此注定，成为婢女，未来的生活重心和人生选择都在有限的范围内进行。

3. 雇佣所得

宋代家庭服务人员的人身依附关系逐渐松弛，婢女不仅可以通过官奴婢转化和买卖交易得到，很多时候，可以选择通过雇佣获得。傅泽因离家无音讯，其妻经官请求改嫁，判官苏涓雇其为婢，待傅泽归家之时，发现妻子不见，因此亦欲追究岳父的罪过。[③]

婢女身为贱籍，但是在宋代的阶级结构中，并不属于最底层，雇佣婢女的范围也应当在奴婢阶层选择，当雇佣的对象身份低于奴婢，那么雇主也要受到法律的消极评价。来之邵被同僚黄履上告，称其雇佣杂户为婢女，黄履认为身为通晓律令的监察御史，有纠合朝臣的重责，但是他自己却没有以身作则，希望有关主管机关对其行为进行处罚。来之邵

① ［元］脱脱 等 撰．中华书局编辑部 点校．宋史 [M]. 卷三百七十七·列传第一百三十六·陈规．北京：中华书局，1985:11645.

② ［元］脱脱 等 撰．中华书局编辑部 点校．宋史 [M]. 卷二百九十六·列传第五十五·查道．北京：中华书局，1985:9880.

③ ［宋］李焘 撰．上海师范大学古籍整理研究所 华东师范大学古籍整理研究所 点校．续资治通鉴长编 [M]. 卷二百九十五·神宗·元丰元年．北京：中华书局，2004:7178.

即刻回复，称其并不知晓雇佣之人是何身份，雇佣数日之后，得知此人有可能是杂户，就将其遣散。[①] 此事来之邵极为重视，可见在当时良贱之间的阶级沟壑仍然很深，雇佣奴婢也应当在身份合法的范围内进行选择，否则不仅雇佣行为无效，而且很有可能牵连雇佣之家主。

（二）婢的职责

奴婢身为家庭服务人员，对于家主和家庭成员的日常生活负有辅助和照顾的职责，这无疑是奴婢的本职工作。婢女身为家庭服务人员即使与雇主之家是契约服务关系，双方之间也可以产生除去服务关系以外的性关系，一旦发生性关系，并且生育子嗣，奴婢很大可能被雇主升等为妾室。并且，在宋代留下的文献中显示出，在当时存在妾婢混用的情况，这一情况也指向，在当时这两种群体之间的身份界限并不明显。

1. 服侍家主、处理家政

神宗时大臣孔明曾经想亲自校勘薄书，被主簿杨颙反对，理由是，在一个家中，奴仆主要的职责是为家中田地耕作，婢女的主要职责是制作家庭的餐饮和落实日常细事。他们的分工是各有不用，但是统一是为执行家主的命令和为家庭成员们服务的。[②] 一旦主人亲自执行这些本属于奴婢的事务，是抓小放大，失去了主人的体面以及正确的侧重点，主人为主是应当把主要精力放在外事上的，而不是与奴婢为伍，承担他们的职责。可见，在一个家庭中，身为婢女的主要职责是根据家主的命令，通过实际执行以维持家庭内部事务的正常运转。

太子太师张耆生前家境殷实，其家财万贯多数是其通过经商贸易所得，他在家中积累品类繁多的货物，用家中婢女与买进行贸易。奴婢在家中根

① ［宋］李焘 撰 . 上海师范大学古籍整理研究所 华东师范大学古籍整理研究所 点校 . 续资治通鉴长编 [M]. 卷三百四十八 · 神宗 · 元丰七年 . 北京：中华书局，2004:8346.

② ［清］黄以周 等 辑注 . 顾吉辰 点校 . 续资治通鉴长编拾补 [M]. 卷七 · 神宗 · 熙宁三年 . 北京：中华书局，2004:323.

据家主的命令承担具体的家政之余，也在聚集家庭财富的方面有所表现。[①]

身为婢女，执行的职责主要是洒扫饮食等具体的家庭细事，这些事务往往是根据家母的意志进行的。上文也提到，这些事务不应当是身为男性家长应当关注的重点，因此，家庭中奴婢的直属管理者是家母。这就造成了家母如果行事违拗家主之意，身为奴婢因家母的威势，为其爪牙，会在家庭生活处于进退两难之地。宋充国之妻庞氏跋扈善妒，因此在家行事往往失于尺度，她身边的两个婢女也由于其暴虐的性格，不得不为其具体执行违拗家主意愿的事情。[②] 身为丈夫的宋充国对庞氏无能为力，于是就将两个婢女笞打之后送官处置。身为婢女，在家中的地位受制于家主的意志，但是男女两位家主的意愿一旦相悖，其处境往往艰难。

悍妒之妻在一家之中行为失当，因此由婢女为其行为受到惩罚，另外一种情形是身为家母婢女，家母失爱重与家主，家主被谣言蛊惑，惩处无罪婢女，岐王颢之夫人身为主母处境就是如此。冯氏因家中失火，关心家主安危，遣婢女问安。家主惑于两个受宠妾室的挑唆，认为是冯氏纵火，将两个婢女拷讯逼供，婢女不堪刑罚，因此只得认罪，称火是由夫人所纵。因此岐王颢对皇帝请求惩处其夫人罪行，皇帝和太后素闻两夫妻不睦，没有偏听他一家之言，召冯氏问询，冯氏自述无罪，再次询问两婢女，婢女吐露实情，是为不堪刑罚因此胡乱招供。太后因此下诏，令冯氏在瑶华宫带发修行，等到岐王颢解除误会之后，可以将其迎归府邸。[③] 此案中，两位婢女执行家母命令，向家主问安，导致一系列冤案，以致于遭受拷讯，正是家主与家母之间不睦的牺牲品。

---

① ［宋］李焘 撰．上海师范大学古籍整理研究所 华东师范大学古籍整理研究所点校．续资治通鉴长编 [M]. 卷一百六十四・仁宗・庆历八年．北京：中华书局，2004:3953.

② ［宋］李焘 撰．上海师范大学古籍整理研究所 华东师范大学古籍整理研究所点校．续资治通鉴长编 [M]. 卷二百五十四・神宗・熙宁七年．北京：中华书局，2004:6222.

③ ［宋］李焘 撰．上海师范大学古籍整理研究所 华东师范大学古籍整理研究所点校．续资治通鉴长编 [M]. 卷二百九十七・神宗・元丰二年．北京：中华书局，2004:7229.

2. 为家主繁衍后嗣

婢女与家主之见发生性关系，并且为家主生子，在礼法上并无失当之处，甚至在维持家庭血缘传承这一方面来讲，具有正当性。《文正遗训》中对于妻子不孕的承嗣方法，王旦的建议是如果遇到这种情况，应当为家主安置妾室，妾室也无法生育，就应当再为之置婢。这些妇女都无法孕育后嗣的话，才能收养立继。[①] 婢女在当时的家庭中与家主发生性关系是合法的，所生子嗣在特殊情况下，是可以成为嗣子的。

婢女所生家主之子，在家主乏嗣的情况下具有嗣子的资格，即使在一般情况下，婢女所生之子是具有家庭成员的身份的。但是现实中是具有特殊情况，身为婢女，不容于家母，尤其是怀孕之后，对于家母的地位有威胁，家母能够挟制家主的前提下，婢女的命运就很堪忧了。王宣子之孕婢由于不被家母待见，所以被驱逐出府，正巧韩托胄无子，就向王宣子明示其情，娶孕婢，所得子嗣为其嗣子。[②] 此孕婢得以有善终，是很幸运的。

身为婢女与家主之间存在性关系是不受礼法约束的，但是非家主之外的男性家庭成员是不得与之有私情的，即使身为家主的儿子，也不得与家主的婢女有性关系，否则会受到礼法的惩处，仁宗景祐年间蒙正正是由此被惩处放逐。[③]

（三）婢的家庭地位

钦宗教导臣子为君者应当为江山社稷和百姓为首要关切，正如身为家主应当为妻子和婢妾计。[④] 如果为人臣子不忠，与为人妻子、婢妾不

① ［清］王梓材［清］冯云濠 编撰．沈芝盈 梁运华 点校．宋元学案补遗 [M]. 卷三·高平学案补遗·王氏先绪·文正王先生旦·文正遗训．北京：中华书局，2012:274.

② ［宋］徐自明 撰．王瑞来 校补．宋宰辅编年录校补 [M]. 续编卷之三·宁宗·嘉定十七年甲申．北京：中华书局，1986:1409.

③ ［宋］李焘 撰．上海师范大学古籍整理研究所 华东师范大学古籍整理研究所 点校．续资治通鉴长编 [M]. 卷一百三十三·仁宗·庆历元年．北京：中华书局，2004:3174.

④ ［清］黄以周 等 辑注．顾吉辰 点校．续资治通鉴长编拾补 [M]. 卷五十五·钦宗·靖康元年．北京：中华书局，2004:1740.

忠是同样可耻的行为。结合婢的家庭职责可以想见，其家庭身份和地位的高低与家主的好恶有直接的关系。但是家主的好恶也只能在一定范围内对奴婢的生活质量产生影响，当家主对于奴婢的处置触犯法律规定，法律也会设置一个底线限制家主的行为，甚至惩罚家主。

1. 奴婢人身权受法律保障

身为奴婢在历朝历代都受同居相隐和不得告主的限制，但是在宋代一度鼓励告奸，出台了婢女可以诉主的诏令，这在一定程度上为奴婢提供了公权力的保障。[①] 继勋在乾德年间由于在政事上接连碰壁，加上被民众诉讼，以致于心情长期处于郁闷之中，于是在家中以虐待割伤婢女为乐，以致多人因此死亡。一日，因为暴雨导致府苑墙倒，一众婢女趁此机会逃离，并且将其恶行诉至官府。皇帝听闻之后十分心惊，于是命令纠察继勋的相关违法犯罪行为，得知其罪行累累，于是将其贬官流放。此案中婢女们因不堪家主凌虐兴词诉讼，随后得到公权力的支持和保护。家主对奴婢的侵害上升到危害人身安全的程度，是会受到严厉处罚的。[②] 即使家主以精神状态不稳定为由杀伤婢女，一旦被发现，仍然是严惩不贷。

身为婢女，一旦家主和家母之间不相安谐，很容易因为家庭事务的处置不当而被牵连处罚。极端情况下，家主诬赖奴婢有罪，身为奴婢很容易百口莫辩，大臣文昌的母亲诬陷家婢向她的药羹下毒，文昌在没有审查的基础上，就将此女送官处死。此事再被提及，审查之后才知道此案为冤案，故而对于文昌和初审官员均以不应得为之罪贬官处置。[③]

身为人子，不仅不应当淫父母婢，并且对于父母的婢女还应当格外

---

① ［元］脱脱 等 撰．中华书局编辑部 点校．宋史 [M]．卷四百六十三·列传第二百二十二·外戚上·王继勋．北京：中华书局，1985:13542.

② ［宋］李焘 撰．上海师范大学古籍整理研究所 华东师范大学古籍整理研究所 点校．续资治通鉴长编 [M]．卷二百四十二·神宗·熙宁六年．北京：中华书局，2004:5897.

③ ［宋］李焘 撰．上海师范大学古籍整理研究所 华东师范大学古籍整理研究所 点校．续资治通鉴长编 [M]．卷一百六十五·仁宗·庆历八年．北京：中华书局，2004:3962.

小心处置，原因是如果身为儿子，对于父母的指责只能接受，反身斥责婢女，是为己身不平，从这个角度来讲是对父母的不孝。[①]因此，对于父母的婢女应当另眼相待。

2. 婢女不安于室的结果

身为家婢，与家主生子，或者升等为妾，是其较为常见却并不是唯一的人生归宿，身为家婢，受宠于家主，因此家庭内其他妇女失和，被逐出家门者也时常有之。汭为家婢私，导致家庭不和谐，因此，他私爱的奴婢被逐出家门，为平民之妻，但是汭仍不知足，继续与被逐婢女私通，导致最终事发，被追究夺官。[②]

身为王安石弟弟的王安礼，行为不检点，贪腐成性，皇帝因其兄长对王安礼多有庇佑，但是王安礼仍不以为意，行为放荡不堪。他经常到馆阁故老刁约家宴饮，于是和刁家两位婢女私通，并且诱拐他们归家，两个婢女归王家之后，使得王安礼之家纷争不断，以至于纠纷各方多次意图告官，王安礼撺压之后，此事才告一段落。但是，事情并没有就此结束，同僚因王安礼不肖无能而上诉朝廷，所举实例种种件件，直指王安礼不能齐家修身，亦不能安心政务。王安礼私通人婢，并且诱略其归家，行为本身违礼非法。[③]身为婢女与他人私通，进入其家，导致纷争频发，纠纷当事人意图告官处置，如果不是王安礼强力压制，那么此事中无论王安礼还是两个婢女都必然受到法律的处罚。

① ［宋］李焘 撰．上海师范大学古籍整理研究所 华东师范大学古籍整理研究所 点校．续资治通鉴长编 [M]. 卷二百八十六・神宗・熙宁十年．北京：中华书局，2004:7009.

② ［宋］李焘 撰．上海师范大学古籍整理研究所 华东师范大学古籍整理研究所 点校．续资治通鉴长编 [M]. 卷一百七・仁宗・天圣七年．北京：中华书局，2004:2493.

③ ［宋］李焘 撰．上海师范大学古籍整理研究所 华东师范大学古籍整理研究所 点校．续资治通鉴长编 [M]. 卷三百四十七・神宗・元丰七年．北京：中华书局，2004:8329.

三、家妓

宋代士子有养家妓之风气，所养女子甚至没有妾的名分，仅为妓女而已，可以转送，亦可抛弃而不受任何约束。但如果主人喜欢，可以“转正”为妾。“居官蓄妓。士所不齿”。[①]家妓身份不同于娼妓，主要的一点在宋话本《单符郎全州佳偶》中有说明：原来宋朝有这个规矩，凡在籍娼户，谓之官妓，官府有公私筵宴，听凭点名唤来郧应。[②]而所谓家妓，是豢养在家庭中从属于私人的乐妓、舞妓等。

（一）家妓的家庭身份

家妓作为家庭中私人豢养的主司娱乐主人以及宾客的妓女，其身属贱籍，与婢不同的是，婢女的主要职责是为家庭成员生活提供日常性的服务，家妓的虽然也是服务于家庭成员，但是其职能更为单一，就是在娱乐和社交场合提供服务。另一方面，婢女作为准家庭成员，在法律规定方面受到明确的保护，与家主以及家庭成员之间受到身份关系的束缚，其身份和地位被公权力和社会认同。家妓由于更多出现在公侯士族之家，其身份不具有恒常性，这个群体服务对象多数是特权阶级，因此，其权益并没有在法律上有明确的规定。但是，家妓的身份并不是一成不变的，当其身份转化之后，她也平等地受到转变之后的群体身份庇佑。而婢与家妓双方的共同点是，都可以为家主提供性服务，也都可以因为家主的喜爱和生育子嗣被拔擢为妾室。

1. 家妓的职责

身为仕宦之家，没有家妓在宋代社会属于清流和少数，章綡的家中没有声妓和乐妓，只是一味热爱读书治学，被时人认为是非常高尚的。[③]

---

① ［宋］李心传 撰．建炎以来系年要录[M]．卷一百八十三．北京：中华书局，1988:3061.

② ［宋］孟元老 撰．伊永文 笺注．东京梦华录笺注[M]．梦华录序·注．北京：中华书局，2007:5–6.

③ ［清］王梓材 ［清］冯云濠 编撰．沈芝盈 梁运华 点校．宋元学案补遗[M]．卷九十八·荆公新学略补遗·从新学者·朝请章先生綡．北京：中华书局，2012:5896.

而一般的品官之家，品位高雅者在宴宾客时会令乐妓表演助兴。郭祥正的《郑州太守王龙图（赟之）出家妓弹琵琶即席有赠》一诗即表现如此[①]这对于客人来讲，也是极大的尊重和重视。也存在一些主人，为了取乐，使家妓做不严肃的表演，这在一些守旧的客人来看，不仅不是好客，可能是轻佻的表现，访故友时，由于故友使家妓表演滑稽戏，客人认为这不与他们的身份符合，因此力拒，导致好友之间陡生嫌隙。此人事后回忆检讨，认为身为客人，在这种情况下应当表现得大方自然，这才是真正贤者所为。[②]辛弃疾作为宋代著名的词人，其大部分词作都是在宴饮之际，家妓作乐，客人指点所得："辛稼轩以词名，守南徐日，每燕必命其侍妓歌所作。"[③]

综上所述，可见家妓侍奉家主，在当时是为一种风尚，但是并非每个家庭或者说每一户中的家母都能容忍这种情况。现今流传于世的河东狮子陈季常之妇人凶悍善妒，陈季常本人又喜好家妓侍奉，因此其夫人有诸多阻挠。以至于时人皆知其名。[④]为了避免善妒凶悍的妻子阻挠，王蜀吴宗文寻找时机，私下和家妓相好以至于力竭身亡。[⑤]也有嫡妻不容家主幸家妓，正妻在世时，令年老貌丑者侍候酒席，稍有姿色的家妓必须在帘幕之后奏乐。[⑥]甚至在家主独处时，都没有近身妾婢为其打理生活。

---

① ［宋］孟元老 撰．伊永文 笺注．东京梦华录笺注 [M]. 卷之六·十六日·注．北京：中华书局，2007:599.

② ［宋］蔡绦 撰．惠民 沈锡麟 点校．铁围山丛谈 [M]. 卷第四．北京：中华书局，1983:73.

③ 丁传靖 辑．宋人轶事汇编 [M]. 卷十七·辛弃疾·刘过．北京：中华书局，2003:912—913.

④ ［宋］洪迈 撰．孔凡礼 点校．容斋随笔 [M]. 三笔卷三·8 陈季常．北京：中华书局，2005:457.

⑤ ［宋］李昉 等 编．太平广记 [M]. 卷第二百七十二·妇人三·妬妇·吴宗文．北京：中华书局，1961:2147.

⑥ ［宋］李昉 等 编．太平广记 [M]. 卷第二百七十二·妇人三·妬妇·蜀功臣．北京：中华书局，1961:2147.

2. 家妓与娼妓之不同

家妓与民间娼妓有所不同，主要体现在家妓的日常生活和教养培训支出是来自于家庭支出的，娼妓则是所属勾栏营业机构负责支出。前者是为了为家主和客人提供更高质量的娱乐服务，后者是为了提高身价，以获得更高的经济收入。家妓虽然可以为家主提供性服务，但是和客人是不能公开存在性关系的，这对于主家来讲是很大的失礼。娼妓的服务对象则非常广泛，不受约束。家妓的人生归宿取决于家主，无论是成为家主的妾室还是被家主驱逐或者放良，抑或是将其赠与他人等都取决于家主或者主母的个人意愿，不需要家妓归还之前的相关生活费用和教养费用。娼妓选择从良的前提是赎身，需要偿还之前的一系列费用。

家妓的培训需要耗费大量的金钱，因此豢养家妓属于精英阶层的专利，刘承勋掌管宫内财政，因此贪腐无数，时人为了体现他的贪得无厌，举例他的家妓为了学习师巫持刀㓻水一项技艺就耗费了二千缗。[①] 杨绘被贬斥为毫无德行操守，主要原因是他常年宴饮相交者多数是无赖小人之徒。一日，他唤家妓来歌舞助兴，其中一客人胡师文多有猥亵之举，杨绘妻子觉得失礼，就令家妓退下。当杨绘妻子离席之后，胡师文撺掇杨绘再将家妓唤上作乐，杨绘因愧对妻子，就没有同意，于是胡师文做狂放状殴打了杨绘。此事被传出，大臣都鄙视杨绘，为人没有品位风度，应酬小人，小人猥亵家妓他不能制止，还被小人殴打。[②] 可见，在当时，家妓并非娼妓一流，可以委身应承客人。家妓更大程度上是家庭的乐队和舞团。

身为家妓，可能是从小就被收入府中教养培训，被家主觊觎也是情理之中，但是身为士人，是自诩有品格教养的精英，怀此想法被好友苏轼得知之后，对其进行劝诫，认为家妓年幼尚不能承恩，家妓本已属其

① ［宋］孟元老 撰．伊永文 笺注．东京梦华录笺注 [M]．卷之六·十六日·注．北京：中华书局，2007:599–600.

② 丁传靖 辑．宋人轶事汇编 [M]．卷十一·吕惠卿·邓润甫·张璪·杨绘·陈绎．北京：中华书局，2003:553.

家，待其年长再幸，才为正理。[①] 主人可以基于自己意愿处置家妓，对于他人的无理索要的要求，身为家主也可以拒绝以示气节。敌军派遣使者，表示如果可以将将军的家妓送交横军，横军便可退兵。其中不仅是横军喜爱府中妓女，更多的是他要向敌方显示他的优势地位。众将劝导将军将几个妇人作为礼物以乞求对方罢兵，将军否认了这个建议，原因是对方已经围城两个月余，怎么会因为几个妇女就退兵呢。即使对方按照约定退兵，传扬出去，身为将军，将几个妇人送给敌军，以求得一时安定，这是很失体面的。在这个语境之下，家妓的政治象征意义高于其本身的价值。敌军要求被困将军的家妓，可见家妓在家庭中的暧昧地位，既具有准家庭成员的身份，又具有妓的身份属性，可以被赠与他人。故此，敌军才以此试探，如果换做索要其他的家庭成员，就是挑衅而非示威了。[②]

（二）家妓的身份转换

家妓的身份并非全然固定，不可变更的。家妓的人生归宿可能因为被主人亲友喜爱或者为了表示主人的心意，而被主人赠与他人；主人本身的喜爱和为主人产子，都有可能使家妓被拔擢为妾室；更有可能的是为主人生子也并没有获得妾室的身份，处于一种模糊的家庭身份在主人家中终老。

1. 放良适人

刘将军家境殷实，豢养家妓众多且具有很高的艺术修养，郑还古因为喜爱柳将军的家妓，因此向柳将军讨要。柳将军许诺待到郑还古显达之时作为贺礼赠与给他。谁知道天有不测风云，郑还古赴京上任，柳将军依照约定将家妓送给郑还古，谁知在此妓启程后不久，柳将军就亡故

① ［宋］苏轼 著．邹同庆 王宗堂 校注．苏轼词编年校注[M]．苏轼词编年校注正编·一、苏轼编年词·绍圣四年丁丑（一〇九七年）·减字木兰花．北京：中华书局，2007:792−793.

② ［清］毕沅 撰．标点续资治通鉴小组 点校．续资治通鉴[M]．卷第一百十一·宋纪一百十一·高宗受命中兴全功至德圣神武文昭仁宪孝皇帝·绍兴二年．北京：中华书局，1957:2942.

了。郑还古极为悲痛，家妓未到就将其放良嫁人了。[①]

2. 升等为妾

东坡南来时，随身女子一共三位。绍圣三年夏丧朝云，即“两女使”之一也。另一女使为谁，不详。朝云初从东坡实为歌妓，称纳朝云为妾之说，实际上是错误的。宋代承六朝、隋、唐之风，士子及武人皆可蓄养家妓，此类女子绝无妾的名分和地位，主人可以随时将其抛弃或转赠。朝云后来被称为东坡之妾，完全是因为她在黄州时，意外地为东坡生了一个儿子，取名苏遁，小遁虽亡，却彻底改变了其母朝云的身份。[②]

3. 赠与他人

身为家妓，主人可以根据自己的意志决定她们的人生归宿。将她们赠与他人有可能源自于宾客亲友的喜爱，也有可能是为了逢迎或者示好。中吉带着家妓来与孙沔游玩饮酒，随后将家妓赠与孙沔。言官对于他的行为进行了弹劾，认为他不应当将自己的家妓赠与孙沔，此举有贿赂之嫌。[③]可见家妓的赠与在当时是十分自由的。本质上，家妓和金帛一样都是有价之物，主人会将家妓视若金银，在官场中，也会以家妓赠与官长者，为求政治利益。[④]甚至在极端情形下，家妓的赠与可能代表的政治意义，可以带来消弭战火的可能性。[⑤]不可否认的是，无论家妓的主人将其视为多么贵重的礼物，本质上都忽略了她们本身的人的本质属性，在意识到这一点的前提下，也要明确，在当时的社会结构中，社会各阶

① ［宋］李昉 等 编．太平广记 [M]. 卷第一百六十八·气义三·郑还古．北京：中华书局，1961:1224.

② ［宋］苏轼 著．李之亮 笺注．苏轼文集编年笺注 [M]. 卷五五（尺牍一百四十首）·与林天和二十四首之十五·【笺注】．成都：巴蜀书社，2011:229.

③ ［宋］李焘 撰．上海师范大学古籍整理研究所 华东师范大学古籍整理研究所 点校．续资治通鉴长编 [M]. 卷一百九十·仁宗·嘉祐四年．北京：中华书局，2004:4578.

④ ［宋］袁枢 撰．通鉴纪事本末 [M]. 卷第四十·庄宗灭蜀．北京：中华书局，2015:3886.

⑤ ［元］脱脱 等 撰．中华书局编辑部 点校．宋史 [M]. 卷二百五十一·列传第十·韩伦．北京：中华书局，1985:8833.

层身份构成存在这样的等级差序，以今非古也属实不妥。

4. 为主生子、主亡不再嫁

身为家妓并非当然在为主人产子之后可以被拔擢为妾室，现实情况是，即使家妓为主人生子，很有可能也无法获得妾室的身份，两位地方军阀之间，由于一方觊觎另外一方的众多家妓，在要求求取其中的若干被拒之后，愤而胁迫。家妓的主人拒绝的理由是，家妓虽然众多，但是其中年老色衰有之，已经生子的有之，因此不便相予。① 无论这是不是不想将家妓赠与的托词，可见，家妓为主人生子是很普遍的现象。生子之后身份仍然是家妓，不得晋升为妾，也不足为奇。

家妓在主人亡故之后不再嫁，不能被称之为守贞，因为守贞的前提的身为主人的妻或者妾，这样的与主人有礼法身份关系的妇女。但是对于在生前与主人感情深厚，死后不再另觅良人或者另寻他主的行为，在当时也是为雅士所称道的。徐尚书的家妓盼盼，在尚书生前与之感情甚笃，尚书死后，盼盼居于尚书旧宅，不再别嫁，如此孤寂地生活十数年。时人在感叹她的忠贞之余，将历代前朝中类似据有很高的才华和艺术修养的家妓与盼盼相较，都认为她们不如盼盼坚贞。②

第二节　礼法对特殊家庭身份妇女的规范

婢妾之间的身份在家庭生活和日常用语以及书面文献的记载中都存在大量混用的情况，是由于两者之间存在一些身份职能上的交叉和混同。但是，这样的混同并没有延续到法律规定上，宋代的法律将家庭中与男性存在广义配偶关系的妇女身份划分为：妻、媵、妾、婢。③ 身为男性

① ［宋］袁枢 撰．通鉴纪事本末 [M]. 卷第三十九·徐氏篡吴．北京：中华书局，2015:3758.

② ［宋］洪迈 撰．孔凡礼 点校．容斋随笔 [M]. 三笔卷十二·眄盼泰秋娘三女．北京：中华书局，2005:564–565.

③ ［宋］窦仪 等 撰．吴翊如 点校．宋刑统 [M]. 卷第十三·户婚律·九门·婚嫁妄冒．北京：中华书局，1984:215.

的配偶，法律将这一群体的妇女具体划分为妻、媵、妾，并且规定她们之间的身份不可混同、逾越，一旦发生身份错位，会受到法律的消极评价。婢女虽然在现实生活中与妾室在家庭职责上存在交叉之处，法律规定中，她们的身份同样壁垒分明。

在具体的法律规范中，妾与婢之间存在明确的身份差异，使得双方的法律地位和权益是有高低等差的，但这并不意味着双方身份的完全固化，婢女是存在向上流动的可能性的，但是这样的流动是有限的，只能止步于妾室。由于妻子的身份和职责法律规定需要更为贵重的人来承担，不论是妾还是婢都不被允许觊觎妻位。[①] 那么观察妾与婢之间的法律身份与地位的差异，以及婢的身份转化，需要根据立法规定中关于双方的权益对比来作出比较，从而确定双方在家庭中身份差异与地位不同。

一、婢妾身份的混同与差异

在宋代的现实生活中往往习惯性地将妾婢连用，其中反映了社会现实中对于这两种身份群体的本质属性认知趋同。但是，这样的差异并没有反映到法律上，法律对于妻妾之间身份的高低差异是有明确规定的，并且对身份的混同是零容忍的态度，无论何种形式的身份混同和滥用都会受到法律的消极评价。观察立法和现实中出现不对称的这一现象，是理解宋代婢妾这一特殊家庭身份妇女的实际处境的一把钥匙。

（一）婢妾身份的混同

婢妾身份的混同主要原因是在当时这两个群体大略等同于财产、货物，是可以通买卖的，即使在进入一个家庭中，身为家庭成员和准家庭成员，双方在礼法中与其他家庭成员之间存在服制关系，但是这样的服制关系主要基于家庭伦理秩序的建构。将她们纳入家庭伦理体系，本质上是对其行为的约束和成为其履行家庭职责的理论支撑。如何理解在现

① ［宋］窦仪 等 撰．吴翊如 点校．宋刑统[M]．卷第十三·户婚律·九门·婚嫁妄冒．北京：中华书局，1984:214–215.

实生活中，婢妾身份的混同，需要通过以下几个具体的层面进行：

1. 称呼的混同

婢妾之间混同最常见的场合是在当时文献材料记载的日常生活领域，之所以将两者混同或者说连用，最重要的原因是，在家庭中，除去通过婚姻取得正妻位置的妇女之外，其他与男性家庭成员存在配偶关系的妇女的地位和职能都被固定在生子继嗣的框架里，是不能与有助祭权和家事管理权的正妻相比较的。在宫廷中，由于身为修媛的妾室在吃穿用度上存在超标僭越的行为，朝臣对皇帝进行劝诫，希望皇帝对修媛的行为进行约束。大臣用来说服皇帝的理由是，身为修媛，在普通的家庭中属于妾婢支流，皇后是身为嫡妻正宫，如果妾婢的用度直逼正妻，这违反了贵贱差等的基本伦理原则，如果在此事刚刚露出苗头的时候不加以制止，等到更为严重的事情发生，那就悔之晚矣。[①]

2. 身份职责的混同

张居正身为首府，在家庭中因为畏惧妻子的强势善妒，因此，即使有妾婢在侧也不得染指，导致子嗣凋零，因此他只得收养养子以承继血脉。[②] 此时，身为妾婢，在生育职责上达成了统一。

妾婢之称是相对于正妻来讲的。不仅由于妾婢相对于正妻来讲，更多的家庭身份职能是为主人生子继嗣，而且往往是主人的情欲的对象，蓄妾婢，很多时候指向的是身为男性的个人情欲取向。[③] 不蓄婢妾在当时被认为是举止凝重的主要表现之一，可见，妾婢在家庭中的职能有

① ［宋］李焘 撰．上海师范大学古籍整理研究所 华东师范大学古籍整理研究所 点校．续资治通鉴长编 [M]. 卷一百四十五・仁宗・庆历三年．北京：中华书局，2004:3518−3519.

② ［宋］钱若水 修．范学辉 校注．宋太宗皇帝实录校注 [M]. 卷第七十七．北京：中华书局，2012:694.

③ ［元］脱脱 等 撰．中华书局编辑部 点校．宋史 [M]. 卷二百九十四・列传第五十三・赵师民．北京：中华书局，1985:9825.

一个重要的方面指向家主的个人喜好。[①] 与他人妾婢相媾和，在礼法上是会被惩处的，在此种语境下将这两种身份连用，可见在双方身份下承担的家庭职能上的相同。

3. 身份地位的趋近

侂胄妻子早亡，家中有四个妾室，均被加封为郡夫人，在妾室之下还有十个受宠的婢女，也都有皇封的身份。有人向侂胄献上四颗珍贵的珍珠，侂胄将这四颗珍珠送给四个妾室，谁知因此十个宠婢非常嫉妒，侂胄非常担心，这会引起更大的纷争。待到侂胄出门公干，赵师彝出重金购买十颗珍珠，将它们送给这十位宠婢，这十人都非常开心地领受了。侂胄返家时，十个宠婢都将珍珠镶嵌在头冠上，鱼贯而出。侂胄因此极为高兴，随后对赵师彝的升迁起到了关键性作用。[②] 婢女嫉妒妾室有家主赏赐的珍宝，并且将这样的不满表现出来，由此可见，在实际生活中，如果得到家主的喜爱，无所谓妾还是婢的身份，在家庭中双方的地位是无限接近的。无论是妾还是婢，侂胄的这十四个妾婢都有皇封的爵位身份，在宋代有封赏妾室的制度，没有明确说明受宠爱的婢女是否可得皇封，由此可见，宠婢也可以获得爵位封赏。进一步来讲，就是身为妾室和婢女的身份是无限趋同的。这也是在宋代出现这两者之间称呼和使用方法混同的原因之一。

（二）婢妾身份的差异

婢妾身份在现实中经常出现被混用的情，但是在法律上确实壁垒分明的。身为婢女是不可以僭越妾室的，但是，法律同时规定，婢女的身份是可以经过法定程序向妾室晋升。但是法律同时规定，未经过拔擢为

① ［宋］李焘 撰．上海师范大学古籍整理研究所 华东师范大学古籍整理研究所 点校．续资治通鉴长编 [M]. 卷二百二十六・神宗・熙宁四年．北京：中华书局，2004:5509.

② ［宋］刘时举 撰．王瑞来 点校．续宋中兴编年资治通鉴 [M]. 卷十二・宋宁宗一・戊午庆元四年（一一九八）．北京：中华书局，2014:276.

妾的婢女，与妾室之间的身份差异是不可逾越的。

1. 婢妾身份的合法转化

在家庭中身为婢女是否可以由家主经过一定程序拔擢为妾室，法律解释中也有针对这个问题的问答。婢妾身份的合法转化途径有两种：一种是婢女经过放良或者自赎免贱的程序，得以留在主家或者出主家，听任主人或者他人将其升等为妾。另外一种情况是身为婢女，为主人产子，那么主人可以直接将其身份升等为妾室。由此可见，身为婢女，合法成为妾室的途径有两种，一种是有子可直接升等；一种是无子经过放良。

2. 乱妾婢位的处罚

法律规定中对于乱婢妾位分的行为，要处以刑罚。对于以婢女为妻子的处罚要重于以妾为妻的处罚，以婢女为妾的刑罚是徒刑一年半，并且之后要各归本位。

法律解释中说道，妻子是与丈夫互为配偶，共同承担家庭职责中内外两个不同的方面。妾是可以被买卖的，所以和妻子之间等级差异很大，而婢女是贱民，和家主及妾室之间都不能算是同质同类。因此将婢女和妾室之间的身份混同或者婢女僭越妾位，都是违反礼法中对于各色人等的性质规定。①

二、礼法对妾的法律规范

妾在礼法上的地位主要体现在两点，一是在犯罪的情况下，无论是妾室作为侵害人还是被侵害人，基于其妾室的身份获罪的刑等；二是妾室的法律权益，包括积极的权益和消极的权益。妾室作为夫家家庭成员与准家庭成员的妇女身份的分野，兼具家庭成员和准家庭成员权利和义务的共同特性。即兼具家庭成员身份的法定当然和准家庭成员的义务本位双重属性。

① ［宋］窦仪 等 撰．吴翊如 点校．宋刑统 [M]. 卷第十三·户婚律·九门·婚嫁妄冒．北京：中华书局，1984:215.

（一）妾犯罪之处罚

1. 品官家妾是赎刑的对象

对于品官之家中身为妾室的妇女犯罪是否提供赎，法律是这样规定的，在犯非“十恶”的罪行时，流罪以下的他罪是可以通过赎刑代替处罚的。并且在法律解释中对于身为妾室的子孙以及法律规定的各种服制的亲属如果犯非“十恶”之罪也规定了可以适用赎刑。①

2. 妾不举妻哀

身为妾室，对于妻子的家母身份应当充分给予尊重，这不仅是身为家庭成员礼制上要求，也是法律规定上的强制性规定。② 如果身为妾室在听闻正妻死亡之事，不举哀的，会被视为匿周亲亲属之哀来处置，将被处以一年徒刑，以及丧期未到就释服从吉，会受到杖刑一百的处罚。妾室对于正妻的服丧等级是非常高的，正妻在法律上的身份对于妾室意味着类同周亲亲属的地位。

3. 妾与人和奸

家庭成员间奸罪的处置刑等与凡人之间的奸罪刑等相比是要更高的，在家庭成员间奸罪的刑等也是有高有低，其中高低的标准是按照本身服制亲缘关系的远近亲疏和身份之间的高低有所不同。体现在妻、妾两种身份在同种奸罪的罪名之下，妻罪较妾罪更重。③ 具体来讲，在奸父祖妾条中规定，奸曾经为父祖生育子嗣的妾室的，和奸双方都应当处以绞刑。如果仅仅身为父祖之妾，没有为父祖诞育子嗣，犯此罪者，减前罪一等处罚。那么曾经身为父祖之妾室，也为父祖生育过子嗣，但是在父祖死亡之后，改嫁他人，而犯本罪，应当如何处置。在法律解释中

---

① ［宋］窦仪 等 撰．吴翊如 点校．宋刑统 [M]. 卷第二・名例律・四门・请减赎．北京：中华书局，1984:21−22.

② ［宋］窦仪 等 撰．吴翊如 点校．宋刑统 [M]. 卷第十・职制律・八门・匿哀．北京：中华书局，1984:163−164.

③ ［宋］窦仪 等 撰．吴翊如 点校．宋刑统 [M]. 卷第二十六・杂律・十四门・诸色犯奸．北京：中华书局，1984:422−423.

具体规定是说，在这种情况下，在礼法身份上双方已经不存在服制关系了，因为身为妇人，与夫家的身份关系是以丈夫坐标构建的，丈夫亡故之后，她的改嫁就斩断了丈夫家亲属和她的法定身份关系，再犯此罪，按照凡人相奸惩处。在父祖死后，父祖之妾与父祖袒免亲属成婚的，不依照奸罪惩处，而是依照法律规定的他罪处罚。这是规定了本罪与相近的他罪之间的界限。

在与缌麻以上亲属妻子相奸的罪名下，规定了犯此罪的妾室减妻罪一等，并且明确规定了对于其他的奸罪，妾室均减妻罪一等。[①] 法律解释内将此条妾罪减妻罪一等进行了限缩解释，妾罪减妻罪一等指的是有奸罪的规定，但是没有奸妾的具体刑等规定，应当依照妾罪减妻罪一等处罚。就是说，如果其他条文中对于奸妾有明确刑等规定的，就依照具体的条文规定。同时，妾罪减妻罪一等也适用于奴和部曲奸主人的妾室罪名。对于此条规定可以窥见，分别制定妻妾犯奸罪时的刑等，妻高于妾，主要的原因是妻子承担了更高的家庭身份和职责，在权益方面优先于妾室，那么在犯罪领域，尤其是犯与伦理身份相关的罪名，理应承担更严厉的罪责。其中传达出最本质的信息是，妻犯奸罪的犯罪恶性是高于妾的。

（二）妾的法律权益

身为妾室所享有的法律权益主要体现在基本的人身权、财产权和收养权。虽然在一些特殊情况下妾室有可能享有部分妻子的权益，例如，在正妻缺位的情况下，享有家事管理权等。但是这种情况并不具有普遍性，并且在法律条文中没有明确的制度性规定。

1. 妾的人身权

妾的人身权被法律承认和保障主要体现在两个方面，妾身为家庭成员，不被其他家庭成员侵犯或者被家庭成员侵犯人身权益之后，法律对

① ［宋］窦仪 等 撰．吴翊如 点校．宋刑统 [M]. 卷第二十六・杂律・十四门・诸色犯奸．北京：中华书局，1984:422.

侵害者的惩处。法律规定丈夫殴伤妻子的以殴伤凡人罪减二等刑处罚，致妻子死亡的，应当以殴伤凡人致死论。殴伤妾室达到折伤以上的，应当减殴伤妻罪二等处罚。法律解释对此的解释是：夫妻同体，身为丈夫殴伤妻子的话，应当视同尊长殴伤卑幼，因此应当减凡人二等论罪。身为妾室在被丈夫殴伤在折伤以下的，法律规定是不对其处罚的，折伤以上减凡人殴伤罪四等刑处罚丈夫。对于丈夫殴伤妻妾罪，法律规定是亲告之罪，如果妻妾本人不告，那么其他人，即使是非常亲近的近亲属也不享有诉权。但是一旦致其死亡，那么诉权由当事人行使已经不可能的情况下，法律规定可以由其他人行使诉权。

妻妾之间存在殴打致伤致死的罪行，法律对此的规定是，如果是妻子殴伤妾室的，减凡人罪二等处罚，如果致死，则以凡人杀伤罪论处。此罪为亲告罪，只有身为当事人的妻妾本人行使诉权，但是当妾室因殴伤致死，那么诉权就由他人行使。所谓他人是指不需要与死者具有亲属关系或者与此案存在利害关系的当事人均可行使诉权。过失杀伤妾室的不论罪，因为不存在主观恶性。①

身为直系尊长，殴打子孙的妻子以致其残废的，处以杖刑一百，导致子孙妻子造成长期伤病困扰的，加一等刑罚，导致被加害者死亡的，处以流刑三年，故意杀人的，处以流刑两千里。被加害者是妾室的，减妻子罪行二等。过失杀伤不论罪。② 如果加害者是旧时公婆，法律规定的处罚措施是，加害者殴伤旧子孙妻妾达到折伤以上的，减凡人三等论罪。故意杀害被加害人的，应当处以绞刑。③

2. 妾的收养权

妾室存在的主要家庭职责是为丈夫生子继嗣，对于无子的妾室，法

① ［宋］窦仪 等 撰．吴翊如 点校．宋刑统 [M]. 卷第二十・斗讼律・六门・夫妻妾媵相殴并杀．北京：中华书局，1984:345-346.

② ［宋］窦仪 等 撰．吴翊如 点校．宋刑统 [M]. 卷第二十二・斗讼律・六门・夫妻妾媵相殴并杀．北京：中华书局，1984:350.

③ ［宋］窦仪 等 撰．吴翊如 点校．宋刑统 [M]. 卷第二十二・斗讼律・六门・夫妻妾媵相殴并杀．北京：中华书局，1984:351.

律规定可以由丈夫决定其是否可以收养其他妾室的孩子，成为此子的慈母。宋代法律规定，慈母在法律上的身份是类同亲生母亲的。法律解释中，对于慈母身份的合法取得，以及慈母与其子的服制关系都有详细的规定。所谓慈母可以是经由父亲的命令让没有儿子的妾室和没有母亲的庶子结成拟制的母子关系。也可以是，无子的妾室和无母的儿子结成抚养关系，不由父命，但是前者的母子关系，依据法律规定，和亲生母子关系享有同样的法律权益和身份联系。后者之间的服制亲等关系与亲生母子不相同，只享有小功的服制关系。[①]

慈母与养子之间的关系在服制关系以及大部分法律权益和义务上都适用亲生母子之间的规定，但是在例外情况下，法律对于他们之间的关系有特殊规定。[②]即如果子孙违反教令，身为母亲殴打致其死的，处以徒刑一年半，用刀刃杀死的，处以徒刑两年，故意杀人的加一等处罚。如果身为嫡养慈继这四种拟制身份的母亲犯此罪的，再加一等处罚。过世杀的，不论罪。[③]法律解释的原因是由于身为这四种法律拟制身份的母亲，毕竟双方之间不存在亲生的血缘关系，故而在教养子女的时候更容易不顾念亲情关系，导致处置失当，因此，对于她们的教令过当应当处以更为严厉的处罚。

对于告诉父母的行为，在传统中国普遍被认为是不孝的行为，不仅不被鼓励，而且一旦触犯，还会被处以绞杀的刑罚。但是，在宋代有例外规定，对于嫡母、继母和慈母杀其父亲或者杀其亲生父母的，宋代法律允许身为儿子告诉这三类母亲。[④]例外是，如果是嫡母和继母杀的

① ［宋］窦仪 等 撰．吴翊如 点校．宋刑统 [M]. 卷第六・名例律・七门・杂条．北京：中华书局，1984:100-101.

② ［宋］窦仪 等 撰．吴翊如 点校．宋刑统 [M]. 卷第二十二・斗讼律・六门・夫妻妾媵相殴并杀．北京：中华书局，1984:349.

③ ［宋］窦仪 等 撰．吴翊如 点校．宋刑统 [M]. 卷第二十二・斗讼律・六门・夫妻妾媵相殴并杀．北京：中华书局，1984:349.

④ ［宋］窦仪 等 撰．吴翊如 点校．宋刑统 [M]. 卷第二十三・斗讼律・七门・告祖父母父母．北京：中华书局，1984:364.

是其庶生亲母，在这种情形下，身为亲生儿子也是不得告诉的。这种情况如果亲生子不享有告诉权，本人也已经被加害致死，那么是否求告无门。[①] 事实并非如此，在宋代法律中规定，对于妻杀妾的，可以由其他任何人行使诉权，不必一定与本案有利害关系。就是说除了妾生亲子之外，还有其他享有诉权的主体。之所以如此规定，是立法在兼顾公平原则的同时，对于儒家家庭伦理秩序的维护。

如果身为嫡、继、慈这三种身份的母亲，在对子孙有过度的苛求，故意杀伤子孙的话，该当何罪。身为被伤害的子孙是否享有诉权？这三类母亲如果被父亲休弃或者夫亡之后改嫁，那么又怎么处置。[②] 子孙对于直系尊亲属的服制关系，往往不是其相互之间存在侵犯之后，法律对其是否为罪，如何课刑的唯一标准。在《贼盗律》中，对于因为身为尊长因为对子孙有苛求在先，随后故意杀周亲以下卑幼，应当处以绞刑。在服制亲属相反的情形下，法律规定是以旁周亲为分界线，但是对于子孙来讲，他们对于父母是不入周服的。对于嫡、继、慈、养来讲，法律虽然规定她们和亲生母亲享有同等的服制亲等关系，但是对于被休弃的或者是改嫁的这四类母亲，就与亲生母亲不再相同。法律规定，对于改嫁的这四类母亲，服制亲等关系降等至周亲，为官者，不为这四类母亲再解官服丧，礼法中也没有需要为这四类改嫁的母亲行心丧的规定。至于如果被休弃，那么他们之间的服制亲等关系就完全断绝了，因此，身为子孙当然享有诉权，针对她们的罪行进行追诉。

3. 妾的财产继承权

身为妾室在丈夫亡故之后，和妻子一样享有守节或者再嫁的权利，如果选择守节，那么在无子的前提下，寡妾也享有何寡妻一样的财产继承权。由此可见，身为寡妾，在立法上享有与寡妻同等条件下的财产继

① ［宋］窦仪 等 撰．吴翊如 点校．宋刑统 [M]. 卷第二十三・斗讼律・七门・告祖父母父母．北京：中华书局，1984:365.

② ［宋］窦仪 等 撰．吴翊如 点校．宋刑统 [M]. 卷第二十三・斗讼律・七门・告祖父母父母．北京：中华书局，1984:365.

承权。

寡妾享有的继承权性质是法定继承权，在无子的情况下，完成守志这一前提，就享有当然的财产继承权。那么妾是否在遗嘱继承的范围之中呢，法律解释是，身为家主，遗嘱将家产分与妾室与两个儿子，儿子不服诉讼，法官认为，妾室是不享有和丈夫儿子同等的财产继承权的，儿子的继承顺位在妾室之前。有儿子在的情形下，即使是家主，也不能通过遗嘱对抗法定继承顺位的规定。宋代遗嘱继承本身就是为了弥补没有法定继承人的不足，但是不能违拗法定继承的规定，并非是与法定继承并行的规定。因此，妾室的财产继承权只在法定继承的领域有效。①

三、礼法对婢的法律规范

身为婢女，在家庭生活中主要的职责是辅助家主及其他家庭成员的生活，在一些情况下完成家主生子继嗣的需求。所以，在从属于家主的妇女中，婢女的身份地位较低，仅次于家妓一类的准家庭成员。其中婢女的法律权益受到法律的保护，主要体现在人身权利以及宋代特有的奴婢的诉讼权利。

（一）婢的人身权利受法律保障

身为婢女，在宋代类比畜产。②但是，同时在法律规定中存在大量保护婢女个人权利的条文，这说明在法律中虽然将婢女和其他的个人私有财产相比较立法，但是也承认了婢女身为个人的权益应当受到保护，类同畜产是婢女的价值属性，但是关注婢女身为人的属性，也是立法关注的重点。在宋代的立法中存在的这一矛盾，正是立法中人文精神的展现。

① ［元］脱脱 等 撰．中华书局编辑部 点校．宋史 [M]．卷四百一十二・列传第一百七十一・杜杲．北京：中华书局，1985:12381–12382.

② ［宋］窦仪 等 撰．吴翊如 点校．宋刑统 [M]．卷第四・名例律・四门・赃物没官及征还官主并勿征．北京：中华书局，1984:62.

宋代婢女的人身权利主要分为两个方面，一是婢女享有的积极权利；一是婢女享有的消极的不被侵害的权利。前者指的是婢女享有的被收养权和被放良的权利、诉权等。后者主要指的是禁止非法买卖和非法侵害的权利。

1. 禁止非法买卖

太祖年间，下诏针对广南区域存在的买卖男女为奴婢而从中渔利的现象，[①] 皇帝对此的态度是将此等良人被买卖成为奴婢者，放免其奴婢的身份。皇帝的诏令可以视为朝廷对于非法买卖奴婢的官方态度。立法中，对于通过非法手段，例如是略或者诱，以这些形式获得奴婢者和实施这些手段者，法律将其视为一等，量罪处刑。其中，对于奴婢的身份没有限制，无论是身为贱籍抑或是身为良人，都适用本条规定。[②]

2. 不受非法侵害

身为婢女，很有可能因为家主的个人好恶或者被迁怒等原因人身安全处于危险之中，再加上奴婢类比畜产的观念下，身为家主很容易轻视奴婢的生命。针对这类现象，法律规定禁止杀伤奴婢，对于平民之家杀伤奴婢很有可能因此获罪，被处以刑罚；身为达官显贵，则很有可能因此恶行被贬官降爵。金乡公主因为杀婢女，因此被皇帝降罪，降位为郡主，随后薨逝与贬抑之所。因此，史书记载，金乡公主因为杀害婢女，因此被降罪而亡。[③]

民间的奴婢病亡往往会引起别人的怀疑，其中被家主杀死的可能性，因此此事往往会引发争讼，对于这样的情形，官方的预防措施是，奴婢报病亡，需要官方检验才属合法。这项措施执行时，往往会被基层官吏

① ［元］脱脱 等 撰．中华书局编辑部 点校．宋史 [M]. 卷二・本纪第二・太祖二．北京：中华书局，1985:32.

② ［宋］窦仪 等 撰．吴翊如 点校．宋刑统 [M]. 卷第四・名例律・四门・会赦不首故蔽匿及不改正征收．北京：中华书局，1984:66.

③ ［清］毕沅 撰．标点续资治通鉴小组 点校．续资治通鉴 [M]. 卷第三十三・宋纪三十三・真宗膺符稽古神功让德文明武定章圣元孝皇帝・天禧元年．北京：中华书局，1957:739.

简慢处置，或者借此敛财，拖延检验时间。因此，大臣上书提出建议，对于检验病死奴婢一类的案件应当设置检验期限，以防止案件淹滞。朝廷对于这项建议，表示赞同。[①]

对于杀一家非死罪三人，三人的标准是不包含奴婢在内的，但是如果奴婢经过放良之后，虽然本罪罪不至死，但是应当依据故意杀人罪处置。身为婢女，是否放良，代表其身份等级的一个分野。[②] 伤人可以收赎，没有达到伤害的程度就不应当论罪。那么殴杀他人的奴婢或者殴打自己父母没有导致伤害发生的，该当何罪。这种情况下，法律解释认为，奴婢的人的属性只是在服务的本家之内才能被承认，除此之外，是不能以平等的人来看待的。故而，除了在家庭内部出现的奴婢与主人或者主人亲属相犯的情形之外，奴婢杀伤人不与杀伤良人使用同一罪名和刑等。但是唯一的例外就是因盗杀伤奴婢，与犯良人同罪。[③]

3. 婢女可被依法放良

奴婢是可以经过放良程序，由贱民阶层转化为良民或者雇工人。再转化为良人之后，是可以成为家庭中的养女和妾室，也可以和良人通婚。因此，放良对于奴婢来讲是很重要的一项权利，达到其阶级晋升的目的。

法律规定的放良程序是由家长和家庭成员共同完成的，他们虽然是放良程序的决定者，但是此程序一旦完成具有不可逆转的特点。就是经过放良的奴婢不能够再被当做贱籍对待。否则，主人将受到徒刑一年半的处罚，将奴婢放为部曲，压作贱民的，处以徒刑一年。同时将其身份改正到放良时的身份。

放良的程序是，家长手书放良文书，长子联名签署，经由所属地方

---

① ［元］脱脱 等 撰．中华书局编辑部 点校．宋史 [M]. 卷二百六十九・列传第二十八・陶谷．北京：中华书局，1985:9236.

② ［宋］窦仪 等 撰．吴翊如 点校．宋刑统 [M]. 卷第二・名例律・四门・以官当徒除名免官免所居官．北京：中华书局，1984:30.

③ ［宋］窦仪 等 撰．吴翊如 点校．宋刑统 [M]. 卷第四・名例律・四门・老幼疾及妇人犯罪．北京：中华书局，1984:57.

官府的户籍黄册除附，整个程序才是合法完成。[①] 放良之后的婢女可以为主人家妾室，也可以听其自理。身为家婢，可以经过放良或者自赎免贱，可以在主人家为部曲、为妾，也可以听任其自行决定去留。[②] 在主人家如果认婢女为养女，应当以不应为轻法处断，但是放良之后可以收为养女。[③]

（二）婢女的诉讼相关权益受法律保障

在宋代身为婢女，享有较前朝和后世同类群体更广泛的诉讼权利，这些权利主要包括：权利受侵害时的诉权、主人犯罪之后的自首及容隐权等的规定。

1. 奴婢的诉权

身为婢女为主人生育子嗣，但是未必当然就能升等为妾，需要经过放良程序再由主人拔擢为妾室才能生效。那么身为婢女为主生子，随后因为财产分配问题提起诉讼，是否享有的诉权是应当予以考量的问题。王蒙正亡父之婢女敲击登闻鼓告御状，称王蒙正亦欲争夺家产，因此诬陷此婢所生之子并非其父的亲生子，是与他人私通所生。经过核实，最终案情水落石出，此婢在王父生前与王蒙正私通，因此，皇帝对王蒙正的行为进行了贬斥，随即免除其官职，并且从今往后，王蒙正之子孙不得出入宫禁，其子孙也不得与宗室通婚。[④] 王父旧婢敢于告御状诉讼王蒙正的行为，足以证明在宋代诉讼领域，妇女的活跃态度，对于其私权受到侵犯时经由公权力寻求保护的意识。其中王蒙正私通父婢之事遭到

① ［宋］窦仪 等 撰．吴翊如 点校．宋刑统 [M]. 卷第十二・户婚律・十门・放良压为贱．北京：中华书局，1984:194−195.

② ［宋］窦仪 等 撰．吴翊如 点校．宋刑统 [M]. 卷第十二・户婚律・十门・放良压为贱．北京：中华书局，1984:195.

③ ［宋］窦仪 等 撰．吴翊如 点校．宋刑统 [M]. 卷第十二・户婚律・十门・养子．北京：中华书局，1984:194.

④ ［宋］李焘 撰．上海师范大学古籍整理研究所 华东师范大学古籍整理研究所 点校．续资治通鉴长编 [M]，卷一百二十・仁宗・景祐四年．北京：中华书局，2004:2820−2821.

皇帝严厉的处置，甚至波及王氏家族。可见，在当时与尊长婢女私通是非常失德又严重的罪过。

身为婢女主动出首并且告诉家长之罪，在宋代是允许的，并且是享有自首的相关优待的。陈世儒伙同妻子和婢女等十九人，为服丧丁忧共同谋杀其母张氏。其母死亡之后，参与谋杀的群婢向官府自首并且将主人指使之事和盘托出。因此，陈世儒和妻子作为首犯被处以死刑，出首之婢女被决贷死流放。① 在这种情况下，婢女自首之后招认主人所指使的罪行，是自首的必要条件，是受到法律保护的。

允许奴婢告奸的条法直到哲宗元祐初年才被删去，在此之前，宋代鼓励奴婢诉主的告奸之法，奴婢的诉权一度膨胀。但是由此引发儒家家庭伦理的基础受到动摇，在元祐时，此法删去。②

2. 婢女的自首及容隐权

部曲奴婢杜宇主人的容隐权是经由法律确认的，对于主人所犯除了谋叛以外的罪行，身为婢女听从主人的命令，为主人的罪行容隐，是不受法律的消极评价的。③ 在自首一节中，遣人代首的对象是在法律规定中有容隐权的人可以为犯罪人代首，其中特别提及对于部曲奴婢为主首，以本人自首论。④

（三）对婢的违法犯罪处罚

立法规定中对于奴婢的身份进行二分法，一方面是对家主和家人来讲，奴婢是兼具财产和人身属性的准家庭成员，另一方面，对于家人以

① ［宋］李焘 撰．上海师范大学古籍整理研究所 华东师范大学古籍整理研究所 点校．续资治通鉴长编 [M]. 卷三百 · 神宗 · 元丰二年．北京：中华书局，2004:7301–7302.

② ［元］脱脱 等 撰．中华书局编辑部 点校．宋史 [M]. 卷二百八十八 · 列传第四十七 · 范子奇．北京：中华书局，1985:9680.

③ ［宋］窦仪 等 撰．吴翊如 点校．宋刑统 [M]. 卷第六 · 名例律 · 七门 · 有罪兼容隐．北京：中华书局，1984:95.

④ ［宋］窦仪 等 撰．吴翊如 点校．宋刑统 [M]. 卷第五 · 名例律 · 五门 · 犯罪已发未发自首．北京：中华书局，1984:72–73.

外的他人来讲，奴婢是类同畜产的财物。那么奴婢违法犯罪中，这一群体中的双重属性会在其定罪量刑中起到什么作用，需要从奴婢的刑事责任能力、奴婢在具体违法犯罪中罪名、刑等等方面来考察这个问题。

1. 奴婢的刑事责任能力

奴婢作为犯罪对象时，很多时候不能够作为一个与良人平等的客体，被计算施害者的主观恶性。① 那么身为犯罪者，其刑事责任能力是否是完整的呢。这就需要从一些具体的罪名中一窥究竟。② 宋代的共同犯罪是指三人以上的合意犯罪，两人以上才能有谋者，如果犯罪者包含奴婢，或者完全由奴婢组成，在共同犯罪的场合，她们是具有刑事责任能力的，被立法作为一个完整的个体计算。

具体到窃盗罪，主人派遣奴婢行盗窃之事，即使主人最后没有接受赃物，仍然是被算作主谋的。如果奴婢盗窃之后，主人分明知道是赃物，还是接受了，无论是奴婢犯了强盗罪还是窃盗罪，主人都是从犯。主人本人与他人共同起犯意，但是主人不是同谋者，仅仅是派遣奴婢跟从盗窃的，这种情况下是元谋者为首犯，还是奴婢的主人为首犯。法律是这样认为的，窃盗罪是以元谋为首犯，元谋没有具体执行，那么以但是实际完成整个犯罪行为的人作为首犯。现在奴婢之主既不是元谋，又没有具体执行犯罪，不可以被论为首犯。只能将实行犯罪的奴婢和主人都视为从犯。③

在立法中，奴婢在主人授意下执行的违法犯罪活动，一般情况下，是以主人为首犯的。对于奴婢自起犯意和自己执行的犯罪，则奴婢需要承担首要或者全部的刑事责任。可见，奴婢承担刑事责任的界限是以主

---

① ［宋］窦仪 等 撰. 吴翊如 点校. 宋刑统 [M]. 卷第十七·贼盗律·五门·谋反逆叛. 北京：中华书局，1984:269.

② ［宋］窦仪 等 撰. 吴翊如 点校. 宋刑统 [M]. 卷第六·名例律·七门·杂条. 北京：中华书局，1984:105.

③ ［宋］窦仪 等 撰. 吴翊如 点校. 宋刑统 [M]. 卷第二十·贼盗律·五门·共盗并赃依首从. 北京：中华书局，1984:319−320.

人是否指使和派遣为标准。

2. 奴婢在具体违法犯罪中的罪名和刑等

奴婢作为加害者在与家人相关的违法犯罪中，基于其准家庭成员的身份，所承担的罪名和罪责都是高于于凡人的，这是奴婢在家庭成员中作为人的属性，在犯罪问题上得到的体现。在对非家庭成员的违法犯罪中，由于其独特的社会阶层，与其相关的身份犯罪处罚也相对良人较重。前后两种之重，看似原因相仿，实则指向两种不同的原因。

（1）违反良贱不得为婚的规定

身为婢女，只有在经过放良或者自赎的程序之后，才可以以良人的身份与同类的两人通婚，原因是："人各有耦，色类须同，良贱既殊，何宜配合。"主人将奴婢嫁给良人，主人处徒刑二年，奴婢自己妄称良人，与良人成婚的，同样处以徒刑二年。该婚姻无效，双方身份还归到嫁娶之前。双方身份还归之后，在婚姻中收取过多的聘财，按照计脏的算法，罪行重于二年的，应当按照诈欺计脏刑等论处。

那么妄称自己是良人，与良人或者部曲成婚之后，直至生子还未被发现其贱籍，那么所生子女都应当是良人的身份。但是，部曲、良人如果知情的话，子女则从贱籍。无论部曲、良人是否知情，都应当判决双方离异。

如果身为奴婢私自将女儿嫁作良人为妻妾的，以盗罪论处，知情者与之同罪，双方的身份关系还归到婚嫁之前，由于奴婢及其子女对于主人具有财产属性，因此，对于自己的子女是没有处分权的。私自处分子女的婚姻，法律规定是按照盗罪论处的，以五匹为一个刑等。娶奴婢之女者，知情与否是其是否共同接受处罚的分野。对于奴婢私自将女儿嫁于官户和杂户的，依照法律规定，按照与官户、杂户通婚罪论处。[①]

（2）奴婢与家庭成员相犯、相奸

婢女在家庭中的特殊家庭成员的身份，使得她们在针对家庭成员的

① ［宋］窦仪 等 撰．吴翊如 点校．宋刑统 [M]. 卷第十四・户婚律・六门・主与奴娶良人．北京：中华书局，1984:225–227.

犯罪中，被处以更重的刑等，其中依据的立法原理是，尊卑相犯，以卑犯尊，将被处以更高的刑等。[①]法律规定，奴婢过失杀主，应当被处以绞刑，过失伤主或者咒詈主人者，应当被处以流刑。殴打主人的周亲和外祖母的，应当被处以绞刑，导致对方受伤的应当被处以斩刑，咒詈的，应当被处以徒刑两年。过失杀的，减殴罪二等处罚，导致对方受伤的，减一等处罚。殴打主人缌麻亲属，处徒刑一年，导致对方重伤的，加凡人一等论罪，小功和大功亲属在各个刑等上在加一等处罚。所加之刑，到死刑为止。大功以下亲属被殴死，奴婢应当被处以斩刑。立法中解释了，对奴婢殴伤主人及其亲属的罪名为何这么重的原因是这么讲的：由于本身身为家仆，应当尽心恭敬地侍奉家主，因此，对于奴婢伤害主人及其亲属的刑罚如此严厉。

法律规定，身为子孙与曾经与父祖发生过性关系的婢女和奸，无论是父祖所之婢女还是与之和奸的子孙，都减绞刑二等处罚。[②]对于父祖所幸之婢，法律规定，不论是否曾经生育父祖子嗣，均不得与之和奸。

第三节　司法对特殊家庭身份妇女的保障

一、司法确认妾婢之间的身份差异

阿连原本有丈夫，与陈宪以及王木成奸，王木为能与阿连长期行奸，就将阿连以父亲婢女的身份带入家中，这本身就违反法律规定，奸父婢，是极重的罪过，依照法律规定是减奸为父亲生子妾之罪二等处罚，就是减绞刑二等处罚。再加上王木意图以阿连为妻，纵容阿连与其生母同游，犯了乱妻妾位之罪。但是最后法官在判决之时教谕了王木，认为他身为

① ［宋］窦仪 等 撰．吴翊如 点校．宋刑统 [M]. 卷第二十二·斗讼律·六门·奴婢殴詈主并过失杀．北京：中华书局，1984:343–344.

② ［宋］窦仪 等 撰．吴翊如 点校．宋刑统 [M]. 卷第二十六·杂律·十四门·诸色犯奸．北京：中华书局，1984:422–423.

士子，应当一心向学，不应当沉溺女色，对于王木的行为，法官虽然明在贬抑，但是并没有想过对其施行实际的惩罚措施，如果依照法断，本案中王木单淫父婢之罪都足以使之被流放。法官最后判决阿连不得归王木之家，阿连之夫未停妻再娶之罪法官也不再追究，仅仅判令阿连由其叔父再嫁别人，如果违反判决规定，再回到王氏之家，就依法严惩。①

本案中法官对于阿连和王木的乱妻妾婢身份的行为可谓是高高扬起、轻轻落下。并非单就王木士子身份有所惋惜，也有对于现实中对于案件纠葛导致的主观恶性的司法判断。对于双方当事人，法官本来可以施行更为严厉的惩罚措施，以起到更大的教育引导意义，但是法官没有选择这样做，不仅是对于士子王木的宽贷，也是对于失节的阿连的轻放。对于乱妻妾婢之位之所以在礼法中反映出刑责很重，恰恰是因为社会现实中类似的事例很多，导致立法需要以重典威慑这种行为。法官对于当事人的宽容，是不是破坏法律的稳定性，我认为答案是否定的。法官在判明案件事实和适用的法律规范时，已经明确在判决书中写明以上种种立法原文和本案的适用情况。最后判决时，只是严厉晓谕，没有刑事处罚。但是同时表明并非是不依法判决，由此事再起祸端，就将依照法律严惩不贷。可见，法官是意图利用最小的司法成本去实际解决这一问题，给了当事人实际悔过的机会，对于司法和立法来讲，是更具有教育意义的做法。因为，在主观恶性和危害社会程度并没有那么重的罪行中，不教而诛才是真正不公平的行为。完全依法判决当然节约法官时间成本，但是，法官在尊重法律的前提下，选择给当事人改过的机会，更体现出法官的人文素养。

二、司法保障守志妾的家庭身份及权利

虞艾和妻子陈氏先后亡故，没有留下子嗣，其父尚健在，身为父亲

① ［明］张四维 辑．社科院历史所宋辽金元史研究室 点校．名公书判清明集［M]．卷之十二・惩恶门・奸秽・士人因奸致争既收坐罪名且寓教诲之意．北京：中华书局，1987:443-444.

眼睁睁看着亲生儿子绝嗣而不作为，作为陈氏亲属的陈佐因此向官府提起诉讼，要求为虞艾立继，官府责令虞艾的父亲虞县丞为儿子立继，为了应付判决，虞县丞在族孙中挑选了虞继作为承嗣之人。随后又因为偏爱妾室刘氏，就和刘氏合谋收养三岁以下异姓子为养子，妄图以此子取代虞继的嗣子位置，从而达到侵吞虞艾和陈氏私财的目的。此举被陈佐再次知晓，因此兴讼，正巧如此，虞县丞以此为契机，诉虞继不能履行嗣子孝养的职责，后又指虞继已经亡故，前后种种都想剥夺虞继的合法嗣子地位。法官对于他们收养异姓子的目的了然于心，已经知晓虞县丞和妾室刘氏是为了争产才做出如此手段。但是，由于虞继作为昭穆相当的嗣子，并且没有明显失礼的行为，不应当在没有法定归宗事由的前提下被驱逐。那么，最终法官判决继续由虞继承担嗣子的身份和职责，同时对于虞县丞的妾室刘氏本身已经为县丞生子，作为嗣子的尊长，应当得到尊重和孝敬，因此，明示虞继不能因此事和刘氏再生嫌隙。①

本案中的刘氏作为县丞的妾室，在县丞命继的问题上起到很关键的作用，影响了县丞的决定，因此导致利害关系人兴讼。即使在诉讼结果不利于县丞和刘氏的前提下，法官仍然在判决时强调身为嗣子应当孝养亲敬尊长，即使尊长存在过错，也不应当是晚辈予以评价的。身为妾室的刘氏被置于被孝养亲敬的尊长位置，一方面是其作为县丞妾室的合法家庭成员、尊长的身份，另外一方面是法官认为，身为妾室为县丞生养子嗣，本身使得刘氏的身份更为贵重，应当得到嗣子高于对普通父祖妾室的尊重。原因是儒家传统的妇女家庭身份划分中，对于生子的妾室认为是贵妾，未生子的妾室认为是庶妾，即使这样的区别在宋代法律规定中已经没有明确显现，但是作为世代传承的礼制观念，反映在具有儒学理论修养的法官身上。

① ［明］张四维 辑．社科院历史所宋辽金元史研究室 点校．名公书判清明集 [M]．卷之八·户婚门·立继类·立昭穆相当人复欲私意遣还．北京：中华书局，1987:248−249.

三、司法保障婢女不被非法买卖、侵害

梁自然诱拐卓清夫的婢女藏匿在家，之后梁自然的妻子把碧云发髻剪下，将其卖给他人。此事引发卓清夫的诉讼，法官在结合证据和当事人的供述之后判决认为，梁自然为卖婢渔利，因此诱拐碧云是实，供述其妻子剪去碧云发髻一节，没有确切证据，加上其妻不能出官，故而以剪髻之罪和和诱之罪数罪并罚，处以梁自然杖刑一百。①

本案中梁自然存在两个犯罪行为，一是和诱他人婢女，二是剪去他人发髻。这两者都是侵犯奴婢人身权的罪名，法官在判决惩处梁自然时，申请上一级官府决定轻重刑等，是由于和诱一节法律详细明白，依法断案确定清楚，但是剪去发髻一节，在髡发罪中没有具体的刑等设置，只有利用比附类推，举重明轻的方法决定他的刑责等级。最后对梁自然的犯罪行为，法官严格依法判决，体现了对婢女人身权的保护的态度。

四、司法对婢妾婚姻权的保障

李介翁亡故之后只有一个婢生女，没有合法的嗣子，因此，官府为其指定嗣子承嗣，并且将李家家产通过检校官方封存，将属于幼女李良子的抚养财产和嫁资交给其母郑三娘，郑三娘原本为李介翁的家婢，由于生育有李介翁的独女，如果在李介翁家继续守节抚养幼女，那么其享有李介翁家产对其赡养部分的支出，但是她并没有甘于如此。于是她携带抚养良子的家财和良子的奁产改嫁宗子希珂。良子在李家继续生活，由李家的房长李义达照管，李义达并非有责任有担当的族人，他马上就将良子许配给余氏为媳，并且获得余氏交付的聘财，良子本人也由余氏照管。再说回郑氏，且不论其身为家婢，与良人为婚违反法律规定中不得良贱为婚的规定，在之后与后夫谋划取得良子的抚养权，意图侵吞良子的聘财和继承的所有李氏家产，因此将良子夺去，导致余氏兴讼，在

① ［明］张四维 辑．社科院历史所宋辽金元史研究室 点校．名公书判清明集 [M]. 卷之十二·惩恶门·诱略·诱人婢妾雇卖．北京：中华书局，1987:451.

诉讼过程中，由于李义达口出狂言，对余氏百般刁难，导致余氏与李氏双方互生嫌隙婚，姻眼看不成。根据法律规定，婚姻不成的话，需要过错方返还聘财，返还份额应当如何划分，法官认为，应当由郑氏和李义达中分返还。①

本案中涉及婢女郑三娘的有关事实是，郑三娘身为家婢，为家主生子，在家主亡故之后享有对幼女的抚育权，和属于其自存和赡养女儿家产份额的管理权，这也是其能够携产再嫁的前提，这样的携产再嫁是非法的，不仅是由于其携带的家产属于女儿李良子，同时是因为其身份为贱籍，身为婢女与良人为婚。本案法官对于她和后夫枉顾良贱私为婚姻的行为非常不齿，但是并没有进行实质上的惩处。这与礼法中关于婚姻中双方身份阶级对等的规定不相符合。法官之所以没有对这一点做出实际的惩处，主要因为本案争议的焦点是李介翁的家财归属和李良子的婚姻聘财返还。对于没有被告诉的双方良贱为婚的事实法官并没有过多置喙，因为这超出了诉讼范围，但并不意味着这样的行为属于轻微违法或者司法对于良贱为婚的态度，而是因为本案纠葛丛生，各方都怀揣一己私欲，在财产继承上争抢，在赡养幼女的问题上推诿，而再针对案外事由进行理断，只能再添讼端，这是法官出于公心最不愿意看到的。

身为婢女再嫁良人之后，对于幼女的婚姻问题横加指责，从中阻拦，导致女儿婚姻不成，由此产生大量的费用，如何负担，法官的判断是，事由何人起，为何人担责，关于李良子婚姻之事，缘起郑三娘和李义达，因此，由二人共同返还。立法中对于返还聘财的规定认为应当由女方返还，一般情况下由女方父母返还是符合立法原意的，因为父母身为主婚人承担婚姻不成就的责任。但是本案中，李良子父亲亡故，母亲改嫁，承担主婚权的人是李义达，主婚权人承担责任这是无疑的，导致双方婚姻不成的是郑三娘和后夫希珂，希珂并非女方家人，并且和郑三娘同居

① ［明］张四维 辑．社科院历史所宋辽金元史研究室 点校．名公书判清明集 [M]. 卷之七·户婚门·孤幼·官为区处．北京：中华书局，1987:230-232.

共财，因此，最终法官判决由郑三娘和李义达共同承担返还聘财和抚养费的责任。法官只是在最后感叹，身为家人没有一个人是真正为李良子未来计，都只是为了一己私欲，导致今天的讼争，李良子的婚姻虽然无法恢复到最初的状态，但是法官希望在此案中为李良子找回相对的公平，希望以后讼端不再。

五、司法保障妾的家产继承权和家事管理权

梁居正身为家主亡故，梁氏房长梁太为其照拂家业，久则生变，梁太在日常管理家财的时候为一己私利多方截留、克扣，以至于梁居正的妾室郑氏向官府提出诉讼，要求检校梁氏家财，为两个幼子抚育教养和未来继承所用。梁太不愿将家产管理权交出，一方面是他认为郑氏身为妾室，不具有寡妻的相关权利，再加上郑氏的父亲长期住在梁家，并且干预梁家家事。最后法官在分析了现在梁家的现实情况后给出了最终的判决，法官认为，如果现在将梁家的家产都封存进县库，会面临着官员流动、吏司侵吞的风险，这样的话与梁太私下挪用的危害是不相上下的。那么，就由法官，也是本县县令开出凭据文书，交给郑氏两个幼子，其中注明每个季度可以凭此据清点家财，等到两个幼子成年之后可以将家财全部取出。至于梁太和郑氏之父，法官判决继续支出他们的家产管理费用和赡养费，按照梁居正生前标准支付。郑氏和两个幼子的生活费、抚育和教养费用，均由郑氏掌管。梁太和郑应瑞不得再干预梁家的家事。①

本案中，丈夫亡故之后，身为守寡的妾室郑氏在不堪房长梁太对亡夫家财的挪用截留，因此上诉官府，要求官给检校。郑氏身为守寡妾室，在法律规定中与守寡妻子是作为同一顺位财产继承人，在夫亡无子的情形下享有财产继承权。在夫亡有子需要抚育的情形下，也享有丈夫家产

① ［明］张四维 辑．社科院历史所宋辽金元史研究室 点校．名公书判清明集 [M]. 卷之七·户婚门·孤幼·房长论侧室父包并物业．北京：中华书局，1987:232–233.

的赡养权。无论是否享有丈夫家产的继承权，她们在子幼的情形下，享有家产管理权，在子成年之后，对于家产的处分权也有发言权。本案郑氏因为是梁居正的妾室，所以被强势的房亲欺压，导致家产流失。此事经官之后，法官对于郑氏的处境非常理解，对于孤幼两代的处境感同身受，因此给出了兼顾多方利益，消弭讼端的最佳解决方案。在强势的族人、郑氏父亲、收管检校财产的吏员各方利益天平上具为加减，以保证郑氏和两个幼子的生活。

礼法上的规定确认了郑氏享有理论上的家产管理权，但是在实际生活中，身为寡妇，在处理具体的对外的家产管理问题上难免有心无力，依靠房亲族人的帮助也无可厚非，但是这样的帮助就需要对方具有强大的道德操守，保证其行为出于公心而非私欲。人性往往自私，由此引发诉讼，法官绝对依法惩处，当然维护了法律规定的绝对公平，但是对于当事人来讲，并不一定总是最佳的解决方案。因此，在面对这样各方利益纠缠的案件时，法官基于案件实际解决呈现的效果和之后是否留有讼端作出判决，更符合个案中的公平价值发挥最大效能。

第五章　家庭身份下宋代妇女的权利特点

谈到宋代妇女的家庭身份和地位事实上处于较高的位置时，往往会受到质疑，其中重要的原因是，在宋代存在两种互相背离的历史现象：其一，两宋之际文化领域对于妇女的压制日趋严苛以及立法、司法对于妇女各种“私”权的扩张和保障，这两者之间存在的背离。造成这一背离的主要原因是，理学在宋代不断扩张和发展，最终站在国家文化正统的位置，在这个过程中，对于妇女的束缚日渐收紧。但是事实却是，终宋一朝，理学对宋代社会的整体影响并不大，《宋史》有云：“道学盛于宋，宋弗究于用，甚有厉禁者。后之时君世主，欲复天德王道之治，必来此取法矣。”[①]直到南宋宁宗的时候还规定，官员填写的“脚色”中要注明是不是信奉伪学（即理学），信奉者不予选用。其次，宋代处于中华法系定型成熟的历史时段，其法制在唐代的基础上，为了服务宋代经济的发展进一步丰富和发展了“私”权的范围和种类。这在妇女问题上表现在：宋代妇女拥有丰富的权利类型和内容。具体来讲，宋代妇女拥有财产权范围较大；阻却宋代妇女行使离婚权和再嫁权事由减少；守节权、立嗣权是宋代寡妇的选择权等。其三，宋代选拔官员的科举考试和考察官吏的考课中，都有设置考察官员对于律条的掌握程度和测试其判案的专业水平的科目。使得宋代司法官普遍具有较高的专业水平。体现在针对涉诉妇女权利保障的方面是宋代司法对不同身份的妇女保障全面，即宋代司法对同一法律身份不同家庭身份妇女权利保障趋于平等

① ［元］脱脱 等 撰．中华书局编辑部 点校．宋史[M]．卷四百二十七・列传第一百八十六・道学一．北京：中华书局，1985:12710.

并且宋代司法力图保障处于弱势家庭身份的妇女权利。

其二，宋代文化精英阶层内部在著书立说宣扬对妇女贞节观的普遍要求，同时在他们个人相关的现实选择往往相悖。如何去理解这一背离的现象，需要首先从宋代儒学的发展和变革寻找其中的原因，程朱理学在成为宋代正统学说之后，针对妇女问题的著述，将宋代妇女权利取得的前提设定为家庭身份。首先，其代表学者程颐撰写的《程氏易传》，从理论上将宋代妇女群体的职责、权利和权力范围划定在家庭这一空间范围内。随后，另一位理学大儒朱熹通过《朱子家礼》等学术著作，将宋代妇女在家庭中的具体职责以礼制的方式固定下来，对南宋妇女日常生活产生一定的影响。这些对于妇女权利取得范围的论证并没有脱离传统儒家家庭伦理对于妇女的宣教，而属于理学对儒家家庭伦理中妇女问题进一步推进的是关于贞节观的理论。最为典型的是程颐提出的“饿死事小，失节事大”。① 而提出这一理论的程颐，其家庭中妇女在面临再嫁的问题上不仅没有被程颐冠以失节恶名，相反，程颐对于家族内妇女的再嫁持宽容，甚至是积极推动的态度。这与其儒学理论上的追求呈现出的相悖，是需要结合这一言论产生的历史背景来理解的，南宋长期处于内忧外患之中，受到周围少数民族强权的威胁，因此临危变节者常有，对于这一类人的贬抑和“隐喻”意义的说教，就包含在程颐对寡妇再嫁问题的表态中。说寡妇再嫁事二夫不为贞，也是在说身为臣子事二君不为贞。如此激烈的道德宣示，更多的是以忠君为出发点的。这是造成了大儒理论宣扬和实际选择不一的重要原因。而从学术领域来讲，儒学在宋代的扩张和发展表现在它经过大量政治和文化精英阶层对其他学说的不断兼容和吸收，在文化精英阶层成为一种纯粹的理论构建。儒学在经过这样一番改造之后，在经历宁宗亡故之后的皇位继承危机和南宋面临的外交和军事方面的危机之后，南宋朝廷试图通过文化领域使国家

① ［宋］王应麟 著［清］翁元圻 辑注．孙通海 点校．困学纪闻注[M]．卷十四·考史．北京：中华书局，2016：1817.

恢复秩序，增强凝聚力，在这一背景下，经过改造的儒学——理学成为国家正统。成为正统之后的理学，被认为是丧失了继续理论完善的生命力，因为它们首先需要服务的是国家政教的需要。也就是说，在理学未成为国家正统前，不容于世，没有对社会整体文化氛围产生影响的能力；而成为国家正统之后，其服务对象是国家统治的需要，其理想性的道德完美主义要求需要结合统治的需要进行改造，对于文化的影响力呈现的是收缩的态势，具体到妇女的问题来讲，其宣教需要与国家的立法目的配合。

以上对宋代历史中呈现的关于妇女问题的两个背离现象进行了解释，从整体的视野对宋代家庭中妇女的权利有一概括的认识。正如文章开篇所说，宋代是传统中国文化整体中的一个部分，从法律体系来看，属于典型的中华法系。它的立法制度是由男性统治者制定，将立法落实到现实生活的也是男性职官，他们对于妇女的同情和认同不可能超出他们的儒家精英主义的框架。那么导致宋代妇女家庭身份和地位在礼法领域得到提升的主要原因，需要通过对于妇女权利本身进行理论探索。

第一节　宋代家庭中妇女权利取得的基础

传统中国“私”权的生长并非以个人的形式出现的，而是在家庭伦理体系中，以在家庭结构中的身份和地位取得的。探究妇女的权利离不开对于其家庭身份的分类分析，以婚姻和婚姻状态为划分的标准，宋代妇女的身份被划分为在室女、出嫁女、寡妇这三种不同的家庭身份。这三类不同身份的妇女取得礼法权利的基础也各有不同。

一、在室女权利源自与父宗具有血缘或拟制血缘关系

从礼法领域讨论妇女的身份和地位的原因是，在传统中国，法并没独立于礼存在的地位，立法与礼制结合才构成完整的中华法系的法律渊源。那么讨论宋代在室女的权利来源，不仅要从立法意图出发，也不能

忽视儒家伦理中对这一问题的讨论。传统儒家伦理规定妇女的行为准则体现在“三从”之中，其中对于在室女的要求是在家从父，即父亲作为在室女的教导者和主要监护人，对于在室女的生养教育负有首要责任，同时，在室女对父亲的教导有遵从的义务。朱子将宋代妇女的生活范围确定在家庭范围内，那么也就是从礼制意义上明确了宋代在室女作为父宗的一员，其礼制身份和没有上升到诉讼领域的行为都在家庭系统内被规制，同样，其取得相关的权利也是基于其与父宗的血缘关系和拟制血缘关系。

在封建纲常伦理下，家长的权威被绝对地加以泛化。在室女在家就要严格听从男性家长的安排，服从传统习俗强加于她们身上的角色规范。在封建家庭中，在室女的角色培养一直围绕着将来的婚嫁进行。[①] 在这个过程中，在室女由于其不同的身份（嫡、庶、养、继等）以及其父亲的喜爱程度，会获得不同程度的生活资源和教育资源，也就是抚养在室女的经济成本。诚如前文所述，在宋代抚养在室女的经济成本不仅体现于在室女日常生活支出和教育支出，抚养在室女最大的经济支出是嫁妆。嫁妆的取得方式和份额以在室女的父亲死亡为分界，一般来讲，在室女取得嫁妆主要是以父亲的意愿为主，由于其父亲是作为家产以及其夫妻私产的直接控人。一旦父亲亡故，其母亲在不改嫁的情形下，对于家产的监管是受到法律保障的。但是事实上，身为妇女对于家产的实际控制力往往不足，其家产容易受到同宗同族的霸占侵夺，或者以入继、管理家产等方式直接插手寡妇接管的亡夫家产。在这种情形下在室女寡母维护法律规定的在室女嫁妆份额往往都颇费心力，甚至在试图将其家产范围外的私产以遗嘱等方式给予在室女都会被利益相关人阻拦。这个时候对于在室女来讲，立法对于嫁妆权益的规定和司法的保障就显得尤为重要了，可以说，父亲死亡，没有立下遗嘱处分家事，女儿的权利就靠法

① 蒋美华.20世纪中国女性角色变迁[M].天津：天津人民出版社，2008:15.

律来维持了。[①]

诚如前文所述，在室女在父亲生前取得财产权益基于的多寡是基于其父亲的喜爱程度的，那么进一步讲，取得嫁妆的基础是在室女的家庭身份，这一家庭身份的取得可能基于自然出生，也可能基于收养等法律拟制。在取得在室女身份之后，无论数额多寡，其享有当然的嫁妆权益。想要更为明确地了解在室女嫁妆权益的基础，就需要回归法条，对于相关立法进行规范分析。宋代法律对于在室女嫁妆权益的规定是，在室女嫁妆是同一家庭兄弟聘财的一半。结合宋代的厚嫁之风来看，现实中如果大部分家庭按照这样的法律规定确定对于在室女的嫁妆份额，那么相对娶妇来讲，嫁女的资费并不高昂。可见，在当时具有一定经济能力的家庭在嫁女上甚为靡费，法定嫁妆份额代表的是嫁妆份额的底线。在嫁女一节如此付出，作为父宗的考量，是顺应时代潮流，以高昂的嫁资换取与世家门阀结为姻亲的机会或者争取有希望通过科举入仕的青年才俊。导论中厘定了关于礼法体系的下属子系统，不仅包括法典和令典子系统，也包含由家法族规保证的习惯法子系统。[②]在室女嫁妆的取得，在父亲亡故之后，身为在室女的嫁妆权益被律法保护——“照条给与嫁资”，[③]所基于的是对弱势家庭成员的保护，由于其与父宗的血缘和拟制血缘关系，这是毋庸置疑的。而在家法族规的层面，在世家大户中，关于在室女的嫁妆在家族内有固定的份额规定，这一部分支出在在室女父亲生前和死后都受到同样的保障。在室女的嫁资与家族内男性的聘财支出和亡故者的丧葬支出份额并列规定，作为族内共产的支出部分，可见在当时妇女身为家庭成员，虽然由于性别的原因无法成为家庭中身份和爵位的继承人，但是对于家产、族产享有部分权益，这一部分所有基

① 柳立言．宋代的家庭和法律 [M]，上海：上海古籍出版社，2008:408.

② ［明］张四维 辑．社科院历史所宋辽金元史研究室 点校．名公书判清明集 [M]. 卷之七・户婚门・立继・立继有据不为户绝．北京：中华书局，1987:217.

③ ［明］张四维 辑．社科院历史所宋辽金元史研究室 点校．名公书判清明集 [M]. 卷之七・户婚门・立继・立继有据不为户绝．北京：中华书局，1987:217.

于的是其在父宗中在室女的身份。由此可知，宋代在室女的嫁妆权益不仅在律典子系统内得到了保障，在习惯法子系统内也被维护和体现。

宋代在室女的财产权是否可以与嫁资画等号，在室女在嫁资以外是否还享有对家产的有限继承权。这是半个多世纪以来学者们争论的焦点。主要的原因是对《名公书判清明集》中关于“女受分”[①]和“女承分”[②]这些表述传达出妇女可以成为家产共有者的争论。由于《宋刑统》作为北宋时的律典，对于在室女的财产所有权的规定仅限于获得兄弟聘财一半份额的嫁资。《名公书判清明集》作为南宋时的案例汇编，对于在室女财产权的论述呈现出性质的改变，甚至在户绝无嗣子的情形下，将合法的家产交给在室女全数继承，也受到法律的保障：“准令：户绝财产尽给在室诸女。”[③]这中间的变化由于南宋政治中心的南移和北宋到南宋时间的推进，于是在立法和司法之间呈现出时空的差异。由于文献史料传世不完整的限制，没有北宋时司法案例和南宋系统的立法条文的参照和对比，无法证明这样的变化是在实践中北宋法官根据对立法意图的理解作出了适应具体案情的调整，抑或是在时空的演变中地方性立法和司法实践通过特别法的形式取代了北宋的相关规定。如果是前者，那么宋代在室女对于家产拥有所有权似乎是可以成立的论断，如果是后者，那么宋代在室女对家产的所有权经历了从无到有的过程。[④]不论是以上哪种情形，在法律中，妇女的财产所有权在立法基础上得到进一步扩展，对比两宋时期理学家对于妇女身份和地位不断收紧的束缚，这中间到底

① ［明］张四维 辑．社科院历史所宋辽金元史研究室 点校．名公书判清明集 [M]. 附录七·宋史研究的珍贵史料——明刻本《名公书判清明集》介绍·二．北京：中华书局，1987:648.

② ［明］张四维 辑．社科院历史所宋辽金元史研究室 点校．名公书判清明集 [M]. 附录七·宋史研究的珍贵史料——明刻本《名公书判清明集》介绍·二．北京：中华书局，1987:648.

③ ［明］张四维 辑．社科院历史所宋辽金元史研究室 点校．名公书判清明集 [M]. 卷之七·户婚门·立继·立继有据不为户绝．北京：中华书局，1987:217.

④ 柳立言．宋代的家庭和法律 [M]，上海：上海古籍出版社，2008:409.

存在怎样的历史事实，这只能在现有文献史料的基础上进行论证。而这样的历史事实和演变，带来最多的追问是，女子获得承产的权利是否意味着对家族法基本原理的违背，即由“父子同产”转变为“父一子一女同产”，对于家产的继承，儿子和女儿之间并没有权利性质的不同，有的只是份额的参差。①

礼法作为一个完整的系统，如何理解在礼制上宋代儒家礼制系统将妇女闭锁在家庭内，遵循严格的礼教行为规范，同时赋予其超高份额财产权利，这两种现象之间的逻辑关系。除却在当时理学没有完全向下渗透，没有对民众中的大多数产生实际影响的原因，是否应当追问，在当时司法领域整体呈现出的对在室女财产权利的维护，是否与礼制的规定存在自洽的逻辑。是否存在这样一种可能，提高在室女的财产权益是为了更好维持儒家家庭伦理，保障在室女由于其血缘或者拟制血缘关系取得父宗的财产权利，是认可其父宗家庭成员身份，加强与父宗亲缘纽带的关系。由于在室女在母家取得的财产，在夫宗是不在分产的范围之内的，是作为夫妻共有的私产来计算的，那么出嫁之女在夫宗的家庭地位由于其私有财产权利的扩大得到保障，是弥补其身为异姓卑幼的劣势地位的方法，目的是保证出嫁女在夫宗中稳定地生活。礼法规定这一切指向的是，在室女与父宗的亲缘关系不仅能够以亲情的形式得到延续，也能够以财产权利的形式得到体现。

财产所有权的扩大是否能够证明宋代的继产继承法突破了家族法的一般原理，本书倾向于认为宋代关于妇女财产立法和司法的出发点并非出自对于家产所有权的关注，其着眼的是家庭伦常关系。关于这一倾向，苏亦工教授在其《清代“情理”听讼的文化意蕴———兼评滋贺秀三的中西诉讼观》②一文中指出：滋贺秀三关于中国明清诉讼审判的主要观

① 柳立言．宋代的家庭和法律，上海：上海古籍出版社，2008:410.

② 苏亦工．清代“情理”听讼的文化意蕴———兼评滋贺秀三的中西诉讼观 [J]. 法商研究，2019（3）.

点是，官府注重的是个案的解决，而非如西方“竞技性诉讼”一般的对法律“确定性”以及公平的追求，将中西方的诉讼类型对立起来，并且判以优劣。苏教授认为传统中国的诉讼观念注重的是对伦常关系的修复，而非西方注重对财产权利的厘定，其根本在于双方文化类型的不同，以优劣论之实属不当。讨论中国传统的诉讼问题，应当以本土视角来审慎地讨论，切忌跳入“西方中心论”的窠臼。这一观点是苏教授在讨论明清诉讼审判的基础上，对传统中国司法模式进行的总结，但是反映出了传统中国立法和司法领域关注的中心是伦常关系，而非财产权益。在在室女财产权这一问题上，其财产权益的扩大也是增强了与父宗的血缘亲情联系，在理论上呈现出与男性继承人相差不多的财产继承权，则是本于这个目的呈现出的现象。

为了通过家产的传继来保证家庭门户的延续，只能采取单系继承的办法。[①] 本身将大部分的家产继承权限定在男性一方，就是对于同样与父宗具有血缘亲情的在室女的权利弱化。但是由于在现实生活中，由于男性继承人对家庭姓氏、血脉的延续和对家庭中尊长的赡养以及对家产的管理负有更多的责任，基于家庭的延续和家产的传承，传统中国呈现出对于这种家产分析单系偏重的依赖。但是，在家庭中不只有义务和权利，更有血缘亲情，所以父母不可能只顾儿子，无视女儿的利益，男子的单系继承也就不可能是绝对的。[②]

那么如何理解在户绝无嗣子的情形下，在室女对于家产的全面继承

① 费孝通．生育制度 [M]. 天津：天津人民出版社，1981:“这种单系偏重和所谓压迫妇女是无关的。”

② 具体到唐宋时期的实际情况来看，只是在祭祀、主丧等显示身份的（宗祧）继承的场合严格限制在嫡长子一人，余子和女儿不得参与；家产的继承则宽松些，不仅诸子均分，对女儿也不绝对排斥，留下了一些继产的机会。招赘婿上门就是这样的一个机会。有关论著习惯认为的妇女地位低，主要依据的是媳妇在婆家的情况，并且主要从寡妇再嫁问题来认识的，但是这种习惯印象主要来源于现代文学作品而不是古代的历史记载。对于唐宋时期妇女地位的真实情况，高世瑜、张邦炜两位先生作过详细的考察，说明妇女的地位虽然不如男子，但并不像人们习惯认为的那样低。

权，这是否完全突破了家产所有制中关于家产在男性家庭成员中进行继承的原理呢。这需要从这样的继承是在什么情况下发生，以及这种情况下在室女的身份职能来讨论。由于宋代的立嗣权掌握再守志寡妇的手中，理论上在她丈夫生前没有立嗣的前提下，她有权决定是否为丈夫立嗣。如果不为丈夫立嗣，守志寡妇本身亡故之后，家产的所有人就合法地成为此绝户的在室女。在这种极端情况下，在室女甚至获得了全部家产的继承权，但是值得注意的是，在这种情形下不存在男性继承人，那么在室女对于家产的继承,更多的是国家出于对家庭财产这一“私”权的保障，这种情形下，在室女承担了户绝家庭中男性继承人的部分身份和职能。

综上所述，宋代在室女的嫁妆权益和家产继承权并没有突破男性单系继承的基本历史事实，其获得嫁奁数额的增加和继承份额的增长，都是本于其家庭成员身份，是法律与礼制双重作用，力图使妇女安于在家庭这一“内”的范围内生活和维护儒家家庭伦理关系。宋代之所以呈现出在家庭领域内在室女继承权的扩大，不仅是基于父宗“经济人”的考量，更是基于其血缘亲情纽带的增强。而这一立法和司法上的变化带来的直接结果是宋代在室女在家庭中经济地位的提升。

二、出嫁女权利源自对夫宗礼法义务的履行

在室女在婚嫁之后，其主要的身份关系由父宗转移到夫宗，不同于在父宗其在室女的身份属性单一，在夫宗的出嫁女，主要的身份关系围绕着妻子、主妇、母亲这三种角色展开。在室女在父宗的主要责任和义务是消极的义务，主要是服从家长的教导和不做违反儒家伦理道德的行为。而这些义务的履行，不是在室女取得权利的基础，在室女取得权利的基础是其天然的或者法律拟制的血缘关系。而出嫁女与夫宗并无这样天然的血缘亲情基础，作为异姓进入夫宗，其身份关系并非如同和父宗一般，无法斩断，身为出嫁女，如果无法或者怠于履行礼法义务，带来的直接后果是其为人妻、为人妇和为人母的身份被剥夺。这些身份关系的不稳定性，是促使出嫁女在夫宗积极履行家庭成员义务的主要原因。

出嫁到夫宗，礼法对于出嫁女的要求也是以为人妻、为人妇和为人母这三个角色展开的。一般来讲，礼制确定妇女的行为准则，法律规定违背这些行为会造成怎样的后果。因此，出嫁女在夫宗的三重身份为切入点，来讨论其权利取得的基础，是较为确当的观察视角：

（一）为人妻的权利取得基础

由于本书倾向于认为为人妻子取得权利的基础是其合理合法地履行了其家庭职责，法律对与已经出嫁为人妻的妇女违背基本职责之后的惩罚措施规定很明晰，但是仅仅将视线放在法律规定中，会失之偏颇，结合规定日常行事和精神准则的礼书中探寻为人妻在儒家家庭体系内取得权利的基础更为准确。

宋代妇女在夫宗的行为规范因循传统儒家对于妇女的要求，有突出不同的是北宋理学在吸收和融合其他学派的一些因素之后，在南宋成为国家正统，虽然这时理学还未浸润社会各阶层，但是身为精英阶层的士大夫之家，对于女儿的教育都以《女诫》《女训》《女论语》《涑水家仪》等“女学之书”为内容。以《女戒》为例，它强调的是身为妇女要具有卑弱的人格，以此为前提来维持夫妇之道。《女论语》在宋代，尤为士大夫所推崇。与之相反的是，宋代的士家多“悍妻”和“拓妇”，明人沈德符又说：“士大夫自中古以后多惧内者，盖名宦已成，虑中馈有违言，损其誉望也。”[①]所谓“悍妻”“拓妇”在宋代士大夫群体中频现，可以看出，礼教对于妇女的普遍束缚是客观存在的，但是并不意味着社会中妇女群体完全屈从于意识形态压制，压制存在的强势与社会生活中的反象，恰恰说明在当时社会中妇女群体的权利有上升之势，对于传统儒家伦理制度构成一定的威胁，才导致文化意识形态出现应激式的强势反馈。

对于出嫁女在夫家应当遵循怎样的行为规范，这都记录在当时礼制文献中，遵循这样的行为准则大概率上会使妇女在夫宗获得应有的身份

① 沈德符．万历野获编 [M]. 勋戚·惧内，北京：北京中华书局，1997：138.

和地位。一旦违反，就需要律法作出回应。传统中国对于妇女出嫁之后为人妻子的主要义务表述为“事夫”，这一要求延续到宋代并没有大的变化，主要包含两个方面的内容，一是生育功能；二是家事管理功能。违背身为妻子的生育功能，是对婚姻成就的基础“上以事宗庙，下以继后也”[①]根本的动摇，导致的直接后果是可能因此被休弃。如果无法履行家事管理的功能，其行为有轻有重，轻者对于妇女在夫宗的实际处境和家庭地位有影响，重则触犯法定出妻事由——“七出”。根据法律对妇女行为的评价标准，可以窥见，在夫宗以妻子的身份取得相应的权利，是需要以履行对应的礼制义务才能被实现。

（二）为人妇的权利权利取得

传统中国中婚礼的成就是代表妇女由在室女到出嫁女身份的转变，婚礼的最后一个礼制步骤是庙见之礼，这一步骤的最终完成，是出嫁女取得人妇资格的开端。也就是说，需要获得尊长和祖先的认可，才有身为人妇的资格。在完成这些礼节之后，妇女的取得了在夫宗合法的身份，在夫宗的家族体系中以新的家庭身份加入日常生活，其为人媳的权利内容更多的是消极权利，是不被尊长滥用权力受到侵害的权利，原因不仅是其身份的取得基于的是礼法规定，而非自然的血缘亲情。更重要的是，其身为妻子与丈夫的相同的卑幼地位。在家庭中由于心理和现实各种因素，媳妇和婆婆是比较容易发生矛盾冲突的，针对这个问题，宋人有专门的礼仪著作去论述这个问题。

司马光撰写的《谏水家仪》以“正家”为其立论的前提，已经注意到了婆媳关系对于正家本身的重要性问题。[②]身为人妇通常须面对公公

① ［清］阮元 校刻．十三经注疏·清嘉庆刊本[M]．六·礼记正义·卷第六十一·昏义第四十四．北京：中华书局，2009:3647.

② ［清］李文炤 撰．赵载光 校点．家礼拾遗[M]．卷之一·通礼·司马氏居家杂仪．长沙：岳麓书社，2012:618：“凡子妇未敬、未孝，不可遽有憎疾，姑教之，若不可教，然后怒之，若不可怒，然后笞之，屡笞而终不改，子放妇出，然亦不明言其犯礼也。”

和婆婆的道德评判，这些道德评判不仅会影响媳妇的道德声誉，严重的时候会成为其被休弃法定事由。

由于为人妇面对的身份关系中，以其与婆媳关系最为复杂，是否能处理好这一关系也是影响家庭能否稳定的关键因素。传统中国对于家庭中婆婆相对于儿媳妇握有“教”“怒”“笞”“出”的权力。记录宋代家庭礼制规范的《涑水家仪》对于违反舅姑的意愿，造成舅姑情绪上的不愉快，都能构成体罚子妇的合法原因：“父母怒，不悦，挞之流血，不敢疾怨，起敬起孝。”[①]与之相反，身为人妇不能对舅姑表达不满，因为，一旦如此那就要受到严厉的处罚了，上升到法律层面就构成合法的出妻理由。所以，在同一性别角色里面的不同人群，因地位和身份的差异，在礼法规定下，其权利义务是完全不对等的。成为婆婆的话大都是要经过成为人妻、人妇的过程，这个过程中妇女遭受的制度性的恶，成为其成为婆婆时容易滥用家长权的原因之一。从这个意义上来讲，身为人妇，取得家庭中与人妇身份相称的权利，其基础是履行对舅姑尊长的孝养亲敬义务，该义务是否得到积极完整的履行，评判标准是舅姑的主观意愿。因此，礼法再确认、预防和惩罚以婆婆为代表的尊长滥用权力的问题上，所持的态度是保证身为卑幼的媳妇的最基本的生存权和名誉权。

（三）为人母的权利取得

在儒家传统妇女行为准则中，关于母子关系的记述是“夫死从子”[②]，而在丈夫健在之前，身为人母对子女存在的权利多于义务。因为首先，在身份上，身为母亲，对于卑幼的教养属于道德上的要求，这一要求甚至没有上升到礼制层面，故而法律于此并无介入调整。其次，身为母亲，对于血亲子女的关爱是本能的，不需要礼法的干涉。但是由

① ［清］孙希旦 撰．沈啸寰 王星贤 点校．礼记集解 [M]. 卷二十七・内则第十二之一．北京：中华书局，1989:737.

② ［清］阮元 校刻．十三经注疏・清嘉庆刊本 [M]. 三・毛诗正义・卷第五・五之二・十七・猗嗟．北京：中华书局，2009:751.

于现实生活的复杂性，并非所有的亲子关系都是基于血缘亲情生发而来，在宋代存在大量法律拟制的母子关系，以规范化的表述方法是：嫡母、养母、慈母和继母。这些亲子关系由于依赖法律规定多过于亲情羁绊，因此，在宋代的法律中，对于这些身份的母亲，在不同情形下和什么限度内可以使用其权利，做出了介入性规定。

从权利取得的积极方面来讲，身为母亲由于对子女的家庭教育所起到的作用巨大，对于其子女所产生的情感影响力和未来家族的人才培养都贡献出自己的力量，那么在其丈夫在世的婚姻存续期间内，身为母亲的妇女能够在家庭中施加的影响力更多的是依靠其下一代实现的。关于这一点，完全可以从两宋士人为诸多女性所写的墓志铭中看出来。如洪迈在讲述饶州的社会风俗时说：在一些文化底蕴丰厚的地区，“教学”是宋代妇女的一个义不容辞的职责和使命，当然，这也是宋代学前教育的重要特点之一。[①]

在宋代，还存在一种特殊的法律现象，这一现象是对于法律拟制的母子关系与亲生的母子关系一方面承认其具有服制亲等关系意义上的同质，另一方面也在违法犯罪等方面和亲生母子关系作出区别。原因是身为亲生母亲取得的权利基础是基于血缘亲情，一般情况下由本能支配，同时受公序良俗影响。而现实生活中存在的，被法律承认的嫡养慈继这四种母亲，在宋代是在极端情况下可以被儿子起诉的。[②] 其次，这四种母亲在行使教令权的时候，如果将子女杀伤的话，立法为其设置的刑等是高于亲生母亲的。再次，这四种母亲在其丈夫亡故再嫁或者被丈夫休弃之后，在与前夫的儿子的服制亲等关系方面在一年之后彻底断绝[③]。

① 吕变庭．论朱熹视野中的宋代“家庭妇女”——以朱熹的《女戒》提纲为例 [A]．姜锡东编著．宋史研究论丛 [C]. 2014（1）:390−417.

② 这几种法律拟制的母亲杀害儿子的亲生父亲，身为儿子是可以告诉她们的犯罪行为，而不受不孝罪追究的。

③ 现实中，这样的断绝也并非是绝对的，往往儿子身在仕林，如果有法律拟制的母亲，并且法律拟制的母亲与其前夫因种种原因断绝了婚姻关系，儿子会向中央的礼法机关提出申请，请求给予相应的治丧指导。服丧何等、为期多久、是否解官。这很大程度上是为了慎重起见，免得被人非议攻其居丧不报等不孝行为，也是对于礼的适用方式的程序性疑问。

这便表明了在礼法领域对于这四类母亲与亲生母亲的差异。

如果结合法律对于亲生母子和法律拟制的母子关系之间规定的差异可以看出，身为母亲取得权利的基础不仅是血缘亲情和礼法关系，也可以出自法律拟制的规定。法律拟制的规定并非呈现一刀切式的样态，更多的是在尊重自然亲情和礼制规定的同时，规定了身为母亲取得权利的基础和行使权利的界限。

三、守志寡妇的权利源自对亡夫部分身份权益的继承

在讨论传统中国妇女的职责和地位的各种文献和著作中，对于妇女的职责范围的论述多数强调传统家庭伦理中重视妇女在家“内”的影响，在内身为妻子和媳妇的影响力是有限的。以“三从”这一妇女的行事准则来看，身为女儿和妻子的女子，在这两种身份下需要以单方的服从为主要的作为方式，而同时“孝道”与“三从”中的“夫死从子”的义务对抗，成为妇女在丈夫死亡之后，能够施展其家庭权利的理论依据。反映在立法中对于妇女成为守志寡妇的立嗣权、主婚权、教养权等权利的规定，不仅基于其母亲的身份，也与其继承的其丈夫的部分家长权有关。宋代守志寡妇在财产权、立嗣权和教养权方面表现出整体的强势态度，更多的是族权未侵入家庭内的一个表现，一旦如明清时期族权在一个家庭丈夫亡故之后对于家长权的接管生效，那么身为守志寡妇，拥有的更多的是名誉上的优越，而非实际权利的占有。因此，称宋代守志寡妇地位处于传统中国妇女地位的高光时刻并不为过。

宋代与前朝和后代都对于妇女守节持支持和肯定的态度，《女训》是一部关于女性身体伦理的专书，它在宋代的复活似乎具有某种特别的意义。南宋人陈淳说：“《女训》之书极关世教。”[①] 而陈亮则尤其感慨：“《女训》之废于今千载。”[②] 在此，我们从陈亮和陈淳的言谈话语里

① 曾枣庄 刘琳 主编．全宋文 [M]. 第二百九十五册・卷六七一四・陈淳四・答陈与叔书．上海：上海辞书出版社．合肥：安徽教育出版社，2006:43.

② ［宋］陈亮 著．邓广铭 点校．陈亮集・章夫人田氏墓志铭．北京：中华书局，1987:493.

可以推知，至少在南宋之前，《女训》一文并不被士人重视，包括北宋的士大夫在内。而南宋士大夫对《女训》的推崇和肯定，固然与当时整个社会的阳气不足有关，但从更深的层面看，鼓励妇女为其丈夫守节却是一个重要因素。由于传统中国，在儒家成为正统之后，社会的主流语境对于妇女守贞都普遍持支持的态度，这是确定的历史现象。那么讨论历朝历代对于寡妇守节的官方态度一方面可以看出统治阶级对于社会风气和家庭伦理制度的态度，从这个意义上来讲，去讨论官方和主流意识形态具有其学理价值。但是仅仅如此还是不够，因为在传统中国，这样对妇女的辅助性和次人格地位的礼法规定和文史作品，无论宽严一直都存在，在历史时段中呈现的特殊性并不具有典型意义。如果结合法律规定和司法实践来看的话，对于一个历史时段的守志妇女身份和地位的概观更为全面。

如果从理论层面来讲的话，何谓守节，在不同的历史语境下有不同的答案。邢铁教授认为，在宋代，从招接脚夫的方式中可以看出古人对寡妇守“节”的灵活态度，不是简单地要求从一而终，只要尽义务再找一个丈夫仍然算是守节。[①] 本文倾向于对于守节寡妇的定义进行限缩解释，是指夫亡在夫家没有进入其他各种形式婚姻的寡妇是本文讨论守志寡妇的对象。

身为守志寡妇，选择继续在亡夫家庭中以守志不再嫁的方式继续生活，这本身就是受到法律保障的权利，除去寡妇的父母之外，其他人不得强迫寡妇改适，否则就会受到法律的否定性评价。这一项权利为寡妇选择其更为适合的生活方式提供一种法定保障，在这个前提下，寡妇在夫宗生活，享有的权利一方面基于其守志的身份，另外一方面基于对亡夫权利的继承。立嗣权在寡妇的亡夫生前是属于其丈夫的权利，在寡妇的丈夫亡故之后，由寡妇行使。其中的原理是，立嗣承接的香火是属于亡夫之家，守志寡妇因其守志行为获得为亡夫立嗣承产的资格，在宋代

① 邢铁．唐宋时期的赘婿和接脚夫 [J]. 宋史研究论丛，2008（9）.

法律规定为亡夫立嗣并非是强制寡妇履行的义务，原理上属于寡妇的选择权。当时的一些深谙法律的一些学者，对于这样的情形有很多的担心，担心寡妇和女儿借此不为丈夫和父亲立嗣，而是为一己私利任由亡夫或者父亲之家绝户。事实上，这样的情形并不会是社会的主流，原因在于法律赋予寡妇立嗣权的另外一个立法原理，立嗣为承接香火，也为赡养守志寡妇，这作为嗣子的基本义务，为寡妇的晚年生活也提供了保障。同时，立嗣权并非孤立的一项权利，法律对于寡妇立嗣权的保障性规定也有很多，比如说理论上包含在立嗣权范围内的解除权，即在嗣子没有完成其基本的义务时，身为守志寡妇可以解除嗣子的认定，经官令其归宗。在日常家产的处置中，守志寡妇的同意与署名是嗣子签订契约合法性的基础等。这些规定对于保障寡妇的立嗣权，以及达到立嗣权的礼法原意方面起到重要的作用。而寡妇的立嗣权在明清成为族权的一部分，另外，身为寡妇在立嗣权领域权利的缩小，也代表者明清寡妇在家庭中身份和地位的下降。宋代寡妇之所以享有完整的立嗣权，原因在于立嗣权在宋代属于家庭权利，丈夫作为行使该权利的优先顺位人，在其生前未行使的权利，由妻子继承，继续行使。这是身为守志寡妇继承丈夫的身份性权益的一个重要方面。

其次，守志寡妇的财产权一部分也基于对丈夫身份性权利的继承。如上所述，中国传统家庭的家产制是“父—子”传承的同居共财制，但是在父亲死之后，作为儿子并非家产的绝对所有人，无论这个儿子是否亲生，其承产的范围几何，都在一个前提下对家产行使所有权，这个前提就是接受守志寡母的管理和监督。作为守志寡母，监督和管理家产的权利一方面是其对亡夫家长权中财产管理权的继承。身为守志寡妇，其尊长的身份和守志的行为使寡妇享受亡夫家庭的供养，在供养之外享受对家产管理的权利是对于亡夫身份权益的部分继承，对于家产的所有者儿子来讲，尊重寡母对于家产的管理权和监督权，是其行使家产所有权的必要条件。

其他由守志寡妇继承的亡夫的身份性权利包括主婚权、教令权等权利。寡妇在其亡夫生前本身就享有行使这些权利的适格身份，但是，在其丈夫亡故之后，其行使这部分权利的优先顺位成为首位以及排除事由减少了，权利行使顺位靠前和排除事由减少都属于其继承的亡夫身份性权利带来。

第二节　宋代妇女拥有丰富的权利类型和内容

考察妇女群体的地位高低升降，如果一味着眼于传统儒教对于妇女的束缚宽严，难免会陷入理论研究的困境。以传统中国为观察的对象可以看到，儒学在成为国学之后，输出主流意识形态，这些内容天长日久向下渗透，成为国民意识形态的构成基底。儒家家庭伦理对于女性的定位是大体不变的，甚至在时至宋代程朱理学成为国家正统，对于女性在意识形态领域内的压制更为严苛。但是，需要追问的是这样严苛的压制和束缚是否即时在宋代发生了效力？着眼于这样的压制是否对于讨论现实生活中妇女群体的权利有决定性的作用？本书倾向于认定这两个问题的答案都是否定的。进一步讲，讨论自由的标准不仅应当着眼于对自由的压制，更应当关注的是权利的多寡和对权利的保障。权利的类型丰富、内容广泛意味着选择的自由，权利的保障意味着实现选择自由的现实可能性。因此，本文认为考察地位的高低升降，比较的范围应当在妇女群体中进行，比较的内容应当是宋代妇女的权利类型和具体内容。

一、宋代妇女拥有财产权范围较大

私有权是滋生个体权利的本源，私有权的内容主要是指对于财产的占有和支配范围，导论中对于宋代的“私”有财产权已经做出厘定，宋代的“私”有财产权是在家庭伦理框架内滋生的。身为家庭中的一员，宋代妇女的私有财产权在父宗是以血缘或者法律拟制的身份取得，在夫宗则是以婚姻中身份义务的履行为基础取得。宋代妇女的财产权利广泛指的是：首先，妇女在父宗和父宗的财产权利被规范性法律文件确认；

其次，妇女在父宗和夫宗的财产权利具有兼容性，其财产权利不以婚姻为分野。

（一）立法规定在室女取得奁产的权利

随着在室女主要的身份关系转移到夫家的是其奁产所有权，在这个过程中，奁产的所有权性质是否发生了变化，探寻这个问题，首先要明确奁产的权利属性。

前文对于奁产的来源有详尽的论证，宋代在室女的奁产主要有几种来源：（1）本家置办；（2）家族分拨；（3）亲友赠与；（4）自力营办。其中以本家置办为主要来源，家族分拨存在世家大户居多，亲友赠予属于道德高尚者的道义行为，自力营办的情况则较为少见。其中第一种和第二种情况较为常见，后两种情况是例外情况，属于在法律调整之外的行为。从宋代的立法和司法文献来看，对于在室女的嫁资，在有条件拨付的情形下，法律规定具有强制性。

前文也谈到，关于奁产的种类，不仅包括较为容易转移的财物等动产，也会包括随嫁田等不动产，这些不同种类的奁产一旦被在室女的父宗设立，那么是否就意味着在室女对这些财物享有所有权。根据相关的司法判例来看，对于在室女的奁产，设立者往往是家产的所有人，即在室女的父亲。在室女的父亲在女儿出嫁之前，还是拥有其奁产的所有权，而在室女所拥有的仅仅是奁产的期待所有权。同时，在室女奁产的份额是被法律强制规定的，但是司法判例上鲜见在室女控告其父亲，不能依法履行其交付相应份额奁产的事例。由此可见，这样的强制效力是有限的，正如上文论证，中华法系的立法和司法在涉及亲属关系的案件中都旨在解决现有的伦理冲突，恢复原有的伦理秩序。法律规定的强制最低份额，主要是在在室女父亲亡故之后，在室女提出的诉讼中，对于奁产的所有权判定有指导意义。在家庭营办妆奁的情况下，奁产一般由家庭中的父亲来设定，父亲亡故之后，由守志的寡母代行部分家长权，为女儿设定奁产。由于寡妇对于亡夫的财产权益的管理权往往会受到同宗族的男性亲属干涉，由此兴讼，在这种情形下，法官对于寡妇和幼女的合法权益往往会给予倾斜性的考量。

（二）宋代法律保护“妻财置产”

在室女的奁产在父宗时仅仅是属于在室女的一种期待所有权，只有在婚姻成就之后，奁产由父宗转移到夫宗之后，奁产的所有权对于在室女来讲才变成一种既得权益。但是当奁产进入夫宗之后，其本身的所有权属性以及由其增值带来的权属关系转移，是需要进一步探讨的问题。

奁产在进入夫家之后面临的性质归属问题主要体现在两个方面：其一，奁产是否适用“妻财并听同夫为主”的原则界定属性；其二，由奁产增值部分的财产所有权属性如何界定。回答第一个问题，具体来讲需要明确：奁产的所有权是属于妻子还是丈夫和妻子共同所有；在双方夫妻关系终结之后，妻子的奁产是否能够全部或者部分带走，这一问题留待下一目结合寡妇的其他财产权利进行详述，在此不再赘述。针对第二个问题，需要阐明，对于奁产增值部分如何认定和处置。明确这几个具体的问题，是理解奁产在进入夫宗之后性质发生的改变的关键。

奁产由于存在几种不同形态，这在本文的第一章中已经详细阐明，针对不同形态的奁产可能具有的所有权形态，在此作一详述：对于妇女的金钱等有价值的动产，其所有权在夫妻关系存续期间属于夫妻二人共有的财产。由于实际占有、管理和处置这一部分财产的权利的主体是丈夫，故此，这一部分财产在双方夫妻关系存续期间是由其丈夫实际控制的。作为妻子个人和家族属性较为明确的物品，其所有权归属于妻子或者妻子的父宗。例如妻子的首饰、衣物和日常生活用品这些部分，具有强烈的个人属性，不论其本身是否具有较高的市场价值，其所有权属性都是很明确的。作为妻子奁产中家族印记较为明确的物品，其所有权属性也很明确，双方夫妻关系一旦终结，妻子家庭主张对这一部分奁产的所有权时，法官一般会作出有利妻族的判决。以书画艺术作品为例，法官往往认可其本身承载的文化价值高于其市场价值。

在宋代，作为奁产分类中占比较大的种类是随嫁田。关于随嫁田的归属，是一个较为复杂的问题。由于土地作为不动产，在传统中国被称为“业”，其本身所有权形态就有其复杂性的一面。如果作为奁产的随嫁田，随着在室女的出嫁，连同契照一起转移到夫家，那么这部分田产的所有权当然属于夫妻共同财产。现实中存在将随嫁田的受益权作为奁产陪嫁在室女的例子，那么在这种情况下就没有发生所有权的转移，其所有权仍然属于置奁产的妻家。在司法诉讼领域，妻子的随嫁田是否完全归属妻子,不同的法官在不同的时代存在差异较大的所有权判定标准，但是从《名公书判清明集》来看，存在这样一种趋势，即在南宋存在这样一种现象，即随嫁田与其他奁产物业一样有“并听同夫为主”的趋势。

对于奁产的增值部分，理论上存在：“女适人，以奁钱置产，仍以夫为户”[①]的判定原则，但是这是混淆了户主和财产实际所有人之间关系的一种观念。由于宋代虽然存在“女户”这一户口形态，但是并非作为社会的常规形态被广泛接受的，往往是“无夫、子，则生为女户，死为绝户。”[②]除却这种特殊的户口形态，在宋代的家庭都是以男性作为户主立户，这不仅是对于男性家长地位的确认，也是为一般家庭的户口计算设立的统一标准。那么在此讨论的是作为男性户主所属的家产构成中，存在家族共产、夫妻私产、和妻子个人私产这三部分。之所以没有男户主私产，是由于在当时计算男性个人私产违反了同居共财的儒家基本家庭伦理，以妻产和夫妻私产来作为家产和私产的分界线，对于在“父—子”共有的共财家庭中，作为厘定财产的所有权归属更为详细明白，少惹争端。

但是由于“妻财置产”成为分家析产所无法涉及的范围，那么在当时也衍生出了一系列的问题。许多男性在不愿与兄弟析分其所持家产或

① ［元］脱脱 等 撰．中华书局编辑部 点校．宋史 [M]. 卷一百七十八邢铁志第一百三十一邢铁食货上六・役法下．北京：中华书局，1985:4334.

② 梁太济 包伟民 著．宋史食货志补正 [M]. 上篇邢铁食之部补正・役法．北京：中华书局，2008:341.

者是为了降低户等减少纳税目的时候，就会把财置于妻子名下："于典买契中称系妻财置到"[①]来达成他们的目的。当然这样做的风险也是有的，在宋代"私"权发达，法官对于弱势群体的关切的大环境下，很容易在男性死后，其家人与其孀妻因此产生财产纠纷。

（三）不同类别的寡妇财产所有权均受法律保障

不同类别的寡妇在宋代主要的范围被划定在守志妇、再嫁妇、归宗户、招接脚夫和成为女户这几种类别中。寡妇继承亡夫家产的范围在宋代较为广泛，不仅包括前文所述的在室女由父宗带入夫宗的奁产，以及在夫妻关系存续期间奁产所产生孳息，最重要的是包含寡妇对于亡夫家产的继承和接管。在夫妻关系存续期间，立法上奁产以及奁产的孳息被冠以夫妻私产的所有权性质。在婚姻关系终结之后，其实际归属问题却是较为复杂的，立法上，这一部分财产被寡妇继承，是可以自由处分一部分财产，但是在司法中，这一部分财产是否归属寡妇受制因素较多，法官判案的个人倾向性很明确。一部分法官认为这一部分财产在寡妇丈夫亡故之后，作为共同所有人的一方亡故，当然成为寡妇的个人所有。但是在南宋后期的一部分法官，倾向于认定奁产和妻置财产是以婚姻为前提的父宗赠与，无法逆转所有权归属，由寡妇取得。这些争论体现出南宋后期对于妻财并听同夫为主的立法意图的践行，但是同时存在法官认同寡妇存在个人财产所有权的情况也说明，对于寡妇个人财产权的限制并没有在南宋成为普遍通行的规则，只是存在这样的立法和司法趋势。

对于寡妇对丈夫的家产继承和夫妻私产的继承是以其守志为前提的，一旦寡妇不再为亡夫守志，就会丧失家产继承权。在丈夫亡故之后，妻子守志和再嫁、归宗，这几种情形，法官对妻子奁产所有权认定受到诸多因素的限制。作为寡妇，为夫守志，对于丈夫是否设立嗣子有很大的决定权。现实中，出于同宗族的压力或者本人养老的现实考量，寡妇

---

① ［清］陈弘谋 撰．苏丽娟 点校．五种遗规 [M]. 训俗遗规·卷之一·袁氏世范·睦亲．南京：凤凰出版社，2016:212.

往往会为亡夫指定嗣子，但是在立法层面，与明清时期法律规定的强制侄子承嗣不同，寡妇不为丈夫设立嗣子也是一种合法的行为。在这种情况下，寡妇可以选择接管丈夫的家产和财产，也可以选择成为女户。这两种情形下，寡妇对于其亡夫的家产理论上享有的是所有权，值得注意的是，这种对于亡夫家产的所有权是受到限制的，所有权存续的期间是寡妇的守志期间。而当为夫守志的寡妇本身有子或者选择为亡夫立嗣，那么他对于继承的亡夫财产（包括家产和双方私产）享有的只是管理权，对外的所有权人是其亡夫的嗣子。在这种情况下，财产所有权和管理权的分离是为了保证“夫死从子”和孝道之间的逻辑自洽。现实中由于寡妇守志的过程中，无论是否为亡夫立嗣，对于亡夫财产的所有权时常会受到夫宗男性亲属的觊觎和侵占等危害其所有权的行为，因此寡妇往往需要求助于“舅权”（娘家兄弟）的帮助维护自己的利益。①

寡妇一旦选择再嫁、归宗或者招接脚夫，就意味着她们对于亡夫的财产失去继承权，即使宋代法律对于接脚夫履行对前夫直系尊亲属的赡养义务之后，有获得部分财产继承的规定，但是这是基于公平观念的经济补偿，而非基于其身份关系或者普遍性的法律规定。招接脚夫的妇女只有在与前夫没有子孙以及同居有继承权的亲属时，才有权在五千贯内享有对前夫财产的所有权，②并且这样的权利在司法中会受到法官审慎看待。在嫁和归宗的情况下，则只需要考察寡妇对于夫妻私产的所有权，因为这两种情况下，妇女在礼法上丧失了对于亡夫家产的继承或者接管权。而对于寡妇与丈夫的私产，是否应当随其再嫁或者归宗，在立法上没有统一的规定，在司法上法官的认定方法也各有不同。归宗女归宗若没有分得前夫或者亡夫的财产，法律允许归宗女在父家户绝的情况下，

① 邢铁．宋代寡妇的家产权益与生存处境 [J]. 宋史研究论丛，2010（12）.

② ［明］张四维 辑．社科院历史所宋辽金元史研究室 点校．名公书判清明集 [M]. 卷之八・户婚门・户绝・夫亡而有养子不得谓之户绝．北京：中华书局，1987:273.

获得与在室女一样的全部家产继承权。[①]由此可见，归宗女可能携产归宗，也可能归宗时完全不得财产。而在对于再嫁的妇女，不同的法官认定其奁产及妻财置产的归属存在差异，有的法官认定奁产是基于双方婚姻成就妻族对姻亲的赠与，因此，不能够随着寡妇的再嫁被带离前夫之家。而一些法官针对法律规定分产范围不包括妻财置产，认定这属于双方私产，在一方死亡的情况下，另外一方获得这部分财产的全部所有权，因此，携产改嫁也是符合法意的。

寡妇在不同的选择中获得新的家庭身份，与此对应的不仅是新的权利义务关系，也是对于旧的人身财产关系的厘清和剥离。这体现在财产继承领域，无论是继承亡夫家产和双方私产，抑或者净身出户，对于宋代妇女来讲，大概率会在立法中或者司法中得到补偿。

二、阻却宋代妇女行使离婚权和再嫁权事由减少

考察宋代出嫁女的家庭身份和地位的提升，如果只把着眼点放她们的财产权利上，未免有失偏颇。因此，对于出嫁女人身权的考量也应当被当做考察的重点之一。讨论出嫁女的人身权，宋代呈现出的时代特点是阻却宋代妇女行使离婚权和再嫁权事由的减少，阻却事由的减少，意味着其选择范围的扩大，是宋代出嫁女权利和地位提升的一个标志。对于这一现象的讨论应当着眼于礼法意义上的规定和产生这种现象的原因。

（一）妇女合法的离婚事由增多

在宋代文献记载的现实生活中，由妻子提出的离婚诉讼依据的事由不仅包括法定的，也有法定以外的，这些法定以外的事由包括但不限于丈夫蓄妾、家贫等理由。但是大部分情况下，离婚诉讼的依据事由都是在立法上有据可循的，具体来讲，宋代妇女婚姻权被大大宽展，主要表现在：

① ［宋］窦仪 等 撰．吴翊如 点校．宋刑统[M]．卷第十二·户婚律·十门·户绝资产。北京：中华书局，1984：198。

首先，由于当时战乱的大背景下，躲避战火、流寇而导致的丈夫离家不归，在这种情形下，由于没有离婚的相对人，按照以往的法理来讲，妻子无法申请离婚诉讼，从而再嫁以谋生路。宋代的法律在这一点上，对时代问题进行回应，创造性立法：丈夫外出三年不归，没有音信者，妻子不必提出离婚诉讼，法律默认双方的婚姻关系消亡。身为妻子在这种情形下可以再嫁。这一规定不仅扩大了妇女单方离婚权依据的事由，同时也减少了妇女行使单方离婚权原本要面临的繁琐程序。

其次，对于没有为家庭提供适当生活条件，没有经济能力为妇女提供生活保障的，法律允许妇女以此为由提出离婚："不逞之民娶妻，给取其财而亡，妻不能自给者，自令即许改适"。[①] 这事对于妻子基本生存权的保障，同时也是出于对妇女的个人身份权益的肯定。由于身为妇女，通常情况下没有外出谋生的能力，如果丈夫无法养家糊口，法律赋予妇女离婚权，是对于弱者权益的保护。

除此之外，夫妇双方感情破裂，无法生活在一起，在当时也构成妇女行使单方面离婚权的事由："若夫妻不相安谐而和离者，不坐。"[②] 这是妇女行使单方面离婚权的一个兜底条款，何种情形属于双方感情破裂、"不相安谐"，有赖于法官的判断。但是可以肯定的是，立法中规定的这一条款，对于出嫁妇女来讲是其人身权益扩张的表现。

（二）妇女再嫁阻力减少

妇女行使离婚权的事由增多，是其再嫁阻力减少在立法中得到体现的一个方面。当时在礼法上一系列的其他规定对于减少妇女再嫁的阻力有积极作用，针对不同阶层的妇女，立法为其改嫁提供侧重不同的便利

---

① ［宋］李焘 撰．上海师范大学古籍整理研究所 华东师范大学古籍整理研究所 点校．续资治通鉴长编 [M]. 卷八十二·真宗·大中祥符七年．北京：中华书局，2004:1861.

② ［宋］窦仪 等 撰，吴翊如 点校：《宋刑统·卷第十四·户婚律·六门·和娶人妻》，中华书局，1984 年 6 月，第 1 版，第 224 页。

条件，这主要体现在：宗室女再嫁对象的标准降低、缩短平民再嫁的时间和积极鼓励贱民阶层的妇女再嫁等方面。

对于宗室女子再婚，立法中存在这样一种趋势，即逐渐放宽对再婚对象的标准。这体现在，在宋英宗治平年间立法规定："令宗室女再嫁者，祖、父有二代任殿直若州县官以上，即许为婚姻。"① 神宗时对于宗室女对象的规定较唐代的已经有所下调，随后神宗时先后两次下诏，对于宗室女再嫁者不用初嫁之法："宗女毋得与尝娶人结婚，再适者不用此法。"② 随后又下令，对于宗室女再嫁之夫，如果本身已经为官入仕，那么与宗室女再婚之后官阶可以得提升一级："宗室袒免以上女与夫离而再嫁，其后夫已有官者，转一官。"③ 可见，神宗年间对于宗室女再嫁所持的态度是积极鼓励的。

针对平民妇女可能面临的困境，真宗期间法律规定缩减寡妇再嫁的期间。在此之前，寡妇改嫁之前要为亡夫守丧六年："而律有夫亡六年改嫁之制，其妻迫于饥寒，诣登闻上诉，乃特降是诏。"④ 具体缩短到多久，现存史料表明，在宋哲宗元祐年间，法律规定对于家境贫寒，夫亡之后没有生存能力的，在丈夫亡故之后百天之后就可以再嫁："女居父母丧及夫丧而贫乏不能自存，并听百日外嫁娶。"⑤ 这条规定进一步为平民妇女再嫁提供条件。

川峡之地由于烟瘴滋生，自然气候恶劣，耕作难度较大，因此当时

---

① ［元］脱脱 等 撰．中华书局编辑部 点校．宋史 [M]. 卷一百一十五邢铁志第六十八·礼十八·亲王纳妃．北京：中华书局，1985:2739.

② ［元］脱脱 等 撰．中华书局编辑部 点校．宋史 [M]. 卷一百一十五·志第六十八·礼十八·亲王纳妃．北京：中华书局，1985:2740.

③ ［宋］李焘 撰．上海师范大学古籍整理研究所 华东师范大学古籍整理研究所点校．续资治通鉴长编 [M]. 卷二百八十九·神宗·元丰元年．北京：中华书局，2004:7078.

④ ［宋］李焘 撰．上海师范大学古籍整理研究所 华东师范大学古籍整理研究所点校．续资治通鉴长编 [M]. 卷八十二·真宗·大中祥符七年．北京：中华书局，2004:1861.

⑤ 孔凡礼 撰．苏轼年谱 [M]. 卷三十二·元祐八年．北京：中华书局，1998:1084.

在此地垦耕的客户亡故之后，国家鼓励那里的寡妇再嫁："凡客户身故，其妻改嫁者，亦听自便。"① 即使这个规定受到当地庄园农奴制的阻碍，最终没能得到实施，但是这表明了官方对于客户妻子改嫁问题的态度，即使这样的态度是基于官方应对当地垦耕人口稀少与土地较多之间的措施，最终产生的效果是，对人身依附关系很强的庄园农奴阶层妇女的再嫁权扩张。

从以上对于各阶级妇女的立法可以看出，立法对于各阶层妇女的再嫁权保障各有侧重，对于平民和贱民阶层的妇女，鼓励其再嫁是基于对其生存权的保障，而宗室妇女的再嫁权得到重视，一方面是由于宋代婚姻不问阀阅的时代大背景，另外一方面表明了宋代官方对于妇女贞节的宽容态度。

如果探寻宋代各阶层妇女的再嫁得到充分保障的原因，现阶段的研究中对于以下原因都有讨论：其一是时代背景的影响，由于宋代受五代十国的战乱和少数民族开放习俗风气影响；其二是在文化上的原因，在当时程朱理学处于始创阶段，并没有普及于世；其三是经济原因，由于当时商品经济发达，部分离异或者丧偶妇女在经济上能够达到独立；其四是宋儒具有的独特时代精神——求实精神，因此在宋人学者中普遍存在一种支持和鼓励再嫁的风气，他们对于身边的女性亲属再嫁不仅从思想层面表示支持，同时在现实层面给予经济帮助。这些原因的存在为宋代妇女的改嫁提供了全面的支持，即使这样较为宽容的社会环境并不意味着宋人妇女给予人权基础的改嫁权，但是可以说在当时儒家伦理为主流的时代背景下，宋代出嫁女和寡妇在改嫁问题上拥有较高的自由度。因此，那种认为宋代因理学而使妇女地位一再贬低、改嫁举步维艰的说法是没有根据的。②

① ［元］脱脱 等 撰．中华书局编辑部 点校．宋史 [M]. 卷一百七十三·志第一百二十六·食货上一．北京：中华书局，1985:4178.

② 宋东侠．论宋代妇女改嫁盛行的原因 [J]. 青海师范大学学报（社会科学版），1996（1）.

三、守节权、立嗣权是宋代寡妇的选择权

守节作为立嗣权的前提条件，立嗣权保障了守节寡妇得到应有的赡养，守节权和立嗣权成为宋代寡妇的选择权。这两项权利成为寡妇的选择权，是使宋代寡妇家庭权利和地位得到提升的两项重要法律规定。

（一）宋代的守节观和守节权

宋代理学家提出的贞节观呈现出严苛的样貌，而与之相对的是现实中妇女的贞节观和对于守节权的态度却与之相反。长期共存的这两种历史现象，对于理解宋代妇女法律权益有怎样的帮助，是需要进一步讨论的。在理学成为国家正统之前的宋代，并没有过分强调妇女的贞节观，因此，在秉承唐代和五代十国遗风的赵宋，妇女对于贞节的意识薄弱、士大夫阶层狎妓的潮流化和常态化、官员在政治生命中畏惧少数民族强权而失贞，使得理学家认为对此有必要进行强势地回应，故此，理学倡导的贞节观呈现出严苛的趋势。“二程”贞节观中对于士大夫忠君爱国的注重，对于扭转五代宋初社会的淫靡风气和振奋民族精神起到了积极作用。[①]

对于“二程”的贞节观，现今的刻板印象强调的是其对于妇女守贞的理论，但是在当时提出的时候是出于对婚姻家庭中男女双方的道德约束，最终目的是要求妇女守节、男性去色欲，最终维持以儒家伦理为内核的家庭的稳定。无论这样的道德追求如何理想化，对于当时的理学家来讲，更具有理论构建的意义，理学家也深知德育万民是一个渐进的过程，事实上，理学家们的贞节观在随后的明清时期逐渐产生了更大的影响。[②]

在道德范畴的贞节问题，表现在法律层面主要是妇女的守节是一种选择权还是道德义务。宋代法律规定，除了寡妇的父母之外，其他人不

① 贾贵荣．宋代妇女地位与二程贞节观的产生 [J]. 山东社会科学，1992（3）.

② 方如金 江美芬．论宋代士大夫贞淫观对妇女改嫁的影响及原因 [J]. 史学集刊，2006（3）.

得强迫妇女改嫁，同时对于妇女再嫁提供了很多具体的法律配套措施，例如对守丧期的缩短和妇女离婚权的扩展等。这些都代表了礼法中认为妇女是否选择守节是一种自由选择的权利。处于时代中的妇女对于守节和再嫁的态度更多是基于现实生活的考量，这体现出宋代普遍的重利轻义的社会风气，对于妇女普遍呈现出对于贞节观的轻视，以程颐、司马光为代表的理学家认为应当在道德思想层面加强对妇女精神层面的束缚。同时，并没有要求所有的妇女必须从一而终，程颐为了限制男性随意出妻，认为出妻时君子之行是："出妻令其可嫁。"①

与程颐秉持同样严贞节观的司马光认为夫妻双方的关系应当以"义"的存在为前提，如果夫妻之义不存在了，那么双方和离是更好的选择，这以陈亮为代表的理学家们主张的相对宽容的妇女贞节观不谋而合，陈亮认为夫妻双方如果在生活中不相安谐，和离是合理的选择："若止于夫妇不相安谐，则使之离绝而洗其过，庶复申眉于后。"②他的主张，倾向于将当时商品经济下重利轻义的社会风气扭转到义利并重的轨道。

（二）立嗣是守志寡妇执掌的家庭内部事务

在宋代的法律中，寡妇以守贞为前提，拥有为丈夫立嗣的权利，这一权利包括对是否立嗣的选择权、立何人为嗣的选择权、嗣子不履行法定义务的解除权等方面。这代表在立嗣问题上，宋代妇女在丈夫死后拥有绝对的优先权。这与明清时期法律强制侄子承嗣，立嗣成为一种义务，寡妇在立嗣事务中有微弱的发言权相反。之所以在宋代，寡妇拥有这样强大的立嗣权，主要原因是立嗣权在当时属于家庭事务，族权还未进入到这一领域。

---

① 邓秉元 撰．孟子章句讲疏 [M]. 卷四・公孙丑章句下・第十二章．上海：华东师范大学出版社，2011:170.

② ［清］黄宗羲 原撰．［清］全祖望 补修．陈金生．梁运华 点校．宋元学案 [M]. 卷五・古灵四先生学案・古灵讲友・直讲陈季甫先生烈．北京：中华书局，1986:239.

宋律规定立嗣的基本原则是：夫亡妻在，从其妻。立嗣成为寡妇可以选择的权利，当然在当时儒学家的讨论认为为亡夫立嗣是一种道德责任，也担心有歹心的寡妇和在室女等妇女会利用法律规定中户绝财产继承的规定，故意不为亡夫或者亡父立嗣或者阻挠立嗣，这样对于死者的血脉传承来讲是十分不利的。但同时，立法和司法对于这一类的担心并没有做出直接的回应，反而在司法实践中，法官更多的是注重寡妇的立嗣意愿，以《名公书判清明集》中的案例为观察对象，可以得知，在当时涉及立嗣问题的案件中，只要在不违反强制性法律规定的前提下，不同时期的不同法官几乎一边倒地支持寡妇对于立嗣的决定，可见在当时寡妇立嗣权的独立性和优先性是得到普遍认同的。由于立嗣在当时属于家庭事务，族权无论如何强大，在法律意义上是不具备与寡妇的立嗣权相抗衡的能力，甚至官府对于寡妇的合法决定都无法置喙，这不仅体现出寡妇对于亡夫部分人身权益的继承，也代表国家的权力对家庭私权的容忍，体现出宋代家庭伦理之私得到官方的保护。

既然立嗣属于家庭事务，其他家庭成员对于妇女的立嗣权是否具有限制作用呢，这就需要注意在公婆在世的情况下，与寡妇因为立嗣之事产生龃龉，并且诉诸司法的情况下，法官如何权衡寡妇的私权和儒家孝道之间的优先性问题。当时法官在面对类似情况下，对于立法中寡妇具有的立嗣优先权都给予了肯定，并且会权衡寡妇和其公婆[①]的立嗣意图，作出更有利于被承嗣人的利益的选择。除却对于孝道方面的考量，寡妇的立嗣权被立法和司法领域的全面保障，体现出在立嗣问题上，宋代妇女拥有的权利是空前强势的。

① 此处的公婆往往指代的是婆婆，如果公公在世，拥有绝对的家长权，那么在此种情形下，寡妇是没有与其产生意见抵触的权利的。

第三节 宋代司法对不同身份的妇女保障全面

宋代官员的司法能力随着科举制的发展成熟趋向专业化，宋初科举考试有“明法”一科，主要的考试内容是测试应试者对律法的掌握和运用程度。高宗时罢除明科，但是仍然坚持用试刑法：“十五年，罢明法科，以其额归进士，惟刑法科如旧。二十五年，四川类省始附试刑法。”[①]因此，宋代官员对于立法的掌握都是非常熟稔的，加之其通经知礼的知识背景，在司法中如何兼顾法官的专业性和学者的价值取向，不同的法官会作出不同的选择，但是，共同点是这两者在其判决中都会对案件的最终走向起重要的作用。与此同时，宋代民间好讼之风在当时也成为时代特点之一，官方对此的态度是十分贬抑的，但是民间教讼和善讼的风气并没有因此被扭转。在当时讼学发展到有专门的讼学之书面世：“世传江西人好讼，有一书名《邓思贤》，皆讼牒法也。”[②]在留存至今的司南宋法判例集《名公书判清明集》中，活跃在诉讼领域的妇女比比皆是，当时迅速发展的城市化进程带来了传统宗法家庭中个体矛盾的尖锐，作为其中的一员，宋代家庭中的妇女们利用诉讼手段维护和争取自身权利，在当时是极为普遍的现象，由此可见，当时家庭中妇女在维护自身权利的强势地位。

① ［元］脱脱 等 撰．中华书局编辑部 点校．宋史 [M]．卷一百五十七·志第一百一十·选举三．北京：中华书局，1985:3673–3674.

② 沈括 撰．金良年 点校．梦溪笔谈 [M] 笔谈卷二十五·杂志二．北京：中华书局，2015:244.

一、宋代司法对同一法律身份不同家庭身份妇女权利保障趋于平等

（一）司法对不同类型的在室女权益保障平等

宋代法律中对于家庭中男性的配偶身份按照其高低贵贱被分为：妻、媵、妾、婢。在家庭中这些妇女为其配偶诞下子嗣，这些子女因其母亲身份不同而获得不同的家庭身份和地位，这样的身份差异在礼制上体现为服制关系的亲疏，在法律中呈现出的差异较小，原因主要是由于传统中国的父权家长制，女子没有承嗣权，所以相较庶子而言，嫡女和庶女之间权利的区别主要体现在三个方面，即受教养程度、妆奁及特殊情况下继承的份额、婚嫁时夫家的地位。而这三个方面并非立法规定的差异悬殊，而是根据其父亲对于其喜爱程度有增减。故而只要理论上被认定为在室女，其拥有的法律权利类型是基本一致的，在司法实践中这样的平等保护是否能够延续，是值得注意的一个问题。

同样是在室女，其生母家庭身份的高低是否决定了其承产的份额多寡，根据宋代司法中呈现出的法官倾向性，表明了立法上对在室女的平等保障，反映在司法上也是如此。

前文对于在室女继承权范围的讨论中已经明确在室女继承权的范围包括其奁产部分和部分情况下的家产。对于其奁产的所有权，法律已经给予明确规定，只要认定其为在室女，那么就应当得其兄弟聘财一半的份额。没有兄弟的情况下，是属于户绝之家，适用在室女家产继承之法，针对这一问题，需要明确的是对于不同身份的在室女是否具有平等的继承权，在司法案例中可以看出，法官只需要确认其在室女的身份，无论其是血亲在室女抑或是法律拟制血亲在室女，在血亲中身份是嫡还是庶，法官对其一律平等保护。主要原因是法认定在室女继承家产本着的是在室女与本家的情感联系，由于在室女继承不涉及宗祧，其继承的是财产权益，因此，与男性继承人继承家产实行诸子均分一样，在室女继承家产的场合中，也适用这一原则。在司法上，不仅对于在室女的保护是依

法准据、情理皆备的，同时对于不同礼法身份类型的在室女，法官均以礼法规定平等视之，同时兼顾其弱势的地位，为其发声。

（二）司法对于嫡养慈继四种母亲的保障类同亲母

对于母亲身份的划分，依据和正妻的血缘关系和子女母亲的身份可以将其分为嫡子女、庶子女、养子女。与之对应的母亲身份是亲母、嫡母、慈母。对于这几种母亲的身份，《宋刑统》中有完善的规定，“其嫡、继、慈母若养者，与亲同。”① 具体说来，法律规定嫡母、继母、慈母如果和子女有抚养关系的，其双方的身份关系视同亲生，可以说决定双方礼法关系的基础是抚养关系。也就是说在大部分场合，为人子女应当对于这四种母亲同样进行孝养亲敬。

但是，本于对人伦亲情的慎重看待和对于为人子女可能会遇到非血亲的困境，法律对于仅有母亲在堂的情况，对行使教令权的尺度做出规定。由于子孙违反教令，会面临非常严厉的消极法律评价：“斗讼律，子孙违犯教令，徒二年。”② 相反，一旦由于子孙违反教令导致教令者殴杀子孙，法律规定对于不同身份的母亲处刑的刑等是不一样的：法律规定亲生父母和祖父母为一个刑等，嫡、继、慈、养这四种母亲犯此罪者，加罪一等。

法律解释了为什么在不同的身份属性下处刑有所差异：身为嫡母、养母、慈母和继母，由于与子孙的身份关系是源于礼法规定，而非血缘亲情，因此在行使教令权时，这些非亲生身份的尊长更容易突破教令的限度，导致杀伤子孙的结果，因此法律对于这种情形下对行使教令权的母亲议罪，再加重一等处罚。本罪的除却事由是无论是否亲生如果出于过失导致处罚违反教令的子孙死亡的，那么是不处刑的。同时对于虽然

① ［宋］窦仪 等 撰．吴翊如 点校．宋刑统 [M] 卷第六・名例律・七门・杂条．北京：中华书局，1984:100.

② ［宋］窦仪 等 撰．吴翊如 点校．宋刑统 [M]．卷第六・名例律・七门・杂条．北京：中华书局，1984:100.

对违反教令的子孙殴打处罚，不过行为限度很克制，符合礼法规定，但是由于种种原因，最终子孙死亡的，对于行使教令的尊上是不处刑的。在实践中，对于非亲生母亲行使教令权的尺度，法官判定起来态度是十分审慎的。由于双方没有血缘关系的天然羁绊，因此，更要警惕以行使教令权为由的凌虐。

司法中对于这几种母亲的保障在孝养亲敬等一般的场合是给予血亲母亲和法律拟制血亲母亲同样的保护，但是在涉及杀伤人身的刑事犯罪领域，就显示出必要的区别，对于非血亲母亲，立法和司法还是保持谨慎的态度，在肯定其尊长身份的同时，也给予非血亲母亲更多束缚，保证处于弱势的卑幼的基本人身权利。故此，可以说司法对于嫡养慈继四种母亲的保障类同亲母。

（三）司法对于寡妻妾保障趋于平等

在丈夫生前，寡妻妾在人身权益上就存在着本质的差异，夫妻一体，作为妻子是被放在与丈夫对举的语境下，而法律规定妾通买卖，在家庭地位上是不可以与妻子比拟的。法律规定由婢升等为妾的途径是容易的，而由妾升等为妻是很困难的。而在丈夫死后，这二者之间的差异就被缩小，尤其作为守志妇在家产继承领域来讲，双方守志妇的身份模糊了妻妾之间的界限。

针对家产继承来讲，法律明确指出，在户绝无子女的情形下，守志妇女继承家产是合法的，作为家产的实际所有人，只要其在守志情形下，合法处置家产的行为是有效的。此处的守志妇女指的是守志妻还是守志妻与守志妾，在法律解释中指出，无论是妻还是妾，在为丈夫守志的前提下都能够享受嗣子的孝养亲敬。而在财产继承方面，一些学者指出，这两种身份的妇女为夫守志，本身是值得尊重的行为，但是一旦她们通晓此项法律规定，遂起歹心，以守志为名占据丈夫家财为实，这是立法中容易被利用的一个漏洞。因此，这就需要借助司法官对于个案具体情节的考量，在具体的案例中实现平等保障寡妻妾等弱势者的利益和其亡夫血脉传承的需求。由此可见寡妻妾享有家产继承权，本质上是家庭范围内私权萌发的源泉。

二、宋代司法力图保障处于弱势家庭身份的妇女权利

在记载有宋代家庭妇女的文献中存在一种现象，即将妾和妓、妾和婢混同的情况，这不仅说明这三种处于弱势家庭身份的妇女在职能上产生混同，也体现了这妓与婢的家庭化。在当时法律对于这三种身份的妇女在礼法上都给予承认，司法中对于这几种身份的妇女，尤其是将为丈夫或家主生子的妇女视为家庭成员的判定方法，体现了对于弱势家庭妇女权利的保障。

（一）家妓成为准家庭成员

宋代精英阶层豢养家妓已经成为当时的风尚，大量的家妓进入到当时的家庭中使得“京都中下之户，不重生男。每生女……稍长则随其姿质，教以艺业，用备士大夫采择娱侍。”[①] 中下层家庭生女为求财，将其培养为上层的家妓。在北宋，由于商品经济的发展，妓越来越多地出现在合法的娱乐场合，官妓服务于政治精英阶层，也被视作正当的、彰显地位的事情。随着南宋党争的激烈化，耽于声色会被政敌当做攻击的靶子，因此在士大夫阶层，选择将妓女豢养在家中成为新的风尚。与此相悖的是，宋代统治者对于这种现象的批评和抑制，皇帝下诏书针对士大夫的操守问题进行批评：“今吾士大夫，间乃违古人厚重之守，蹈末俗薄恶之为。”[②]

朝廷管制加强说明士大夫放纵程度严重，涉及士大夫私德的问题是被其政敌攻击的对象：“内则言事官，外则按察官，多发人闺门暧昧，

① ［宋］孟元老 撰．邓之诚 注．东京梦华录注 [M]. 卷之三·雇觅人力·女使．北京：中华书局，1982:116.

② ［宋］李焘 撰．上海师范大学古籍整理研究所 华东师范大学古籍整理研究所 点校．续资治通鉴长编 [M]. 卷一百九十四·仁宗·嘉祐六年．北京：中华书局，2004:4691.

年岁深远，累经赦宥之事。”[①] 由于在南宋，家妓已经不再是属于政治精英阶层的一种风尚，地方官员和豪绅富户也融入这个潮流，家妓大量的涌入社会中层家庭。家妓原本的舞乐宴客功能与妾的声色侍主以及为主人诞育子嗣的功能发生混同。因此，在当时出现了妾和妓连用和混同的情况，这样身份职能混同的情况在家妓为主人诞育后嗣之后更为明显，尽管在当时家妓普遍进入中上层家庭，为旧的家庭秩序带来了一定的冲击，同时带来的是基于契约产生的准家庭成员身份的妇女群体——家妓。

（二）妾的进一步家庭化

妾的进一步家庭化，在法律上表现在：在宋代纳妾与娶妻一样需要签订文书。这从法律形式上将妾与丈夫之间的关系联系更为紧密。在当时法律上虽然规定妾通买卖，但是同样也规定纳妾需要签订文书。在法律上确定妾的家庭地位，并且增强了妾与家庭之间的联系。

在礼制上，妾的进一步家庭化体现在，南宋晚期的墓志铭最终突显出妾的角色，其中尤其对于生子的妾明确提及。不同于北宋时期将妾生子女都归入正室的名下，这样的做法同样尊重了身为妻子和妾室的母亲身份，在这个意义上，妾与家庭的联系进一步加强了，和妻子之间的差异进一步缩减了。

由于妾与家妓和婢之间的身份在这个时期出现了混同，这样的混同主要基于这三者之间的职能混同，同时值得注意的是，在当时日常生活和文献记载中存在的混同却没有反映到立法中。但是在司法中对于这三者之间的角色却没有如立法一般泾渭分明。主要原因是，在当时更为强调这三者与家庭之间的联系，尤其当这三种身份的妇女产子之后，她们之间的差异会变得很小，主要原因是家妓和婢女升等为妾的渠道是多元的，不像妾到妻之间存在本质的身份属性差异。

---

① ［宋］李焘 撰．上海师范大学古籍整理研究所 华东师范大学古籍整理研究所 点校．续资治通鉴长编 [M]. 卷一百六十三・仁宗・庆历八年．北京：中华书局，2004:3929.

而成为母亲的妾，虽未被正式聘娶，仍同主人构成事实上的婚姻关系，成为家庭成员的一分子。[①] 这种妾不仅被子孙纪念，而且其本人和后代都受法律保护。事实上，对于当时的理学家来讲，为了生育的目的纳妾是正当的行为，因此，承载母亲角色的妾在宋代被进一步家庭化，很好地应对了婢和家妓进入准家庭成员行列对家庭结构的冲击。

（三）婢妾混同体现婢女的家庭成员身份

与妓妾连用不同的是，婢妾连用的基本依据除了为主人生子的职能混同之外，还存在人身依附关系较为紧密的良贱关系的缘故，虽然由北宋至南宋，属于贱民阶层的奴婢，逐渐被以契约关系为纽带的客户和女使代替，这一过程是渐进的，直到南宋才完全消亡的。而宋代的现实生活中往往习惯性地将妾婢连用，其中反映了社会现实中对于这两种身份群体的本质属性认知趋同。但是，与妾和家妓之间身份差异明确一般，妾与婢的混同并没有反映到法律上。婢妾身份的合法转化途径有两种：一种是婢女经过放良或者自赎免贱的程序，得以留在主家或者出主家，听任主人或者他人将其升等为妾。另外一种情况是无子经过放良。因此，观察立法和现实中出现不对称的这一现象，是理解宋代婢妾这一特殊家庭身份妇女的实际处境的一把钥匙。

婢妾身份的混同主要原因是这两种身份的妇女在进入男性家中的时候，都是以通买卖和类比畜产的地位加入的。但是在进入男性家中之后，其身份存在一体两面，一则是男女双方法律地位的差距，因此身为地位较为低端的妾室和婢女在日常生活中受到的压力通常是来自男性主人和女性家母两者共同施加的，他们都有权决定涉及妾婢的去留和惩戒等重大事项；另一方面，也是由于与主人的契约关系存在，解除契约或者契约到期之后的自由选择权更多地掌握在她们的手中，并且在宋代一

① 程郁．宋代的蓄妾习俗及有关法规考察 [A]. 戴建国主编．唐宋法律史论集 [C]. 上海：上海辞书出版社，2007: 277－306；戴建国 刘宇．宋代奴婢问题再探讨 [J]. 中国史研究，2011: 141－155．

度鼓励奴婢告奸，即使这危害儒家家庭伦理体系的稳定，随后被废除，但是体现出在人身依附关系逐渐松弛的宋代，奴婢和主人之间关系的微妙。那么当她们进入男性的家庭中，将其纳入家庭成员的身份体系中，对于双方来讲本质上是对其行为的约束和成为其履行家庭职责的理论支撑。

结　论

至此，再反观本书开篇华如璧教授对于传统中国妇女的身份和地位的概括，“女性是财产的持有者，但她们很少或几乎没有对于财产的法定所有权；她们可能是决策的制定者，但却没有决策的权威；她们拥有行动的自由，但那是受社会和生计所迫；她们可能如帝王般掌握权力，但却无法获得帝王的尊号”。在宋代，女性群体并不是基于其出生享有自然权利，也不会因为其自然性别在权利享有的层面上与男性达到实质公平的状态。身为女性群体，在当时普遍意义上取得权利的资格是其家庭内的身份决定的，因此，她们在行使权利的过程中没有确当的对外代表家庭的法律身份，这些都是对历史事实的概括。但是，在宋代，她们可能是权力的实际执掌者，她们可能是财产的所有者，可能是决策的制定者，也可能有有限的行动自由，这些也都是宋代妇女法律地位和整体生活状态的写实。对这些发生在宋代家庭妇女群体的变化的研究，是理解传统中国儒家伦理框架内作为弱势群体的妇女权利的滋生和发展具有理论依据。探寻宋代妇女的身份和地位，需要将宋代妇女置于家庭的身份中，根据其不同的家庭身份对其权利事实进行分析，最终得出其权利是何种样态的权利，这些权利又是如何与制度、文化、实践产生互动，互相影响。

一、在父宗和夫宗框架下宋代妇女的权利空间扩大

脱离一个民族的文化背景去观察历史事实得出的结论很有可能导致认知的失真，因此，在探索和观察宋代妇女的家庭身份和地位的问题需要带入当时整体的文化背景去考察。宋代程朱理学强调的家庭伦理不

仅将妇女的生活范围划定在家庭的范围内，同时明确其权利的取得是与其家庭身份息息相关的。那么如何去理解当时文化领域对于妇女的人身和精神控制的加强？如何解释与此同时扩张的妇女群体的私权？这样相悖的现象同时发生在宋代妇女群体中如何实现逻辑自洽？厘清这些问题是理解宋代家庭中妇女的身份和地位的关键。

尽管宋代手工业的发展为妇女带来一些工作机会，以契约为基础的女使代替了贱民阶层的婢女进入家庭工作，平民阶层的妇女由此得到了直接参与生产的机会，但是这并不是社会中的主流。在家庭以外的公共领域，尤其是涉及政治、文化等领域，妇女缺少直接参与的机会。很多学者倾向于关注一些打破历史常规的妇女，希望在妇女群体中的大样本中找到一些特例，她们或是在文化艺术领域内取得不逊于男性的成就，或是在政治领域产生旷古绝今的影响。这些妇女的存在自然耀眼夺目，但是她们的幸运和勇气是无法被大部分当时的妇女所复制的。这种对于历史中特别优秀的个体研究有其学术价值，但是对于理解一个时代普遍存在的妇女群体的真实处境的价值有限。传统中国的妇女主要的生活领域是家庭，在宋代更是如此，由于程朱理学从理论上巩固了妇女应当在家庭中承担相应的职能，可以说宋代的大部分妇女从出生开始就基于其家庭身份获得相应的权利，她们通过在家庭中获得的身份直接或者间接参与家庭内部和外部的各种活动，因此，讨论宋代妇女的礼法权利是不能脱离家庭这一前提。

在上世纪一些中外研究两性关系的改革家，认为在传统中国以夫权和父权为主导的家庭中妇女的权利和地位是时刻受到压制和剥夺的，在同一个家庭系统中，妇女是没有话语权的沉默的权利残缺的个体。主要的原因是在传统中国，家族的传承依靠的是男性血脉的延续，即男性绝对把持了祭祀祖先、承继财产、延续姓氏和爵位等主要家庭职责和权益，妇女在其中的边缘地位是不足为人道的。但是如果仅仅将研究局限在批评以男性为主导的家庭系统，会陷入以今律古的窠臼。如何更为立体地了解传统中国妇女的生活实态，应当对于她们怎样借助在家庭中的身份和地位主动参与这个体系的运转进行探讨。

在传统中国，礼法以妇女在父宗和夫宗的身份对其行为进行规范和对其权益提供保障，时至宋代，妇女的各种权益在这个框架内得到极大的扩展。但是，这并不意味着这些法定应然权利在实际生活中被彻底落实为其实然权利，于是可以看到，在当时司法中妇女的强势参与，她们可能是以受害者的身份诉求法律的庇护，或者以加害者的身份寻求法律的宽宥。由此可见，她们尽管生活在父宗和夫宗中，但是却并非是接受符号化和物化的人格残缺者。因为，不论儒学理论如何构建出理想的家庭关系，在现实中，组成家庭的是个体，这些个体以不同的性别、尊卑参与家庭系统的运行，怀抱各自的利益诉求，因此冲突才是其中的常态，如何在这些冲突中实现己方利益的最大化，是大多数普通人的人生。那么身为妇女，在男性为主导的家庭系统中，同样作为理性的个体为了利益的实现，灵活地变通有益资源。从这个层面来讲，宋代妇女的生活与今无异，我们同样身在流动的生活中，处理复杂、矛盾的现实关系。即便男人主要用主流意识形态的术语理解自己的生活，对于女人，围绕着她们的矛盾的观念和含糊的形象的每一点都是关键的。[①] 因此，承认宋代妇女的权利取得依据的是其在父宗和夫宗的身份，但是现实中她们的实际权利取得和保障程度依赖的是她们在复杂的现实生活中在限制下所做的选择，同时她们有多大的勇气和智慧去实现这些权利。宋代妇女在普遍意义上在司法中对于其权利的强势维护，正是这个群体对于时代的有力回应。

二、宋代妇女积极通过司法实践实现礼法权利

宋代妇女在诉讼领域呈现出的积极和强势的态度，反映出其维护自身权利的意识。宋代妇女之所以积极利用司法资源维护受到侵害的礼法

① ［美］伊佩霞 著．胡志宏 译．内闱：宋代妇女的婚姻和生活 [M]．南京：江苏人民出版社，2010：6-8.

权利，主要原因是宋代妇女的礼法权利涵盖的类型丰富、内容广泛。同时，宋代法官的专业化，为选择司法救济的妇女提供了权益最大化的保障。

宋代妇女的“私”权是在家庭框架内发展的，其权利的扩展必然会威胁或者损害男性家庭成员的权益，甚至在女性家庭成员的内部，由于其身份和利益诉求的不同，带来争议和矛盾。具体来讲，妇女对于财产的所有权处于历史上妇女群体拥有同类权利的高峰，在当时，妇女对于妆奁的所有权和户绝财产的继承权，是妇女在财产所有领域享有法定的权利。这对于同宗的其他有利害关系的男性亲属来讲，意味着其期待继承权的丧失。因此，他们会采取种种手段试图侵占妇女的合法财产所有权。妇女面对这样的情况往往敢于或者主动请求司法的帮助，体现出对于法官专业性的信赖。

出嫁之后的妇女，在夫宗身为母亲，无论是嫡养慈继哪一种法律拟制形式取得的身份，都享有类同亲母的法律地位。婚姻关系一旦发生变化，不论是离婚还是丈夫亡故，身为妇女所享有的人身选择权也呈现扩张之势。妇女提起离婚的法定事由增加了丈夫不履行丈夫的基本义务、失去联系超过在法定期间，满足上述条件妇女就可以行使离婚权。丈夫离乡编管等也成为妇女行使离婚权的理由。而身为在丈夫亡故之后，寡妇无论是选择守志、再嫁、招接脚夫或是成为女户，都有相关的法律规定为其提供保障，这些保障措施也都切实落实到司法领域。在宋代的家庭中存在以契约关系取得家庭成员身份或者准家庭成员身份的妾、婢、家妓等弱势群体，她们在家庭中职能混同是她们身份逐渐家庭化的标志。由于她们取得（准）家庭成员身份是基于契约关系，她们的存在很容易侵犯其他基于礼法关系和血缘关系取得家庭成员身份的个体利益，故而受到非难。因此，司法在多大程度上保障她们的人身权益，是体现司法对弱势群体关照程度的关键。

在族权没有过度侵入家庭领域的宋代，立嗣权益归属于守志寡妇，而成为寡妇后，其权益很容易受到其他家庭成员或者同宗同族的侵犯，在这种情形下，司法途径是保障她们权益的最佳路径。因为身为人妻时，她可以借用丈夫完整的家长权，为人寡母她的权威却大打折扣，由于她继承的是丈夫家长权的很小一部分。① 因此，请求司法的保障，是守志寡妇保障其礼法权益最佳的途径。在宋代的司法案例中，法官判案不仅落实礼法对守志寡妇合法权利的保护，同时也注重如何合法利用司法资源保障这些身份的弱势妇女。例如，对争议家产进行检校。以上种种对于妇女财产所有权的规定，在宋代有明确的法律规定、相关配套的司法保障。

因此，身为妇女，其礼法权益在司法上被多大限度的保障，能够表示其权利实态。宋代妇女在司法中呈现出活跃的姿态，积极利用诉讼的方法维护自己的合法权益，这不仅源于宋代妇与对于其个体权利维护的观念，更多的是由于专业化的法官群体在审理这些案件时对于法意和人情的把握和衡平，对于在家庭中身为弱势的妇女的保护。宋代妇女的权利在家庭中呈现出扩张之势，主要原因也正是源于此。

三、儒学语境下的宋代妇女权利的增长

西蒙·波伏娃认为："女人不是天生的，而是被造就的。"② 在她提出的这一观点中，否定了生物决定论所倡导的男性和女性生而不同，由其性别决定了其自然角色和能力。她提出了女性是被社会所规训的，在存在主义哲学视野下，女性在性别进化过程中如同男性一般寻求社会的认可。她宣称，女性拥有天赋自由选择自己的人生，从而定义自我，这是她们摆脱父权和夫权为主导的社会传统的出路。简而言之，西蒙·波伏娃的思考出发点是西方的父权家长制，她认为在层级亲属体系中，身为妇女，打破这样固化的性别角色认同需求，是妇女获得权利和自由的基础。

---

① 柳立言．从法律纠纷看宋代的父权家长制——父母舅姑与子女媳婿相争 [A]. 柳立言．宋代的家庭和法律 [C]. 上海：上海古籍出版社，2008：321-324.

② ［法］西蒙娜·德·波伏娃著．陶铁柱 译．第二性 [M]. 北京：中国书籍出版社，2004：309.

在传统中国，对于性别的认识是基于礼仪的视角，因而，在探讨构成中国女性之要素时，我们也应该始于文化理念的考察，而不是一系列初始“女性”典范的跨文化特质。[①]西方的一些学者对于传统中国妇女的认识是基于其本土文化视角的解读，认为改变中国妇女处境的方式是突破传统的儒家家庭观念和植入西方有关的性别理论。这会使中国性别平等问题陷入两个泥沼，一是以西方道德理论为标准评价传统中国的家庭观；二是否定传统中国文化的兼容性。传统中国的儒学曾经以先进的理论和广泛的影响力著称于世，在现今大部分女权主义者认为传统中国的儒学家庭观是束缚性别平等的源头，因此，如何看待传统中国的儒学文化底蕴与女性权利的问题是至关重要的。

讨论传统中国的儒学文化底蕴与女性权利的问题，首先要承认传统中国的妇女在家庭中一直处于受压迫的地位，主要原因是传统儒家家庭观中祖先崇拜和孝道观念导致血脉的传承在父子之间进行。而在宋代出现了这样的变化，当时存在文化上宣导妇女的职能向家庭内发展，同时在法律上赋予其更多的财产权利和人身权利，即使产生这样的变化的原因，一方面是加强妇女与家庭的联系，使其自愿纳入儒家家庭系统运行之中，另外一方面是对于社会发展中妇女的经济能力的增强、积极通过司法维护自身权益等变化的回应。

从传统中国整体的儒学发展趋势来论，儒学的兼容性在历史上经历了很多考验，较为明显的是历史上儒学的两次扩张浪潮，第一次是在秦末汉初，儒学在秦代吸收“阴阳五行”理论，在汉代加入黄老学说等不用的学术理论，成为国家正统，由此开始，儒学的影响从上到下，从国内辐射到周边国家，显示出其先进学术理论的生命力。第二次则发生在宋代，理学家不断完善儒学这一精致的学术系统，直至南宋末年成为国家正统，对于之后的明清两朝产生深远的影响。在传统中国意识形态领

① ［美］罗莎莉 著．丁佳伟 曹秀娟 译．儒学与女性 [M]. 南京：江苏人民出版社，2015：171.

域占据统治地位的儒学，在现今如何与女权主义进行互动，可能是其面临的第三次扩张必须解决的时代课题。本书从第二次儒学扩张的宋代入手，发现在当时文化、法律和现实的交互作用下，宋代妇女在家庭中的权利得到扩张、地位得到提升。在现今新儒学面对时代发展中的女性权利问题，也可以从儒学自身寻找有益资源，为女性问题的研究提供新的解题思路。

参考文献

一、史料文献类：

1. 曾枣庄 刘琳 主编 . 全宋文 [M]. 上海：上海辞书出版社 . 合肥：安徽教育出版社，2006.

2.[元]脱脱 等 撰 . 中华书局编辑部 点校 . 宋史 [M]. 北京：中华书局，1985.

3. 孔凡礼 撰 . 苏轼年谱 [M]. 北京：中华书局，1998.

4.[清]孙锦标 著 . 邓宗禹 标点 . 通俗常言疏证 [M]. 北京：中华书局，2000.

5. [宋] 李焘 撰 . 上海师范大学古籍整理研究所 华东师范大学古籍整理研究所 点校 . 续资治通鉴长编 [J]. 北京：中华书局，2004.

6. [北齐] 颜之推 撰 . 张霭堂 译注 . 颜氏家训译注 [M]. 济南：齐鲁书社，2009.

7. [清] 李文炤 撰 . 赵载光 校点 . 家礼拾遗 [M]. 长沙：岳麓书社，2012.

8. [宋] 李心传 撰 . 建炎以来系年要录 [M]. 北京：中华书局，1988.

9. [宋] 洪迈 撰 . 何卓 点校 . 夷坚志 [M]. 北京：中华书局，2006.

10. [宋] 苏轼 撰 . [清] 王文诰 辑注 . 孔凡礼 点校 . 苏轼诗集 [M]. 北京：中华书局，1982.

11. [宋] 孟元老 撰 . 邓之诚 注 . 东京梦华录注 [M]. 北京：中华书局，1982.

12. [宋] 张师正 撰 . 白化文 许德楠 点校 . 括异志 [M]. 北京：中华书

局，2006.

13. 马蓉 . 陈抗 锺文 栾贵明 张忱石 点校 . 永乐大典方志辑佚 [M]. 北京：中华书局，2004.

14. [宋] 李心传 撰 . 徐规 点校 . 建炎以来朝野杂记 [M]. 北京：中华书局，2000.

15. [明] 张四维 辑 . 社科院历史所宋辽金元史研究室 点校 . 名公书判清明集 [M]. 北京：中华书局，1987.

16. [宋] 周密 撰 . 吴企明 点校 . 癸辛杂识 [M]. 北京：中华书局，1988.

17. 丁传靖 辑 . 宋人轶事汇编 [M]. 北京：中华书局，2003.

18. [宋] 陈师道 撰 . 任渊 注 . 冒广生 补笺 . 冒怀辛 整理 . 后山诗注补笺 [M]. 北京：中华书局，1995.

19.[宋]陈鹄 撰 . 孔凡礼 点校 . 西塘集耆旧续闻 [M]. 北京: 中华书局，2002.

20. [宋] 刘克庄 著 . 辛更儒 笺校 . 刘克庄集笺校 [M]. 北京：中华书局，2011.

21. [清] 王梓材 [清] 冯云濠 编撰 . 沈芝盈 梁运华 点校 . 宋元学案补遗 [M]. 北京：中华书局，2012.

22. [宋] 钱若水 修 . 范学辉 校注 . 宋太宗皇帝实录校注 [M]. 北京：中华书局，2012.

23. [元] 马端临 撰 . 上海师范大学古籍研究所 华东师范大学古籍研究所 点校 . 文献通考 [M]. 北京：中华书局，2011.

24. 梁太济 包伟民 著 . 宋史食货志补正 [M]. 北京：中华书局，2008.

25. [清] 朱彬 撰 . 饶钦农 点校 . 礼记训纂 [M]. 北京：中华书局，1996.

26. [魏] 王弼 撰 . 楼宇烈 校释 . 周易注 [M]. 北京：中华书局，2011.

27. [清] 郭嵩焘 撰 . 梁小进 主编 . 礼记质疑 [M]. 长沙：岳麓书社，

2012.

28.［清］郝懿行 ［清］王照圆 著 . 赵立纲 . 陈乃华 点校 . 诗问 [M]. 济南：齐鲁书社，2010.

29.［清］王鸣盛 著 . 陈文和 主编 . 尚书后案 [M]. 北京：中华书局，2010.

30. 徐仁甫 著 . 徐湘霖 校订 . 四川省文史研究馆 整理 . 史记注解辨正 [M]. 北京：中华书局，2014.

31.［元］ 徐元瑞 . 吏学指南 [M]. 北京：北京图书馆出版社，2004.

32.［汉］韩婴 撰 . 朱英华 整理 . 朱维铮 审阅 . 韩诗外传 [M]. 上海：上海书店出版社，2012.

33.［清］郭嵩焘 撰 . 梁小进 主编 . 校订朱子家礼 [M]. 长沙：岳麓书社，2012.

34. 天一阁博物馆 中国社会科学院历史研究所天圣令整理课题组 校证 . 天一阁藏明钞本天圣令校证 [M]. 北京：中华书局，2006.

35.［清］黄以周 撰 . 王文锦 点校 . 礼书通故 [M]. 北京：中华书局，2007.

36. ［日］竹添光鸿 著 . 于景祥 柳海松 整理 . 左传会笺 [M]. 沈阳：辽海出版社，2008.

37.［清］皮锡瑞 著 . 经学通论 [M]. 北京：中华书局，1954.

38.［明］马峦 ［清］顾栋高 撰 . 冯惠民 点校 . 司马光年谱 [M]. 北京：中华书局，1990.

39.［清］孙希旦 撰 . 沈啸寰 . 王星贤 点校 . 礼记集解 [M]. 北京：中华书局，1989.

40.［清］郝懿行 著 . 管谨訒 点校 . 郑氏礼记笺 [M]. 济南：齐鲁书社，2010.

41. 司义祖 整理 . 宋大诏令集 [M]. 北京：中华书局，1962.

42.［宋］胡寅 著 . 刘依平 点校 . 读史管见 [M]. 长沙：岳麓书社，2011.

43. [宋] 欧阳修 著 . 李逸安 点校 . 欧阳修全集 [M]. 北京：中华书局，2001.

44. [宋] 胡寅 著 . 尹文汉 点校 . 斐然集 [M]. 长沙：岳麓书社，2009.

45. [宋] 张栻 著 . 杨世文 点校 . 南轩诗说钩沈 [M]. 北京：中华书局，2015.

46. [宋] 朱熹 注 . 王华宝 整理 . 诗集传 [M]. 南京：凤凰出版社，2007.

47. [宋] 程颐 撰 . 王孝鱼 点校 . 周易程氏传 [M]. 北京：中华书局，2011.

48. [清] 黄以周 等 辑注 . 顾吉辰 点校 . 续资治通鉴长编拾补 [M]. 北京：中华书局，2004.

49. 何忠礼 著 . 宋史选举志补正 [M]. 北京：中华书局，2013.

50. [清] 郝懿行 著 . 李念孔 高文达 赵立纲 张金霞 刘淑贤 点校 . 管谨訒 通校 . 证俗文 [M]. 济南：齐鲁书社，2010.

51. [清] 王先谦 撰 . 吴格 点校 . 诗三家义集疏 [M]. 北京：中华书局，1987.

52. 方向东 著 . 大戴礼记汇校集解 [M]. 北京：中华书局，2008.

53. [宋] 黎靖德 编 . 王星贤 点校 . 朱子语类 [M]. 北京：中华书局，1986.

54. [宋] 陈均 编 . 许沛藻 金圆 顾吉辰 孙菊园 点校 . 皇朝编年纲目备要 [M]. 北京：中华书局，2006.

55. [宋] 詹大和 等 撰 . 裴汝诚 点校 . 王安石年谱三种 [M]. 北京：中华书局，1994.

56. [宋] 李昉 等 编 . 太平广记 [M]. 北京：中华书局，1961.

57. [宋] 朱熹 编定 . 朱杰人 . 严佐之 . 刘永翔 主编 . 程氏遗书 [M]. 上海：华东师范大学出版社，2010.

58. [宋] 孔平仲 撰 . 杨倩描 徐立群 点校 . 孔氏谈苑 [M]. 北京：中

华书局，2012.

59. 李剑国 辑校 . 宋代传奇集 [M]. 北京：中华书局，2001.

60. [宋] 苏轼 著 . 李之亮 笺注 . 苏轼文集编年笺注 [M]. 成都：巴蜀书社，2011.

61. [元] 佚名 撰 . 王瑞来 笺证 . 宋季三朝政要笺证 [M]. 北京：中华书局，2010.

62. [宋] 徐自明 撰 . 王瑞来 校补 . 宋宰辅编年录校补 [M]. 北京：中华书局，1986.

63. [宋] 蔡绦 撰 . 惠民 . 沈锡麟 点校 . 铁围山丛谈 [M]. 北京：中华书局，1983.

64. [宋] 洪迈 撰 . 孔凡礼 点校 . 容斋随笔 [M]. 北京：中华书局，2005.

65. [宋] 袁枢 撰 . 通鉴纪事本末 [M]. 北京：中华书局，2015.

66. 朱熹 著 . 王燕均 王光照 点校 . 朱子全书 [M]. 上海：上海古籍出版社，2000 年 .

67. 汪圣铎 点校 . 宋史全文 [M]. 北京：中华书局，2016.

二、著作类:

1. 张晋藩 主编 . 中国法制通史 [C]. 北京：法律出版社，1999.

2. 张晋藩 . 中国法律的传统与近代转型 [M]. 北京：法律出版社，2009.

3. 刘广安 . 对中华法系的再认识 [M]. 北京：法律出版社，2002.

4. 邢铁 . 家产继承史论 [M]. 昆明：云南大学出版社，2000.

5. 戴建国 . 宋代家法族规试探 [A]. 邓广铭 主编 . 宋史研究论文集 [C]. 云南民族出版社，1997.

6. 白凯 . 中国的妇女与财产（960—1949）[M]. 上海：上海书店出版社，2007.

7. [日] 滋贺秀三 著 . 张建国 李力 译 . 中国家族法原理 [M]. 北京：

法律出版社，2003.

8. 薛梅卿 赵晓耕 主编 . 两宋法制通论 [C]. 北京：法律出版社，2002.

9. ［日］仁井田陞 著 . 牟发松 译 . 中国法制史 [M]. 上海：上海古籍出版社，2011.

10. 瞿同祖 . 中国法律与中国社会 [M]. 北京：商务印书馆，2010.

11. 柳立言 . 宋代的家庭和法律 [C]. 上海：上海古籍出版社，2008.

12. 张国刚 主编 . 家庭史研究的新视野 [C]. 上海：生活 · 读书 · 新知三联书店，2004.

13. 中共中央著作编译局 译 . 家庭、私有制和国家的起源 [M]. 北京：人民出版社，1999.

14. 毛国权 . 宗法结构与中国古代民事争议解决机制 [M]. 北京：法律出版社，2007.

15. 郭东旭 . 宋代法制研究 [M]. 保定：河北大学出版社，2000.

16. 郭东旭 高楠 王晓薇 张利 . 宋代民间法律生活研究 [M]. 北京：人民出版社，2012.

17. 张晋藩 . 中国法律的传统与近代转型 [M]. 北京：法律出版社，2005.

18. 张邦炜 . 宋代婚姻家族史论 [M]. 北京：人民出版社，2003.

19. 汪世荣 . 中国古代判词研究 [M]. 北京：中国政法大学出版社，1997.

20. 邓小南 主编 . 唐宋女性与社会 [M]. 上海：上海辞书出版社，2003.

21. 胡兴东 . 元代民事法律制度研究 [M]. 北京：中国社会科学出版社，2007.

22. 童光政 . 明代民事判牍研究 [M]. 桂林：广西师范大学出版社，1999 .

23. 程维荣 . 中国继承制度史 [M]. 上海：东方出版中心，2006.

24. 吕庆宽 . 清代立嗣继承制度研究 [M]. 郑州：河南人民出版社，2008 .

25. 史凤仪 . 中国古代的家族与身份 [M]. 北京: 社会科学文献出版社，1999.

26. 史尚宽 . 继承法论 [M]. 北京：中国政法大学出版社，2000.

27. 卢静仪 . 民初立嗣问题的法律与裁判 [M]. 北京: 北京大学出版社，2009.

28. 屈立超 . 从宋代婚姻和司法实践看宋代妇女的社会地位 [A]. 国际宋代文化研讨会论文集 [C]. 四川大学出版社，1991 .

29. 邓小南 王政 游鉴明 主编 . 中国妇女史读本 [M]. 北京：北京大学出版社，2011.

30. [美] 黄宗智 . 清代的法律、社会与文化 : 民法的表达与实践 [M]. 上海 : 上海书店出版社，2001.

31. 费成康 . 中国的家法族规 [M]. 上海：上海社会科学院，1998.

32. 朱勇 . 清代宗族法研究 [M]. 长沙：湖南教育出版社，1987.

33. 李显东 . 从“大清律例”到“民国民法典”的转型兼论中国固有民法的开放性体系 [M]. 北京：中国人民公安大学出版社，2003.

34. 陈东原 . 中国妇女生活史 [M]. 北京：商务印书馆，1937.

35. 赵风喈 . 中国妇女法律地位之研究 [M]. 北京：商务印书馆，1928.

36. 罗苏文 . 女性与近代社会 [M]. 上海：上海人民出版社，1996.

37. 俞江 . 近代中国民法学中的私权理论 [M]. 北京: 北京大学出版社，2003.

38. 黄源盛 . 民初法律变迁与裁判（1912—1928）[M]. 台湾：台湾国立政治大学法学业书，1995.

39. 夏晓虹 . 晚清女性与近代中国 [M]. 北京：北京大学出版社，2004.

40. [美] 费正清 刘广京 编 . 中国社会科学院历史所译 . 剑桥晚清

史 [M]. 北京：中国社会科学院出版社，1993.

41. [美] 安・沃特纳 著 . 曹南来 译 . 烟火接续明清的收继与亲族关系 [M]. 杭州：浙江人民出版社，1999.

42. [日] 滋贺秀三 著 . 范愉 译 . 清代诉讼制度之民事法源的概括性考察 [M]. 北京：法律出版社，1998.

43. [美] 黄宗智 尤陈俊 主编 . 历史社会法学——中国的实践法史与法理 [M]. 北京：法律出版社，2014.

44. 张希坡 . 中国婚姻立法史 [M]. 北京：人民出版社，2004.

45. 赵秀玲 . 中国乡里制度 [M]. 北京：社会科学文献出版社，1998.

46. 张文 . 宋代社会救济 [M]. 重庆：西南师范大学出版社，2001.

47. 李志敏 . 中国古代民法 [M]. 北京：法律出版社，1988.

48. 沈家本 . 历代刑法考 [M]. 北京：中华书局，1985.

三、论文类:

1. 陈景良 . 何种之“私”：宋代法律及司法对私有财产权的保护 [J]. 华东政法大学学报，2017（3）.

2. 陈景良 . 试论宋代士大夫司法活动中的德行原则与审判艺术—中国传统法律文化研究之二 [J]. 法学，1997（6）.

3. 陈景良 . 宋代司法传统及其现代意义 [J]. 河南省政法干部管理学院学报，2005（3）.

4. 陈智超 . 宋史研究的珍贵史料——明刻本《名公书判清明集》介绍 [J]. 中国史研究，1984（4）.

5. 王志强 .《名公书判清明集》法律思想初探 [J]. 法学研究，1997（5）.

6. 徐忠明 . 传统中国民众的申冤意识：人物与途径 [J]. 学术研究，2004（12）.

7. 王善军 . 从《从名公书判清明集》看宋代的宗祧继承及其与财产继承的关系 [J]. 中国社会经济史研究，1998(2) .

8. 马新 齐涛 . 试论汉唐时代家庭继承制度的反向制约 [J]. 齐鲁学刊，

2006(6).

9. 郑小悠 . 清代“独子兼祧”研究 [J]. 清史研究，2014(2) .

10. 吕宽庆 . 清代寡妇立嗣问题探析 [J]. 中国高等学校学术文摘 . 历史学，2008（3）.

11. 向仁富 . 近代广东妇女权利研究——以 20 世纪 20—30 年代中期的情形为例 [D]. 北京中国政法大学，2007.

12. 李小标 . 身份与财产——谱系继替下的清代承继法律文化 [D]. 北京中国政法大学，2005.

13. 王扬 . 宋代女性法律地位研究 [D]. 北京中国政法大学，2001.

14. 俞江 . 家产制视野下的遗嘱 [J]. 法学，2010（7）.

15. 李启成 . 帝制中国的“权利”辨析——从“治道”角度的分析 [J]. 清华法学，2019（1）.

16. 吕志兴 . 宋代立嗣制度探析 [J]. 现代法学，2001（3）.

17. 栾成显 . 明清徽州宗族的异姓承继 [J]. 历史研究，2005（3）.

18. 吕宽庆 . 从清代立嗣继承个案看清代地方官对法律正义的救济 [J]. 清史研究，2004（1）.

19. 吕宽庆 . 论清代立嗣继承中的财产因素 [J]. 清史研究，2006（3）.

20. 马晓莉 赵晓耕 . 论近代女子财产继承权的确立 [J]. 湖南社会科学，2005（2）.

21. 程维荣 . 嗣子继承权的历史形态 [J]. 兰州学刊，2005（5）.

22. 程维荣 . 论中国传统财产继承制度的固有矛盾 [J]. 政治与法律，2004（1）.

23. 吴宝琪 . 宋代的婚姻 [J]. 历史知识，1986（5）.

24. 唐自斌 . 略论南宋妇女的财产与婚姻权利问题 [J]. 求索，1994（6）.

25. 宋东侠 . 宋代厚嫁述论 [J]. 兰州大学学报（社会科学版，2003（2）.

26. 刘春萍 . 南宋婚姻家庭法规范中妇女地位刍议 [J]. 求是学刊，1996（6）.

27. 戴建国 . 宋代家法族规试探 [J]. 邓广铭主编 . 宋史研究论文集 . 云

南民族出版社 1997 .

28. 高楠 . 宋代家庭中的奁产纠纷——以已婚女为例 [J]. 中国社会经济史研究，2004（3）.

29. 邓勇 . 论中国古代法律生活中的“情理场”——从《名公书判清明集》出发 [J]. 法制与社会发展，2004（5）.

30. 张利 . 宋代“名公”司法审判精神探析——以.《名公书判清明集》为主要依据 [J]. 河北法学，2006（10）.

31. 王志强 . 南宋司法裁判中的价值取向——南宋书判初探 [J]. 中国社会科学，1998（6）.

32. 邬志伟 . 论宋人婚书的文体形态与文学性 [J]. 暨南学报，2015（8）.

图书在版编目（CIP）数据

礼法视野下宋代妇女的家庭地位研究 / 李节著. --
北京：中国书籍出版社, 2020.5
ISBN 978-7-5068-7838-8

Ⅰ. ①礼… Ⅱ. ①李… Ⅲ. ①妇女地位—研究—中国—宋代 Ⅳ. ①D442.7

中国版本图书馆CIP数据核字（2020）第071612号

礼法视野下宋代妇女的家庭地位研究

李节　著

责任编辑　王　淼
责任印制　孙马飞　马　芝
出版发行　中国书籍出版社
地　　址　北京市丰台区三路居路 97 号（邮编：100073）
电　　话　（010）52257143（总编室）　（010）52257140（发行部）
电子邮箱　eo@chinabp.com.cn
经　　销　全国新华书店
印　　刷　北京温林源印刷有限公司
开　　本　787 毫米×1092 毫米　1/16
字　　数　305千字
印　　张　21.75
版　　次　2020 年 5 月第 1 版　2020 年 5 月第 1 次印刷
书　　号　ISBN 978-7-5068-7838-8
定　　价　46 .00元
